증권시장론

SECURITIES MARKETS

김영빈 · 정호일

신영사

머리말

우리나라의 증권시장은 1956년 개설한 이후 70여년의 지속적인 발전을 거듭하여 기업의 성장발전, 국민의 재산증식, 그리고 국가의 경제발전 등에 크게 기여해 왔다. 즉, 자본시장의 대표적 시장인 증권시장은 기업이 유가증권의 발행을 통하여 장기적인 자금조달의 기능을 수행할 수 있도록 하였고, 개인에게는 금융자산의 투자를 통하여 재산증식의 기회를 제공하였으며, 정부에는 금융정책을 실현하는 효과적 수단을 제공하여 국가경제에 혈액을 공급하는 심장과 같은 역할을 하였다.

본서는 이러한 우리나라 증권시장에 대한 기본개념을 확실하게 이해하여 증권시장 이용에 도움을 주고 잘 활용할 수 있도록 하는 데 목적이 있다. 이를 위해 자본시장법을 기본적 중심에 두고 자본시장의 기초, 증권시장, 파생상품시장과 펀드시장, 자본시장 제도와 투자지표, 금융투자업 및 관련기관 등 5개 PART를 총 14장으로 나누어 다음과 같이 구성하였다.

PART Ⅰ 자본시장의 기초는 자본시장과 금융투자상품으로 구성하였다. 제1장 자본시장의 이해에서는 금융시장과 자본시장의 기본적 개념, 자본시장법의 주요 내용을 소개하였고, 제2장 금융투자상품의 이해에서는 자본시장에서 거래되는 금융투자상품인 주식, 채권, 파생상품, 집합투자증권 등의 개념 및 종류를 설명하였다.

PART Ⅱ 증권시장은 증권시장의 기본 개념, 주식시장, 채권시장, 증권상품시장으로 구성하였다. 제3장 증권시장의 이해에서는 발행시장과 유통시장, 증자 및 시가발행, 그리고 기업공개 등을 기술하였다. 제4장 주식시장 Ⅰ에서는 증권시장의 핵심인 유가증권시장에 대한 의의 및 종류, 매매거래제도, 시장관리제도 등을 상세히 설명하였고, 제5장 주식시장 Ⅱ에서는 코스닥시장, 코넥스시장, 장외시장 등의 개념 및 거래제도를 설명하였다. 또한 제6장 채권시장에서는 채권의 발행시장 및 유통시장, 채권매매제도, 그리고 ESG채권 및 특이채권 등의 내용을 소개하였다. 제7장 증권상품시장에서는 최근 폭발적인 인기 증권상품인 ETF를 자세히 설명하였고, ETN, ELW 등의 증권상품 내용도 살펴보았다.

PART Ⅲ 파생상품시장과 펀드시장은 파생상품시장과 펀드(집합투자기구)시장으로 구성하였다. 제8장 파생상품시장에서는 파생상품시장, 선물시장 및 옵션시장의 내용을 소개하고, 우리나라 선물시장과 옵션시장에서 거래되는 선물 및 옵션 상품들을 상세히 설명하였다. 또한 제9장 펀드(집합투자기구)시장에서는 집합투자기구의 개념, 집합투자기구의 형태, 집합투자업자의 영업행위, 집합투자기구(펀드)의 상품, 그리고 사모펀드와 국부펀드에 대하여 살펴보았다.

PART Ⅳ 자본시장 제도와 투자지표는 상장 및 공시 제도, 규제 및 보호 제도, 자본시장 투자지표로 구성하였다. 제10장 상장 및 공시 제도와 제11장 규제 및 보호 제도에서는 증권시장의 공정한 가격의 형성, 원활한 유통 및 투자자 보호를 위한 상장제도와 공시제도, 불공정거래, 심리 및 감리 제도, 그리고 투자자 및 경영권 보호 제도에 대해서도 설명하였다. 그리고 제12장 자본시장 투자지표에서는 자본시장의 투자실무에 적용할 수 있는 주요 투자지표인 주식시장의 지표, 채권시장의 지표, 파생상품시장의 지표, 증권상품의 투자지표 등을 상세히 설명하였다.

PART Ⅴ 금융투자업 및 관련기관은 금융투자업과 금융투자업 관련기관으로 구성하였다. 제13장 금융투자업에서는 자본시장법에 따른 금융투자업의 개념을 기술하였고, 금융투자업의 인가 및 등록, 금융투자업자의 건전경영 유지를 위한 제도 및 영업규칙들을 설명하였다. 그리고 제14장 금융투자업 관련기관에서는 우리나라 금융투자업과 관련된 기관들을 감독기관, 거래기관, 관련협회, 평가회사, 관련회사 등으로 나누어 설명하였다.

끝으로 본서를 출간함에 있어서 귀중한 도움을 주신 많은 분들에게 감사드린다. 본서의 집필에 많은 조언을 주신 이한재 교수, 김규영 교수께 감사드린다. 그리고 본서의 출간이 있기까지 많은 도움을 주신 신영사의 권영섭 사장님과 편집과 인쇄에 수고하여 주신 임직원 여러분들께도 감사드린다.

2025년 12월
저자 일동

차 례

PART I 자본시장의 기초

제 1 장 자본시장의 이해

제 1 절 금융시장 17

Ⅰ. 금융시장의 이해 / 17 Ⅱ. 금융기관 / 25

제 2 절 자본시장 28

Ⅰ. 자본시장의 의의 / 28 Ⅱ. 자본시장의 구조 / 28
Ⅲ. 자본시장의 기능 / 30 Ⅳ. 자본시장의 종류 / 31
Ⅴ. 우리나라 자본시장의 발전과정 / 33

제 3 절 자본시장법의 개요 및 주요 내용 34

Ⅰ. 자본시장법의 개요 / 34 Ⅱ. 자본시장법의 주요 내용 / 36

제 2 장 금융투자상품의 이해

제 1 절 금융투자상품의 개요 41

Ⅰ. 금융투자상품의 정의 / 41 Ⅱ. 금융투자상품의 분류 / 43
Ⅲ. 금융투자상품의 종류 / 44

제 2 절 주 식 47

Ⅰ. 주식의 의의 / 47 Ⅱ. 주식의 종류 / 47

제 3 절 채 권 ········ 52
Ⅰ. 채권의 개념 / 52 Ⅱ. 채권의 종류 / 55

제 4 절 파생상품 ········ 59
Ⅰ. 파생상품의 의의 / 59 Ⅱ. 파생상품의 종류 / 60

제 5 절 집합투자증권 ········ 65
Ⅰ. 집합투자증권의 의의 / 65 Ⅱ. 집합투자증권의 종류 / 65

PART Ⅱ 증권시장

제 3 장 증권시장의 이해

제 1 절 발행시장의 개요 ········ 70
Ⅰ. 발행시장의 의의와 기능 / 70 Ⅱ. 발행시장의 구조 / 71
Ⅲ. 증권발행의 유형 / 73 Ⅳ. 공모발행과 사모발행 / 74
Ⅴ. 직접발행과 간접발행 / 75

제 2 절 유통시장의 개요 ········ 77
Ⅰ. 유통시장의 개념 / 77 Ⅱ. 유통시장의 구조 / 78

제 3 절 증 자 ········ 79
Ⅰ. 증자의 의의와 목적 / 79 Ⅱ. 유상증자 / 79
Ⅲ. 무상증자 / 81 Ⅳ. 기타 증자제도 / 81

제 4 절 시가발행 ········ 82
Ⅰ. 시가발행의 의의 / 82 Ⅱ. 시가발행제도의 장점 / 82
Ⅲ. 시가발행금액의 결정 / 83

제 5 절 기업공개(IPO) ········ 84
Ⅰ. 기업공개의 의미 / 84 Ⅱ. 기업공개의 방법 / 85
Ⅲ. 기업공개의 요건 / 85 Ⅳ. 기업공개의 추진과정과 현황 / 86

제 4 장 주식시장 I

제 1 절 유가증권시장의 개요 ···· 87
Ⅰ. 유가증권시장의 개념 / 87
Ⅱ. 우리나라 유가증권시장의 특징 / 88

제 2 절 유가증권시장의 매매거래제도 ···· 90
Ⅰ. 일반적 매매거래의 절차 / 90 Ⅱ. 수탁제도 / 91
Ⅲ. 매매시장의 운영 / 93 Ⅳ. 매매체결의 원칙 / 99
Ⅴ. 매매계약의 체결방법 / 101 Ⅵ. 매매거래의 청산·결제 / 107
Ⅶ. 유가증권시장의 현황 / 109

제 3 절 유가증권시장의 시장관리제도 ···· 110
Ⅰ. 가격안정화제도 / 110 Ⅱ. 유동성관리제도 / 112
Ⅲ. 기타 시장관리제도 / 113

제 5 장 주식시장 Ⅱ

제 1 절 코스닥시장 ···· 123
Ⅰ. 코스닥시장의 개요 / 123 Ⅱ. 코스닥시장의 매매제도 / 126
Ⅲ. 코스닥시장의 소속부제도 / 129 Ⅳ. 코스닥시장의 현황 / 129

제 2 절 코넥스시장 ···· 130
Ⅰ. 코넥스시장의 개요 / 130 Ⅱ. 코넥스시장의 매매제도 / 131

제 3 절 K-OTC시장 ···· 137
Ⅰ. K-OTC시장의 개요 / 137 Ⅱ. K-OTC시장의 등록 및 지정 / 140
Ⅲ. K-OTC시장의 매매제도 / 142 Ⅳ. K-OTC시장의 공시제도 / 145

제 4 절 K-OTC PRO시장 ···· 147
Ⅰ. K-OTC PRO시장의 개요 / 147
Ⅱ. K-OTC PRO시장의 매매방법 / 148

제 5 절 K-OTCBB시장 ···· 149
Ⅰ. K-OTCBB시장의 개요 / 149 Ⅱ. K-OTCBB시장의 매매제도 / 150

제 6 절 넥스트레이드 ······ 153
I. 넥스트레이드의 의의 / 153
II. 넥스트레이드의 시장구조 / 153

제 6 장 채권시장

제 1 절 채권발행시장 ······ 155
I. 채권발행시장의 의의 / 155
II. 채권발행시장의 구조 / 156
III. 채권의 발행방법 / 157
IV. 채권별 발행시장 / 158

제 2 절 채권유통시장 ······ 159
I. 채권유통시장의 의의 / 159
II. 채권유통시장의 구분 / 159
III. 채권유통시장의 관련제도 / 162

제 3 절 채권시장의 매매제도 ······ 164
I. 국채전문유통시장의 매매제도 / 164
II. 일반채권시장의 매매제도 / 165
III. 소액채권의 매매제도 / 166
IV. Repo시장의 매매제도 / 167

제 4 절 ESG채권 및 특이채권 ······ 169
I. ESG채권 / 169
II. 구조화채권 / 170
III. 조건부자본증권 / 172
IV. 이중상환청구권부채권 / 173
V. 주식관련사채 / 174
VI. 자산유동화증권 / 179

제 7 장 증권상품시장

제 1 절 ETF시장 ······ 182
I. ETF시장의 개요 / 182
II. ETF시장의 상품 / 184
III. ETF시장의 구조 / 187
IV. ETF의 상장 / 190
V. ETF의 거래제도 / 191
VI. 합성 ETF의 제도 / 192
VII. 우리나라 ETF의 발행현황 / 193

제 2 절 ETN시장 ····· 194

Ⅰ. ETN시장의 개요 / 194
Ⅱ. ETF와 비교 / 196
Ⅲ. ETN시장의 상품 / 197
Ⅳ. ETN시장의 구조 / 198
Ⅴ. ETN의 상장 / 201
Ⅵ. ETN의 거래제도 / 204
Ⅶ. 우리나라 ETN의 발행현황 / 205

제 3 절 ELW시장 ····· 206

Ⅰ. ELW의 기본개념 / 206
Ⅱ. ELW시장의 상장 / 208
Ⅲ. ELW의 거래제도 / 208
Ⅳ. 우리나라 ELW의 발행상품 / 209

PART Ⅲ 파생상품시장과 펀드시장

제 8 장 파생상품시장

제 1 절 파생상품시장의 개요 ····· 213

Ⅰ. 파생상품시장의 역사 / 213
Ⅱ. 파생상품시장의 의의와 기능 / 215
Ⅲ. 파생상품시장의 거래유형 / 216
Ⅳ. 파생상품시장의 야간거래 / 220

제 2 절 선물시장의 이해 ····· 222

Ⅰ. 선물시장의 개요 / 222
Ⅱ. 선물시장의 구조 / 224
Ⅲ. 선물거래의 조건 / 225
Ⅳ. 선물거래의 절차 / 227

제 3 절 우리나라의 선물시장 ····· 232

Ⅰ. 주가지수상품 / 233
Ⅱ. 변동성지수상품 / 238
Ⅲ. 개별주식상품 / 239
Ⅳ. ETF상품 / 240
Ⅴ. 채권/금리상품 / 241
Ⅵ. 통화상품 / 244
Ⅶ. 상품선물 / 245

제 4 절 옵션시장의 이해 ····· 246

Ⅰ. 옵션시장의 개관 / 246
Ⅱ. 옵션거래의 종류 / 248
Ⅲ. 옵션의 증거금제도 / 251
Ⅳ. 옵션가격 / 252

제 5 절 우리나라의 옵션시장 ········ 253

I. 주가지수상품 / 253
II. 주식옵션 / 257
III. 미국달러옵션 / 258

제 9 장 펀드(집합투자기구)시장

제 1 절 집합투자기구의 이해 ········ 259

I. 집합투자기구의 의의 / 259
II. 집합투자기구의 종류 / 261

제 2 절 집합투자기구의 형태 ········ 265

I. 투자신탁 / 265
II. 투자회사 / 268

제 3 절 집합투자업자의 영업행위 ········ 273

I. 집합투자업자의 영업의무 / 273
II. 집합투자업자의 영업제한 / 275

제 4 절 집합투자기구(펀드)상품 ········ 277

I. 단기펀드상품(MMF) / 277
II. 증권펀드상품 / 277
III. 파생펀드상품 / 279
IV. 기타 펀드상품 / 282

제 5 절 사모펀드 및 국부펀드 ········ 284

I. 사모펀드 / 284
II. 국부펀드 / 289

PART IV 자본시장 제도와 투자지표

제10장 상장 및 공시 제도

제 1 절 증권시장의 상장제도 ········ 293

I. 상장의 의의 / 293
II. 상장의 종류 / 294
III. 상장의 효과 / 296
IV. 상장의 요건 / 299
V. 상장의 절차 / 300
VI. 상장폐지 / 302

제 2 절 SPAC의 상장제도 ······ 305

Ⅰ. SPAC의 개요 / 305
Ⅱ. SPAC의 상장절차 / 306
Ⅲ. SPAC의 상장심사 요건 / 307
Ⅳ. SPAC의 상장관리 / 308

제 3 절 증권시장의 공시제도 ······ 309

Ⅰ. 공시제도의 개념 / 309
Ⅱ. 공시제도의 유형 / 311
Ⅲ. 불성실공시에 대한 제재 / 313

제11장 규제 및 보호 제도

제 1 절 불공정거래 ······ 315

Ⅰ. 불공정거래의 의의 / 315
Ⅱ. 내부자거래의 규제제도 / 316
Ⅲ. 시세조종의 규제제도 / 316
Ⅳ. 부정거래행위의 금지제도 / 318
Ⅴ. 시장경보제도 / 318
Ⅵ. 공매도의 규제 / 319

제 2 절 심리 및 감리 제도 ······ 321

Ⅰ. 심 리 / 321
Ⅱ. 감 리 / 322
Ⅲ. 심리 및 감리 결과의 처리 / 323

제 3 절 투자자 보호제도 ······ 324

Ⅰ. 투자자의 의의 / 324
Ⅱ. 투자자 보호제도의 내용 / 326

제 4 절 경영권 보호제도 ······ 329

Ⅰ. 경영권 보호제도의 의의 / 329
Ⅱ. 합병 · 인수제도 / 330
Ⅲ. 종업원지주제도 / 330
Ⅳ. 공개매수제도 / 331
Ⅴ. 대량보유보고제도(5% 룰) / 331
Ⅵ. 자기주식 매입제도 / 332
Ⅶ. 의결권대리행사 제한제도 / 332

제12장 자본시장 투자지표

제 1 절 주식시장의 지표 ······ 333

Ⅰ. 주식시장의 주가지수 / 333
Ⅱ. 주식시장의 유동성지표 / 342
Ⅲ. 주식시장의 투자지표 / 344

제 2 절 채권시장의 지표 ········· 347
Ⅰ. 채권지수 / 347
Ⅱ. 채권의 위험지표와 유동성지표 / 349

제 3 절 파생상품시장의 지표 ········· 352
Ⅰ. 선물시장의 지표 / 352 Ⅱ. 옵션시장의 지표 / 354

제 4 절 증권상품의 투자지표 ········· 356
Ⅰ. ETF의 투자지표 / 356 Ⅱ. ETN의 투자지표 / 359
Ⅲ. ELW의 투자지표 / 361

PART V 금융투자업 및 관련기관

제13장 금융투자업

제 1 절 금융투자업의 개요 ········· 367
Ⅰ. 금융투자업의 의의 / 367 Ⅱ. 금융투자업의 종류 / 368

제 2 절 금융투자업의 인가 및 등록 ········· 371
Ⅰ. 금융투자업의 기능별 규제 / 371 Ⅱ. 금융투자업의 인가 / 373
Ⅲ. 금융투자업의 등록 / 376

제 3 절 건전경영의 유지 ········· 377
Ⅰ. 경영건전성의 감독 / 377 Ⅱ. 대주주와의 거래제한 / 378

제 4 절 영업행위의 규칙 ········· 379
Ⅰ. 영업행위의 공통규칙 / 379
Ⅱ. 금융투자업자별 영업행위 규칙 / 387

제14장 금융투자업 관련기관

제 1 절 금융투자업의 감독기관 ··· 393

Ⅰ. 금융위원회 / 393
Ⅱ. 금융감독원 / 395
Ⅲ. 금융위원회와 금융감독원의 관계 / 396
Ⅳ. 증권선물위원회 / 397

제 2 절 금융투자업의 거래기관 ··· 399

Ⅰ. 한국거래소 / 399
Ⅱ. 넥스트레이드 / 400
Ⅲ. 한국예탁결제원 / 401
Ⅳ. 한국증권금융 / 402
Ⅴ. 종합금융회사 / 402

제 3 절 금융투자업의 관련협회 ··· 403

Ⅰ. 한국금융투자협회 / 403
Ⅱ. 한국상장회사협의회 / 404
Ⅲ. 코스닥협회 / 404

제 4 절 금융투자업의 평가회사 ··· 405

Ⅰ. 신용평가회사 / 405
Ⅱ. 집합투자기구평가회사 / 406
Ⅲ. 채권평가회사 / 406

제 5 절 금융투자업의 관련회사 ··· 407

Ⅰ. 금융투자업의 관련회사 / 407
Ⅱ. 증권회사와 금융투자회사 / 407
Ⅲ. 자산운용회사 / 408
Ⅳ. 일반사무관리회사 / 408
Ⅴ. 투자자문회사 / 409
Ⅵ. 신탁회사 / 409
Ⅶ. 선물회사 / 410
Ⅷ. 온라인소액투자중개회사 / 410
Ⅸ. 금융투자업의 기타 관련회사 / 410

부 록 자본시장법[발췌] ··· 411

찾아보기 ··· 461

PART I

자본시장의 기초

제 1 장 자본시장의 이해

제 2 장 금융투자상품의 이해

chapter 1

자본시장의 이해

제 1 절 금융시장

Ⅰ. 금융시장의 이해

1. 금융의 의의

최근의 코로나19는 전 세계를 흔들어 세계화를 퇴조시켰으며 금융시장도 위기에 처하게 하여 주식시장을 롤러코스터처럼 불안전하게 하고 있다. 이 바이러스의 확산은 세계 경제에 미칠 충격이 예상보다 더 커지고 있는 게 지금 현실이며 BC(Before Corona)에서 AD(After Disease)로 비유될 만큼 모든 분야에서 커다란 변화를 몰고 오고 있다. 하지만 코로나19 사태는 글로벌 경제적 변화에 중요한 모멘텀도 제공하고 있다. 이러한 불확실한 상황에서 우리나라 금융시장의 중심축인 자본시장 전반에 대한 지식은 물론, 증권과 관련된 실무적 지식을 이해하여 금융시장의 변화에 대처할 수 있는 금융전문기술을 습득하는 것도 미래의 위기에 대처할 수 있는 중요한 일이다.

금융(finance)은 금융거래와 같은 의미로 경제주체들이 서로 자금을 거래하는 것을 말한다. 국민경제 내에서 경제주체는 정부부문, 기업부문, 가계부문으로 분류된다. 이러한 각 경제주체들의 거래에는 실물자산을 대상으로 하는 실물거래(spot transaction)와 금융자산을 대상으로 하는 금융거래(financial transaction)가 있다. 실물거래로 인한 자금의 흐름을 산업적 순환(industrial circulation)이라 하며 금융거래로 인한 자금의 흐름을 금융적 순환(financial circulation)이라 한다. 이러한 순환들은 독립적이지 않고 산업적 순환이 금융적 순환을 촉진시키기도 하며 반대로 금융적 순환이 산업적 순환을 촉진시키기도 한다.

한편 금융에는 직접금융과 간접금융이 있다. 직접금융(direct financing)은 자금의 수요자인 기업과 자금의 공급자인 가계가 금융시장을 통하여 직접적으로 거래하는 방식으로, 주로 자본시장을 통한 주식과 채권의 발행 및 매매와 같은 형태의 거래이다. 그리고 간접금융(indirect financing)은 자금의 수요자와 공급자 사이에 직접 거래를 하지 않고, 수요자와 공급자 사이에 제3의 중개기관(금융기관)이 개입하여 자금의 흐름을 원활하게 해주는 거래방식으로 수요자와 금융기관, 공급자와 금융기관이 거래하는 방식이다. 은행은 간접금융에서 자금의 수요자와 공급자를 연결시켜 주는 대표적인 금융기관이다.

2. 금융시장의 의의

금융시장(financial market)은 경제주체들의 거래행위 과정에서 흑자지출단위로부터 적자지출단위로 자금이 이전되는 시장이다. 각 경제주체들은 일상적인 거래를 통하여 계속적으로 돈을 벌어들이거나 지출을 하는데, 소득이 지출보다 많은 경제주체를 흑자지출단위(SSU : surplus spending unit)라 하며, 반대로 지출이 소득보다 많은 경제주체를 적자지출단위(DSU : deficit spending unit)라 한다. 일반적으로 자금의 수요자는 적자지출단위인 기업이고, 자금의 공급자는 소득의 일부를 현재 소비에 충당하고 일부는 미래 소비를 위해 저축하는 흑자지출단위인 가계이다.

금융시장은 금융상품 등이 거래되는 구체적이고 특정한 장소를 의미할 뿐만 아니라 일정한 거래질서에 의하여 자금의 거래가 계속적으로 이루어지도록 하는 체계나 기구를 가리키는 추상적 시장도 의미한다. 금융시장은 자금의 수요와 공급에 관한 정보가 집결되며, 경제주체들은 금융시장을 통하여 필요한 자금을 조달하거나 유휴자금을 공급하여 투자수익을 얻을 수 있는 시장이다. 그리고 금융기관은 금융시장에 다양한 금융상품을 개발하여 제공함으로써 자금의 거래를 중개하는 역할을 한다.

금융시장은 가계의 여유자금을 기업으로 이전하여 자본의 효율성을 증대시키고, 개인에게는 영세한 자금이지만 이들 자금을 모아 대규모 자금으로 만들어 경쟁력이 있는 거대한 기업을 운영할 수 있도록 한다. 또한 금융시장은 저축이나 투자에 대한 이자와 배당을 보장함으로써 일반인의 저축과 투자의욕을 증대시켜 거대한 자본형성을 촉진할 뿐만 아니라, 일반인의 소득증대로 인한 상품시장의 구매력이 증가하여 재화시장에서 원활한 유통을 촉진시킨다.

3. 금융시장의 기능

금융시장은 국민경제에서 매우 중요한 역할을 수행하고 있다. 금융시장이 기능을 잘 수행해야 자금의 순환이 원활히 이루어지고 자금의 배분이 효율적으로 이루어져 기업의 생산활동에 도움을 줄 수 있다. 국민경제적 측면에서 금융시장이 수행하고 있는 기능을 살펴보면 다음과 같다.

1) 자금의 수요자와 공급자 간 금융거래의 중개 기능

금융시장은 주로 자금의 여유가 있는 공급자와 자금이 부족한 수요자 간에 금융거래가 형성될 수 있도록 하는 시장으로서 역할을 수행한다. 즉, 금융시장은 가계의 저축 형태로 축적된 잉여자금을 기업의 투자자금으로 이전되도록 하여 국민경제 내의 자금을 효율적으로 활용하게 함으로써 경제성장에 기여한다.

2) 금융상품의 가격결정 기능

금융시장은 금융상품의 가격을 결정하는 기능을 수행한다. 따라서 자금의 수요자와 공급자가 금융거래에서 가격을 담보로 거래할 수 있을 뿐만 아니라 시장가격을 거래의 신호로 받아들여 유리한 금융상품을 선택할 수 있게 한다.

3) 금융거래와 관련된 정보제공 및 비용절감 기능

금융시장은 시장참여자들의 수요와 공급 등 금융거래와 관련된 모든 정보를 제공하여 시장참여자들의 금융거래에 따른 비용을 절감시키는 기능을 수행한다. 금융시장의 정보는 금융상품의 가격결정에 영향을 미치기 때문에 금융시장에는 금융거래와 관련된 모든 정보들이 집결된다. 따라서 자금의 수요자나 공급자는 금융시장을 통하여 금융거래에 필요한 정보를 저렴한 비용으로 얻을 수 있다. 예를 들면, 일반투자자들이 금융시장에서 제공하는 기업의 신용등급을 이용하여 기업의 채권을 구입하면 정보수집에 따른 비용을 절감할 수 있다.

4) 투자자의 유동성 확보 기능

금융시장은 투자자들이 보유하고 있는 금융자산을 현금화할 수 있는 유동성을 높여주는 기능을 수행한다. 금융시장이 발달하고 금융거래가 활성화됨에 따라 채권이나 주식을 보유하고 있는 투자자들은 보유금융상품을 시장가격으로 다른 투자자들에게 금융시장을 통하여 매각할 수 있기 때문에 장기적 금융상품도 유동성이 확보된다. 이러한 금융시장의 기능은 자금의 공급자가 유동자금을 장기적 금융투자상품에 투자할 수 있는 기회를 제공함으로써 자금의 수요자인 기업은 장기적 투자자금을 원활히 조달할 수 있게 된다.

5) 투자자의 위험관리 및 금융거래의 기회제공 기능

금융시장은 투자자들이 위험관리를 할 수 있는 다양한 금융투자상품과 금융거래의 기회를 제공하는 기능을 수행한다. 직접금융시장에서는 투자자들이 여러가지 형태의 증권에 분산투자할 수 있는 기회를 제공하고, 간접금융시장에서는 자금의 공급자를 대신하여 금융기관이 위험을 부담한다. 최근 거래가 활발하게 이루어지고 있는 선물이나 옵션의 금융투자상품도 투자자들이 위험을 회피할 수 있는 금융투자상품 중의 하나이다.

6) 시장참여자의 효용극대화 기능

자금의 공급자들은 가계이고 가계의 주체들은 소비자이다. 소비자들은 금융시장을 이용하여 상이한 시차선호를 극대화할 수 있다. 즉, 소비자들은 현재의 소득으로 현재의 소비를 포기하고 미래의 소비를 위하여 금융시장을 이용하여 저축을 하며, 생산자도 금융시장의 자금을 이용하여 최적의 생산을 할 수 있다.

7) 시장참여자의 감시와 평가 기능

금융시장은 시장에 참여하는 기업과 정부를 감시하고 평가하는 기능을 수행한다. 기업과 정부가 어떠한 계획안을 발표하고 추진할 경우에 금융시장은 그에 대한 가격반응을 통하여 감시하고 평가한다.

4. 금융시장의 분류

1) 간접금융시장과 직접금융시장

금융시장은 자금을 조달하는 방법에 따라 간접금융시장과 직접금융시장으로 분류할 수 있다.

간접금융시장(indirect financial market)은 자금의 공급자와 수요자 사이에 은행 등 금융기관이 중간매개자로서 역할을 하여 금융거래가 이루어지도록 하는 시장이다. 기업에 대한 은행대출은 대표적인 간접금융의 수단으로, 은행이 예금 등을 통해 자금의 공급자로부터 조달한 자금을 대출계약의 형태로 기업에 공급하는 것이다. 이러한 간접금융시장은 은행 중심의 금융제도가 발달한 독일과 일본에서 기업자금의 조달에 중요한 역할을 담당하고 있다.

직접금융시장(direct financial market)은 자금의 수요자인 기업이 증권을 발행하고 이를 자금공급자의 잉여자금과 직접 교환하는 금융시장이다. 기업에서 발행하는 주식이나 회사채는 대표적인 직접금융의 수단으로 자금의 수요자인 기업이 자금의 공급자로부터 자금을 직접 조달하는 방법이다. 이러한 직접금융시장은 시장 중심의 금융제도가 발달한 미국과 영국에서 기업자금의 조달에 중요한 역할을 한다.

2) 단기금융시장과 장기금융시장

금융시장은 자금의 공급기간에 따라 단기금융시장과 장기금융시장으로 분류할 수 있다.

단기금융시장(short-term financial market)은 만기가 1년 이내의 단기증권이 거래되는 화폐시장(money market)을 의미하며, 장기금융시장에 비하여 거래가 활발하고 범위가 넓은 시장이다. 이러한 화폐시장의 가장 대표적인 기관은 시중의 상업은행들이며, 이들 금융기관은 자금의 공급자로부터 예금된 자금을 자금의 수요자에게 대출해 준다. 또한 상업은행들은 상업어음을 할인 매수하는 형식으로 자금의 수요자에게 대출해 주고, 일시적인 급전의 자금도 공급해 주는 기관이다. 화폐시장은 자본시장과 구분하기 위하여 자금시장 또는 협의의 금융시장이라고도 부른다.

장기금융시장(long-term financial market)은 자본시장(capital market)이라고도 하며 자금의 공급자와 수요자 간에 1년 이상 장기적 자금이 거래되는 시장이다.

일반적으로 자금의 수요자인 기업들은 공장, 기계 등의 시설투자를 위해서 장기간 활용할 수 있는 자금이 필요하다. 이들 기업들은 장기적인 자금을 간접금융의 형태로 장기대부시장에서 조달하거나 직접금융의 형태로 증권시장에서 주식과 채권을 발행하여 조달한다. 그러나 기업들이 장기적인 자금을 장기대부시장에서 조달하는 것(국제차관 등)은 한계가 있기 때문에 주로 증권발행을 통해

[그림 1-1] 금융시장의 분류

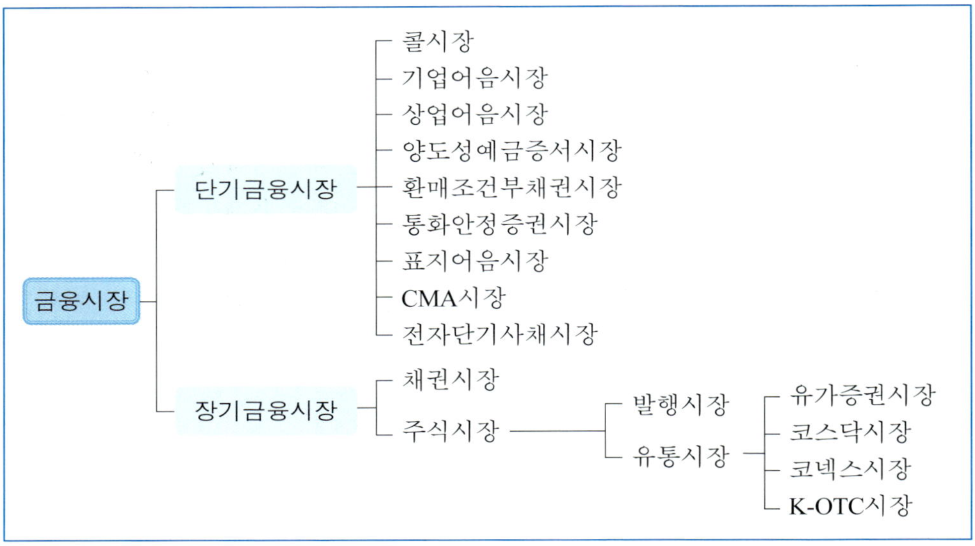

직접금융 형태로 장기자본을 조달하는 것이 일반화되어 있다. 따라서 증권시장은 자본시장이라는 의미로 사용되고 있다.

5. 단기금융시장의 종류

우리나라의 단기금융시장은 콜시장, 기업어음시장, 상업어음시장, 양도성예금증서시장, 환매조건부채권시장, 통화안정증권시장, 표지어음시장, CMA시장, 전자단기사채시장 등이 있다.

1) 콜시장

콜시장(call market)은 금융기관이 매일 영업하는 중에 발생하는 여유자금과 지불준비금의 부족을 조절할 목적으로 자금이 거래되는 시장이다. 즉, 금융기관 상호간에 일시적인 자금과부족을 조절하기 위하여 초단기적으로 거래하는 시장으로 주로 1일물(익일물) 거래가 대부분을 차지하고 있다. 이 시장은 통상 거래가 전화를 통해 이루어지기 때문에 콜(call)시장이라고 부른다.

2) 기업어음시장

기업어음(CP : commercial paper)시장은 신용등급이 우수한 기업이 단기적 자금을 조달하기 위하여 상거래와 관계없이 발행한 무담보 융통어음이 할인 또는 거래되는 시장이다. 다만, 기존의 기업어음 거래의 부작용을 해소하고 단기금융시장을 활성화시키기 위해 2013년부터 기업어음을 대체할 수 있는 전자단기사채가 발행되고 있다.

3) 상업어음시장

상업어음(CB : commercial bill)시장은 상거래에서 발생된 미지급대금을 약속어음의 형태로 발행한 진성어음을 어음의 지급일 이전에 금융기관이 할인하여 매입하는 시장을 말한다.

4) 양도성예금증서시장

양도성예금증서(CD : certificate of deposit)시장은 은행이 단기자금을 조달하기 위하여 무기명으로 발행하는 양도성예금증서가 유통되는 시장을 말한다. 이 증서는 제3자에게 자유롭게 양도할 수 있는 금융상품이다.

5) 환매조건부채권시장

환매조건부채권(RP : repurchase agreement)시장은 일정기간이 경과한 후에 일정한 가격으로 동일 채권을 다시 매수하거나 매도할 것을 조건으로 하는 채권에 대한 거래시장이다.

6) 통화안정증권시장

통화안정증권(monetary stabilization bond)시장은 한국은행이 통화량의 조절을 목적으로 발행하는 통화안정증권이 유통되는 시장이다.

7) 표지어음시장

표지어음(cover bill)시장은 은행이 할인하여 보유하고 있는 상업어음, 무역어음 등을 분할하거나 이를 통하여 새로 발행한 약속어음을 거래하는 시장이다.

8) CMA시장

CMA(cash management account)시장은 고객이 예치한 자금을 기업어음이나 양도성예금증서, 국공채 등의 단기금융상품에 투자하여 그 수익을 고객에게 배당하는 상품이 거래되는 시장이다.

9) 전자단기사채시장

전자단기사채시장은 기업어음(CP)을 대체할 목적으로 2013년 1월 15일에 도입된 단기금융상품인 전자단기사채가 거래되는 시장이다. 여기서 전자단기사채는 법적 성격을 사채로 일원화하고 전자적 계좌부에 등록하여 발행하는 사채이다. 예탁결제원이 전자단기사채를 관리하는 주체가 되며, 전자단기사채의 발행인 또는 권리자는 제도의 운영주체에 계좌를 개설하여 전자단기사채를 발행하거나 권리를 취득하게 된다. 이 전자단기사채는 각 사채의 금액이 1억원 이상이어야 하고, 만기가 1년 이내이며, 사채 금액을 일시에 납입해야 하고, 만기에 원리금 전액을 한꺼번에 지급해야 한다. 그리고 전자단기사채는 다른 증권으로 전환하거나 다른 증권을 취득할 수 있는 권리가 부여되지 않는다.

전자단기사채는 한국예탁결제원을 통해 채권의 발행 현황과 발행사의 과거 발행액은 물론 발행사의 발행가능 잔액까지 조회할 수 있고, 안정성과 유통성은 물론 투명성도 있어 과거의 기업어음의 역할을 빠르게 대체하면서 2025년 상반기에 520조원이 발행되어 지속적으로 성장하고 있다.

6. 장기금융시장의 종류

장기금융시장은 주로 기업이나 정부 등 자금부족부문이 가계나 투자자 등 자금잉여부문으로부터 장기적으로 필요한 자금을 조달하는 데 활용되는 장기금융투자상품이 거래되는 자본시장으로 주식시장, 채권시장 등이 있다. 주식시장(stock market)은 주식회사의 물적 기반을 이루는 자기자본에 대한 권리를 표창하는 주식이 거래되는 시장이다. 주식시장은 일정요건에 의해 공개적으로 자본을 모집할 수 있도록 거래소를 조직하고 운영하는 것이 일반적이다. 우리나라의 주식시장은 한국거래소와 넥스트레이드에서 운영되고 있다.

채권시장(bond market)은 만기까지 약속된 방식에 의해 확정이자 및 원금의 지급을 약속한 청구권 형태의 채권이 거래되는 시장이다. 채권은 채무를 표창하는 증권으로 발행자의 신용에 따라 만기수익률이 달라진다. 발행된 채권은 유통시장에서 거래되는데, 거래소시장과 장외시장으로 나눌 수 있다.

한편 자본시장은 새로운 주식이나 채권 등이 발행되는 발행시장(issue market)과 이미 발행된 증권이 투자자들 사이에서 매매되는 유통시장(trading market)으로 구분된다. 유통시장은 유가증권시장, 코스닥시장, 코넥스시장이 운영되는 한국거래소와 제2의 거래소인 넥스트레이드, 한국금융투자협회의 K-OTC시장이 있다.

Ⅱ. 금융기관

1. 금융기관의 역할

금융상품은 거래자간에 특정시점 및 조건 하에서 일정한 금전적 지불을 보장하는 재무적 약속의 형태를 가진다. 이러한 약속들은 매개체인 금융기관의 중개관리를 통하여 거래자들에 의해 서로 이행된다. 따라서 금융기관(financial institution)은 자금의 수요자와 공급자 간에 이루어지는 금융거래의 중개자로서 역할을 수행한다. 또한 금융기관은 금융거래에 필요한 정보를 제공하는 역할은 물론, 금융거래의 자문과 같은 금융거래 서비스를 제공하는 역할도 수행한다. 비록 금융기관은 영리법인이지만 국민경제적 중요성으로 인하여 공공성이 요구되기 때문에 금융기관의 운영에 관련된 제반사항들이 법규에 의하여 많은 규제를 받고 있다.

2. 금융기관의 기능

금융기관은 자금의 수요자와 공급자에게 각종 금융서비스를 제공하는 기관으로 금융시장에서 금융거래비용의 절감, 지급결제수단의 창출, 금융자산의 변환 등의 기능을 수행한다.

[그림 1-2] 금융기관의 기능

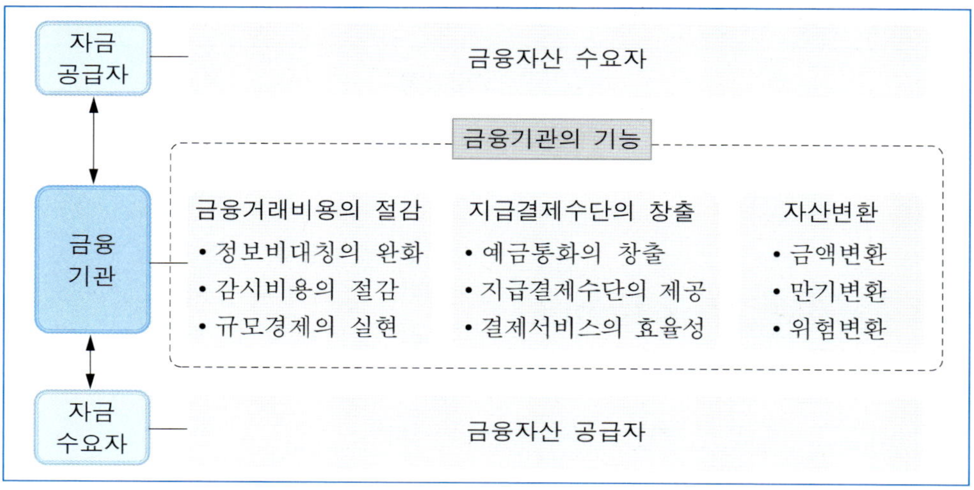

3. 금융기관의 종류

1) 통화창출 기능에 따른 분류

금융기관은 일반적으로 국제통화기금(IMF)의 통화성 기준으로 금융기관의 통화창출 기능의 유무에 따라 분류된다. 이에 따르면 금융기관은 크게 통화금융기관과 비통화금융기관, 그리고 기타기관으로 나누어진다.

통화금융기관(monetary institutions)은 현금통화를 창출하는 중앙은행과 예금통화를 창출하는 예금은행으로 나누어지며, 예금은행은 다시 일반은행과 특수은행으로 나누어진다. 일반은행은 은행법에 의하여 설립된 것으로 시중은행, 지방은행, 외국은행 국내지점 등이 이에 속한다. 특수은행은 일반은행이 기업성이나 전문성 때문에 접근하기 어려운 부분에 자금을 공급하는 등 특수한 목적달성을 위하여 설립된 금융기관이다.

비통화금융기관(nonmonetary institutions)은 업무의 특성에 따라 개발기관, 투자기관, 저축기관, 보험기관으로 나누어진다. 개발기관에는 산업은행, 수출입은행 등이 있으며 종합금융회사, 자산운용회사, 증권금융회사 등은 투자기관으로 분류된다. 그리고 저축기관으로는 은행신탁계정, 저축은행, 체신예금 등이 있다.

그 외에 통화금융기관이나 비통화금융기관에 포함되어 있지는 않지만 금융중개기능을 수행하거나 금융기관과 관련성이 많은 업무를 수행하는 증권회사와 증권관련기관, 신용보증기관, 벤처금융회사, 손해보험회사, 리스회사 등이 기타기관으로 분류된다.

[그림 1-3] 통화창출 기능에 따른 금융기관의 분류

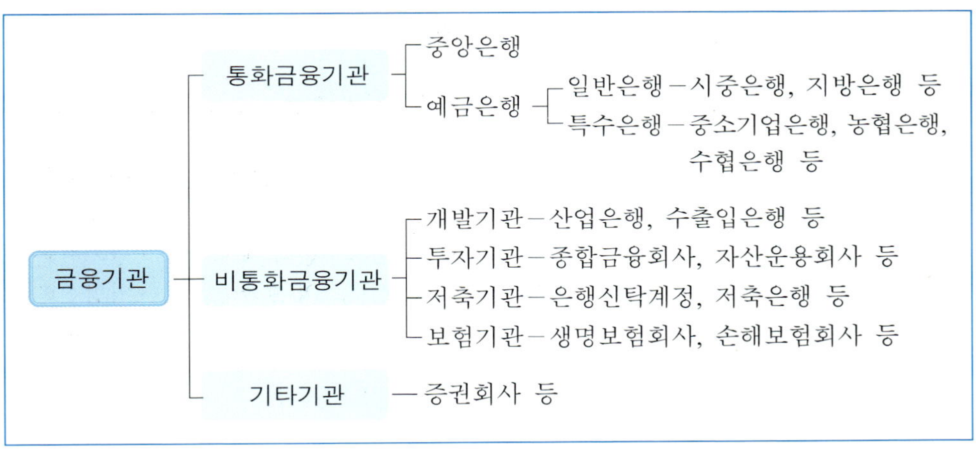

2) 업무영역에 따른 분류

최근에는 금융시장의 개방화와 자율화가 확산됨에 따라 금융산업은 전업주의에서 겸업주의로 옮겨가고 있다. 이에 따라 우리나라는 금융의 개방이나 제도개선 등을 업무영역별로 구분하여 접근하고 있다. 즉, 금융산업을 금융투자업, 은행업, 보험업의 3대 업무영역으로 나누어 업무조정을 하고 있는 것이다. 각 영역별 고유업무에 대해서는 자회사를 통한 상호진출을 허용하고, 부수 및 주변업무에 대해서는 겸업을 확대하고 있다.

우리나라도 과거의 증권거래법은 증권회사[1]가 증권회사의 업무범위 외의 다른 업무를 겸영하지 못하게 하였으나 자본시장법(자본시장과 금융투자업에 관한 법률)은 금융투자업간 겸영을 법률에서 금지하지 않음으로써 금융투자업자가 원할 경우 6개 영역의 금융투자업을 모두 겸영할 수 있도록 하고 있다. 6개 영역의 금융투자업은 자본시장법 제6조 제1항에서 ① 투자매매업, ② 투자중개업, ③ 집합투자업, ④ 투자자문업, ⑤ 투자일임업, ⑥ 신탁업 등으로 규정하고 있다. 금융기관을 업무영역별로 분류하면 〈표 1-1〉과 같다.

〈표 1-1〉 업무영역에 따른 금융기관의 분류

전업단위	금융업	관련금융회사
금융투자업	투자매매업 투자중개업 집합투자업 투자자문업 투자일임업 신탁업	금융투자회사 및 금융투자업을 겸영하는 금융회사(증권회사, 증권투자회사, 자산운용회사, 투자자문회사, 증권금융회사 등)
은행업	여신업·수신업	일반은행(시중은행, 지방은행, 외국은행 국내지점), 특수은행(중소기업은행, 농업협동조합, 수산업협동조합), 개발기관(한국산업은행, 한국수출입은행), 저축기관(저축은행, 신용협동조합, 상호금융, 체신예금), 투자기관(종합금융회사), 여신전문기관(리스회사, 벤처금융회사, 신용카드회사, 할부금융회사)
보험업	보험계약 체결·이행업	생명보험회사, 외국생명보험 국내지사, 손해보험회사, 체신보험

1) 한국거래소의 회원은 대부분 '증권회사'라는 상호를 사용하고 있지만 자본시장법은 법 취지에 따라 '금융투자회사'로 상호를 전환하기로 하였다. 본 교재에서는 주로 증권회사라는 용어를 사용하고, 금융투자회사, 한국거래소의 회원 및 회원사 등의 용어도 혼용하여 사용하고 있다.

제 2 절 자본시장

Ⅰ. 자본시장의 의의

자본시장(capital market)은 금융투자상품을 수요와 공급에 의해 매매가 이루어지게 하는 시장으로, 자금의 수요자와 공급자를 직접 연결하는 직접금융의 기능을 담당하는 시장이다. 현대의 주식회사는 기업의 자본을 여러 주식으로 분할한 증권을 투자자들에게 발행해 주고, 많은 투자자들로부터 유휴자금을 모아 거대한 자금을 조달하고 있다.

자본시장법에 따르면 자본시장은 금융투자상품의 종류에 따라 증권시장과 파생상품시장으로 나뉜다. 증권시장(security market)은 다시 거래소시장과 장외시장으로 구분되는데, 거래소시장은 유가증권시장, 코스닥시장, 코넥스시장으로 분류된다. 그리고 파생상품시장(derivatives market)은 장내파생상품의 매매를 위하여 거래소가 개설하는 시장이라고 규정하고 있다. 한편 장외시장(off board market)은 거래소시장 이외의 장소에서 유가증권의 거래가 이루어지는 시장으로 K-OTC 시장(Korea Over-The-Counter Market)과 K-OTCBB시장(Korea Over-The-Counter Bulletin Board Market)이 있다.

Ⅱ. 자본시장의 구조

자본시장은 발행시장과 유통시장으로 구분할 수 있다. 발행시장(issue market)은 제1차적 시장(primary market)으로 신규발행증권이 발행자로부터 투자자에게 최초로 매출되는 시장을 말하고, 유통시장(trading market)은 제2차적 시장(secondary market)으로 이미 발행된 증권이 투자자간에 매매되는 시장을 말한다.

이러한 발행시장과 유통시장은 서로 보완적인 관계에 있다. 발행시장은 자금을 조달하고자 하는 기업에서 발행한 신규 채권이나 주식이 최초로 투자자에게로 매매되는 시장으로, 유통시장에서 증권이 자유롭게 유통됨으로 인하여 활성화된다. 그리고 유통시장은 이미 발행된 증권이 투자자들 사이에서 거래되는 시장으로, 발행시장으로부터의 순조로운 증권의 공급을 필요로 하고 있다.

1. 발행시장의 구조

발행시장은 자금의 수요자가 발행한 신규증권과 투자자의 투자자금이 교환되는 일련의 과정을 가리키는 추상적인 시장(abstract market)이다. 증권의 발행자는 주식이나 채권을 발행하여 필요한 자금을 조달하며, 투자자는 증권을 매입함으로써 증권에 투자하게 된다. 발행시장은 개인이나 기관이 가진 소규모의 투자자금을 기업이 발행하는 증권이라는 매체를 통하여 대규모 기업자금으로 변환시키는 역할을 수행하게 한다. 그리고 발행시장의 참여자는 주식이나 채권의 발행주체인 발행자와 발행관련업무와 인수업무를 담당하는 인수기관과 분매기관으로 구성된 발행중개기관, 그리고 주식이나 채권에 투자하는 투자자로 구성된다.

2. 유통시장의 구조

유통시장은 투자자의 투자자금에 대한 환금성을 부여함으로써 증권시장을 활성화시키는 역할을 한다. 투자자들은 투자자금의 회수를 원하는 경우에 유통시장을 통하여 소유한 증권을 매각하여 투자자금을 환수할 수 있다. 그 때문에 투자자들이 투자한 채권이나 주식의 투자기간과 상관없이 기업이 증권을 통하여 조성된 자금을 장기투자에 사용할 수 있는 것도 유통시장의 역할이다. 또한 유통시장은 증권에 대한 수요와 공급에 따른 경쟁에 의한 공정한 가격 형성의 역할을 수행한다. 이는 투자자들에게 투자기준을 제공하고 새로운 증권의 발행가격을 결정하는 데 기초가격의 자료를 제공한다.

한국거래소의 유통시장 구조는 주식시장, 채권시장, 증권상품시장, 파생상품시장, 일반상품시장으로 나누어진다. 주식시장은 상장회사의 주식이 거래되는 시장으로 유가증권시장, 코스닥시장, 그리고 코넥스시장이 있다. 채권시장은 도매시장인 국채전문유통시장 및 환매조건부채권(REPO)시장과 투자자 제한이 없는 소매시장인 일반채권시장 및 소액채권시장으로 운영되고 있다. 증권상품시장은 주식・채권과 구별되는 ETF, ETN, 그리고 ELW와 같은 상품이 거래되는 시장이다. 파생상품시장은 주식과 채권을 기초자산으로 하여 파생된 선물, 옵션 등이 거래되는 시장이다. 그리고 일반상품시장은 석유, 금, 배출권 등의 일반상품이 거래되는 시장이다. 한편 제2의 거래소인 넥스트레이드는 유가증권시장과 코스닥시장의 상장주권 중 일정한 요건을 충족하는 종목이 거래되는 시장이다.

Ⅲ. 자본시장의 기능

1. 장기산업자본의 조달 기능

자본시장은 기업이 증권의 발행을 통하여 장기적 산업자금을 조달하는 기능을 수행한다. 따라서 기업들은 장기자금을 주식이나 사채의 발행에 의한 장기적으로 안정적인 자금형태로 자본시장을 통해서 조달하려고 한다. 이러한 자본시장을 통한 기업의 장기자금조달은 국민경제적인 측면에서 바람직하고 기업의 건전한 자본구조를 구성하는 데 도움이 된다.

2. 효율적 자금배분 기능

자본시장에서 증권의 발행에 의한 직접금융은 기업의 가치가 객관적인 증권가격에 나타나 자금의 효율적 배분이 이루어지게 한다. 자본시장에서 미래수익률이 높을 것으로 예상되는 기업은 그렇지 못한 기업보다 낮은 비용으로 자금을 최대한 조달하여 생산능력을 확충할 수 있다. 이와 같이 자본시장은 기업의 수익성과 생산성이 낮은 비우량기업에 비해 수익성과 생산성이 높은 우량기업에 더 많은 자금을 배분하여 효율적 자금배분의 기능을 수행한다.

3. 투자자의 저축 기능

자본시장은 자금의 수요자 측면에서 보면 자금조달시장이지만, 자금의 공급자 측면에서는 저축 내지 금융자산의 운용을 위한 투자시장이다. 자본시장은 주식, 채권 등 다양한 저축수단을 투자자에게 제공한다. 자본시장이 제공하는 금융자산은 기대수익률이 높은 반면 위험도 상대적으로 높은 것이 특징이다.

4. 통화정책의 매개 기능

자본시장은 중앙은행의 통화정책을 실현하는 효율적인 수단으로서 기능을 수행하고 있다. 중앙은행은 유동성 조절을 통해 콜금리 등 단기금리를 변동시키며 자본시장의 장기수익률에 영향을 미치고 기업의 자금조달비용을 변동시킴으로써 궁극적으로 기업의 투자결정에 영향을 미친다. 이와 같이 자본시장은 통화정책의 중요한 조정수단을 제공한다.

5. 소유와 경영의 분리 기능

기업이 대형화되면 대주주의 소유주식이 분산되어 궁극적으로는 소유와 경영이 분리되는 것이 선진자본주의 국가에 있어서 일반적인 경향이다. 이와 같이 기업에 있어서 소유와 경영의 분리는 자본시장이 존재함으로써 가능한 것이며, 경영의 민주화를 촉진시키는 큰 요인이 된다.

Ⅳ. 자본시장의 종류

1. 주식시장

1) 유가증권시장

유가증권시장(KOSPI market)은 우량한 상장기업이 발행한 증권의 매매거래를 통해 공정한 가격형성과 유통의 원활을 기하기 위하여 한국거래소가 개설하여 관리하는 구체적이고 조직적인 시장이다. 이러한 유가증권시장은 일정한 시설과 장소를 갖춘 시장이며, 다수의 거래소 회원(증권회사)들이 일정한 시간에 거래원칙에 따라 매매하는 조직화된 시장이다.

2) 코스닥시장

코스닥시장(KOSDAQ market)은 유가증권시장에 상장이 어렵지만 성장성과 기술력이 있는 벤처기업과 유망 중소기업들을 상장하도록 하고 이들 기업들이 발행하는 증권을 일정한 매매원칙에 따라 거래하는 시장이다. 자본시장법 시행령은 코스닥시장의 거래대상 증권으로 사채권, 주권, 신주인수권이 표시된 것, 상장지수집합투자기구, 지분증권의 가격이나 이를 기초로 하는 지수의 변동과 연계된 파생결합증권, 예탁결제원에서 외국법인 등이 발행한 주권과 관련된 증권예탁증권 등을 규정하고 있다.

3) 코넥스시장

코넥스시장(KONEX market)은 유가증권시장과 코스닥시장에 상장되지 못하는 벤처기업이나 초기 중소기업의 원활한 자금조달을 지원하기 위해 만들어진 제3의 주식시장으로 중소기업전용 시장이다.

4) K-OTC시장

K-OTC시장(Korea Over-The-Counter market)은 유가증권시장 및 코스닥시장에 상장되지 아니한 비상장주권의 매매거래를 위하여 한국금융투자협회가 개설하여 운영하는 제도화된 장외시장이다. 이러한 시장은 비상장기업 중 성장단계에 있는 벤처기업, 일반기업, 테크노파크기업 등 혁신형 기업들이 자본시장을 통하여 자금조달이 가능하도록 하기 위하여 운영되는 시장이다.

2. 채권시장

채권시장(bond market)은 국공채, 회사채가 거래되는 시장이다. 채권은 유가증권에 포함된 증권으로 거래소시장인 유가증권시장, 코스닥시장, 코넥스시장에서 거래될 뿐만 아니라 K-OTC시장에서도 거래가 이루어지고 있다. 따라서 채권시장은 이들 시장과 별도로 거래되는 시장이 아니라 같은 장소에서 거래된다.

3. 증권상품시장

증권상품시장(equity product market)은 주식・채권과 구별되는 다양한 증권상품을 주식처럼 거래할 수 있는 시장이다. 현재 거래되고 있는 증권상품에는 ETF, ETN 그리고 ELW가 있으며, 자본시장법상 ETF는 집합투자증권으로, ETN과 ELW는 파생결합증권으로 분류된다.

4. 파생상품시장

파생상품시장(derivatives market)은 기초자산의 가격변동에 따라 파생적으로 가격이 결정되는 상품인 파생상품이 거래되는 시장을 의미한다. 자본시장법은 선도, 옵션, 스왑과 같이 투자성이 있고 원본초과손실의 가능성이 있는 금융투자상품을 파생상품으로 규정하고 있다. 파생상품시장은 거래소에 개설된 장내파생상품시장과 거래소 이외의 장소에서 시장참가자간에 직접 거래되거나 딜러나 브로커의 중개에 의하여 거래되는 장외파생상품시장이 있다.

5. 펀드(집합투자기구)시장

펀드시장(fund market)은 집합투자증권이 거래되는 시장을 의미한다. 통상적으로 사용되고 있는 펀드라는 용어는 집합투자를 수행하는 기구로서 자본시장법은 '집합투자기구'라고 표현하고 있다. 대표적으로 투자신탁 및 투자회사가 집합투자기구(collective investment scheme)이며, 이 집합투자기구에 대한 수익권과 출자지분이 표시된 것을 집합투자증권(collective investment security)이라고 한다. 이러한 펀드시장은 공식적으로 개설된 시장이 아니지만 자본시장과 금융상품을 이해하는 데 도움을 주고자 제시하였다.

Ⅴ. 우리나라 자본시장의 발전과정

우리나라의 근대적 증권시장은 1956년에 국채 중심의 증권시장이 개설되면서 시작되었다. 1956년~1967년 기간은 증권시장의 개설단계로, 국채 중심에서 주식거래 중심으로 전환되었다. 1968년~1980년 기간은 증권시장 성장발전의 기반구축 단계로, 자본시장 육성기반을 구축하고 증권관계 법규 정비 및 기관들이 설립되었다. 1981년~1991년 기간은 증권시장의 발전 및 국제화 추진단계로, 증권업무 인프라 구축 및 제도의 정비가 이루어졌고 증권시장의 국제화, 자율화, 대중화가 이루어졌다. 1992년~1997년 기간은 증권시장의 국제화에 진전을 가져왔고 코스닥시장, 선물 및 옵션 시장이 개설되었다. 1998년~2004년 기간은 IMF 외환위기와 자본시장 글로벌화 단계로, 자본시장의 제도변화와 글로벌화가 추진되었다. 2005년~2007년 기간은 통합거래소의 출범과 도약단계로, 한국증권거래소, 코스닥시장, 한국선물거래소를 한국증권선물거래소로 통합하였다. 2008년~2014년 기간은 자본시장의 선진화 추진단계로, 자본시장법의 시행과 한국증권선물거래소를 명칭변경하여 현재의 한국거래소가 탄생하였다. 한국거래소는 2015년에 위안선물시장, 코스닥주식선물시장 및 온실가스배출권거래시장을 개설하고, 2016년에 KRX스타트업시장(KSM)을 개설하였다. 그리고 2017년에 ETF선물, 2018년에 KRX300선물 및 코스닥150옵션, 2019년에 코스피200위클리옵션을 상장하였다. 2020년~2024년 기간은 Eurex 연계 코스피200선물이 상장되었고, 30년국채선물 및 코스닥글로벌지수선물시장이 개설되었다. 2025년에는 야간 파생상품시장과 제2의 거래소인 넥스트레이드도 개설되었다.

제 3 절 자본시장법의 개요 및 주요 내용

I. 자본시장법의 개요

1. 자본시장법의 제정이유

자본시장법(자본시장과 금융투자업에 관한 법률)은 우리나라 자본시장에서의 금융혁신과 경쟁을 촉진하여 우리 자본시장이 동북아 금융시장의 중심으로 발돋움할 수 있도록 하고, 경쟁력이 있는 투자은행(IB : investment bank)이 출현할 수 있는 제도적 기반을 마련하며 투자자 보호를 선진화하여 자본시장에 대한 신뢰를 높이기 위하여 과거의 증권거래법, 선물거래법, 간접투자자산운용업법, 신탁업법, 종합금융회사에 관한 법률, 한국증권선물거래소법 등 6개 법률을 하나로 통합한 법이다.

자본시장법은 2007년 8월 3일에 제정되어 2009년 2월 4일부터 시행되고 있다. 이와 같은 자본시장법의 제정은 우리나라 자본시장과 자본시장 관련 금융산업의 발전이 미흡하여 자본시장에서의 금융 빅뱅(big bang)이 필요한 시점에 다음과 같은 몇 가지의 필요성에 의하여 태동하였다.

1) 자본시장의 자금중개 기능 부진

기업들은 자본시장을 통한 자본조달이 위축되어 자본시장이 혁신형 기업에 대한 자금공급 기능을 수행하지 못하였을 뿐만 아니라 실물경제 규모에 맞게 발전하지도 못하였다.

2) 자본시장 관련 금융산업 발전의 미흡

증권, 선물, 자산운용 등 자본시장과 관련된 금융산업의 발전이 미흡하여 금융시장 발전을 뒷받침하지 못하고 산업간 불균형도 심화되었다. 은행은 구조조정, 겸업화 및 대형화, 수익성 개선을 통해 경쟁력을 높여 왔으나 자본시장과 관련된 금융산업은 그간 구조조정이 부진했고 대형화·겸업화와 수익성 개선도 이루지 못하였다. 그리고 국내 증권회사는 선진 투자은행(IB)과 비교시 질적·양적으로 경쟁력이 크게 부족하였고, 위탁매매 위주의 영업행위를 함으로써 기업

금융, 자산관리, 자기매매를 균형 있게 영위하는 외국 투자은행과 큰 차이가 있었다.

3) 자본시장 관련 법제도의 문제점

과거의 자본시장과 관련된 법률들은 자본시장과 관련 금융산업의 획기적인 발전을 뒷받침하지 못하고 있었다. 증권회사, 선물회사, 자산운용회사, 신탁회사 등 금융회사별로 각각 별도의 법률이 존재하고 개별 법률마다 적용되는 규제가 상이하였으며, 금융회사가 취급할 수 있는 유가증권과 파생상품의 종류가 법령에 제한적으로 열거되어 있었다. 그리고 증권업, 자산운용업, 선물업, 신탁업 등 자본시장 관련 금융업간 겸영이 엄격하게 제한되었고, 선진화되고 체계적인 투자자 보호제도도 미흡하였다.

2. 자본시장법의 목적

자본시장법은 자본시장의 금융혁신과 공정한 경쟁을 촉진하고 투자자를 보호하며 금융투자업을 건전하게 육성함으로써 자본시장의 공정성 · 신뢰성 · 효율성을 높여 국민경제 발전에 이바지하기 위하여 제정하였다. 자본시장법 제1조는 '이 법은 자본시장에서의 금융혁신과 공정한 경쟁을 촉진하고 투자자를 보호하며 금융투자업을 건전하게 육성함으로써 자본시장의 공정성 · 신뢰성 및 효율성을 높여 국민경제의 발전에 이바지함을 목적으로 한다'라고 규정하고 있다.

자본시장법의 규정형식상 목적은 '국민경제의 발전에 이바지함'이라고 설정하고, 이를 위해 자본시장의 공정성, 신뢰성, 효율성을 기본적 조건으로 제시하고 있다. 그리고 기본적 조건의 향상을 위하여 ① 자본시장에서의 금융혁신과 공정한 경쟁 촉진, ② 투자자 보호, ③ 금융투자업의 건전한 육성 등을 각각의 구체적인 목표로 설정하고 있다.

하지만 자본시장법의 가장 중요한 목적은 '투자자 보호'에 있다. '자본시장에서의 금융혁신' 및 '공정한 경쟁 촉진과 금융투자업의 건전한 육성'은 궁극적인 목적인 투자자 보호를 위한 장치이며, '국민경제의 발전'은 자본시장의 공정성, 신뢰성, 효율성을 통하여 달성하려는 간접적이고 이념적인 목표라고 할 수 있다. 투자자 보호는 각국의 증권관련 규제에 있어서 궁극적인 목적이다.[2)]

2) 본 내용은 임재연, 『자본시장법』, 박영사, 2010, pp. 3～4에서 인용하였다. 투자자 보호를 모든 금융상품에 확대 적용하기 위하여 새로 금융소비자보호법을 제정하여 2021년부터 시행하고 있다.

Ⅱ. 자본시장법의 주요 내용

1. 포괄주의 체제

1) 포괄주의 도입배경

과거의 증권거래법에서는 자본시장에서 거래되는 유가증권의 종류를 국채, 지방채, 특수채, 사채, 주식, 출자증권, 수익증권 등 21개의 유가증권으로 제한적으로 열거하고 있었다.[3] 이러한 열거주의(positive system)에 따라 법률에서 열거하지 못한 상품은 법률상 유가증권이 아니었다. 따라서 열거되지 않는 상품은 금융기관의 취급이 허용되지 않았고 투자자 보호의 규제도 적용할 수 없었다.

금융상품의 정의에 대한 열거주의는 자본시장의 변화와 다양성이라는 속성과 배치되어 시장 내에 존재하는 수많은 기업과 투자자의 이질적이고 다양한 욕구를 충족시키는 금융상품의 출현을 차단하고 있었다. 이러한 열거주의 방식이 가지고 있는 문제점을 해소하기 위해 자본시장법은 금융투자상품의 개념과 범위에 관하여 해당 금융상품의 기능적인 속성을 기초로 포괄적으로 정의하는 포괄주의(negative system)를 도입하였다.

2) 금융투자상품의 포괄적 정의

자본시장법(제3조 제1항)은 금융투자상품(financial investment instruments)을 이익을 얻거나 손실을 회피할 목적으로 현재 또는 장래의 특정시점에 금전 등을 지급하기로 약정함으로써 취득하는 권리로서, 그 권리의 취득을 위하여 지급하였거나 지급해야 할 금전 등의 총액이 그 권리로부터 회수하였거나 회수할 수 있는 금전 등의 총액을 초과하게 될 위험이 있는 것으로 규정하여 포괄주의를 적용하고 있다. 이러한 포괄적 금융투자상품의 개념은 추상적으로 정의하여 향후 출현할 수 있는 모든 금융투자상품을 법률의 규제대상으로 포괄하고자 함은 물론, 금융투자회사의 취급가능한 금융투자상품과 보호규제의 대상을 대폭적으로 확대할 수 있다. 투자성이 있는 모든 금융상품을 금융투자상품으로 정의하고, 원본초과손실이 발생할 가능성이 있는지를 기준으로 하여 증권과 파생상품으로 구분하여 파생상품에 대해서는 더 강력한 투자자 보호 규제를 적용하였다.

---

3) 열거주의에 따른 금융상품의 범위는 증권거래법상의 유가증권과 간접투자자산운용업법상의 간접투자상품, 선물거래법상의 투자대상상품 등에서 사전적으로 제한하여 해당 금융회사를 중심으로 취급업무를 열거하였다.

2. 기능별 규제체제

1) 기능별 규제체제의 도입배경

과거의 증권거래법 등에서는 기관별 규제(institutional regulation)를 채택하여 금융기관의 종류에 따라 각각 상이하게 규제하였다. 즉, 증권회사의 경우에는 증권거래법, 자산운용회사는 간접투자자산운용업법, 선물회사는 선물거래법에 의해 규제를 받는 반면, 은행과 관련된 상품이나 업무 등은 은행법에 의하여 규제를 받아 온 것이다. 이러한 기관별 규제는 동일한 기능을 수행함에도 불구하고 금융기관의 종류별로 상이한 규제를 적용하는 경우에는 문제점이 발생하였다.

또한 기관별 규제는 투자자 보호에도 문제점이 있었다. 은행은 장외파생상품을 취급하였음에도 불구하고 증권거래소에서 규정하고 있는 투자자 보호의 규제를 받지 않았다. 이러한 문제점을 해결하기 위하여 자본시장법은 기능별 규제(functional regulation)를 도입하여 자본시장과 관련된 상품이나 업무를 취급하는 증권회사는 물론 은행, 보험회사 등도 자본시장법에서 규정하고 있는 투자자 보호의 규제를 받도록 하였다.

2) 기능별 규제체제의 내용

자본시장법에서는 금융기능을 투자자를 상대로 하는 금융투자상품의 금융투자업으로 보고 '투자자-금융투자상품-금융투자업'의 다양한 조합들을 별개의 금융기능으로 정의한 후, 이들 각각의 금융기능을 인·허가를 위한 단위로 하고 있다. 여기에서 투자자(investor)는 일반투자자와 전문투자자로, 금융투자상품은 증권, 장내파생상품, 장외파생상품으로, 그리고 금융투자업은 투자매매업, 투자중개업, 집합투자업, 투자자문업, 투자일임업, 신탁업으로 구성되어 있다. 이러한 금융기능별 조합의 관계를 그림으로 나타내면 [그림 1-4]와 같다.

[그림 1-4]에서 실선(—)인 '전문투자자를 대상으로 하는 장내파생상품의 투자매매업'이 하나의 개별기능으로 금융투자회사 인가를 위한 한 단위가 될 수 있다. 이러한 금융기능별 조합은 다양하고 많은 인가 및 등록 단위를 만들 수 있다. 그 결과 종합증권업, 위탁매매업 등으로 제한적이었던 과거와 다르게 인가 및 등록 단위가 늘어나고 그 요건도 탄력적으로 운영이 가능하게 되었다. 따라서 금융투자업의 인가 및 등록 단위는 업종 및 상품에 따라 총 48종의 조합이 가능하다. 즉, 투자매매·중개·집합투자·신탁업은 42종의 인가단위를 운영할 수 있고, 투자자문·일임업의 경우 6종의 등록단위를 운영할 수 있다.

[그림 1-4] 금융기능별 조합의 관계

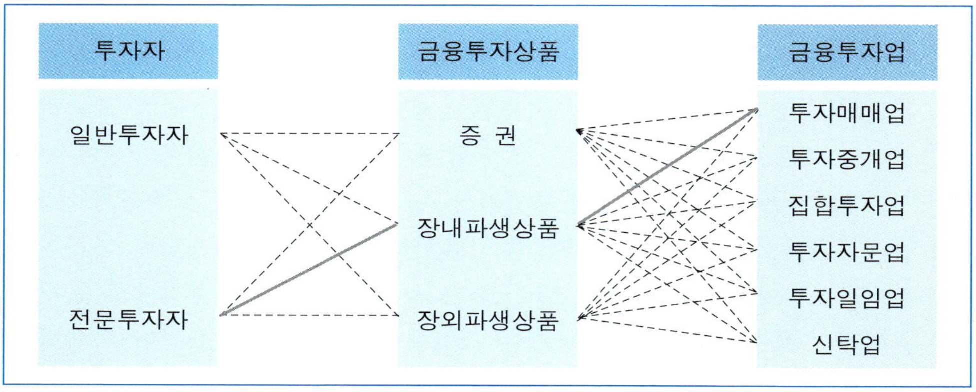

3) 기능적 분류의 내용

① 투자자의 기능적 분류

투자자(investor)는 전문투자자와 일반투자자로 구분된다. 전문투자자(professional investor)는 금융투자상품에 관한 전문성과 소유자산 규모 등에 비추어 투자에 대한 위험의 관리능력이 있는 투자자를 말하는데, 금융기관 등이 여기에 해당된다. 일반투자자(ordinary investor)는 전문투자자가 아닌 투자자를 말한다.

② 금융투자상품의 기능적 분류

금융투자상품은 증권과 파생상품으로 분류하고 파생상품을 다시 장내파생상품과 장외파생상품으로 분류하고 있다. 증권(securities)은 투자성이 있는 금융상품 중에서 원본초과손실의 발생가능성이 없는 상품을 의미한다. 장내파생상품(exchange-traded derivatives)은 투자성이 있는 금융상품 중에서 원본초과손실의 발생가능성이 있는 상품으로 파생상품시장에서 거래되는 선도, 옵션, 스왑 등이 해당된다. 장외파생상품(over-the-counter derivatives)은 파생상품으로 장외시장에서 거래되는 선도, 옵션, 스왑 등이 해당된다.

③ 금융투자업의 기능적 분류

자본시장법(제6조 제1항)은 금융투자업에 대하여 이익을 얻을 목적으로 계속적이거나 반복적인 방법으로 행하는 행위임을 전제로, 투자매매업, 투자중개업, 집합투자업, 투자자문업, 투자일임업, 신탁업으로 분류하고 있다.

투자매매업(investment trading business)은 누구의 명의로 하든지 자기의 계산으로 금융투자상품의 매도·매수, 증권의 발행·인수 또는 그 청약의 권유, 청약, 청약의 승낙을 영업으로 하는 것을 말한다.

투자중개업(investment brokerage business)은 누구의 명의로 하든지 타인의 계산으로 금융투자상품의 매도·매수, 그 청약의 권유, 청약, 청약의 승낙 또는 증권의 발행·인수에 대한 청약의 권유, 청약, 청약의 승낙을 영업으로 하는 것을 말한다.

집합투자업(collective investment business)은 집합투자를 영업으로 하는 것을 말한다. 집합투자란 2인 이상에게 투자권유를 하여 모은 금전 등 또는 국가재정의 여유자금을 투자자 또는 각 기금관리주체로부터 일상적인 운용지시를 받지 아니하면서 자산을 취득·처분, 그 밖의 방법으로 운용하고 그 결과를 투자자 등에게 배분하여 귀속시키는 것을 의미한다.

투자자문업(investment advisory business)은 금융투자상품의 가치 또는 금융투자상품에 대한 투자판단에 관한 자문에 응하는 것을 영업으로 하는 것을 말한다. 여기서 투자판단이란 금융투자상품의 종류, 종목, 취득·처분, 취득·처분의 방법, 수량·가격 및 시기 등에 대한 판단을 의미한다.

투자일임업(discretionary investment business)은 투자자로부터 금융투자상품에 대한 투자판단의 전부 또는 일부를 일임받아 투자자별로 구분하여 금융투자상품을 취득·처분, 그 밖의 방법으로 운용하는 것을 영업으로 하는 것을 말한다.

신탁업(trust business)은 신탁을 영업으로 하는 것을 말한다. 여기서 신탁이란 위탁자가 특정의 재산권을 이전하거나 기타의 처분을 하고 수탁자로 하여금 일정한 자(수익자)의 이익을 위하여 그 재산권을 관리, 처분하게 하는 법률관계를 의미한다.

3. 업무범위의 확대

자본시장법은 금융투자업자가 진입요건만 갖추면 모든 금융투자업을 영위할 수 있도록 하고, 모든 부수업무를 원칙적으로 허용하고 있다. 다만, 투자자 보호에 문제가 있는 업무에 대해서 예외적으로 제한하고 있다.

1) 겸영의 허용

과거의 금융관련 법령체계에서는 증권회사, 선물회사, 자산운용회사, 신탁회사

등 금융기관별로 금융투자업을 세분화하여 상호간에 겸영을 제한하였으며, 금융업자가 영위할 수 있는 부수업무를 사전에 법령으로 열거하는 열거주의(positive system)를 채택하고 있었다. 그러나 자본시장법은 경제적 기능에 따라 분류된 투자매매업, 투자중개업, 집합투자업, 투자자문업, 투자일임업, 신탁업 간에 겸영을 허용하고, 금융투자업자가 영위할 수 있는 모든 부수업무를 원칙적으로 허용하되 예외적으로 금지하는 체제로 전환하였다. 금융투자업자는 투자매매업, 투자중개업, 집합투자업, 신탁업에 대해서 인가를 얻어야 영업이 가능하고, 투자자문업, 투자일임업에 대해서는 등록만 하면 영업이 가능하다.

2) 이해상충의 방지

자본시장법은 자본시장과 관련된 제반 업무를 사내에서 경영할 수 있게 됨에 따라 금융투자회사와 투자자 간에 이해상충(conflicts of interest)의 문제가 발생할 수 있는 행위를 제한하고 있다. 금융투자회사의 자산운용업 겸영에 따른 이해상충으로는 위탁매매업무의 수수료 수입을 늘리기 위해 펀드편입 주식의 매매회전율을 높이는 행위, 인수한 유가증권의 매각이 잘 이루어지지 않을 경우에 이를 자신이 운용하는 펀드에 떠넘기는 행위, 자신이 발행한 유가증권을 펀드에 넘겨 자금조달에 활용하는 행위 등을 들 수 있다.

4. 투자자 보호제도 강화

자본시장법은 포괄주의에 의한 금융투자상품의 개념과 금융투자업자의 업무범위 확대 등으로 인하여 투자자의 이익이 침해될 가능성이 커졌다. 이에 자본시장법에서는 투자권유와 관련하여 투자자 보호를 위한 여러 가지 제도를 도입하고 있다. 자본시장법상 투자자 보호 내용으로는 일반적이고 포괄적인 의무, 내부정보차단장치, 전문투자자와 일반투자자의 구분 등이 있다.

한편 2021년에는 자본시장법에서 기존에 일부 상품에만 적용되던 적합성 원칙, 적정성 원칙, 설명의무, 불공정영업행위 금지, 부당권유 금지, 광고 규제 등 6대 판매규제가 예금, 대출, 보험, 펀드, 신용카드 등 모든 금융상품에 확대 적용되도록 금융소비자보호법(금융소비자 보호에 관한 법률)을 2020년 3월에 제정하여 2021년 3월부터 시행하고 있다.[4)]

4) 자본시장법과 금융소비자보호법에서 규정하고 있는 투자자 보호제도에 대하여 제11장 제3절에서 자세히 설명한다.

chapter 2

금융투자상품의 이해

제 1 절 금융투자상품의 개요

Ⅰ. 금융투자상품의 정의

자본시장법에서의 금융투자상품(financial investment instruments)은 ① 이익을 얻거나 손실을 회피할 목적으로, ② 현재 또는 장래의 특정시점에 금전, 그 밖의 재산적 가치가 있는 것을 지급하기로, ③ 약정함으로써 취득하는 권리로서, ④ 투자성이 있는 것으로 정의하여 목적, 금전 지급, 계약, 투자성 등 네 가지 개념적 요소를 포함하고 있다. 따라서 금융투자상품은 이익을 얻거나 손실을 회피할 목적으로 금전 등을 지급하기로 약정해 취득하는 권리로, 원본손실의 투자성이 있는 상품이라고 정의할 수 있다.

1) 목 적

금융투자상품은 목적의 개념요소로서 이익의 취득과 손실의 회피를 금융투자의 중요한 기능으로 파악하고 있다. 여기서 이익의 취득은 주로 주식과 채권 등 전통적인 금융투자상품의 목적을 의미한다. 그리고 손실의 회피는 파생상품과 기타 신종증권의 목적을 의미한다. 예금, 보험 및 대출 상품도 이익을 얻거나 손실을 회피할 목적이 있지만 투자성이 결여되어 금융투자상품이 될 수 없다.

2) 금전 지급

금융투자상품은 현재 또는 장래의 특정시점에 금전 그 밖에 재산적 가치가 있는 것을 지급하는 금융상품이다. 무상 배포되는 경품응모권은 투자자의 금전 등의 지급이 전혀 없기 때문에 금융투자상품이 아니다. 지급시점으로 현재는 거래일자 현재로 지급이 이루어지는 증권을 의미하며, 장래의 특정시점은 장래에 지급가능성이 있는 파생상품을 의미한다. 그리고 금전 이외의 재산적 가치가 있는 것은 파생상품의 거래에서 현물인도에 의한 결제가 이루어지는 경우를 의미한다.

3) 계 약

금융투자상품은 약정함으로써 권리를 취득하는 금융상품이다. 따라서 금융투자상품은 계약상의 권리가 취득되는 금융상품이며 발행인의 신용위험과 같은 계약 외적 요소에 의한 원금손실의 가능성은 권리의 요소가 아니다. 파생상품의 경우에는 계약상의 권리를 금융투자상품으로 보아야 하며, 그 계약의 이행에 의하여 취득하게 되는 것은 기초자산일 뿐이다.

4) 투자성

금융투자상품은 투자성 요건을 갖추고 있는 금융상품이다. 투자성(investment risk)은 투자금액이 회수금액보다 높을 위험으로, 투자원본의 손실가능성을 의미한다. 여기서 투자금액(취득원본)은 금융상품의 권리를 취득하기 위하여 지급하였거나 지급해야 할 금전 등의 총액인 지급금액 또는 취득원본으로서 특정 금융투자상품계약을 체결함으로써 계약의 만기까지 지급한 금액의 합계를 의미한다.

회수금액(처분원본)은 금융상품의 권리로부터 회수하였거나 회수할 수 있는 금전 등의 총액인 수취금액 또는 처분원본으로서 특정 금융투자상품계약을 체결함으로써 계약의 만기까지 수취한 금액의 합계를 의미한다.

투자성 금융상품은 예금금리보다 더 높은 수익을 얻을 수 있지만 투자원금의 손실이 발생하는 위험성이 존재한다. 이러한 원금손실 위험성이 있는 금융상품은 원금까지만 손실이 발생할 가능성이 있는 것으로 주식, 채권, 펀드 등이 있고, 원금을 초과하여 손실이 발생할 가능성이 있는 것으로 파생상품 등이 있다. 이에 반해 전통적인 예금과 보험상품은 투자성이 없고 투자금액(취득원본)의 손실가능성이 없어 자본시장법상의 금융투자상품에 포함되지 않는다.

Ⅱ. 금융투자상품의 분류

1. 원금손실 가능성 여부에 따라

금융상품은 투자자의 원금손실 가능성 여부에 따라 금융투자상품과 비금융투자상품으로 분류된다. 금융투자상품은 투자성이 있는 상품으로 원금의 손실에 대한 가능성이 있는 금융상품을 의미한다. 비금융투자상품은 투자성이 없는 상품으로 원금손실 가능성이 없는 금융상품이다.

2. 원금초과손실 가능성 여부에 따라

금융투자상품은 투자자의 원금초과손실 가능성 여부에 따라 증권과 파생상품으로 분류된다. 증권(securities)은 투자자의 원금초과손실 가능성이 없는 금융상품으로, 투자이익을 목적으로 취득하는 채무증권, 지분증권 등이 있다. 이러한 증권을 자본시장법 제4조 제1항에서는 '투자자가 취득과 동시에 지급한 금전 등 외에 어떠한 명목으로든지 추가로 지급의무를 부담'하는 것을 기준으로 규정하고 있다. 파생상품(derivatives)은 투자자의 원금초과손실 가능성이 있는 금융상품으로, 손실을 회피할 목적으로 취득하는 선물, 옵션 등이 있다.

[그림 2-1] 금융투자상품의 분류

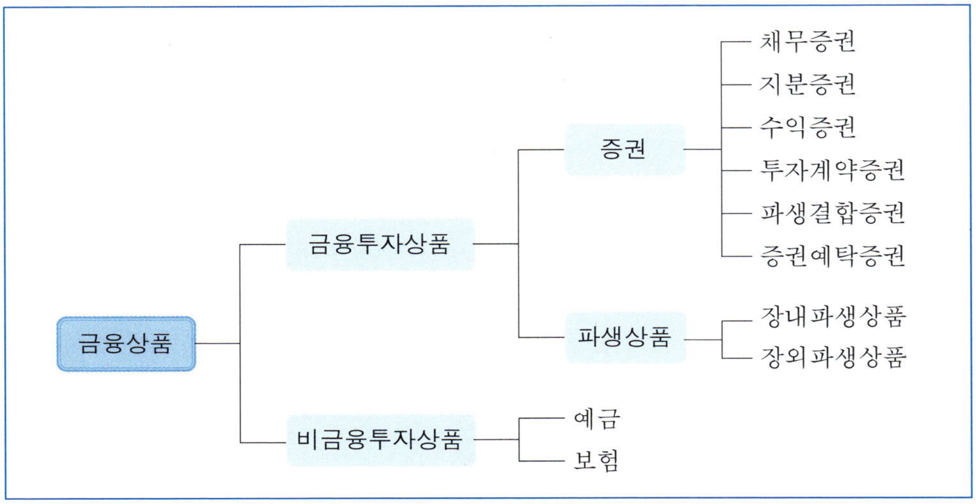

Ⅲ. 금융투자상품의 종류

1. 증 권

증권(securities)은 내국인 또는 외국인이 발행한 금융투자상품으로서, 투자자가 취득과 동시에 지급한 금전 등 이외에는 어떠한 명목으로든지 추가로 지급의무를 부담하지 아니하는 것을 말한다. 이러한 증권의 정의에 대해 자본시장법(제4조 제1항)은 증권의 개념요소를 발행주체의 요건, 원본손실위험의 요건, 전액지급의무의 요건과 추가지급의무 부재의 요건으로 정리하고 있다.

발행주체의 요건은 증권을 발행한 발행주체로 내국인과 외국인을 모두 포함함으로써 외국증권에 대하여도 포괄적인 접근을 채택하고 있다는 것이다. 원본손실위험의 요건은 증권이 투자성을 요구함으로써 그 기능에 있어서 금융투자상품의 한 종류에 속한다는 것을 명시하고 위험의 정도로 구분된다는 점을 명백하게 하고 있다는 것이다. 전액지급의무의 요건과 추가지급의무 부재의 요건은 투자자가 당해 증권의 취득과 동시에 금전 등을 전액 지급한다는 것과 그 존속기간 동안 어떠한 명목으로든지 추가적인 지급의무를 부담하지 아니한다는 것이다.

1) 채무증권

채무증권(debt securities)은 지급청구권을 나타내는 증권이며 타인자본 조달수단으로서 채무를 표시하는 증권이다. 채무증권의 종류는 국채증권, 지방채증권, 특수채증권, 사채권, 기업어음증권 등이 있다.

2) 지분증권

지분증권(equity securities)은 소유자 지분청구권을 나타내는 증권이며 자기자본 조달수단으로 출자지분을 표시하는 증권이다. 지분증권은 주권, 신주인수권이 표시된 것으로 법률에 의하여 직접 설립된 법인이 발행한 출자증권, 상법상 합자회사 · 유한회사 · 익명조합의 출자지분, 민법상 조합 출자지분 등이 있다.

3) 수익증권

수익증권(beneficiary certificates)은 투자신탁의 수익권을 나타내는 증권이다. 신탁업자는 금전신탁계약에 의한 수익권이 표시된 수익증권을 발행할 수 있고, 투자신탁을 설정한 집합투자업자도 투자신탁의 수익권을 나타내는 수익증권을 발행할 수 있다. 일반적으로 수익증권은 일반투자자로부터 증권투자에 운용할 목적으로 자금 등을 납입받은 위탁자가 그 자금을 수탁자로 하여금 당해 위탁자의 운용지시에 따라 특정증권에 투자·운용하고, 그에 따른 수익권을 분할하여 당해 투자자에게 취득시키는 것을 말한다.

4) 투자계약증권

투자계약증권(investment contract securities)은 이익을 기대하며 공동사업에 금전 등을 투자하고 타인의 노력의 결과 그 대가를 받는 계약상의 권리가 표시된 증권이다. 집합투자증권(펀드), 출자지분 등이 전형적인 투자계약증권이다. 투자계약증권은 타인의 노력에 의해 수익이 결정되는 모든 증권을 의미하며, 이는 기존 자산운용업의 규율을 받지 않았던 비정형 간접투자의 지분까지 포괄한다.

5) 파생결합증권

파생결합증권(derivatives-combined securities)은 기초자산의 가격·이자율·지표·단위 또는 이를 기초로 하는 지수 등의 변동과 연계하여 미리 정해진 방법에 따라 지급금액 또는 회수금액이 결정되는 권리가 표시된 것을 말한다. 여기서 기초자산(underlying assets)이란 주식, 채권 등의 금융투자상품, 통화, 일반상품, 신용위험, 그 밖의 자연적·환경적·경제적 위험 등도 포함하고 있다. 파생결합증권은 주가연계증권(ELS : equity-linked securities)과 같이 기초자산의 가격변동에 연계해 가치가 결정되는 금융투자상품으로, 통화나 이자율은 물론 금이나 원유와 같은 실물상품을 대상으로 발행할 수도 있다. 이러한 파생결합증권은 말 그대로 파생상품과 증권이 결합한 상품으로 파생상품이 아닌 증권으로 분류된다. 왜냐하면 파생결합증권은 투자금을 초과하여 손실을 볼 수는 없기 때문이다.

6) 증권예탁증권

증권예탁증권(securities depositary receipts)은 증권을 예탁해 두었다는 권리가 표시된 증권이다. 이 증권은 외국에서 주식을 매매할 때 현물주식 대신에 유통시키는 증권의 한 형태이다. 해외증권시장에서 주식을 매각하고 싶은 국내 상장기업은 국내에서 발행된 원주를 예탁기관에 맡기고 대신 주식을 예탁하였다는 예탁증권을 받아 이를 외국의 증권시장에 상장시켜 외국투자자들에게 판매하는 것이다.

2. 파생상품

파생상품(derivatives)은 기초자산으로부터 파생된 경제적 가치를 갖게 되는 교환이나 약정이라고 정의된다. 기초자산은 농산물 등의 일반상품과 주가지수 등의 금융상품이 있다. 선물의 경우에 기초자산에 따라 상품선물(commodity futures)과 금융선물(financial futures)로 분류되고 옵션의 경우도 마찬가지로 분류된다. 자본시장법(제5조 제1항)은 파생상품의 정의를 선물, 옵션, 스왑으로 분류하고 있다.

1) 선 물

선물(futures)은 기초자산이나 기초자산의 가격 · 이자율 · 지표 · 단위 또는 이를 기초로 하는 지수 등에 의하여 산출된 금전 등을 장래의 특정시점에 인도할 것을 약정하는 계약상의 권리이다.

2) 옵 션

옵션(options)은 당사자 어느 한쪽의 의사표시에 의하여 기초자산이나 기초자산의 가격 · 이자율 · 지표 · 단위 또는 이를 기초로 하는 지수 등에 의하여 산출된 금전 등을 수수하는 거래를 성립시킬 수 있는 권리를 부여하는 것을 약정하는 계약상의 권리이다.

3) 스 왑

스왑(swaps)은 장래의 일정기간 동안 미리 정한 가격으로 기초자산이나 기초자산의 가격 · 이자율 · 지표 · 단위 또는 이를 기초로 하는 지수 등에 의하여 산출된 금전 등을 교환할 것을 약정하는 계약상의 권리이다.

3. 장내파생상품과 장외파생상품

자본시장법 제5조 제2항과 제3항은 장내파생상품과 장외파생상품에 대하여 규정하고 있다. 장내파생상품(exchange-traded derivatives)은 파생상품으로서 파생상품시장에서 거래되는 것 또는 해외파생상품시장에서 거래되는 것으로 규정하고 있으며, 장외파생상품(over-the-counter derivatives)은 파생상품으로서 장내파생상품이 아닌 것으로 규정하고 있다. 즉, 한국거래소에서 거래여부에 따라 거래소에서 거래되면 장내파생상품, 거래소 이외의 곳에서 거래되면 장외파생상품이다.

제 2 절 주 식

Ⅰ. 주식의 의의

주식(stock)이란 주식회사가 필요로 하는 자금을 주주로부터 조달하기 위하여 자본을 균일하게 작은 단위로 세분화하여 발행한 출자증권이다. 주식은 자본 구성단위와 주주의 지위로서의 의미를 가지고 있다. 주식은 주식회사의 자본 구성단위로 재무제표의 재무상태표상 자기자본을 구성한다. 주식발행에 의하여 조달된 자본은 만기가 없는 영구자본의 성격을 가지며, 회사의 자산으로 전환되어 기업이윤을 창출하는 기초자산이 된다. 주식은 주식회사의 투자자로서 권리행사의 기초인 투자자의 지위 또는 자격을 의미하며, 주식의 소유자를 주주라고 한다.

주주(shareholder)는 회사의 중대한 문제에 대한 의결권을 갖게 되고, 기업의 이익에 대한 배당청구권과 잔여재산에 대한 분배청구권 및 신주인수권 등의 권리가 있다. 그리고 주주는 보유한 주식의 수에 비례하여 자본의 납입의무와 회사의 부채에 대한 유한책임의 의무가 있다. 주식은 종류별로 균등한 권리의 내용을 가진 단위로 세분화되어 있어 주식의 소유자가 언제라도 다른 투자자에게 자유롭게 양도할 수도 있다.

Ⅱ. 주식의 종류

1. 배당의 우선권에 따른 분류

1) 보통주

보통주(common stock)는 주주가 가지는 배당청구권이나 잔여재산분배청구권 등의 권리를 평등하게 가진 주식으로서 우선적 지위 또는 후배적 지위를 결정하는 기준이 되는 주식을 말한다. 즉, 이익배당에서 보통주보다 우선적 지위를 부여한 주식이 우선주이며, 후배적 지위를 부여한 주식이 후배주이다. 이때 보통주의 소유자인 주주는 주주총회에 참가하여 의결권을 행사할 권리를 가진다.

보통주는 우선주에 비해 주주총회의 의결권, 이익분배참여권, 신주인수권 등에서 우위적 권리를 가지고 있지만, 우선적 배당청구권 및 잔여재산청구권 등에서는 불리한 권리를 가지고 있다. 일반적으로 주식시장에서는 보통주의 주가가 우선주의 주가보다 높게 형성되어 거래되고 있다.

2) 우선주

우선주(preferred stock)는 기업이 이익배당을 하거나 또는 해산을 할 경우 잔여재산의 분배 등과 같은 재산적 내용에 있어서 보통주보다 우선적 우위가 인정되는 주식을 의미한다.

일반적으로 우선주는 의결권이 부여되지 않는 대신 보통주보다 높은 소정의 배당률로 배당되는 주식이다. 그러나 기업이 이익을 발생시키지 못하면 우선주 주주에게 약속된 배당을 지급하지 못할 수도 있다. 이 경우에 지급받지 못한 소정의 배당금에 대한 누적여부에 따라 누적적 우선주와 비누적적 우선주로 분류된다. 누적적 우선주는 당해 연도에 받지 못하였던 소정비율의 배당금을 다음 결산기에 이익이 발생하였을 경우에 소급하여 받을 수 있는 권한이 주어진 우선주이다. 비누적적 우선주는 이러한 부족한 배당이 보전되지 않고 당해 연도 결산기가 경과하면 당해 연도의 배당권이 소멸되는 우선주이다.

그리고 보통주의 추가적 이익배당에 우선주의 참가여부에 따라 참가적 우선주와 비참가적 우선주로 구분된다. 참가적 우선주는 우선주 주주에게 일정률의 우선배당을 지급한 다음에 남은 이익에 대하여 보통주와 같이 참가하여 추가로 배당을 받을 수 있는 권한이 주어진 우선주이다. 비참가적 우선주는 이러한 배당에 추가적으로 참가할 수 없는 우선주이다.

3) 후배주

후배주(deferred stock)는 이익배당이나 잔여재산의 분배 등의 재산적 청구권에 있어 보통주보다 열위적 지위가 부여된 주식을 말한다. 이러한 후배주는 우선주와 마찬가지로 보통주와의 상대적인 관계에 있는 주식으로, 회사의 발기인에 대하여 주로 발행되기 때문에 발기인 주식 또는 경영자 주식이라고 부르기도 한다. 현재 우리나라에서는 발행되지 않고 있는 주식이다.

4) 혼합주

혼합주(mixed stock)는 어떤 권리에 대해서는 보통주보다 우선적 지위를 부여하고, 다른 권리에 대해서는 보통주보다 열위적 지위가 부여된 주식을 의미한다. 예를 들면, 이익배당에 대해서는 보통주보다 우선적 지위를 부여하고 잔여재산의 분배에 대해서는 보통주보다 열위적 지위가 부여되어 우선주의 권한과 후배주의 권한이 혼합되어 있는 주식이다. 우리나라에서는 후배주와 마찬가지로 발행되지 않고 있다.

2. 의결권의 존재여부에 따른 분류

1) 의결권주

의결권주(voting stock)는 주식의 소유자인 주주에게 주주총회에서의 여러 가지 의결사항에 대해 투표권이 부여되는 주식을 말한다. 일반적으로 보통주에 의결권이 부여되며, 주식 하나에 대해 하나의 의결권만을 부여하고 있다. 그러나 우선주의 경우에는 보통주와 다르게 의결권에 제한을 받는다.

2) 무의결권주

무의결권주(nonvoting stock)는 통상 경영지배가 아닌 배당에만 관심이 있는 투자자를 대상으로 우선적 배당을 전제로 의결권을 부여하지 않는 주식을 의미한다. 따라서 무의결권주는 소정의 배당우선권이 실현되지 아니할 때에는 의결권이 부활된다. 우리나라 상법(제344조의3)은 의결권이 없는 주식이 많이 발행될 경우에 소수의 보통주 주주에 의하여 회사가 지배될 우려가 있으므로 무의결권 주식의 총수가 발행주식 총수의 1/4을 초과하지 못하도록 규정하고 있다. 다만, 자본시장법(제165조의15 제2항)은 상장법인의 경우 발행주식 총수의 1/2까지 무의결권 주식을 발행할 수 있도록 규정하고 있다.

3. 액면금액의 기재여부에 따른 분류

1) 액면주

액면주(par value stock)는 주권에 주식의 액면금액과 주식수가 기재되어 있는 주식을 의미한다. 액면금액은 회사 자본금의 구성단위이고, 회사에 최초로 자본을 출자한 주주의 출자자본액으로 주주의 유한책임 한도를 표시한다. 상법(제329조)에서는 액면주식의 금액은 100원 이상 균일해야 한다고 규정하고 있다. 우리나라에서는 대부분의 기업들이 1주의 가격을 5,000원으로 정하고 있다.

2) 무액면주

무액면주(no-par value stock)는 주권에 1주 액면금액이 기재되어 있지 않고 주식수만 기재되어 있는 주식이다. 미국과 같은 선진국에서는 무액면주식의 발행이 보편화되어 있다. 무액면주는 액면이 형식적 의미만 있기 때문에 발행된다. 우리나라 상법(제329조 제1항)은 액면주 제도와 무액면주 제도 양자 중 어느 하나를 선택할 수 있도록 하고, 무액면주 제도를 채택할 때에는 액면주를 발행할 수 없도록 하고 있다.

4. 주주명부의 기재여부에 따른 분류

1) 기명주

기명주(registered stock)는 주주의 성명이 주주명부와 주권에 기재되어 있는 주식을 말한다. 우리나라 상법에서는 기명주식을 원칙으로 하고 있다. 회사가 기명주식을 발행하는 경우에는 주주명부에 의하여 권리의 행사자를 명확히 알 수 있다. 그리고 주주에게 통지와 최고를 하는 데 편리하며 주주총회의 경우 결의의 성립을 위한 위임장의 수집도 용이하다.

2) 무기명주

무기명주(unregistered stock)는 주주의 성명이 주주명부나 주권에 기재되지 않고 주권을 소유함으로써 주주의 자격을 인정받게 된다. 이 주식은 주권의 유통을 신속하고 원활하게 하지만 권리를 행사한 자를 확정하기가 곤란하게 된다. 이러한 문제점 때문에 우리나라는 2014년 5월 20일 상법 개정으로 무기명주식제도가 폐지되어 상법에 따른 주식회사가 무기명주식을 발행할 수 없게 되었다.

5. 상환 등의 조건에 따른 분류

1) 상환주

상환주(callable stock)는 주식을 발행할 때부터 회사의 이익으로써 일정기간 후에 상환하여 소각하도록 예정되어 있는 주식을 말한다. 따라서 원금이 상환된다는 점에서 사채와 유사하지만 이익이 있을 때에만 상환이 가능하다는 점에서 사채와 다르다. 우리나라 상법에서는 우선주에 한하여 상환주식을 발행할 수 있도록 규정하고 있다.

2) 전환주

전환주(convertable stock)는 주식회사가 여러 종류의 주식을 발행하는 경우에 일정한 요건하에서 정해진 전환비율에 따라 다른 종류의 주식으로 전환할 수 있는 권리가 부여된 주식을 의미한다. 전환주에 부여된 전환의 권한을 전환권이라고 한다. 이러한 전환권은 우선주에 주어지는 경우가 많다.

3) 보증주

보증주(guaranteed stock)는 회사가 발행하는 주식에 대하여 이익배당의 지급을 정부 또는 금융기관 등이 보증하는 주식을 의미한다. 주식회사는 이익이 발생하거나 이익의 유보금액이 있는 경우에만 배당이 가능하나, 보증주는 기업의 이익에 관계없이 배당이 확정되어 있는 주식이다.

6. 주금의 납입여부에 따른 분류

1) 유상주

유상주는 기존의 회사가 신주를 발행하는 경우에 주식 대금의 납입이 있는 주식을 의미한다. 따라서 유상주의 발행은 주주들이 주식의 인수대금을 납부하므로 기업에 실질적인 자금유입이 있다.

2) 무상주

무상주는 기존의 회사가 신주를 발행하는 경우에 주식 대금의 납입이 없이 기존주주에게 무상으로 발행하는 주식을 의미한다. 따라서 회사는 무상주를 발행하여도 자금유입이 없으며 발행회사가 주주에게 무상으로 주식을 할당하여 발급하는 것이다.

7. 기타 다양한 분류

앞의 여섯 가지 분류방법 외에도 방법 및 종류는 매우 많다. 투자자 선호 스타일에 따라 성장주, 가치주, 배당주, 모멘텀주 등이 있으며, 발행회사의 배당정책 기준에 따라 고배당주, 무배당주 등도 있다. 또한 테마 기준에 따라 '코로나19 백신 테마주'와 같은 테마주, 섹터 기준에 따라 금융, 산업, 소비재, 건강관리, 기술, 통신, 유틸리티 등이 있다.

제 3 절 채 권

I. 채권의 개념

1. 채권의 의의

채권(bond)은 정부나 지방자치단체, 특수법인, 금융기관, 주식회사 등이 일반투자자들로부터 비교적 장기적인 자금을 집단적·대량적으로 조달하기 위하여 발행하는 유가증권이다. 채권은 액면가를 만기까지 빌려 쓰고 만기에 원금과 이자를 지급하겠다는 내용이 기록된 증서이다. 이러한 채권은 일종의 차용증서이지만 투자의 안정성 및 수익성을 갖추기 위해 다음과 같은 법적인 제약과 보호를 받고 있다.

1) 발행주체와 발행요건의 제한

일반적으로 채권은 발행주체 및 발행요건이 법으로 엄격하게 제한되어 차용증서와 다르게 법적으로 제약과 보호를 받는다. 채권의 발행주체는 주로 정부나 지방자치단체, 특수법인 및 신용도가 높은 회사 등으로 제한하고 있다.

2) 유통시장 매매에 의한 원금회수

채권은 차용증서와 다르게 유통시장에서 다른 투자자에게 매매를 통하여 원금을 회수할 수 있다. 채권의 액면은 채권 1장마다 권면에 표시되어 있는 금액으로 1만원, 10만원, 100만원 등이 있다. 유통시장에서 채권의 매매단가는 적용 수익률로 계산한 액면 1만원당 단가를 말한다.

2. 채권의 공통성

1) 확정이자부증권

채권은 발행시점에서 만기까지 지급해야 할 이자와 만기에 상환해야 할 원금이 확정되거나 또는 그 기준이 결정되어 있다. 따라서 채권의 투자원금에 대한 수익은 금리수준의 변동에 의한 것 이외에는 발행시점에 이미 결정된 것이다.

2) 이자지급증권

채권은 발행기업의 당기순이익의 발생여부와 관계없이 이자를 지급해야 하는 증권이다. 주식의 경우에는 발행기업이 당기순이익이 발생한 경우에만 배당금을 지급하는 것을 원칙으로 하고 있다.

3) 기한부증권

채권은 주식과 다르게 원리금의 상환기간이 사전에 정해져 있는 기한부증권이다. 채권은 이러한 특성으로 인하여 잔존기간의 길고 짧음이 채권투자수익에 큰 영향을 준다.

3. 채권의 특성

채권은 자본증권 가운데서 원금은 물론 일정한 이자를 지급받을 권리가 주어져 있는 유가증권이다. 따라서 일정한 기간 후에 얼마의 이익을 얻을 수 있는가 하는 수익성(profitability)과 원금과 이자를 확실하게 받을 수 있는가 하는 안정성(stability), 중도에 돈이 필요할 때 현금화가 가능한가 하는 유동성(liquidity)이 골고루 갖추어져 있는 점이 특성이다.

1) 수익성

채권의 수익성은 채권을 보유함으로써 얻을 수 있는 금전적인 수익의 발생가능성을 의미하는 것이다. 채권보유로부터 얻을 수 있는 수익은 이자소득과 자본이득이 있다. 이자소득은 채권을 보유함으로써 발생하는 이자로 투자한 자금에 대한 보상을 말하며, 자본소득은 채권가격 변동으로 인해 채권 매수가격보다 시장가격이 높을 때 발생하는 수익을 말한다.

2) 안정성

채권의 위험은 채무불이행 위험과 시장위험의 두 가지가 있다. 채무불이행 위험은 원리금의 상환이 이루어지지 못할 위험을 말하며, 채권은 발행주체가 정부, 지방자치단체, 특수법인 및 상법상의 주식회사이기 때문에 안정성이 상대적으로 높다. 시장위험은 시장금리의 변동으로 인하여 채권의 시장가격이 매입가격보다 낮아질 위험을 말하는데, 이때는 채권을 만기까지 보유함으로써 위험을 회피할 수 있다.

3) 유동성

채권은 상환일까지 보유하여 확정된 이자와 원금을 받을 수 있을 뿐만 아니라 상환일 전에 증권회사 등을 통해 언제든지 팔아 현금화할 수 있다. 일반적으로 채권은 발행자의 신용도가 높아 신속하고 원활한 채무이행이 보장될수록 유동성이 높다. 그리고 채권은 만기가 비교적 단기이고 시장이자율이 변화해도 채권의 가치에 미치는 영향이 크지 않을수록 유동성이 상대적으로 높다.

4. 채권과 주식의 차이

채권은 회사가 차입하여 자금을 조달하기 위해 발행하는 대부증권이나, 주식은 회사가 주주의 출자에 의한 자본금을 확보하기 위해 발행하는 출자증권이다. 채권의 발행은 부채의 증가를 수반하지만, 주식의 발행은 자본금의 증가를 수반한다. 채권은 상환기간이 한시적이므로 일정기간 이후에 상환해야 하지만, 주식은 영구적으로 상환을 하지 않아도 된다. 채권의 소유자는 채권자로 회사경영의 의사결정에 참여할 수 없으나, 주식의 소유자는 주주총회 등에서 주주로서 의사결정에 참여할 수 있다.

투자자의 입장에서 채권은 자금을 빌려주는 대가로 확정적인 이자수익을 투자의 목적으로 하는 안전적 투자자산이나, 주식은 기업의 경영성과에 따른 배당수익과 자산가치의 변동에 따른 매매차익과 같은 가변적 투자수익을 목적하는 위험성 투자자산이다. 그리고 채권은 회사가 해산할 경우에 주식에 우선하여 원리금을 지급받을 권리가 있으나, 주식은 잔여재산에 대한 청구권이 있다. 채권과 주식의 차이를 정리하면 〈표 2-1〉과 같다.

〈표 2-1〉 채권과 주식의 차이

구 분	채 권	주 식
자본조달형태	대부증권	출자증권
조달자금의 성격	타인자본(부채)	자기자본
증권의 존속기간	한시적	영구적
보수의 형태 및 성격	이자 · 확정적	배당 · 가변적
조달원금	만기에 원금상환	상환의무 없음
증권소유자의 지위	채권자	주주
경영참가권(의결권)	없음	있음

Ⅱ. 채권의 종류

채권의 종류는 내용과 형식이 매우 다양하여 투자자들에게 여러 가지 투자선택의 기회를 제공한다. 일반적으로 채권은 발행주체, 이자지급방법, 보증유무, 상환기간, 지급이자율 변동여부, 채권의 권리조건부 등에 따라 다음과 같이 분류한다.

1. 발행주체에 따른 분류

1) 국 채

국채(government bond)는 국채법에 따라 국회의 동의를 받아 정부가 발행하는 채권이다. 국고채, 제1종 국민주택채권, 제2종 국민주택채권, 외국환평형기금채권 등이 이에 해당한다.

2) 지방채

지방채(local government bond)는 지방자치법이나 지방재정법에 따라 각 지방자치단체가 재정확보를 목적으로 발행하는 채권이다. 지역개발공채, 도시철도채권, 상수도공채, 도로공채 등이 이에 해당한다.

3) 특수채

특수채(special bond)는 각각의 특별법에 의하여 설립된 특별법인이 발행한 채권이다. 토지개발채권, 전력공사채권 등이 이에 해당한다.

4) 금융채

금융채(financial bond)는 한국은행, 산업은행 및 일반 금융기관이 발행하는 채권이다. 통화안정증권, 산업금융채권, 중소기업금융채권, 은행채권, 종합금융채권 등이 이에 해당한다.

5) 회사채

회사채(corporate bond)는 주식회사가 발행하는 채권이다. 보증사채, 무보증사채, 담보부사채, 전환사채, 신주인수권부사채, 교환사채, 이익참가부사채, 옵션부사채 등이 이에 해당한다.

2. 이자지급방법에 따른 분류

1) 이표채

이표채(coupon bond)는 채권의 권면에 이표가 붙어 있어 이자지급일에 이표로 일정이자를 지급받는 채권이다. 주로 회사채, 금융채, 특수채 등이 이에 해당되며, 일반적으로 매월마다 이자를 지급하는 채권이다.

2) 할인채

할인채(discount bond)는 액면금액에서 상환기일까지의 이자를 공제한 금액으로 매출하는 채권이다. 통화안정증권, 산업금융채권 등 금융채 중 일부가 이에 해당한다.

3) 복리채

복리채(compound bond)는 이자가 단위기간 수만큼 복리로 재투자되어 만기일에 원금과 이자가 지급되는 채권이다. 국민주택채권, 금융채 중 일부가 이에 해당한다.

3. 보증유무에 따른 분류

1) 보증채

보증채(guaranteed bond)는 정부 또는 금융기관이 원리금 지급이행을 보증하는 채권이다. 정부보증채권, 시중은행보증채권, 보증보험보증채권, 신용보증기금보증채권 등이 이에 해당한다.

2) 담보부채

담보부채(mortgage bond)는 채권에 물상담보권이 붙어 있는 채권이다. 금융채, 회사채 중 일부가 이에 해당한다.

3) 무보증채

무보증채(nonguaranteed bond)는 제3자의 지급보증이 없이 발행자의 신용도에 의해 발행되어 유통되는 채권이다. 국민주택채권, 상수도공채, 금융채, 회사채 중 일부가 이에 해당한다.

4. 상환기간에 따른 분류

1) 단기채

단기채(short-term bond)는 상환기간이 1년 이하인 채권이다. 통화안정증권, 재정증권, 양곡기금증권, 외국환평형기금채권 중 일부가 이에 해당한다. 한편 유통시장에서는 상환기간이 1년 이상인 채권이라도 만기일까지의 잔존기간이 1년 이하이면 단기채라고 한다.

2) 중기채

중기채(mid-term bond)는 상환기간이 1년에서 5년 미만인 채권이다. 국고채권, 외국환평형기금채권, 회사채 등이 이에 해당한다.

3) 장기채

장기채(long-term bond)는 상환기간이 장기인 채권으로, 우리나라에서는 5년 이상인 채권을 장기채로 분류한다. 국민주택채권, 도시철도채권 등이 이에 해당한다. 한편 미국은 상환기간이 10년 이상, 일본은 7년 이상인 채권을 장기채로 분류하고 있다. 미국의 경우에는 상환기간이 40년 이상인 초장기채도 발행되고 있다.

5. 지급이자율 변동여부에 따른 분류

1) 확정금리부채권

확정금리부채권(fixed coupon rate bond)은 시장금리가 변화해도 발행시 확정된 이자율에 의한 일정금액의 이자를 약정기일에 지급하는 채권이다. 국공채와 회사채의 대부분이 이에 해당한다.

2) 금리연동부채권

금리연동부채권(float ingrate note bond)은 정기예금금리 등 기준금리에 연동되어 지급이자율이 변동되는 조건의 채권이다. 이 채권은 일반적으로 상환기간이 장기적 채권이며, 금리변동에 따른 손익을 정기예금의 금리에 연동시킴으로써 투자자와 발행회사를 보호할 수 있는 채권이다. 금융채와 회사채 중 일부가 이에 해당한다.

6. 채권의 권리조건부에 따른 분류

1) 전환사채

전환사채(convertible bond)는 일반사채와 마찬가지로 확정이자를 지급받지만 일정한 조건에 따라 발행회사의 주식으로 전환할 수 있는 권리가 부여된 채권으로, 사채와 주식의 중간 형태를 취하고 있다. 전환사채는 채권자가 전환권을 행사할 경우에만 주식으로 바꾸어준다. 한편 역 전환사채(reverse convertible bond)는 사채의 발행 당시에 미리 정한 사유가 발생하면 채권자의 의사와 관계없이 주식으로 전환되는 사채이다.

2) 신주인수권부사채

신주인수권부사채(BW : bond with warrant)는 사채권자에게 소정기간이 경과된 후 일정한 가격으로 발행회사의 일정한 수의 신주를 인수할 수 있는 권리를 부여한 채권이다. 이는 채권에 신주인수권의 옵션을 붙인 사채로 투자자는 안정적인 이자수익은 물론 주가가 상승하면 권리행사로 매매차익도 얻는다.

3) 교환사채

교환사채(exchangeable bond)는 사채의 소지인에게 소정기간 내에 사전에 합의된 조건으로 당해 발행회사가 보유하고 있는 상장 유가증권으로 교환청구를 할 수 있는 권리가 부여된 채권이다.

4) 이익참가부사채

이익참가부사채(PB : participating bond)는 기업이익의 급격한 증가로 주주가 일정률 이상의 배당을 받을 때 채권자도 배당에 참가할 수 있는 권리가 부여된 사채이다.

5) 옵션부사채

옵션부사채(bond with option)는 사채발행시에 향후 일정한 조건이 충족되면 만기일 전이라도 사채의 원리금을 상환할 수 있다는 단서조항이 첨부된 채권이다. 이에는 채권자가 계약한 시점에 원금의 상환을 청구할 수 있는 풋옵션부사채(bond with put option)와 발행회사가 채권자의 의사와 관계없이 상환을 요구할 수 있는 콜옵션부사채(bond with call option)가 있다.

제4절 파생상품

Ⅰ. 파생상품의 의의

파생(派生)이란 사물이 어떤 근원으로부터 갈려 나와 생기는 것을 의미한다. 파생상품은 그 상품의 근원인 기초자산(underlying asset)에서 파생되어 거래되는 상품이라는 뜻에서 유래된 것이다. 거래소에는 개별 주식을 매매하는 주식시장이 있을 뿐만 아니라 개별 종목에 대한 주식선물을 거래하는 파생상품시장도 있다. 예를 들어 유가증권시장에서 KT 주식을 매매할 수 있을 뿐만 아니라 파생상품시장에서 주식선물인 '파생선물 KT'도 거래된다. 이 경우에 주식선물은 그 기초자산인 주식에서 갈려 나온 파생상품이다.

파생상품(derivatives)이란 기초자산으로부터 파생된 경제적 가치를 갖게 되는 교환이나 약정이라고 정의된다. 여기서 기초자산은 농산물, 원유 등의 실물자산과 주식, 주가지수, 금리 등의 금융자산이 있다. 자본시장에서 주로 거래되는 파생상품은 통화, 금리, 주식 등과 같은 기초자산으로부터 파생된 파생금융상품이다. 이러한 파생금융상품은 경제여건 변화에 민감한 환율, 금리, 주가 등의 미래 가격을 예측하여 가격변동에 따른 위험을 소액투자로 사전에 방지하고 위험을 최소화하는 목적에서 개발되었다.

최근 세계금융시장은 리스크가 크게 증가함에 따라 투자자들이 위험을 회피하기 위한 헤지(hedge)[1]의 수요가 증가하고 있다. 반면 투기자들은 자본시장의 세계화가 확대되어 단기차익을 실현할 수 있는 기회가 많기 때문에 파생금융상품이 급신장하고 있다. 이러한 파생금융상품 거래의 증가는 투자자들의 불확실성을 감소시킴으로써 경제활동을 촉진시킨다는 긍정적인 측면도 있지만 투기적 목적의 거래 증가에 따른 금융시장의 안정성을 저해할 수도 있다. 2008년 9월에 미국 투자은행 리먼브라더스(Lehman Brothers Holdings, Inc.)의 파산은 파생금융상품 때문에 발생한 대표적인 사건이었다. 한편 한국거래소는 2025년 6월에 '야간 파생상품시장'을 개장하여 파생상품 자체 야간거래를 개시하였다.

1) 헤지는 주식이나 채권 등의 현물가격 변동에 따른 손해를 최대한 줄이기 위해 선물시장에서 현물과 반대되는 포지션을 설정하는 것이다. 매입헤지는 가격상승의 위험을 없애기 위해 선물을 매입하는 것이며, 매도헤지는 가격하락의 위험을 피하기 위해 선물을 매도하는 것이다.

Ⅱ. 파생상품의 종류

1. 파생상품의 기본유형

1) 선도거래

선도거래(forward transaction)는 현재시점에서 특정상품을 상호 합의한 가격(계약가격)으로 미래 일정시점(만기)에 매매하기로 하는 계약을 체결한 후 일정기간이 지나서 지정된 일자와 장소에서 대금결제 및 인수도가 이루어지는 거래를 말한다. 이 경우에 현재시점은 계약시점이고 만기시점은 계약의 집행시점이 된다. 만약에 만기시점에 특정상품의 가격이 계약가격보다 상승하면 매수자는 싼 가격에 상품을 구입할 수 있으므로 이익을 보는 반면, 매도자는 시세보다 싼 가격에 팔아야 하므로 손실이 발생한다. 반대의 경우에는 매도자가 이익을 보고 매수자는 손해를 보게 된다. 따라서 매수자의 이익(또는 손실)과 매도자의 손실(또는 이익)의 합은 영(0)이 되므로 선도거래는 사후적으로 제로섬게임(zero sum game)이라고 할 수 있다. 선도계약은 그 성격상 옵션과 비슷하다. 그러나 두 계약간의 한 가지 중요한 차이는 옵션보유자는 권리만 가지며 의무는 지지 않지만 선도계약에서는 계약쌍방이 계약을 이행할 의무를 진다는 점이다.

2) 선　물

선물(futures)은 어떤 자산을 현재 정한 가격으로 미래시점에 매매하기로 하는 계약으로, 거래단위, 만기일 등의 거래조건이 표준화되어 있고 조직화된 시장에서 거래가 이루어지는 파생상품이다. 이러한 선물거래(futures transaction)는 본질적으로 선도거래(forward transaction)와 개념적으로 많은 점에서 유사하나, 선도계약은 보통 표준화되어 있지 않지만 선물계약(futures contract)은 표준화되어 선물거래소라고 불리는 조직화된 시장을 통해 거래되는 점이 다르다. 선물은 다음과 같은 두 가지 장점이 있다.

① 계약내용의 표준화에 따른 장점

선물은 기초자산과 만기가 동일한 경우 사고파는 시점이나 거래상대방에 상관없이 동일한 상품으로 취급된다. 따라서 선물은 만기 이전에도 선물시장에서 반대매매를 통해 자유롭게 청산이 가능하다. 또한 선도거래와 다르게 다수의 투자자가 선물을 거래함으로써 유동성이 확보될 수 있다는 장점도 있다.

② 거래소와 같은 시장의 조직화에 따른 장점

선도거래는 거래당사자의 신용도에 의존하여 거래가 체결되기 때문에 상대방이 결제를 불이행할 위험이 존재하는 반면, 선물거래의 당사자는 거래소가 증거금 제도와 일일정산제도 등을 통하여 선물거래에 대한 이행을 보증하기 때문에 거래상대방의 신용위험에 부담이 없다. 또한 선물시장이 상시 존재함으로써 거래 상대방을 찾아 나서야 하는 비용과 불편함을 부담하지 않는다. 그리고 선물시장에서 다수의 투자자들이 경쟁적으로 매매에 참여함으로써 상품의 가격발견 기능이 향상될 수 있다.

선도거래와 선물거래의 중요한 차이를 정리해 보면 〈표 2-2〉와 같다.

〈표 2-2〉 선도거래와 선물거래의 차이

구 분	선도거래	선물거래
거래조건	매매당사자간의 합의에 따라 결정되어 조건이 다양하다.	거래방법 및 거래조건(계약단위, 만기일 등)이 표준화되어 있다.
거래장소	일정한 장소가 없이 당사자간에 직접 만나서 거래가 이루어진다.	거래소의 물리적 장소에서 공개적으로 거래가 이루어진다.
중도청산	상대방이 응하지 않으면 중도에 청산이 어렵다.	시장상황에 따라 자유롭게 반대매매를 통해 청산이 가능하다.
신용위험	당사자간의 약속으로 계약 불이행의 위험이 존재한다.	청산소가 계약이행을 보증하여 신용위험이 없다.
일일정산	계약종료일에 단 한 번 정산된다.	가격변동에 따라 거래일별로 청산소가 일일정산을 수행한다.
인수도	대부분의 거래가 종료시 실물인수도가 이루어진다.	대부분의 거래가 만기일 이전에 반대매매로 종료된다.

3) 옵 션

옵션(option)은 장래의 일정시점에 미리 정한 가격으로 정해진 기간 동안에 특정자산을 살 수 있는 권리와 팔 수 있는 권리가 부여된 증권이다. 옵션거래는 현물거래나 선물거래와는 달리 사고 팔 수 있는 권리를 거래하는 것이 특징이다. 이런 특징에 의해 옵션매수자는 가격변동에 따라 자신에게 유리한 경우에만 권리를 행사한다는 점이 선도 및 선물과 큰 차이점이다.

옵션거래는 살 수 있는 권리가 부여된 콜옵션(call options)과 팔 수 있는 권리가 부여된 풋옵션(put options)으로 분류된다. 콜옵션은 기초자산의 가격이 행사가격보다 높으면 권리를 행사하고 행사가격보다 낮으면 포기하면 된다. 풋옵션은 기초자산의 가격이 행사가격보다 낮으면 권리를 행사하고 행사가격보다 높으면 포기하면 된다. 이때 권리를 행사하는 사람은 옵션매입자이며, 옵션매입자는 이러한 권리를 취득한 대가로 옵션매도자에게 옵션가격(프리미엄)을 지급하였기 때문에 권리를 행사할 수 있다.

옵션은 그 권리를 사용하는 시점에 따라 유럽형 옵션과 미국형 옵션으로 구분된다. 유럽형 옵션(European option)은 권리의 사용시점이 만기일로 제한되어 있는 것이며, 미국형 옵션(American option)은 만기시점 이전에 어느 때나 권리를 행사할 수 있다. 현재 한국거래소는 투자자들이 보다 안정된 거래를 할 수 있도록 만기일에만 권리를 행사할 수 있는 유럽형 옵션을 채택하고 있다.

4) 스 왑

스왑(swap)은 장래의 어떤 정해진 기일 또는 기간에 일정한 상품이나 금융자산, 부채를 거래상대방의 상품 또는 금융자산과 교환하는 거래이다. 교환의 대상에 따라 상품스왑(commodity swap)과 금융스왑(financial swap)으로 구분된다. 금융스왑은 다시 외환스왑과 금리·통화스왑으로 구분된다. 외환스왑(foreign exchange swap)은 현물환을 매도하는 동시에 선물환을 매입하는 것과 같은 외환 매매거래이다. 금리스왑(interest rate swap)은 미래의 일정기간 동안 채무에 대한 이자지급만을 교환하는 거래를 말하며, 통화스왑(currency swap)은 서로 다른 통화를 약정된 환율에 따라 일정한 시점에서 상호 교환하는 외환거래를 말한다. 스왑은 거래소 이외의 장소에서 개별계약을 통해 거래가 이루어지는 장외파생상품이다. 장외파생상품 중에서 거래가 가장 활발한 상품은 금리스왑이다.

2. 시장의 유무에 따른 분류

1) 장내파생상품

장내파생상품(exchange-traded derivatives)은 정부가 지정한 시장에서 거래가 이루어지는 파생상품이다. 자본시장법 제5조 제2항에 따라 장내파생상품이란 '파생상품으로 파생상품시장에서 거래되는 것 또는 해외파생상품시장에서 거래되는 것'이라고 규정하고 있다. 여기서 파생상품시장은 한국거래소 파생상품시장을 의미한다. 미국의 파생상품시장은 시카고상품거래소(CBOT), 시카고상업거래소(CME),

시카고옵션거래소(CBOE) 등이 있다. 장내파생상품으로는 선물과 옵션이 있다.

2) 장외파생상품

장외파생상품(over-the-counter derivatives)은 거래소 이외의 장소인 장외시장(OTC market)에서 거래되는 파생상품이다. 장외파생상품은 규제나 제약이 없이 계약당사자간에 자유롭게 거래할 수 있다는 장점이 있다. 그러나 이 상품은 거래의 성사가 어렵고 유동성이 작아 한번 계약을 맺으면 이를 헤지하거나 반대매매가 힘들다는 단점이 있다. 대표적인 장외파생상품으로는 금리스왑과 같은 스왑상품과 선도가 있다. 다만, 옵션은 장내파생상품시장과 장외파생상품시장 모두에서 거래되는 파생상품이다. 장내파생상품과 장외파생상품의 차이를 정리해 보면 〈표 2-3〉과 같다.

〈표 2-3〉 장내파생상품과 장외파생상품의 차이

구 분	장내파생상품	장외파생상품
거래상품	선물, 옵션	선도, 옵션, 스왑
상품종류의 제한	제한되어 있음	무제한이며 다양함
거래조건	표준화되어 있음	당사자간에 협의 결정함
신용위험	신용위험이 없음	신용위험이 많음
정산	일일정산	거래 초기 및 만기에 정산

3. 기초자산의 유형에 따른 분류

1) 상품파생상품

상품파생상품은 돈육, 돼지, 소, 커피, 설탕 등과 같은 농축산물이나 구리, 금, 은과 같은 광물 등 상품의 기초자산에서 파생되어 거래되는 금융상품을 의미한다. 선물의 경우에 밀, 옥수수 등의 농산물 상품을 기초자산으로 하는 상품선물(commodity futures)이 있다.

2) 금융파생상품

금융파생상품은 주가지수, 주식, 금리, 환율과 같은 금융자산을 기초자산으로 하는 파생상품이다. 선물의 경우에 주가지수, 금리 등의 금융상품을 기초자산으로 하는 금융선물(financial futures)이 있으며, 옵션의 경우 주가지수, 주식, 금리, 통화 등의 금융상품을 기초자산으로 하는 금융옵션(financial option)이 있다.

4. 우리나라의 파생상품 종류

자본시장법은 파생상품을 원금초과손실의 가능성이 있는 금융상품으로 규정하고 거래되는 장소에 따라 장내파생상품과 장외파생상품으로 구분하고 있다.

1) 장내파생상품

장내파생상품은 파생상품으로서 한국거래소의 파생상품시장에서 거래되는 것과 해외파생상품시장에서 거래되는 것으로 규정하고 있다. 한국거래소의 파생상품시장에서 거래되는 선물과 옵션의 파생상품을 기초자산인 주가지수, 주식, ETF, 금리, 통화, Commodity 상품에 따라 분류하면 〈표 2-4〉와 같다.

〈표 2-4〉 한국거래소의 파생상품 종류

기초자산	선 물	옵 션
주가지수상품	코스피200선물, 미니 코스피200선물, 섹터지수선물, 코스닥150선물, KRX300선물, 코스닥글로벌선물	코스피200옵션, 미니 코스피200옵션, 코스닥150옵션
변동성지수상품	코스피200변동성지수선물	
개별주식상품	개별주식선물	개별주식옵션
ETF상품	ETF선물	
채권금리상품	3년국채선물, 5년국채선물, 10년국채선물, 30년국채선물, 상품간스프레드, 3개월무위험지표금리선물	
통화상품	미국달러선물, 엔선물, 유로선물, 위안선물	미국달러옵션
Commodity상품	돈육선물, 금선물	

2) 장외파생상품

장외파생상품은 거래소에서 거래되는 상품을 제외한 모든 파생상품으로 선도, 옵션, 스왑 등이 있다. 장외파생상품은 거래에 대한 정해진 규정이 없이 거래당사자간의 협의에 의해 만기일, 행사가격 등의 계약내용을 정할 수 있다.

제 5 절 집합투자증권

Ⅰ. 집합투자증권의 의의

과거의 간접투자자산운용업법에서 간접투자란 투자자로부터 자금 등을 모아서 일정한 자산에 운용하고 그 결과를 투자자에게 귀속시키는 것으로 정의하였다. 그러나 현재의 자본시장법은 간접투자라는 용어 대신에 집합투자라는 개념을 도입하였다. 즉, 집합투자(collective investment)란 '2인 이상의 투자자로부터 모은 금전 등을 투자자로부터 일상적인 운용지시를 받지 아니하면서 재산적 가치가 있는 투자대상자산을 취득·처분, 그 밖의 방법으로 운용하고, 그 결과를 투자자에게 배분하여 귀속시키는 것을 말한다'라고 규정하고 있다(법 제6조 제5항). 이러한 집합투자를 수행하기 위한 기구를 집합투자기구(collective investment scheme)라 하며, 통상적으로 집합투자기구를 펀드(fund)라고 부르고 있다. 그리고 집합투자의 구조는 투자자가 판매회사를 통해 집합투자기구에 자금을 투자하고, 신탁업자가 자금을 보관·관리하며, 집합투자업자가 자산을 운용한다.

자본시장법은 과거 간접투자자산운용업법상의 집합투자기구에 대한 범위를 확대하여 투자신탁, 투자회사(상법상 주식회사의 형태), 투자유한회사(상법상 유한회사의 형태), 투자합자회사(상법상 합자회사의 형태), 투자유한책임회사(상법상 유한책임회사의 형태), 투자합자조합(상법상 합자조합의 형태), 투자익명조합(상법상 익명조합의 형태) 등 다양한 형태의 집합투자기구를 인정하고 있다.

자본시장법은 집합투자증권을 이들 집합투자기구들에 대한 출자지분(투자신탁의 경우에는 수익권)이 표시된 것으로 정의하고 있다(법 제9조 제21항). 일반적으로 집합투자증권은 펀드를 의미하며, 이는 여러 투자자로부터 자금을 모아 전문가가 대신 투자하고, 그 결과를 투자자에게 분배하는 금융상품이다.

Ⅱ. 집합투자증권의 종류

집합투자증권은 투자회사의 지분증권(뮤추얼펀드), 투자신탁의 수익증권 등의 형태로 발행된다.

1. 투자회사 지분증권

투자회사 지분증권은 설립자본금을 바탕으로 회사 형태로 만들어지는 집합투자기구인 투자회사의 이사회가 결정하여 발행하는 증권이다. 여기서 투자회사(investment company)는 회사의 재산을 투자자산에 운용하여 그 수익을 주주나 조합원에게 배분하는 것을 목적으로 설립된 집합투자기구를 의미한다. 투자회사의 지분증권을 발행할 수 있는 집합투자기구는 투자회사, 투자유한회사, 투자합자회사, 투자익명조합, 투자조합, 사모투자전문회사 등이 있다.

2. 투자신탁 수익증권

투자신탁 수익증권은 집합투자업자가 신탁업자의 확인을 받아 투자신탁의 투자자 지위를 표시하는 수익권을 의미한다. 여기서 투자신탁(securities investment trust)은 투자자로부터 자산에 운용할 목적으로 자금 등을 모은 위탁자(자산운용회사)가 그 재산을 수탁자(펀드자산 보관회사)로 하여금 당해 위탁자(자산운용회사)의 지시에 따라 투자, 운용하게 하고 그에 따른 수익권을 분할하여 당해 투자자에게 취득시키는 것을 목적으로 하는 집합투자기구를 의미한다.

〈표 2-5〉 투자회사 지분증권과 투자신탁 수익증권의 차이점

구 분	투자회사 지분증권	투자신탁 수익증권
설립형태	주식을 발행하여 투자자로부터 자금을 모집한 후 자산운용회사에 운용을 위탁하여 주식, 채권, 파생상품 등 유가증권에 투자하고 이로부터 발생한 수익을 투자자들에게 분배	수익증권을 발행하여 투자자들로부터 자금을 모집한 후 모집한 투자신탁회사가 직접적으로 자산을 운용하여 이로부터 발생한 수익을 투자자에게 분배
투자자의 법적 지위	회사형태가 상법상의 주식회사이므로 투자자들의 법적 지위는 주주	투자신탁회사와 투자자 간의 신탁계약이므로 투자자는 계약자
수익의 분배	1년간 이익금 배당금 지급	보유기간 수익증권의 기준가 차이에 대한 수익금 지급
환금성	• 개방형 : 판매회사를 통해 언제든지 환매가 가능 • 폐쇄형 : 펀드의 존속기간 환매 청구 불가(증권시장 매매로 환금가능)	언제든지 가입 후 발생한 이익금 중 일부를 환매수수료로 지급하면 현금화가 가능

PART

Ⅱ 증권시장

제 3 장　증권시장의 이해
제 4 장　주식시장 Ⅰ
제 5 장　주식시장 Ⅱ
제 6 장　채권시장
제 7 장　증권상품시장

chapter 3

증권시장의 이해

자본시장은 기업 또는 정부기관 등이 장기자금을 조달하는 시장으로, 장기금융시장이라고도 한다. 자본시장은 자금공급방식에 따라 장기대출시장과 증권시장으로 구분된다. 장기대출시장은 간접금융방식이 행해지는 금융시장으로, 금융기관이 저축자로부터 조달한 자금을 장기자금수요자에게 대출하는 시장이다. 증권시장은 주식이나 채권 등의 증권을 통해 자금의 수급이 이루어지는 직접금융시장이다.

증권시장은 새로운 주식이나 채권 등이 발행되는 발행시장과 이미 발행되어 있는 증권이 거래되는 유통시장으로 구분된다. 발행시장은 1차적 시장으로 자금을 조달하고자 하는 기업 또는 정부기관 등이 발행하는 증권이 최초로 투자자에게 매도되는 시장이며, 유통시장은 2차적 시장으로 기발행된 증권이 투자자들 사이에서 매매되는 시장이다. 발행시장은 유통시장에서 증권의 자유로운 유통성이 보장될 때 활성화될 수 있으며, 유통시장은 발행시장으로부터 증권의 공급이 원활하게 이루어질 때 가능하므로 두 시장은 서로 보완적인 관계에 있다.

한편 한국거래소에서는 주식시장, 채권시장, 증권상품시장, 파생상품시장, 일반상품시장 등이 운영되고 있다. 본 교재는 먼저 제3장에서 증권시장의 이해를 설명한다. 제4장의 주식시장 I 에서 유가증권시장을 설명하고, 제5장의 주식시장 II 에서 코스닥시장, 코넥스시장, 장외시장, 넥스트레이드를 설명한다. 그리고 제6장에서 채권이 거래되는 채권시장을 설명한다. 마지막으로 제7장에서 ETF 등이 거래되는 증권상품시장을 설명한다.

제 1 절 발행시장의 개요

Ⅰ. 발행시장의 의의와 기능

1. 발행시장의 의의

유가증권 발행시장이란 자금의 수요자인 기업 등이 발행주체가 되어 발행기관을 통해 자금의 공급자인 투자자에게 신규로 발행되는 유가증권을 매각하여 기업자금을 조달하거나, 기업공개를 목적으로 이미 발행되어 특정인이 보유하고 있는 유가증권을 매출하여 자금을 조달하는 시장이다. 유가증권 발행시장은 자금수요자인 주식발행자가 자금공급자인 투자자에게 새로운 유가증권을 매각하거나 매출하여 최초로 유가증권시장에 공급하는 시장으로서 유가증권시장의 제1차적 시장(primary market)이라고도 한다. 이러한 시장은 유가증권의 발행과 거래에 일정한 장소를 반드시 필요로 하지 않기 때문에 추상적 시장이다.

2. 발행시장의 기능

1) 기업의 자금조달 기능

자금수요자인 기업입장에서 발행시장은 불특정다수인의 광범위한 투자자들로부터 거액의 장기자금을 일시에 조달할 수 있게 하여 기업자본의 대규모화를 가능하게 하고, 이러한 자금공급에 따라 창출되는 부가가치를 배당 등의 형태로 투자자들에게 적절히 배분하는 기능을 수행하게 된다.

2) 산업자본의 집중 기능

소액의 자금보유자인 불특정투자자로부터 유가증권을 매개로 하여 자금수요자인 기업에 자본을 집중시켜 주는 역할을 한다.

3) 최초의 소유분산 기능

유가증권 발행시장을 통해 신규로 발행되는 주식의 최초 분산이 가능하게 하여 기업의 소유구조를 개선시키게 된다.

4) 투자자의 투자수단제공 기능

투자자는 주식 등을 매입함으로써 기업에 자금을 제공한 대가로 기업의 이익창출에 대한 배당을 제공받는다.

Ⅱ. 발행시장의 구조

유가증권 발행시장은 자금의 수요자인 증권의 발행주체, 증권발행시의 위험을 부담하고 사무절차를 주도함으로써 발행주체와 투자자를 연결시켜 주는 발행기관, 그리고 자금의 공급자인 투자자로 구성된다.

1. 발행주체

발행주체(issuer)는 발행시장에서 주식・채권・출자증권・신주인수권증서・유가증권예탁증서 등의 증권을 발행하여 불특정다수의 투자자로부터 자금을 조달하는 주체를 의미한다. 이러한 발행주체에는 주식회사, 국가 및 지방자치단체, 특별법인, 외국법인 등이 있다.

2. 발행기관

발행기관(underwriter)은 증권의 발행주체와 투자자 사이에서 증권과 자금이 적절하게 배분될 수 있도록 증권을 공모할 때 발행사무의 대행과 인수 기능을 수행하는 기관을 의미한다. 이러한 발행기관은 증권발행에 관한 지식과 경험 및 풍부한 자료, 자본시장에 대한 전문기술을 바탕으로 유가증권의 발행에 대한 책임과 위험을 분산하고 원활한 발행업무를 수행한다. 일반적으로 발행기관은 여러 기관이 공동으로 하나의 유가증권 발행에 참여하는 것이 보통이다. 발행기관은 주관회사, 인수단, 청약단으로 그 역할을 달리하고 있다.

1) 주관회사

주관회사(underwriter)는 증권의 발행자와 투자자 사이에서 증권이 원활하게 발행될 수 있도록 증권발행에 따른 사무처리, 발행자에 대한 조언 및 사무절차의 대행 업무 등을 총괄하는 간사단이다.

간사단은 공동으로 간사업무를 수행하는데, 간사단 중에서 발행업무의 대표적 역할을 수행하는 간사회사를 대표주관회사(lead underwriter) 또는 주간사회사라고 하며 기타 간사회사를 공동주관회사 또는 공동간사회사라고 한다. 주관회사의 자격을 가지는 회사는 투자매매업자인 금융투자회사만 가능하나, 채권의 경우에는 일부 은행도 주관회사가 될 수 있다.

2) 인수단

인수단(underwriting syndicate)은 발행증권을 자기의 책임과 계산 하에서 발행주체로부터 직접 취득하는 인수기능을 수행한다. 인수의 형태로는 발행회사가 발행하는 증권의 전부 또는 일부를 취득하는 총액인수와 취득자가 없는 경우 잔여분을 취득하는 잔액인수가 있다. 인수단의 자격을 가지는 회사는 주관회사의 자격을 가지는 금융투자회사 및 은행의 신탁계정, 집합투자업자가 해당된다.

3) 청약단

청약단은 다수의 투자자를 대상으로 청약업무를 대행하는 기관이다. 청약단은 자기의 책임과 계산이 없이 단순히 청약만 대행하며 모집내역을 집계하여 인수단에 직접 청약을 하게 된다. 그러므로 여기에는 특별한 자격요건이 없으며 불특정다수인을 모집할 수 있는 금융기관이면 가능하다.

3. 투자자

투자자(investor)는 발행시장에서 모집 또는 매출에 응하여 유가증권을 취득함으로써 발행주체에 자금을 공급하는 자를 말한다. 이러한 투자자는 취득한 증권을 다시 다른 투자자에게 매매할 수 있다. 자본시장법은 투자자를 전문투자자와 일반투자자로 구분하고 있다. 전문투자자(professional investor)는 전문적으로 자산을 운용하는 법인형태의 투자자를 의미하며, 일반투자자(ordinary investor)는 전문투자자가 아닌 투자자를 말한다(법 제9조 제5항, 제6항). 이러한 일반투자자의 분류 목적은 적합성 원칙, 적정성 원칙, 설명의무, 불공정영업행위 금지, 부당권유 금지, 광고 규제 등 6대 규제를 통해 일반투자자의 보호를 강화하는 데 있다.

일반적으로 투자자는 개인투자자, 기관투자자(은행, 증권회사, 종합금융회사, 보험회사, 투자신탁회사, 연금기관, 증권투자회사, 각종 재단 등), 외국인으로 구분하고 있다.

Ⅲ. 증권발행의 유형

1. 회사설립시 발행

주식회사는 신규로 설립하는 경우에 주주에게 주식을 발행·교부해야 한다. 주식회사의 설립은 발기설립과 모집설립이 있다. 발기설립의 경우에는 발기인에게 주식을 발행하며, 모집설립의 경우에는 발기인과 모집된 주주에게 주식을 발행한다. 상법에 따라 설립되는 주식회사는 주식발행에 관한 사항을 정관에 규정해야 한다.

회사설립시 발행주식수는 회사에서 발행할 수 있는 수권주식수 이내에서 실제로 발행한 주식을 의미하며, 나머지 미발행주식은 회사의 설립 이후 필요할 경우 이사회의 의결에 의하여 수시로 발행할 수 있다. 한편 주식회사의 설립은 신규로 주식회사를 설립하는 경우와 기존의 개인기업 등을 주식회사 형태로 전환하는 경우로 구분되기도 한다.

2. 증자발행

증자발행은 기존에 설립된 주식회사가 미발행주식의 범위 내에서 이사회의 결의를 거쳐 발행한 것을 의미한다. 이러한 증자발행은 실제적으로 주주들에게 주식대금의 납입을 받고 신주를 발행하는 유상증자와 주식대금의 납입이 없이 기존주주에게 신주를 발행하는 무상증자가 있다. 여기서 유상증자는 주식이 발행됨에 따라 기업의 자본금과 자산이 실질적으로 증가하여 기업의 자본조달이 이루어지는 증자형식이다. 그러나 무상증자는 형식적으로 자본금을 증가시키기 때문에 발행주식수는 증가하지만 실질적으로 기업의 자본조달이 없는 증자형식이다.

3. 기업공개시 발행

기업공개를 통한 주식발행은 일정한 요건을 갖춘 기업이 새로운 주식을 발행하여 일반투자자들에게 균일한 조건으로 공모하거나, 개인이나 소수의 주주에게 집중되어 있는 주식을 다수의 일반투자자에 분산시키기 위하여 매출하는 것을 의미한다.

IV. 공모발행과 사모발행

유가증권의 발행형태는 발행될 유가증권의 수요자를 구하는 방법에 따라 공모발행과 사모발행으로 나누어진다.

1. 공모발행

공모발행(public offering)은 발행주체가 불특정다수인을 대상으로 하여 공개적으로 증권을 모집하는 것을 말한다. 공모발행은 발행주체가 신규로 발행된 증권을 다수의 투자자에게 취득할 것을 권유하는 방법이다. 자본시장법 제9조 제7항 규정에 의하면 모집은 50인 이상의 투자자에게 새로 발행되는 증권의 취득의 청약을 권유하는 것을 말한다.[1] 즉, 신규로 발행되는 증권에 대해 취득청약의 권유를 하는 날로부터 과거 6개월 이내에 해당 증권과 동일한 종류의 증권에 대하여 모집이나 매출에 의하지 아니하고 청약의 권유를 받은 자를 합산하여 50인 이상의 투자자를 대상으로 취득의 청약을 권유하는 행위를 말한다. 공모발행은 사모발행시보다 비용은 증가하나 다수의 투자자를 상대로 복잡한 업무처리를 해야 하므로 간접발행의 형태를 취하게 된다.

2. 사모발행

사모발행(private placement)은 발행주체가 소수의 투자자에게 유가증권의 취득을 권유하는 방법으로 유가증권을 매도하는 것을 말한다. 자본시장법의 규정에 의하면 사모는 50인 미만의 투자자에게 새로 발행되는 증권의 취득의 청약을 권유하는 것으로 모집에 해당하지 아니하는 것을 말한다.[2] 따라서 사모발행은 새로 발행된 증권을 모집하는 경우에만 허용된다. 사모발행은 소수의 투자자를 상대하기에 판매절차가 비교적 간단하므로 대부분 직접발행의 형태를 취하게 된다.

---

1) 공모는 다수 투자자에게 공개적으로 증권을 모집 또는 매출하는 것을 말한다. 여기서 모집은 새로 발행된 증권을 공모하는 것을 의미한다. 매출은 발행회사의 대주주 등이 소유한 증권을 50인 이상의 투자자에게 이미 발행된 증권의 매도의 청약을 하거나 매수의 청약을 권유하는 것을 말한다. 따라서 매출은 증권의 소유권에 대한 이전이며 발행의 범주에 포함되지 않는다.

2) 자본시장법(제9조 제8항)은 사모의 용어정의에 "모집에 해당되지 아니한 것"으로 규정하고 있기 때문에 이미 발행된 증권의 매출은 공모를 통해서만 허용하고 있다.

Ⅴ. 직접발행과 간접발행

유가증권의 발행형태는 발행에 따른 위험부담과 발행모집사무를 누가 부담하고 담당하느냐에 따라 직접발행과 간접발행으로 나누어진다.

1. 직접발행

직접발행(direct issuing)은 증권의 발행주체가 직접 발행업무를 수행하고 스스로 발행위험을 부담하여 증권을 발행하는 방법을 말한다. 여기서 발행위험은 발행되는 전체 증권이 팔리지 않고 부족한 모집이 발생할 가능성을 말한다. 만약, 부족한 모집이 발생하였을 경우에는 발행주체가 이사회의 결의를 통하여 잔량을 처리해야 한다. 그러므로 증권을 소규모로 발행하여 발행위험이 상대적으로 적고, 발행사무가 비교적 간단한 경우에 주로 이용되는 방법이다.

전부공모를 직접발행방법으로 하는 경우를 직접공모라 하는데, 이는 비상장법인[3]이 주식을 공모할 경우 종종 사용하는 발행형태로서 발행주체가 자기의 지점망이나 공고를 통하여 직접모집을 행하고 그 인수위험과 발행사무를 직접 부담하여 증권을 발행한다.

2. 간접발행

간접발행(indirect issuing)은 전문기관을 이용하여 발행하는 형태로 직접발행에 따른 사무처리의 번잡을 피하고 증권발행에 따른 위험부담의 해소를 위하여 발행주체가 발행기관 및 청약사무대행기관 등 중개기관의 도움을 받아 간접적으로 발행하는 방법이다.

일반적으로 증권발행업무의 전문성 때문에 간접발행의 방법이 주로 이용된다. 보통 발행기관은 유가증권의 인수, 매출 또는 모집을 주선할 수 있는 증권회사, 은행, 종합금융회사, 투자신탁회사 등의 금융기관이 담당한다. 간접발행은 발행위험의 부담방법에 따라 총액인수, 잔액인수, 모집주선 등의 방법으로 나누어진다.

---

3) 상장법인은 증권시장에 상장된 증권을 발행한 법인으로, 비상장법인은 상장법인을 제외한 법인으로, 주권상장법인은 증권시장에 상장된 주권을 발행한 법인으로, 주권비상장법인은 주권상장법인을 제외한 법인으로 자본시장법(제9조 제15항)에 규정하고 있다.

1) 총액인수

총액인수(firm commitment)는 우선 발행되는 주식을 인수기관이 전액 매입한 후, 인수한 주식을 일반투자자에게 다시 매각함으로써 자금을 회수하는 방법이다. 즉, 총액인수는 대표주관회사가 정한 발행기관들로 구성된 인수단(또는 인수회사)이 발행된 증권의 전부를 자기의 책임과 계산 하에 인수하고 이에 따른 발행위험을 부담하는 방법을 말한다. 따라서 가격변동에 따르는 손해 등 모든 위험은 인수단이 부담하기 때문에 발행주체의 미발행위험은 없다. 현재는 이 방식이 공모에 있어 가장 널리 이용되고 있다.

2) 잔액인수

잔액인수(stand-by agreement)는 발행기관이 발행된 증권을 발행회사로부터 전액인수하지 않고 발행업무를 도와주다 모집기간이 경과하고 나서도 매각하지 못한 잔량이 남을 때에는 미리 약속된 인수가격으로 잔량분을 인수하는 방법이다. 즉, 잔액인수는 공모에 따른 발행사무 처리와 인수에 따른 위험을 분리하는 처리방법으로서 발행전문기관에 발행사무를 위탁하고 일정기간 동안 공모를 한 다음 부족액이 발생하였을 경우 그 잔량에 대해서 이미 체결한 대표주관계약[4]에 따라 인수기관이 인수하는 방법이다.

이 경우 모집사무를 처리하는 기관과 인수하는 기관을 달리할 수 있다. 만약 발행된 증권을 투자자들로부터 공모하여 공모총액에 미달할 경우에 잔액은 발행기관이 인수계약서상에서 정한 조건으로 인수해야 한다. 이 잔액인수는 발행주체의 입장에서 보면 잔액인수계약이 성립된 시점에서부터 사실상 모집이 달성된 것이나 다름없다.

3) 모집주선(위탁모집)

모집주선(best-efforts basis)은 유가증권 발행에 관한 모집사무를 제3자인 발행기관에 위탁하고 인수위험을 발행주체가 부담하는 방법으로 위탁모집이라고도 한다. 이 경우 발행기관은 발행사무를 담당하여 모집에 최선을 다하지만 팔리지 않은 증권이 발생한 경우 발행주체에게 되돌려주며, 잔량의 발행증권은 발행자가 처리한다. 따라서 모집주선에서 발행기관은 발행과 모집에 관한 사무만을 담당하고 미소화된 증권에 대한 발행위험을 부담하지 않는다.

---

4) 금융투자협회의 '증권 인수업무에 관한 규정'에 따라 과거의 주간사계약이 대표주관계약으로, 주간사회사가 대표주관회사로, 간사회사가 주관회사로 명칭이 변경되었다.

제2절 유통시장의 개요

Ⅰ. 유통시장의 개념

1. 유통시장의 의의

유가증권 유통시장은 이미 발행된 증권이 투자자 상호간에 매매거래되는 시장을 말한다. 즉, 유통시장(circulation market)은 투자자가 소유하고 있는 주식이나 채권을 매각하여 투자자금을 회수하거나 이미 발행된 증권을 유통시장에서 취득하여 금융자산을 운용하는 시장이다. 전통적인 의미에서 유가증권시장은 유통시장으로 구체적이고 상설적이며 경쟁적인 시장이라 할 수 있다. 여기에서 구체적이라 함은 일정한 장소에 구체적인 시장시설을 가지고 있다는 것이고, 상설적이라 함은 증권의 매매를 매일 계속적으로 성립시킨다는 뜻이며, 경쟁적이라 함은 불특정다수인이 경쟁적으로 자유로이 거래에 참여하는 것을 의미한다.

2. 유통시장의 기능

유가증권 유통시장은 발행된 주식이나 채권의 시장성과 유통성을 높여 일반투자자의 투자를 촉진시킴으로써 발행시장에서의 장기자본조달을 원활하게 해줄 뿐만 아니라 유통시장에 의한 증권의 시장성과 유통성은 증권의 담보력을 높여준다. 또한 유통시장은 다수의 투자자가 참여하는 자유경쟁시장이므로 주식이나 채권의 공정한 가격을 형성할 뿐만 아니라 유통시장에서 형성되는 가격은 앞으로 발행할 새로운 증권의 가격을 결정하는 역할을 한다.

3. 유통시장의 특징

1) 제2차적 시장

발행시장은 자금의 수요자인 기업이 증권을 발행하고 투자자가 자금을 공급하는 제1차적 시장이며, 유통시장은 이미 발행된 주식이나 채권의 매매가 투자자 상호간에 이루어지는 제2차적 시장이다.

2) 표준화된 시장

유통시장에는 거래의 상대방을 상호간에 인지하지 못하는 다수의 투자자가 매매거래에 참여하므로 시장의 공정성·효율성·안정성을 도모하기 위해 제도가 표준화된 시장이다.

3) 구체적·조직적·계속적 시장

발행시장은 구체적인 시장시설에 의하여 이루어지지 아니하기 때문에 추상적 시장이지만, 유통시장은 일반적으로 한국거래소의 유가증권시장, 코스닥시장 및 코넥스시장을 의미하므로 구체적이고 조직적인 시장이고 거래가 반복적으로 이루어지는 계속적 시장이다.

4) 경쟁적 거래시장

발행시장에서는 매도자인 1명 또는 소수의 집단과 매수자인 다수인에 의한 거래가 이루어지지만, 유통시장은 다수의 매도자와 다수의 매수자에 의해 거래가 이루어지는 경쟁적인 시장이다.

Ⅱ. 유통시장의 구조

유가증권 유통시장은 투자자 상호간의 매매거래에 의해 이루어지지만 현실적으로는 회원사의 중개에 의하여 성립되는 시장이다. 회원사(증권회사 및 금융투자회사)는 투자자로부터 매매주문을 받아 거래소시장이나 장외시장 등의 유통시장을 통하여 매매계약을 체결한다. 거래소시장인 한국거래소는 주식, 채권, 수익증권 등의 상장증권이 거래되는 유가증권시장, 벤처기업과 중소기업 등의 상장주식이 거래되는 코스닥시장과 코넥스시장으로 운영된다. 또한 제2의 거래소인 넥스트레이드는 유가증권시장과 코스닥시장의 상장주식이 거래된다.

장외시장은 거래소시장 이외의 시장으로 K-OTC시장과 K-OTCBB시장 등이 있다. K-OTC시장은 유가증권시장, 코스닥시장, 코넥스시장의 상장요건을 충족하지 못한 기업들이 발행하는 주식이나 상장이 폐지된 주식을 거래하기 위하여 한국금융투자협회가 자본시장법에 따라 개설한 국내 유일의 제도권 장외유통시장이다. 그리고 K-OTCBB시장은 K-OTC시장에서 거래되지 않는 비상장주식 거래 지원을 위해 한국금융투자협회가 개설한 호가게시판 시장이다.

제 3 절 증 자

Ⅰ. 증자의 의의와 목적

증자(increase of capital)는 기업이 설립된 이후에 자본을 증가시키는 것을 말한다. 회사가 자본을 증가하는 경우에는 신주발행을 해야 한다. 우리나라 상법에서는 수권자본제도를 채택하여 회사가 발행할 발행주식수를 주주총회의 의결에 의하여 정관에 기재하도록 되어 있으며, 신주는 정관에 기재된 수권자본금의 범위 내에서 이사회의 결의를 거쳐 발행할 수 있다. 이러한 증자의 형태는 주식대금의 납입을 받고 신주를 발행하는 유상증자와 주식대금의 납입이 없이 신주를 발행하는 무상증자가 있다.

증자의 목적으로는 기업의 설비 및 운전자금에 대한 조달, 부채의 상환을 위한 조달, 기업의 환경적응을 위한 재무정책적 목적 등이 있다.

Ⅱ. 유상증자

유상증자(capital increase with consideration)는 투자자의 주금납입을 받은 후 신주를 발행함으로써 회사 주식자본의 증가와 함께 실질적인 재산의 증가를 가져온다. 따라서 유상증자는 신주를 발행할 때 그 인수금액을 현금이나 현물로 납입시켜 신규로 자금 또는 재산이 기업으로 들어오게 된다. 이러한 유상증자는 새로 발행하는 신주의 발행금액, 배정방법, 그리고 공모방식에 따라 다음과 같이 분류할 수 있다.

1. 발행금액에 따른 분류

1) 액면발행

액면발행(issue at par)은 유상증자시 액면금액으로 신주를 발행하고 해당 주식대금을 납입하는 방법이다. 현재 상장법인의 경우에는 액면발행이 거의 사용되지 않지만 구주주 배정에 의한 신주발행시 사용되기도 한다.

2) 시가발행

시가발행(issue at market)은 기업 재무구조의 건실화를 도모하기 위해 거래소시장에서 형성되는 시장가격에 근접한 시가로 신주를 발행하는 것을 말한다. 현재 증자는 금융위원회의 '유가증권의 발행 및 공시 등에 관한 규정'에 따라 시가발행에 의한 유상증자를 할 수 있어 대부분의 증자가 시가발행 형태로 이루어지고 있다. 일반적으로 시가발행의 경우에는 투자자들에 대한 신주인수를 유인하고 인수업자의 수수료를 고려하여 시장가격보다 낮은 시가로 신주발행이 이루어진다.

2. 배정방법에 따른 분류

1) 구주주 배정

구주주 배정은 주주가 가진 주식의 수에 비례하여 신주를 배정하는 방법이다. 이 방법은 현재 가장 일반적인 형태로서, 정관으로 주주의 신주인수권을 배제 또는 제한하지 않는 한 기존주주에게 신주인수권을 부여한다. 구주주 배정은 일반공모에 비해 발행비용이 저렴하고 발행절차가 간단하다는 장점이 있으나, 발행금액이 대규모인 경우에는 적합하지 못하다는 단점도 있다.

2) 제3자 배정

제3자 배정은 회사의 임원, 특정주주, 거래처 등 특정 연고자에게 신주인수권을 부여하는 것을 말한다. 이는 회사의 경영권 및 기존주주의 이해관계에 중대한 영향을 주기 때문에 정관에 특별히 정하거나 주주총회의 특별결의절차를 거쳐야 한다. 예를 들면 우리사주 배정은 제3자 배정에 해당된다.

3. 공모방식에 따른 분류

1) 일반공모

일반공모는 구주주의 신주인수권을 배제하고 불특정다수인을 상대방으로 하여 신주를 모집하는 방식이다. 이는 기존주주들의 권리인 신주인수권을 침해하는 공모방식이다. 따라서 일반공모는 정관에 구주주의 신주인수권에 대한 제한규정이 있어야 가능하다. 만약, 이러한 규정이 없으면 주주총회의 특별결의에 의해 정관을 변경하여 일반공모를 할 수 있다.

2) 주주우선공모

주주우선공모는 상장법인이 신주를 모집하는 경우에 구주주와 우리사주조합에게 우선 청약권을 부여하여 청약을 받은 후, 그 청약미달분에 대해서는 일반투자자를 대상으로 공모하는 방식을 말한다. 이러한 공모는 일반적으로 인수단이 보통 총액인수를 하고, 잔여주식이 있을 경우 인수단이 잔여주식을 가지게 된다.

3) 직접공모

직접공모는 인수회사를 통하지 않고 발행회사가 직접 자기의 책임과 계산 하에 신주를 공모하는 방식이다. 일반적으로 비상장기업이 소규모의 주식을 공모하는 경우에 사용된다.

Ⅲ. 무상증자

무상증자(increase of capital stock without consideration)는 기업의 준비금 또는 재평가적립금을 자본금으로 전입하면서 기존주주들에게 무상으로 신주를 발행하여 교부하는 것을 말한다. 따라서 무상증자는 재무제표의 자본금이 형식적으로 증가하지만 주식대금의 납입이 없어 실질재산은 증가하지 아니한다. 무상증자는 자금조달을 목적으로 하지 않고 자본구성의 시정, 사내유보의 적정화, 주주에 대한 자본이득의 환원 등의 목적으로 실시되는 것으로서 회사의 총자산에는 변동이 없이 재무제표상 항목간의 변경을 통하여 새로운 주식을 발행하는 형식적 증자이다. 예를 들면 기존 자본잉여금을 감소시키고 해당 금액만큼 자본금으로 대체하여 자본금 증가액에 해당하는 발행주식을 무상으로 주주에게 배분한다.

Ⅳ. 기타 증자제도

주식배당(stock dividend)은 회사가 현금배당 대신에 신주를 발행하여 배당하는 것을 말한다. 전환사채의 전환에 의한 증자는 전환사채의 보유자가 전환권을 행사하여 주식을 청구한 경우에 회사가 전환비율에 따라 신주를 발행하는 것을 말한다. 주식분할(stock split-up)은 기업이 이미 발행한 주식을 분할하여 증가한 주식을 주주에게 소유주식수에 비례하여 배분하는 것을 말한다.

제4절 시가발행

Ⅰ. 시가발행의 의의

시가발행(issue at market)은 증권시장에서 형성되고 있는 주식의 가격에 근접한 가격으로 신주의 발행가격을 결정하는 방법을 말한다. 이러한 시가발행은 일반적으로 액면금액을 초과하여 발행가격을 결정하는데, 그 초과금액을 주식발행초과금이라고 한다. 시가발행에서 주식발행초과금은 발행회사에 귀속되도록 하여 자본잉여금으로 적립하고 장래에 주주에게 무상증자 형태로 환원할 수 있다.

한편 시가발행은 액면금액을 초과하는 주식발행초과금까지 발행회사의 자본잉여금으로 유보함에 따라 자금조달비용을 줄이고 재무구조를 개선시킬 수 있다. 우리나라는 1987년 8월 이후 원칙적으로 모든 상장법인에 대하여 시가발행 증자를 하도록 하고 있다.[5]

Ⅱ. 시가발행제도의 장점

1. 자기자본의 충실화

시가발행은 회사가 액면금액을 초과하는 주식시가에 의하여 자금을 조달하게 되므로 액면발행의 경우보다 주식발행초과금의 부분만큼 자금을 더 많이 조달할 수 있다. 따라서 시가발행은 주식발행초과금이 자본준비금으로 계상되어 자기자본의 충실화를 기할 수 있다는 이점이 있다.

2. 자금조달비용의 절감

시가발행은 동일한 발행비용으로 액면발행의 경우보다 주식발행초과금의 금액만큼 더 많은 자금을 조달할 수 있어 주식을 적게 발행하더라도 필요자금의 조

---

5) 금융위원회의 '증권의 발행 및 공시 등에 관한 규정'은 자본시장법, 동법 시행령에서 금융위원회에 위임된 사항으로 시가발행에 의한 유상증자를 할 수 있도록 규정하고 있다.

달이 가능하다. 따라서 시가발행은 액면발행보다 상대적으로 자금조달비용이 절감되고 향후 배당압박도 경감된다는 장점이 있다.

3. 증권시장의 안정화 도모

시가발행은 주가상승기에는 증자의 증가로 주식의 공급이 증가하여 주가의 과열을 제동시키고, 주가하락기에는 증자의 감소로 주식의 공급이 감소하여 하락했던 주가를 회복하게 한다. 따라서 시가발행은 시장의 자동수급조절 기능을 수행하여 증권시장의 안정화를 도모한다.

4. 자본이득의 해외유출 방지

시가발행은 우리나라의 주가가 미국 등의 선진국에 비해 상대적으로 낮은 상태로서 자본시장의 개방에 따라 자본이득이 해외로 유출되는 것을 방지할 수 있다. 그리고 이 제도는 주식발행제도의 국제적 추세에 맞추어 나감으로써 자본시장의 국제화와 선진화를 도모할 수 있다.

Ⅲ. 시가발행금액의 결정

일반공모증자의 발행금액은 청약일 전 제3거래일부터 제5거래일까지의 증권시장에서 거래된 해당 종목의 총거래금액을 총거래량으로 나눈 가중산출평균주가의 100분의 70 이상으로서 금융위원회가 정하여 고시하는 가격으로 하고 있다.

주주배정방법과 주주우선공모방법의 유상증자에 대한 발행금액은 권리락 실시 이전의 주가로 산정하는 1차 발행금액과 권리락 이후에 산정되는 2차 발행금액 중에서 낮은 금액으로 결정한 후 다음 수식의 확정 발행가액으로 한다.

1차 발행금액＝[기준주가×(1－할인율)] / (1＋유상증자비율×할인율)
2차 발행금액＝기준주가×(1－할인율)
확정 발행가액＝MAX[MIN(1차 발행금액, 2차 발행금액), 청약일 전 제3거래일부터 제5거래일까지의 가중산술평균주가의 60%]

제 5 절 기업공개(IPO)

I. 기업공개의 의미

기업공개(IPO : initial public offering, going public)는 기업이 전반적인 경영내용을 공개하여 최초로 일반투자자들을 대상으로 주주를 모집하는 주식공개를 의미한다. 즉, 주식회사가 신규로 발행하는 주식을 다수의 투자자에게 모집하거나, 이미 발행되어 대주주 등이 소유하고 있는 주식을 일반투자자에게 매출하여 주식을 분산시키는 것을 말한다. 모집에 의한 기업공개의 경우에는 일반적으로 기존주주에 대한 신주인수권이 배제되고 일반인들을 대상으로 공모증자가 이루어진다.

일반적으로 기업의 주식을 거래소에 신규상장하기 위하여 주식공개를 하기 때문에 기업공개는 상장까지 포함된 개념으로 사용된다. 현재 우리나라의 상장제도에서는 상장예비심사를 통하여 승인된 기업만이 상장요건을 충족하기 위하여 공모절차를 진행할 수 있다. 이에 우리나라에서는 기업공개와 상장을 일상적으로 동일한 개념으로 사용하고 있지만 두 개념은 내용적으로 분명히 다르다.

기업공개는 개인이나 소수의 주주로 구성된 기업이 거래소에 신규상장을 하기 위하여 주식의 분산요건을 갖추기 위한 공모행위이다. 그리고 상장은 기업이 발행한 증권에 대하여 거래소에 매매거래가 될 수 있도록 승인하는 행위이다. 따라서 기업공개와 상장은 〈표 3-1〉과 같이 차이가 있다.

〈표 3-1〉 기업공개제도와 상장제도의 비교

구 분	기업공개제도	상장제도
시장	발행시장(1차적 시장)	유통시장(2차적 시장)
목적	발행기업의 자금조달	증권의 원활한 유통과 공정한 가격형성
성격	소유주식분산의 형태	증권의 거래적격성 선별
규제	발행당사자에 대한 공시주의	상장적격성에 대한 규제주의
특성	발행기업과 청약자의 이해조화로 증권발행수량의 소화를 중시	투자자 보호와 증권의 유통성 확보를 위해 시장성을 중시

Ⅱ. 기업공개의 방법

1. 공모방법에 따른 분류

기업공개의 방법은 공모방법에 따라 신주모집, 구주매출, 모집과 매출의 병행 등으로 분류할 수 있다. 신주모집은 기업의 구주주가 신주인수권을 포기하고 일반투자자에게 신주를 발행하여 주식을 공모하는 방법이다. 구주매출은 기존의 대주주가 보유하고 있는 기발행주식을 일반투자자에게 매출하는 방법이다. 모집과 매출의 병행은 신주모집과 구주매출을 병행하는 방법이다.

2. 공모금액에 따른 분류

기업공개의 방법은 공모금액에 따라 액면발행, 할증발행, 할인발행 등으로 분류할 수 있다. 액면발행(par issue)은 기업의 재무상태가 시장가격과 비슷한 경우에 액면금액과 동일한 공모금액으로 주식을 모집하거나 매출하는 방법이다. 할증발행(premium issue)은 재무상태가 양호하고 예상수익이 높게 예측될 경우에 액면금액보다 높은 공모금액으로 주식을 모집하거나 매출하는 방법이다. 할인발행(discount issue)은 할증발행과 반대의 개념으로 재무상태나 예상수익이 미흡하여 액면금액 미만으로 공모금액을 결정하여 주식을 모집하거나 매출하는 방법이다.

Ⅲ. 기업공개의 요건

기업공개의 요건은 형식적 요건으로 자기자본, 경영성과, 주식분산, 감사의견 등을 갖추어야 하고, 질적 요건으로 기업계속성, 경영투명성, 경영안전성, 투자자 보호 등의 요건을 충족해야 한다. 여기서 기업계속성에 대한 충족여부는 매출채권과 재고자산의 증가, 매출처 편중, 차입금 규모, 관계회사에 대한 지급보증 및 담보제공 등에 따라 판단하며, 경영의 투명성 및 안정성에 대한 충족여부는 최대주주 변경, 사외이사, 상근감사 및 감사위원회, 내부회계관리제도, 특수관계인과의 거래 등에 따라 판단한다.

Ⅳ. 기업공개의 추진과정과 현황

정부는 1968년에 자본시장의 건전한 육성을 도모하기 위하여 「자본시장육성법」을 제정한 이래 지속적인 기업공개정책을 육성해 왔다. 1972년에는 적극적인 기업공개 추진을 위하여 「기업공개촉진법」을 제정하여 1973년부터 1978년에 이르는 기간중에는 총 295개사를 공개하였다. 2020년부터 2024년까지 5년간 KOSPI 계열에 67개 회사가 신규로 상장되었으며, 2025년 6월말 KOSPI 계열에 849개 회사가 기업공개를 하여 상장되어 있다.

한편 코스닥시장은 벤처열풍과 인터넷의 확산으로 1999년 한 해 동안 104개의 새로운 기업이 등록되었다. 2020년부터 2024년까지 5년간 KOSDAQ 계열에 523개 회사가 신규로 상장되었으며, 2025년 6월말 KOSDAQ 계열에 1,793개 회사가 기업공개를 하여 상장되어 있다.

그리고 코넥스시장은 유가증권시장과 코스닥시장에 상장되지 못하는 벤처기업이나 초기 중소기업의 원활한 자금조달을 지원하기 위한 중소기업전용 신시장으로, 2020년부터 2024년까지 5년간 KONEX 계열에 53개 회사가 신규로 상장되었으며, 2013년 7월 1일에 개설된 이래 2025년 6월말 KONEX 계열에 117개 회사가 기업공개를 하여 상장되어 있다.

〈표 3-2〉 한국거래소 주식시장 신규상장 현황

연 도	KOSPI	KOSDAQ	KONEX	합 계
2020	8	86	12	106
2021	22	100	7	129
2022	6	112	14	132
2023	17	114	14	145
2024	14	111	6	131
합계	67	523	53	643

자료 : KRX 정보데이터시스템, 「쉽게 보는 통계, 주요통계, 주식, 신규상장, 유형별 추이(연)」

chapter 4

주식시장 I

제 1 절 유가증권시장의 개요

I. 유가증권시장의 개념

1. 유가증권시장의 의의

한국거래소에는 증권시장으로 유가증권시장, 코스닥시장 및 코넥스시장이 있으며 선물과 옵션이 거래되는 파생상품시장이 있다. 유가증권시장(KOSPI 계열)은 국내외의 우량한 상장기업이 발행한 유가증권의 공정한 가격형성과 안정 및 유통의 원활을 기하기 위하여 개설된 시장이다. 이러한 유가증권시장은 기업의 규모가 비교적 크고 경영실적이 양호한 기업들이 발행한 주식을 비롯하여 국채, 회사채 등 채무증권, 주식관련사채, ELW나 ETF와 같은 신종증권 등 여러 종류의 증권이 거래되는 시장이다.

코스닥시장은 중소기업 및 벤처기업, 차세대 성장산업군에 속하는 기업이 발행한 주식이 거래되는 시장이며, 코넥스시장은 초기 중소・벤처기업의 성장 지원 및 모험자본 선순환 체계 구축을 위해 개설된 초기・중소기업이 발행한 주식이 거래되는 시장이다. 파생상품시장은 주가지수 및 개별주식 선물/옵션, 통화선물, 금리선물 및 금선물 등이 거래되는 시장이다.

2. 유가증권시장의 기능

유가증권시장의 경제적 기능은 유통시장으로서의 기능과 가격형성시장으로서의 기능이 있다. 유가증권시장에 있어서의 유가증권의 가격은 기업의 내용이나 경기의 변동을 예고하며, 언제나 등락을 반복한다. 더욱이 유가증권시장에 있어서의 유가증권의 매매를 투기로 이용하는 자가 나오는 것은 당연한 일이다. 따라서 유가증권시장이 구체적인 유통시장 또는 가격형성시장으로서의 기능을 수행하기 위해서는 시장에 대량의 매매가 집중되어야 하며, 어느 정도의 투기거래가 참가하는 것은 경우에 따라서 필요하기도 하다.

Ⅱ. 우리나라 유가증권시장의 특징[1)]

1. 비약적 증권시장 발전

1956년 유가증권시장이 처음 개설되었을 당시에는 상장회사가 12개사에 불과하였으며 매매거래도 국채매매가 주류를 이루고 있었으나, 효율적인 산업자금 조달을 위한 정부의 자본시장 육성정책과 기업공개정책에 힘입어 우리나라 증권시장은 짧은 기간 동안에 비약적 발전을 하였다.

2. 증권시장의 인프라 구축

유가증권의 원활한 유통과 공정한 가격형성을 제일의 목표로 하는 유가증권시장은 매매방법을 지속적으로 개선하여 1997년 9월부터 전 종목을 전산시스템으로 매매하고 있으며 각종 증권업무의 전산화를 위해 증권시장의 인프라를 구축, 개선하는 등 지난 반세기는 선진화를 위한 거침없는 발걸음이었다.

3. 여의도의 월스트리트로 발전

유가증권의 매매에 따른 결제업무를 원활히 하고 체계적인 유가증권의 보관 및

1) 한국거래소 홈페이지, 「KRX시장, 주식시장, 유가증권시장의 역사」에서 인용하여 정리하였다.

관리를 위해 1974년에 현재 증권예탁원의 전신인 증권대체결제주식회사를 설립하였고, 증권시장의 효율적인 전산화를 위하여 1977년 증권전산주식회사를 설립하였으며, 증권시장의 질적 · 양적 팽창에 따라 1979년 유가증권시장본부를 여의도로 이전하여 한국의 월스트리트의 모습을 갖추는 바탕이 되었다. 현재 한국거래소는 2005년 통합거래소 출범과 함께 부산으로 본사를 이전하였다.

4. 선진형 증권시장 구축

1992년 외국인이 우리나라 상장회사의 주식에 직접 투자할 수 있도록 증권시장이 개방되어 유가증권시장은 명실공히 세계 유수의 증권거래소로 거듭나게 되었다. 현재 유가증권시장은 국내외 70여개 회원 증권회사를 통해 미국, 영국, 일본 등 세계 60여개 국가의 국내외 투자자들이 우리나라 상장기업의 주식을 매매하고 있다.

5. 공정 · 투명한 시장 구현

유가증권시장은 유가증권의 공정한 가격형성과 투자자 보호를 위해 수익성, 안정성 및 성장성을 갖춘 기업이 보다 많이 상장되도록 하여 투자자들이 믿고 투자할 수 있도록 하고, 상장법인으로 하여금 투자자의 투자판단에 필요한 모든 기업정보를 신속히 공시하도록 하며, 공시된 정보는 전자공시시스템을 통하여 국내외 투자자들이 실시간으로 접할 수 있도록 하고 있다. 또한 투명한 증권시장 구축을 위한 세계 최첨단 수준의 종합감리시스템을 구축하여 주가감시 및 매매 심리 업무에도 만전을 기하고 있다.

6. 국제적 종합증권시장 구축

유가증권시장은 국제시장간의 연계 및 제휴 등에 대비하여 외국거래소와 협력을 강화하고 있으며, 또한 첨단 전산시스템을 구축하여 국제화 및 정보화 시대에 부응하고 시장참가자의 이용편의성도 제고하고 있다. 국내기업의 해외상장 증가와 해외기업의 국내시장 진입 등의 국내외 경쟁체제에 대비하여 시장구조를 개혁하고, 시장진입장벽을 완화하며 매매, 결제 등 각종 제도의 국제적 표준화를 추진해 나가고 있다.

제 2 절 유가증권시장의 매매거래제도[2)]

I. 일반적 매매거래의 절차

1. 계좌개설과 주문제출의 절차

투자자가 거래소의 유가증권시장에서 매매거래를 하기 위해서는 먼저 회원사(증권회사 등)에 매매거래계좌를 개설해야 한다. 계좌개설 이후에 투자자는 매매거래계좌를 개설한 회원사를 통하여 주문을 제출하고, 회원사는 해당 주문을 접수순서에 따라 거래소에 제출해야 한다. 즉, 우리나라 유가증권시장에서는 회원사가 투자자로부터 주문을 접수받고 한국거래소는 회원사로부터 호가를 접수받는 구조이다.

2. 매매체결 및 체결결과 통보의 절차

회원사로부터 매매거래 호가를 접수한 거래소는 업무규정에서 정하는 매매체결원칙에 따라 매매거래를 성립(체결)시키고, 그 결과를 즉시 해당 회원사에 통보하며, 회원사는 거래소로부터 통보받은 매매거래의 체결결과를 다시 투자자에게 통보한다.

3. 결제의 절차

우리나라 유가증권시장에서의 결제(settling)는 T+2일, 즉 매매거래가 발생한 날로부터 3일째 되는 날(휴장일은 제외)에 이루어진다. 투자자는 체결결과에 따라 결제일에 매수대금 또는 매도증권을 회원사에 납부하고, 반대로 회원사는 투자자에게 매도대금을 지급하고 매수증권을 계좌에 입고한다. 이와 별도로 회원사와 거래소 간에도 체결결과에 대한 결제가 매일 이루어지고 있다. 회원사가 매수대금 또는 매도증권을 거래소에 납부하면 거래소가 이를 상대방 회원사에 지급함으로써 최종 결제가 완료된다.

---

2) 한국거래소 홈페이지, 「규정제도, 매매거래제도, 유가증권시장」을 참고하여 정리하였다.

Ⅱ. 수탁제도

유가증권시장인 한국거래소에서 매매거래를 할 수 있는 자는 금융위원회의 금융투자업의 허가를 받은 금융투자회사(증권회사)로서 한국거래소 회원으로 등록된 자에 한정되어 있다. 따라서 일반투자자가 매매거래를 행하기 위해서는 한국거래소 회원인 금융투자회사(증권회사)에 위탁하여 그 회사의 시장대리인을 통해야만 한다. 이러한 제도를 수탁제도라고 하는데, 일반투자자는 위탁자이며 회원사는 수탁자이다. 일반적으로 수탁자는 증권회사이다. 수탁제도의 내용으로는 ① 투자자의 계좌설정, ② 회원사의 수탁주문, ③ 투자자의 위탁증거금 납부, ④ 투자자의 위탁수수료 납부 등이 있다.

1. 계좌설정

일반투자자는 거래소의 회원사에 위탁하여 증권의 매매거래를 할 수 있다. 이를 위해 투자자는 사전에 해당 투자자 명의의 매매거래계좌를 회원사에서 설정해야 한다. 계좌설정은 매매거래계좌설정약정서에 의해야 하고, 이는 투자자와 증권회사 간의 매매거래 위탁에 관한 계약이 성립한다는 것을 의미한다. 이러한 계약에 따라 회원사(증권회사)는 매매거래의 명의인으로, 투자자는 해당 매매거래의 계산주체로서 개별적인 매매거래가 이루어지는 것이다.

계좌설정은 투자자(고객)와 회원사(증권회사) 간의 계약관계를 서면으로 명시하여 상호간의 분쟁을 방지함과 동시에 투자자 보호를 위해 투자자가 사전에 위탁계약조건을 확인하도록 한다는 데 의의가 있다.

2. 수탁주문

수탁주문은 문서, 전화, 전자통신 등의 방법으로 한다. 문서에 의한 방법은 증권회사의 영업점에서 이루어지는 수탁방법으로, 증권회사는 위탁자가 수기로 수탁의 내용을 기재하고 기명날인한 주문표에 의하여 위탁을 받게 된다. 전화 등에 의한 방법은 위탁자가 전화·팩스 등으로 증권회사에 매매거래를 위탁하는 방법을 말하는데, 이 경우 증권회사는 주문표를 작성하고 기명·날인해야 하며, 주문사항을 입증할 수 있도록 녹음 등의 방법을 이용할 수 있다. 전자통신에 의한 방법은 홈트레이딩(home trading)이라고도 하며, 투자자가 PC통신이나 인터넷을 통해 주문을 입력하는 방법으로 증권회사의 영업인력을 거지치 않고 투자자가 입력한 주문내용이 직접 회원시스템에 전달된다. 고객의 주문에 의하여 매매거래가 성립된 때에는 매매거래내용을 지체 없이 투자자에게 통지해야 하며, 통지방법은 전화나 전자통신에 의한 방법 모두 가능하다.

한편 증권회사는 시장의 공정한 거래질서를 유지하고 선의의 투자자를 보호해야 한다. 따라서 증권회사는 ① 자본시장법상 내부자의 단기매매차익 반환의무, 미공개정보 이용행위의 금지, 시세조종 및 부정거래행위 금지 규정에 위반하거나 위반할 가능성이 있는 매매거래의 주문, ② 공매도호가 제한 또는 공매도호가 가격제한 규정에 위반하는 주문 등과 같은 부당한 매매의 위탁이 있는 경우에는 수탁을 거부해야 한다.

3. 위탁증거금과 위탁수수료

위탁증거금(entrustment guaranty money)이란 회원이 고객으로부터 증권의 매매를 위탁받은 경우 위탁자의 결제이행을 확보하기 위해 징수하는 현금 또는 증권을 의미한다. 한국거래소는 회원인 증권회사로 하여금 고객으로부터 매매거래를 수탁하는 경우에는 위탁증거금을 징수할 수 있도록 하고 있다. 위탁증거금은 1998년부터는 증권회사가 자율적으로 결정하도록 되어 있으며, 대부분의 증권회사들은 개인투자자의 경우 약 40%의 징수율로 징수하고 있다.

위탁증거금에 대한 대용증권제도는 증권의 활용도를 높이기 위하여 현금을 대신하여 위탁증거금으로 사용할 수 있도록 하는 제도이다. 대용증권(substitute securities)은 상장주권 및 상장채권 외에 상장외국주식예탁증권, 자산운용회사가 발행한 수익증권 등이 해당된다.3)

증권회사는 투자자로부터 매매의 위탁을 받아 매매거래가 성립되면 결제시점에 투자자로부터 일정수준의 위탁수수료를 징수할 수 있다. 이러한 위탁수수료(brokerage commission)는 증권회사가 투자자에게 매매체결 서비스를 제공해 준 대가로 징수하는 보수적 성격의 수수료이다. 현재 위탁수수료는 자율화되어 있다. 우리투자증권의 수수료는 온라인이 0.01%, 오프라인이 0.498%이다.

3) 대용증권은 증권시장에서 위탁증거금이나 신용거래보증금을 납부할 때 유가증권의 활용도를 높이기 위하여 현금에 갈음하여 사용할 수 있도록 별도로 거래소가 지정한 유가증권을 말한다. 그리고 대용가격은 대용증권의 사정가격으로 기준시세에 사정비율을 곱하여 계산한다. 여기서 사정비율은 상장주권이 60~80%, 상장채무증권이 80~95% 등으로 적용된다.

Ⅲ. 매매시장의 운영

1. 매매거래시간 및 휴장일

1) 매매거래시간

우리나라 유가증권시장은 2000년 5월 이전에는 전장(09:00~12:00)과 후장(13:00~15:00)으로 구분하여 운영하였다. 그러나 현재는 점심시간의 정보도 시장가격에 반영되도록 하여 장중 가격발견 기능의 효율성을 제고하고, 보다 많은 매매거래 기회를 요구하는 투자자 수요를 반영하기 위하여 단일장(09:00~15:30) 체제로 정규시장이 운영되고 있다.

정규시장 외에 추가적인 매매거래 수요를 충족하기 위하여 운영하고 있는 시간외시장은 장개시전과 장종료후로 구분되며, 주식, DR, ETF 거래가 가능하다. 한국거래소에서 운영되고 있는 유가증권시장의 매매거래시간 및 호가접수시간을 정리하면 〈표 4-1〉과 같다.

〈표 4-1〉 유가증권시장의 매매거래시간 및 호가접수시간

구 분		매매거래시간	호가접수시간
정규시장		09:00~15:30(6시간 30분)	08:30~15:30(7시간)
시간외시장	장개시전	08:00~09:00(1시간)*	08:00~09:00(1시간)
	장종료후	15:40~18:00(2시간 20분)	15:30~18:00(2시간 30분)

* 단, 장개시전 종가매매는 08:30~08:40(10분)

한편 거래소는 시장관리상 필요에 따라 연초 개장일에는 정규시장을 10:00~15:30으로 1시간 단축하고, 대학수학능력시험일에는 정규시장을 10:00~16:30으로 1시간 순연한다.

2) 매매거래일과 휴장일

매매거래일은 월요일부터 금요일까지이고, 휴장일은 ① 관공서의 공휴일에 관한 규정에 따른 공휴일, ② 근로자의 날 제정에 관한 법률에 따른 근로자의 날(5월 1일), ③ 토요일, ④ 12월 31일(공휴일 또는 토요일인 경우에는 직전의 매매거래일), ⑤ 기타 거래소가 필요하다고 인정하는 날이며, 휴장일에는 매매거래 및 결제가 이루어지지 않는다.

2. 주문(호가)의 종류

주문(order)은 위탁자가 매매거래를 하기 위한 매도 또는 매수의 의사표시이며, 호가(quotation)는 회원이 시장에서 매매거래를 하기 위한 매도 또는 매수의 의사표시를 말한다(유가증권시장 업무규정 제2조 제4항, 제5항). 주문과 호가의 종류는 목표가주문만 제외하면 모두 동일하다.

1) 지정가주문(호가)

지정가주문(limit order)은 종목, 수량, 가격을 투자자가 직접 지정하는 가장 일반적인 주문형태이다. 이는 투자자가 지정한 가격 또는 그 가격보다 유리한 가격으로 매매거래를 하고자 하는 주문을 의미한다. 따라서 지정된 가격은 매매거래가 가능한 가격의 한도를 의미하므로 매수주문(매도주문)의 경우 지정된 가격이나 그보다 낮은 가격(그보다 높은 가격)이면 체결이 가능하다.

2) 시장가주문(호가)

시장가주문(market order)은 종목과 수량을 지정하되 가격을 지정하지 않는 주문형태이다. 이는 현 시점에서 가장 유리한 가격조건 또는 시장에서 형성되는 가격으로 즉시 매매거래를 하고자 하는 주문을 의미한다. 따라서 일반적인 경우 시장가주문은 지정가주문에 우선하여 매매가 체결되고 주문수량 전량이 해소될 때까지 가장 우선하는 상대방 주문부터 순차적으로 체결이 이루어진다. 시장가주문의 가격은 체결상의 유리한 우선순위를 보장받을 수 있도록 다음의 방법에 따라 산정된 가격이 간주가격이 되어 매매체결에 참여하게 된다.

〈표 4-2〉 단일가매매시 시장가주문의 간주가격 결정방법조건

구 분	조 건	간주가격
시장가만 있는 경우	수량이 동일	직전가격
	매도시장가 수량 >매수시장가 수량	직전가격－1Tick
	매수시장가 수량 >매도시장가 수량	직전가격＋1Tick
시장가와 지정가가 함께 있는 경우	매도시장가의 경우	Min(가장 낮은 매도지정가－1Tick, 가장 낮은 매수지정가, 직전가격)
	매수시장가의 경우	Max(가장 높은 매수지정가＋1Tick, 가장 높은 매도지정가, 직전가격)

〈표 4-3〉 접속매매시 시장가주문의 간주가격 결정방법조건

구 분	조 건	간주가격
매도시장가를 제출한 경우	매도지정가가 없는 경우	Min(직전가격, 가장 낮은 매수지정가)
	매도지정가가 있는 경우	Min(가장 낮은 매도지정가−1Tick, 가장 낮은 매수지정가)
매수시장가를 제출한 경우	매수지정가가 없는 경우	Max(직전가격, 가장 높은 매도지정가)
	매수지정가가 있는 경우	Max(가장 높은 매수지정가+1Tick, 가장 높은 매도지정가)

3) 조건부지정가주문(호가)

조건부지정가주문(limit-to-market-on-close order)은 매매거래시간중에는 지정가주문으로 매매거래에 참여하지만 매매체결이 이루어지지 않은 잔여수량은 종가결정시(장종료 전 10분간 단일가매매)에 시장가주문으로 자동전환되는 주문이다.

4) 최유리지정가주문(호가)

최유리지정가주문(immediately executable limit order)은 상대방 최우선호가로 즉시 체결이 가능하도록 주문접수시점의 상대방 최우선호가 가격으로 지정되는 주문형태이다. 즉, 매도의 경우 해당 주문의 접수시점에 가장 높은 매수주문의 가격, 매수의 경우 해당 주문의 접수시점에 가장 낮은 매도주문의 가격으로 지정한 것으로 보아 매매체결에 참여하는 주문이다.

5) 최우선지정가주문(호가)

최우선지정가주문(best limit order)은 해당 주문의 접수시점에 자기 주문 방향의 최우선호가 가격으로 지정되어 주문이 제출된다. 매도의 경우 해당 주문의 접수시점에 가장 낮은 매도주문의 가격, 매수의 경우 해당 주문의 접수시점에 가장 높은 매수주문의 가격으로 지정한 것으로 보아 매매체결에 참여하는 주문이다.

6) 목표가주문

목표가주문(target price order)은 회원사의 재량으로 투자자가 목표로 하는 가격에 최대한 근접하여 체결될 수 있도록 하는 주문형태이다. 이는 투자자가 특정 지정가격이 아닌 거래당일의 거래량가중평균가격(VWAP) 등 향후에 결정될 가격 또는 그와 근접한 가격으로 매매체결을 원하는 경우에 이용된다.

7) 경쟁대량매매주문(호가)

경쟁대량매매주문(auction-based block trade order)은 투자자가 종목 및 수량을 지정하되 가격을 당일의 거래량가중평균가격(VWAP)으로 매매거래를 하고자 하는 주문형태이다. 이는 시장충격을 최소화하는 대량매매제도의 한 유형으로서 최소수량요건 등이 적용되며 정규시장과는 별도의 시장에서 비공개로 매매체결이 이루어진다.

8) 중간가주문

중간가주문(mid-price order)은 KRX시장의 최우선매수호가 가격과 최우선매도호가 가격의 산술평균가격으로 체결하고자 하는 주문이다. 종목과 수량은 지정하되 가격은 지정하지 않는 주문유형으로, 가격은 호가 상황에 따라 계속 변동된다. 단일가매매시 또는 어느 일방에 호가가 없는 경우에는 그 효력을 정지하고, 접속매매 실시 및 양방에 호가가 모두 있는 경우에 그 효력을 재개한다.

9) 스톱지정가주문

스톱지정가주문(stop-limit order)은 종목, 수량, 가격 및 스톱가격을 지정하여 해당 종목의 가격이 스톱가격에 도달하는 경우, 즉 매도스톱지정가주문시 해당 종목의 가격이 스톱가격과 같거나 낮게 된 때 또는 매수스톱지정가주문시 해당 종목의 가격이 스톱가격과 같거나 높게 된 때 지정한 호가가격으로 매매거래에 참여하는 주문이다.

3. 호가가격단위

회원사는 투자자 고객의 주문을 위탁받아 동 주문을 거래소에 호가해야 한다. 이미 제출된 호가 중에서 매매거래가 성립되지 아니한 수량(잔량)에 대해서는 전부 또는 일부를 취소하거나 정정할 수 있다. 여기서 호가의 취소는 이미 유효하게 접수된 호가의 의사표시를 취소하는 것으로, 그 효력은 미체결잔량에 한하여 유효하다. 일부취소의 경우 취소 후 잔량에 대한 호가접수시간은 변경되지 않는다. 그리고 정정은 다른 가격 및 다른 종류의 호가로 변경하는 경우에만 가능하다.

호가가격단위(tick size)는 가격대별로 호가할 수 있는 최소단위를 의미한다. 따라서 투자자는 유가증권시장에서 호가가격단위에 해당하는 가격으로만 매매거래를 할 수 있다. 거래소는 거래를 표준화하고 원활한 매매체결을 위하여 가격수준에 따라 적정 호가가격단위를 〈표 4-4〉와 같이 설정하고 있다. 이러한 호가단위의 폭은 전체 시장의 효율성 및 투자자의 매매거래 편의성에 많은 영향을 미친다.

〈표 4-4〉 유가증권시장의 호가가격단위

구 분	단 위	최소 스프레드 비율
2,000원 미만	1원	0.05% 이상
2,000원 이상～ 5,000원 미만	5원	0.1～0.25%
5,000원 이상～ 20,000원 미만	10원	0.05～0.2%
20,000원 이상～ 50,000원 미만	50원	0.1～0.25%
50,000원 이상～200,000원 미만	100원	0.05～0.2%
200,000원 이상～500,000원 미만	500원	0.1～0.25%
500,000원 이상	1,000원	0.2% 이하

4. 매매수량단위

매매수량단위는 투자자가 주문을 제출할 수 있는 최소단위의 수량을 의미한다. 이 단위가 작을수록 투자자의 편의를 제고하지만, 시장 전체 측면에서는 주문건수가 증가하여 시스템이 불안정해지고 신속한 매매체결이 저해된다. 현재 주식의 매매수량단위는 유가증권시장 1주, 코스닥시장 1주가 원칙이며, 기타 증권의 매매수량단위는 〈표 4-5〉와 같다.

〈표 4-5〉 유가증권시장의 증권 종류별 매매수량단위

구 분	매매수량단위	비 고
주권	1주	2014년 6월 2일 개정
외국주식예탁증권(DR)	1증권	2014년 6월 2일 개정
상장지수집합투자기구 집합투자증권(ETF)	1주	2002년 9월 30일 도입
신주인수권증권	1증권	2009년 8월 3일 개정
신주인수권증서	1증서	2009년 8월 3일 개정
주식워런트증권(ELW)	10증권	2005년 8월 26일 도입
수익증권	1좌	2014년 6월 2일 개정

5. 가격제한폭

가격제한폭(restriction of price range)은 상장증권의 가격이 하루에 변동할 수 있는 등락폭의 상하 일정범위를 의미한다. 이 가격제한폭 제도는 증권시장의 가격형성을 인위적으로 제한하는 바람직하지 않은 측면이 있다. 하지만 일시적인 수급의 편중이나 심리적인 요인 등에 의해 주가가 불안정해지고 단기간에 급등락을 하게 되는 것을 방지하여 선의의 투자자 손실을 예방하기 위해 필요한 장치이다.

우리나라 증권시장에서는 하루 동안 가격이 변동할 수 있는 폭을 기준가격 대비 상하 30%로 제한하고 있다. 상한가(upper limit price)는 일별로 상승할 수 있는 최고가격으로 기준가격에 가격제한폭을 더한 가격이며, 하한가(lower limit price)는 일별로 하락할 수 있는 최저가격으로 기준가격에서 가격제한폭을 뺀 가격을 의미한다.

6. 기준가격

기준가격(basis price)은 주식, ETF, 수익증권의 가격제한폭을 정하는 데 기준이 되는 가격을 의미하며, 일반적으로 전일종가가 기준가격이 된다. 하지만 유상증자, 무상증자, 주식배당, 주식분할 및 액면병합 등이 이루어지는 경우에는 해당 사건 발생 전후의 변화된 주식가치를 기준가격에 반영하여 조정한다.

한편 당일 시초가인 시가(始價)를 기준가격으로 하는 경우도 있다. 전일종가가 없거나 적정 이론가격을 거래소가 평가하기 곤란한 신규상장종목, 자본감소종목, 기업분할 후 재상장 · 변경상장하는 종목, 우선주로서 최초로 상장되는 종목 등의 경우에는 시장에서 평가를 받아 형성된 시가(時價)를 당일 기준가격으로 적용한다.

7. 기세제도

기세제도(quotation system)는 하루 동안에 정규시장에서 매매거래가 성립되지 아니한 종목의 경우에 당일 기준가격 대비 낮은 매도호가가 있는 경우에는 가장 낮은 매도호가의 가격으로, 가장 높은 매수호가가 있는 경우에는 높은 매수호가의 가격으로 그날의 종가로 인정하는 제도이다.

Ⅳ. 매매체결의 원칙

한국거래소 유가증권시장 업무규정(제22조)에 따르면 유가증권 매매체결방법으로 개별경쟁매매방법을 취하고 있다. 경쟁매매는 원칙적으로 가격우선의 원칙, 시간우선의 원칙을 적용하되, 예외적으로 동시호가의 우선순위를 두고 있다.

1. 가격우선의 원칙

가격우선의 원칙(priority of best quotation principle)은 매수호가의 경우 높은 매수호가가 낮은 매수호가에 우선하고, 매도호가의 경우 낮은 매도호가가 높은 매도호가에 우선한다는 1차적인 매매체결의 원칙이다. 만약, 가격우선의 원칙 범위내에서 가격이 동일하다면 시장가호가가 지정가호가에 우선한다. 다만, 거래소는 가격제한폭 제도를 적용하고 있기 때문에 ① 매도시장가호가와 하한가의 매도지정가호가, ② 매수시장가호가와 상한가의 매수지정가호가 간에는 가격우선의 원칙에 있어서는 동일한 순위로 간주한다(동 규정 제22조 제2항 제1호).

2. 시간우선의 원칙

시간우선의 원칙(principle of priority in time)은 가격이 동일한 호가(시장가호가 포함)간에는 먼저 접수된 호가가 나중에 접수된 호가에 우선한다는 2차적인 매매체결의 원칙이다(동 규정 제22조 제2항 제2호).

3. 동시호가의 우선순위

1) 동시호가의 의의

동시호가(simultaneous bids and offers)란 매매체결에서 가격우선의 원칙과 시간우선의 원칙이 적용되지만, 예외적으로 시가(始價) 등이 상·하한가로 결정되는 경우에는 단일가매매에 참여한 상한가매수호가 또는 하한가매도호가는 동시에 접수된 호가로 간주한다는 것이다. 이러한 동시호가는 시간상 우선순위를 배제하는 제도로 동시호가제라고 한다. 만약 시가가 상·하한가로 결정되는 경우라면 가격제한폭으로 인해 투자자가 상·하한가보다 더 우선하는 가격으로의 주문서 제출이 불가능해진다. 이때 시간우선의 원칙에 따라서만 매매를 체결시킨다면 상·하한가로 주문을 제출하였어도 시간상 후순위인 투자자는 매매거래의 체결이 될 수 없다. 이러한 경우에 동시호가제도를 적용하여 모든 투자자의 상·하한가매수 주문에 대해 일정량의 수량을 순차적으로 배분하여 체결시키는 방법이 필요한 것이다(동 규정 제22조 제3항). 이러한 동시호가제도는 장 시작과 마감시 주문이 몰릴 때 주가가 왜곡되는 것을 방지하고, 투자자간 형평성을 높이기 위해 도입되었다. 이처럼 동시호가제도는 주식시장의 효율성과 공정성을 높이기 위한 중요한 매매방식이다.

2) 동시호가제의 매매체결원칙

첫째, 위탁자우선의 원칙이 적용된다. 일반적으로 증권회사는 투자매매업(자기매매)과 투자중개업(위탁매매)을 겸업함에 따라 발생할 수 있다. 이러한 경우에 투자자와 증권회사 간의 이해상충을 방지하기 위하여 회원사의 자기매매 주문보다 위탁매매가 우선하여 체결된다(동 규정 시행세칙 제34조 제2항).

둘째, 수량우선배분의 원칙이 적용된다. 위탁매매호가간 또는 자기매매호가간에는 주문수량이 많은 호가부터 우선적으로 수량을 배분하여 매매를 체결한다. 이러한 원칙은 수량이 많은 호가를 우선으로 하지만, 소액투자자의 호가도 매매체결에 참여할 수 있도록 하여 시장이 안정한 상황에서 투자자의 주문수량에 비례하여 공평하게 배분하기 위한 것이다(동 규정 시행세칙 제34조 제1항)

3) 동시호가시 매매체결의 배분방법

유가증권시장에서 동시호가시 매매체결의 배분방법은 주문수량이 많은 주문부터 적은 순으로 다음의 〈표 4-6〉과 같이 단일가매매시간에 접수된 매수주문수량의 전량(상한가일 경우) 또는 매도주문수량의 전량(하한가일 경우)이 체결될 때까지 1차부터 3차 배분의 순서에 따라 실시된다(동 규정 시행세칙 제34조 제1항)

〈표 4-6〉 유가증권시장의 동시호가 배분방법

매 도	유가증권시장	
	배분기준	배분주식수
1차 배분	매매수량단위의 100배	100주
2차 배분	잔량의 1/2	잔량의 1/2주
3차 배분	잔량	잔량 주

Ⅴ. 매매계약의 체결방법

일반적으로 증권시장의 매매체결방법은 매도자와 매수자 간의 경쟁관계에 따라 경쟁매매, 상대매매, 경매로 구분된다. 경쟁매매(auction)는 다수의 매도자와 매수자 간의 가격경쟁에 의한 매매거래이다. 상대매매(negotiated transaction)는 1인의 매도자와 매수자 간의 가격협상에 의한 매매거래이다. 그리고 경매(one-way auction)는 입찰매매로 1인의 매도자와 다수의 매수자 또는 다수의 매도자와 1인의 매수자 간 경쟁입찰에 의한 매매거래이다. 현재 우리나라 증권시장은 매수와 매도 수급에 의한 균형가격을 가장 효율적으로 반영하는 경쟁매매방법을 채용하고 있다(유가증권시장 업무규정 제22조 제1항).

경쟁매매는 집단경쟁매매와 개별경쟁매매로 구분할 수 있다. 집단경쟁매매(crowd auction)는 일정한 장소와 일정한 시간에 매매자의 회원사 대리인이 모여 거래소직원의 리드에 따라 손짓과 소리로 가격과 수량을 경합하여 합치가격으로 매매계약을 체결하는 방법이다. 이 경우 거래소직원이 매매계약이 체결되는 순간에 격탁을 치기 때문에 격탁매매라고도 한다.

개별경쟁매매(individual auction)는 거래소 입회장에 설치된 포스트에서 각 회원사별로 제출한 호가에 의하여 일정한 매매원칙에 따라 일치가격으로 매매계약을 체결하는 방법이다. 이 방법은 포스트에서 매매가 체결되기 때문에 포스트매매라고도 한다. 현재 우리나라 증권시장은 개별경쟁매매만 채택하고 있으며, 1997년부터 전체 매매체결의 전산화에 따라 포스트매매는 사라졌다.

개별경쟁매매는 체결가격의 수에 따라 다음과 같이 단일가격에 의한 개별경쟁매매(단일가매매)와 복수가격에 의한 개별경쟁매매(접속매매)로 구분된다.

1. 단일가격에 의한 개별경쟁매매

단일가격에 의한 개별경쟁매매(단일가매매)는 일정시간 동안 접수한 호가를 하나의 가격으로 집중체결시키는 방식을 의미한다. 이러한 단일가매매가 적용되는 대상은 ① 장개시 시점의 최초가격, ② 시장의 임시정지 후 재개시의 최초가격, ③ 매매거래중단(CB) 및 종목별 매매거래정지 후 재개시의 최초가격, ④ 장종료시의 가격, ⑤ 정리매매종목, 단기과열종목 및 코스닥시장의 관리종목, ⑥ 시간외단일가매매시장의 가격, ⑦ 코넥스시장 상장종목 등에 적용된다. 단일가매매의 경우에도 가격우선의 원칙과 시간우선의 원칙에 따라 매매체결이 이루어지나, 시가가 상한가나 하한가로 결정되는 경우에 한하여 수량우선배분의 원칙이 적용된다.

단일가매매는 ① 합치가격에 미달하는 매도호가와 이를 초과하는 매수호가의 전 수량, ② 합치가격의 호가간에는 매도호가 또는 매수호가 어느 일방의 전 수량을 체결하고 타방의 호가는 매매수량단위 이상의 수량 중에서 가장 많은 수량을 체결할 수 있는 가격(합치가격)을 결정하고, 가격우선과 시간우선 원칙에 따라 합치되는 호가간에 매매거래를 성립시킨다.

〈표 4-7〉 단일가매매방식에 의한 매매체결의 사례

매 도	가 격	매 수	체결결과
	10,600	① 500	• 체결가격 : 10,200(합치가격) • 체결결과 －매수 : ① 500, ② 200, ⑤ 100, 계 800 －매도 : ④ 200, ③ 400, ⑦ 200, 계 800 ＊ ①~⑦ 호가접수 순서
	10,300	② 200	
⑦ 200	**10,200**	⑤ 100 ⑥ 200	
③ 400	9,900		
④ 200	9,800		

합치가격이 2개 이상일 경우에는 두 가지 가격결정방법이 있다. 첫째로 직전의 가격과 동일한 가격이 있으면 그 가격으로 한다. 둘째로 직전의 가격과 동일한 가격이 없으면 다음과 같이 합치가격을 결정한다(동 규정 제23조 제5항).

- 직전의 가격이 가장 높은 합치가격보다 높거나 가장 낮은 합치가격보다 낮은 경우 : 직전의 가격에 가장 가까운 가격
- 직전의 가격이 가장 높은 합치가격보다 낮고 가장 낮은 합치가격보다 높은 경우 : 직전의 가격보다 높은 합치가격 중 직전의 가격에 가장 가까운 가격

한편 시장가호가는 현시점에서 가장 유리한 가격조건 또는 시장에서 형성되는 가격으로 매매거래를 하고자 하는 호가로서, 종목과 수량은 지정하되 가격은 지정하지 않고 지정가호가에 우선하여 매매체결이 이루어지는 호가를 말한다. 단일가매매시의 시장가호가는 ① 시장가호가만 있는 경우와 ② 지정가호가와 함께 있는 경우로 구분하여 살펴본다.

매도시장가호가와 매수시장가호가만 있는 경우에는 직전의 가격으로 간주된다. 다만, 어느 일방 호가의 합계수량이 타방 호가의 합계수량보다 많은 경우에는 시장의 수급세력의 영향력을 반영한 가격으로 한다. 즉, 매도시장가호가의

합계수량이 많은 경우에는 직전의 가격보다 1호가 가격단위 낮은 가격으로 간주되며, 매수시장가호가의 합계수량이 많은 경우에는 직전의 가격보다 1호가 가격단위 높은 가격으로 간주한다. 다만, 이때 상한가와 하한가를 초과하지는 못한다.

매매체결시 대부분의 경우에는 시장가호가와 지정가호가가 함께 있는 경우가 많다. 이 경우 매수시장가호가는 가장 높은 매수지정가호가보다 1호가 가격단위 높은 가격, 가장 높은 매도지정가호가의 가격, 직전의 가격 중 가장 높은 가격으로 간주된다. 반대로 매도시장가호가는 가장 낮은 매도지정가호가보다 1호가 가격단위 낮은 가격, 가장 낮은 매수지정가호가의 가격, 직전의 가격 중 가장 낮은 가격으로 간주된다(동 규정 제23조 제3항).

2. 복수가격에 의한 개별경쟁매매(접속매매)

복수가격에 의한 개별경쟁매매는 접속매매(post trading)라고도 하며 매매거래시간 중에 매도호가와 매수호가의 경합에 의하여 가장 낮은 매도호가와 가장 높은 매수호가가 합치되는 경우 먼저 접수된 호가의 가격으로 매매거래를 성립시키는 매매방법이다. 이 경우에는 가격우선의 원칙과 시간우선의 원칙에 따라 합치되는 호가간의 매매거래를 성립시킨다. 이러한 매매방식은 시장상황에 대한 정보가 주가에 신속·정확하게 반영되고 투자자들도 능동적으로 시장변화에 대처할 수 있다는 이점이 있다.

한편 매매체결 조건이 성립되는 매도호가와 매수호가 간의 가격괴리(예 : 매도호가 가격이 매수호가 가격보다 낮은 경우)가 있으면 먼저 접수된 호가(선행호가)의 가격으로 매매거래가 체결된다. 여기서 두 가지 매매체결의 사례를 살펴보자. 〈표 4-8〉에서 번호 ①, ②, ③은 호가접수의 순서이다.

〈표 4-8〉 접속매매방식에 의한 매매체결의 사례 I

매도(수량)	가 격	매수(수량)	체결결과
② 200	10,400		• 가격 : 10,300(선행호가의 가격)① 200－③ 200 • 거래량 : 200주
	10,300	① 200	
③ 200	10,200		

매매체결의 결과는 ①과 ③의 사이에 200주의 수량이 10,300원에 체결된다.

①의 매수호가 10,300원으로 가격이 체결된 이유는 ①이 ③보다 먼저 호가접수를 하였기 때문이다. 만약, ③이 ①보다 먼저 호가접수를 하였다면 거래가격은 10,200원이 된다.

〈표 4-9〉에서 번호 ①, ②, ③, ④는 호가접수의 순서이다. 매매체결의 결과는 ①과 ③의 사이에 200주의 수량이 10,600원에 먼저 체결된다. 다음으로 ①과 ④의 사이에 200주의 수량도 10,600원에 체결된다. ①의 매수호가 10,600원으로 가격이 체결된 이유는 ①이 ③과 ④보다 먼저 호가접수를 하였기 때문이다. 그리고 매수호가 10,600원으로 동일하지만 ①은 체결되고 ②가 미체결된 이유는 시간우선의 원칙이 적용되기 때문이다.

〈표 4-9〉 접속매매방식에 의한 매매체결의 사례 II

매 도	가 격	매 수	체결결과
	10,600	① 500 ② 200	〈1〉 ①－③ : 10,600원 200주 〈2〉 ①－④ : 10,600원 200주
③ 200	10,200		
	10,100		
④ 200	9,900		

또한 복수가격에 의한 개별경쟁매매에 의해 가격을 결정하는 경우 시장가호가는 그 수량이 전량 매매될 때까지 다음과 같은 호가의 가격으로 간주된다. 매도시장가호가는 매도지정가호가가 없는 경우에는 직전의 가격과 가장 낮은 매수지정가호가의 가격 중에서 낮은 가격으로 간주한다. 그리고 매수시장가호가는 매수지정가호가가 없는 경우에는 직전의 가격과 가장 높은 매도지정가호가의 가격 중에서 높은 가격으로 간주한다(동 규정 제24조 제2항).

3. 매매계약체결의 특례

한국거래소는 매매거래에 있어서 한 회원만이 경합하는 경우에는 다음과 같은 특례를 인정하고 있다.

1) 시간외매매

시간외매매는 정규시장의 매매거래시간 이전 또는 이후의 시간에 매매거래를 체결하는 제도이다. 이 제도는 정규시장에서 매매거래를 하지 못한 투자자에게 추가적인 매매거래의 기회를 부여하는 것이다.

① 시간외종가매매

시간외종가매매는 종가를 확인한 이후 해당 가격으로 투자자에게 추가적인 매매거래기회를 제공하기 위하여 정규매매시간 종료 후 시간외종가매매의 호가접수시간 동안 호가를 접수받아 당일종가(장개시전 시간외시장의 경우에는 전일종가로 한다)로 매매거래를 성립시키는 제도이다.

② 시간외단일가매매

시간외단일가매매는 투자자에게 추가적인 매매거래기회를 제공하기 위하여 시장종료 후 일정시간 동안 10분 단위 단일가매매를 통하여 당일종가 ±10% 이내(다만, 당일 가격제한폭 범위 이내)의 가격으로 매매거래를 성립시키는 제도이다. 가격결정방법은 16:00부터 18:00까지 매 10분 단위로 주문을 제출받아 단일가로 매매가 체결된다.

③ 시간외대량매매

시간외대량매매는 시간외시장의 매매거래시간 동안 매매수량단위의 5,000배 이상 또는 1억원 이상의 호가로서 종목 및 수량이 동일한 매도·매수호가에 대하여 회원이 당일의 상·하한가 범위 내의 가격으로 매매거래를 성립시키기 위하여 신청하는 경우, 그 가격으로 매매거래를 성립시키는 제도이다. 이 제도는 매도호가와 매수호가 중 어느 일방은 단일회원의 호가이어야 하며, 매도·매수 쌍방의 합의된 매매가 시장의 충격 없이 원활히 처리될 수 있도록 하고 기존에 정규매매거래시간 내에서 운영하던 신고대량매매의 단점을 보완하기 위하여 도입되었다.

④ 시간외바스켓매매

시간외바스켓매매는 일정한 수 이상의 다수종목으로 구성된 주식집단을 시간외매매 거래시간 중 일괄하여 매매거래를 하고자 하는 매도·매수 쌍방주문에 대하여, 이를 당해 호가간에 체결시켜 주는 제도이다. 이 제도는 다수의 종목을 대량매매하는 기관투자자들이 포트폴리오를 새로 구성하거나 해소하는 데 도움을 주기 위하여 도입되었다. 수량요건은 5종목 이상 그리고 10억원 이상이어야 하고, 가격은 당일 가격제한폭 이내이며, 매도호가와 매수호가 중 어느 일방은 단일회원의 호가이어야 한다.

2) 정규시장 대량매매

① 장중대량매매

장중대량매매는 정규시장의 매매거래시간 동안 회원이 대량매매거래를 성립시키기 위하여 신청하는 경우, 매매거래를 성립시키는 제도이다. 수량요건은 매매수량단위의 5,000배 이상 또는 1억원 이상의 호가로서 종목 및 수량이 동일한 매도·매수호가이어야 하고, 가격은 당해 호가 접수직전까지 형성된 최고·최저가격 이내로 가능하며, 매도호가와 매수호가 중 어느 일방은 단일회원의 호가이어야 한다.

② 장중바스켓매매

장중바스켓매매는 정규시장의 매매거래시간 동안 회원이 바스켓매매거래를 성립시키기 위하여 신청하는 경우, 매매거래를 성립시키는 제도이다. 수량요건은 5종목 이상 그리고 10억원 이상이고, 장중바스켓매매를 신청하여 호가할 수 있는 가격은 각각의 종목에 대하여 당해 호가의 접수직전까지 정규시장에서 형성된 최고가격과 최저가격 이내의 가격으로 가능하며, 매도호가와 매수호가 중 어느 일방은 단일회원의 호가이어야 한다.

3) 경쟁대량매매

경쟁대량매매는 익명거래를 원하는 투자자의 일정규모 이상의 대량호가를 정규시장 호가와 별도로 집중시켜 이들 호가간의 매매거래를 체결시키는 제도이다. 이때 체결가격은 당해 종목의 거래량가중평균가격(VWAP)으로서 시장종료 후에 산출되어 각 당사자에게 통보된다. 만약, 거래량가중평균가격이 없는 경우에는 당일의 종가로 한다. 장중경쟁대량매매에 참여하는 호가의 우선순위는 먼저 접수된 호가가 뒤에 접수된 호가에 우선한다.

4) 자기주식 매매 및 취득

증권시장에서는 내부정보이용 등의 불공정거래 및 시장가격에 미치는 영향을 최소화하기 위해 주권상장법인의 자기주식매매에 대한 별도의 관리방안을 적용하고 있다.

5) 정리매매종목의 매매방법

정리매매종목은 상장폐지가 확정된 종목을 소유하고 있는 주주에게 마지막 환금의 기회를 부여하기 위하여 7일간(매매거래일 기준) 매매거래를 허용한다.

Ⅵ. 매매거래의 청산·결제

1. 청산 및 결제의 개요

일반적으로 결제는 매도인이 매매계약에서 발생한 재산권을 이전하고 매수인이 대금을 지급함으로써 당해 계약을 종결하는 것을 의미한다. 그러나 증권시장의 매매거래는 거래가 다수에 의해 집단적으로 이루어지고 거래상대방을 확인할 수 없기 때문에 일반적인 방법에 의한 결제가 곤란하다. 따라서 증권시장에서는 결제가 적시에 신속하게 처리될 수 있도록 고도의 정형화된 결제방법과 위험관리장치가 필요하다. 이러한 요구에 따라 한국거래소는 청산 및 결제 방법, 결제불이행시 처리방법 등에 관한 사항을 규정하여 운영하고 있다.

증권시장의 매매는 매매계약이 체결된 후 투자자와 회원사, 회원사와 거래소 간에 결제를 함으로써 매매거래가 종결된다. 증권의 경우 매매거래일로부터 2거래일(T+2일)에, 국채의 경우 매매거래일로부터 1거래일에, 일반채권 및 환매조건부채권 등의 경우 매매거래일 당일에 결제하도록 되어 있다.

1) 청산의 의의

청산(clearing)은 증권회사간에 성립된 매매거래에 청산기관이 개입하여 모든 매도자에 대해서는 매수자가 되고, 모든 매수자에 대해서는 매도자가 되어 채권·채무를 차감하여 확정하고, 결제기관에 결제지시를 하며 결제가 이행되기까지 결제를 보증하는 일련의 절차를 말한다. 여기서 청산기관(clearing house)은 모든 매수자와 매도자에 대하여 매도자와 매수자로서의 업무를 수행하는 기관으로 한국거래소가 청산기관이다. 이러한 청산제도는 결제리스크 축소, 거래활성화 및 익명성 보장, 체계적 위험 차단 등의 이점이 있다.

2) 결제의 의의

결제(settling)는 청산과정을 통해 확정된 채권·채무를 청산기관과 회원 간에 증권인도 및 대금지급의 방법으로 이행함으로써 매매거래를 최종적으로 종결시키는 것이다. 증권인도 업무는 증권시장에서의 결제기관(settling house)인 한국예탁결제원이 수행하고, 대금지급은 계좌간에 이체방식으로 결제은행을 통하여 이루어진다.

2. 청산 및 결제의 과정

우리나라 한국거래소의 청산 및 결제 과정은 회원사(증권회사), 한국거래소(매매기관 및 청산기관), 그리고 예탁결제원(결제기관) 간에 다음과 같이 진행된다.

1) 매매확인 및 면책적 채무인수

한국거래소는 매매거래 성립 후 인수할 채무의 기초가 되는 매매거래를 확인하여 매매체결정보를 실시간으로 회원사에 통보하고 있다.

한국거래소는 회원이 매매거래에 관하여 부담하는 채무를 인수하고, 당해 결제회원은 거래소가 인수한 채무와 동일한 내용의 채무를 거래소에 부담하는 방법으로 결제한다.

2) 차감 및 결제증권과 대금의 확정

결제증권은 종목별・회원별로 매수수량과 매도수량을 차감해 수수할 수량을 확정한다. 대금은 회원별로 매도대금과 매수대금을 차감해 수수할 대금을 확정한다. 거래소는 결제증권과 결제대금의 확정내역을 결제회원과 예탁결제원에 통보한다.

3) 결제증권 및 결제대금의 수수

결제회원은 결제증권과 결제대금을 결제시한까지 거래소에 납부해야 하며, 거래소는 거래소가 정한 시한 이후에 매도대금과 매수증권을 결제회원에게 지급해야 한다.

4) 결제지시 및 계좌대체

거래소는 거래소가 정한 시간 이후에 예탁결제원에 증권인도 또는 대금지급을 지시하고, 예탁결제원은 수령할 회원의 계좌로 대체 및 이체를 한다.

5) 결제이행결과 및 불이행결과 통지

예탁결제원은 결제의 안전성 제고를 위해 9시부터 결제종료시까지 결제진행사항을 파악하여 거래소에 실시간으로 결제이행결과와 불이행결과를 통지해야 한다.

Ⅶ. 유가증권시장의 현황

1. 유가증권시장의 시장규모 현황

유가증권시장의 상장회사수, 상장종목수, 상장주식수, 상장자본금, 그리고 시가총액에 대한 최근 3년 동안 연도별 시장규모 현황은 〈표 4-10〉과 같다.

〈표 4-10〉 유가증권시장의 시장규모 현황

(주식수와 금액의 단위 : 백만)

연 월	상장회사수	상장종목수	상장주식수	상장자본금	시가총액
2022. 12	826	943	63,528	123,356,539	1,767,235,221
2023. 12	839	953	62,263	126,081,540	2,126,372,516
2024. 12	848	961	63,394	130,475,841	1,963,328,801

자료 : 한국거래소, 『KRX Market』 제161호(2025년 여름호)

2. 유가증권시장의 주식거래 현황

유가증권시장의 거래량, 거래대금, 거래량의 회전율에 대한 최근 3년 동안 연도별 합계 및 일평균 현황은 〈표 4-11〉과 같다.

〈표 4-11〉 유가증권시장의 주식거래 현황

연 도	거래량(단위 : 백만주)		거래대금(단위 : 백만원)		회전율(%)	
	합 계	일평균	합 계	일평균	상장주식	시가총액
2022	146,418	595	2,216,065,830	9,008,398	233.49	111.52
2023	131,861	538	2,352,658,889	9,602,689	210.07	118.19
2024	118,796	487	2,620,939,577	10,741,556	189.83	121.84

자료 : KRX 정보데이터시스템, 「쉽게 보는 통계, 주요통계, 주식, 주요통계추이」

제 3 절 유가증권시장의 시장관리제도[4)]

Ⅰ. 가격안정화제도

1. 매매거래중단제도

매매거래중단제도는 서킷 브레이커스(CB : circuit breakers)제도로 증권시장의 내부적 · 외부적 요인에 의해 주가지수가 일정수준 이상 급락하는 경우에 증권시장의 매매거래를 일시적으로 중단하는 제도를 의미한다. 이러한 제도는 투자자의 보호를 위해 시장참여자들에게 현명한 투자판단의 시간을 제공하고 증권시장의 안정화를 위해 주식시장의 패닉 현상을 억제하기 위한 장치이다. 다만, 이 제도는 주가급등의 경우에는 발동하지 않는다.

코스피지수가 직전거래일의 종가보다 8%, 15%, 20% 이상 하락한 경우 매매거래중단의 발동을 예고할 수 있으며, 이 상태가 1분간 지속되는 경우 주식시장의 모든 종목의 매매거래를 중단하게 된다. 최초로 코스피지수가 전일종가 대비 8% 이상 하락한 경우 1단계 매매거래중단이 발동되며, 1단계 매매거래중단 발동 이후 한국종합주가지수가 전일종가 대비 15% 이상 하락하고 1단계 발동지수 대비 1% 이상 추가 하락한 경우 2단계 매매거래중단이 발동된다. 1단계와 2단계 매매거래중단이 발동되면 20분 동안 시장 내 호가접수와 채권시장을 제외한 현물시장과 연계된 선물 · 옵션시장도 호가접수 및 매매거래가 중단된다. 중단시간 중에는 신규호가의 제출은 불가능하나 중단의 이전에 접수한 호가에 대해서는 취소주문이 가능하다. 각 단계별로 발동은 1일에 1회로 한정하고 당일종가 결정시간 확보를 위해 장종료 40분 전 이후에는 중단하지 않는다.

한편 2단계 매매거래중단 발동 이후 코스피지수가 전일종가 대비 20% 이상 하락하고, 2단계 발동지수 대비 1% 이상 추가 하락한 경우에는 당일 발동시점을 기준으로 유가증권시장의 모든 매매거래를 종료하게 된다. 20% 기준에 의한 당일 매매거래중단이 발동된 경우에는 취소호가를 포함한 모든 호가접수가 불가능하다. 3단계 매매거래중단은 40분 전 이후에도 발동이 가능하다.

---

4) 한국거래소 홈페이지, 「규정제도, 매매거래제도, 유가증권시장」을 참고하여 정리하였다.

2. 변동성완화제도

변동성완화제도는 가격제한폭제도를 보완한 제도로, 개별종목에 대한 가격안정화장치이다. 이 제도는 주문실수, 수급 불균형 등에 의하여 일시적으로 주가가 급변할 경우 단일가매매로 단기간의 냉각기간을 부여하여 시장참가자로 하여금 주가급변 상황에 대해 주의를 환기시킴으로써 가격급변을 완화하는 제도이다. 변동성완화제도는 동적 변동성완화장치와 정적 변동성완화장치가 있다.

1) 발동요건

동적 변동성완화장치는 특정 단일호가에 의한 순간적인 수급 불균형이나 주문착오 등으로 야기되는 일시적 변동성을 완화하기 위하여 호가제출 직전의 마지막 체결가격을 기준으로 ±2%~±6%의 가격범위가 설정되고, 잠정 체결가격이 이 가격범위를 넘어서는 경우에 발동된다. 그리고 정적 변동성완화장치는 특정 단일호가 또는 여러 호가로 야기되는 누적적이고, 보다 장기간의 가격변동을 완화하기 위하여 호가제출 직전의 단일가격을 기준으로 ±10%의 가격범위가 설정되고, 잠정 체결가격이 이 가격범위를 넘어서는 경우에 발동된다.

2) 발동 효과 및 세션

접속매매 중에 변동성완화장치가 발동될 경우 잠정 체결가격으로 체결시키지 않고 2분간의 단일가매매를 실시하며, 임의연장 30초의 냉각기간을 진행해 가격변동성을 완화하게 한다. 동적 변동성완화장치는 정규시장의 접속매매부터 장종료 후 시간외매매시간까지의 세션에 적용되고, 정적 변동성완화장치는 정규시장의 시가단일가매매시간부터 종가단일가매매 세션까지 적용된다.

3. 단일가매매 임의연장제도

단일가매매 임의연장(random end)제도는 단일가매매시 체결시점이 미리 정해지지 않고 임의의 시점에 결정되는 체결방식이다. 적용방법은 단일가매매 호가접수 마감시간 이후 30초 이내의 임의의 시간에 단일가매매를 종료한다. 만약 동 단일가매매에 따른 잠정 체결가격이 변동성완화장치 발동요건을 충족한 경우에는 변동성완화장치에 따른 단일가매매를 실시하고, 해당 단일가매매를 다시 임의연장방식으로 종료한다.

Ⅱ. 유동성관리제도

1. 유동성공급자제도

유동성공급자(LP : liquidity provider)제도는 저유동성 종목의 원활한 가격형성을 도모하고자 증권회사가 해당 종목에 대해 지속적으로 매도·매수호가를 제시하여 유동성을 공급하도록 하는 제도이다. 이러한 제도는 증권시장 측면에서 상장주식의 유동성을 증가시킴으로써 일반투자자 주문의 유입을 촉진하여 증권시장의 효율성을 제고시키는 효과가 있고, 상장법인 측면에서 주가의 안정적 형성 및 기업이미지를 제고시키는 효과가 있다.

유동성공급은 [그림 4-1]과 같이 진행된다. 즉, 회원사(증권회사)는 상장법인과 유동성공급계약을 체결하여 해당 종목에 대해 계약기간 동안의 유동성공급의무를 부담하고, 이와 관련하여 상장법인으로부터 일정한 수수료를 지급받는다.

[그림 4-1] 유동성공급자제도의 흐름

유동성공급은 시장에서 매도·매수호가간 가격차이가 큰 경우 이를 축소시키는 방향으로 일정수량 이상의 호가를 제시하여 투자자 주문에 대응하게 된다. 이러한 호가제출 의무는 기본적으로 해당 상장기업과의 유동성공급계약을 통해 정하고 있지만, 한국거래소는 해당 LP가 준수해야 할 최소한의 요건을 규정하고 있다. 즉, 호가스프레드가 유가증권 3%, 코스닥 2% 이상 괴리된 경우에 5분 이내에 이를 축소시킬 수 있는 매도·매수의 양방향으로 호가를 제출해야 한다. 그리고 이 경우 최소호가수량은 매매수량단위의 5배 이상이다.

2. 시장조성자제도

시장조성자제도는 유동성이 부진한 종목에 대해 거래소가 증권회사와 직접 시장조성계약을 체결하여 증권회사가 계약한 종목에 대해 시장조성의 의무를 갖는 제도이다. 유동성공급자제도는 상장기업의 의사에 따라 증권회사와 자율적으로 계약이 체결되지만, 시장조성자제도는 거래소의 선정에 따라 증권회사와 계약이 체결된다. 증권회사는 거래소와 시장조정계약을 체결하여 계약기간 동안 당해 종목에 대해 시장조성의 의무를 부담하고, 시장조성호가에 대해 증권거래세를 면제받게 된다. 시장조성자는 거래소가 정한 호가의무에 따라 시장조성의 호가를 지속적으로 제시함으로써 시장의 유동성을 개선하는 역할을 수행한다.

3. 초저유동성종목에 대한 단일가매매제도

일반적으로 초저유동성종목은 체결주기가 과도하게 길고 변동성이 높게 형성된다. 초저유동성종목에 대한 단일가매매제도는 초저유동성종목의 정규시장 접속매매 적용에 따른 부작용을 방지하고자 일정시간(30분) 동안의 호가를 집적시켜 안정적인 가격형성을 도모하는 단일가매매방식으로 변경하는 제도이다.

Ⅲ. 기타 시장관리제도

1. 프로그램매매제도

1) 개 요

주식의 현물가격과 선물가격은 이론적으로 균형관계를 유지하며 동일하게 움직여야 하는데, 만기 전에는 일치하지 않는 경우가 있다. 이때 주식시장에서 고평가된 자산을 팔고 저평가된 자산을 사는 차익거래를 할 수 있도록 투자전략을 컴퓨터에 미리 입력한 후 시장상황에 따라 사전에 결정된 프로그램으로 일괄적으로 거래하는 것을 프로그램매매라고 한다. 이러한 프로그램매매(program trading)는 일반적으로 시장분석 · 투자시점 판단 · 주문제출 등의 과정을 컴퓨터로 처리하는 거래기법이다. 우리나라 프로그램매매는 지수차익거래와 비차익거래가 있다.

지수차익거래란 코스피200 구성종목의 주식집단과 코스피200 선물 또는 옵션의 가격차이를 이용하여 이익을 얻을 목적으로 주식집단과 선물 또는 옵션을 연계하여 거래하는 것이다. 비차익거래는 동일인이 일시에 ① 유가증권시장의 코스피 종목 중에서 15종목 이상, ② 코스닥시장의 코스닥지수 구성종목 중에서 10종목 이상을 거래하는 것을 말한다.

선물과 옵션의 최종거래일에는 기존의 차익거래 포지션을 해소시키기 위한 매매가 집중될 수 있어 주가가 급변할 위험이 있다. 이와 같이 프로그램매매는 주가에 미치는 영향이 크므로 두 가지 규정과 제약을 두고 있는데, 공시제도와 사이드카제도가 대표적이다.

2) 프로그램매매의 공시제도

한국거래소는 투명성 확보를 위해 회원(투자자)의 호가제출시 프로그램매매 해당 여부를 차익거래와 비차익거래로 구분하여 입력하도록 하며, 이러한 프로그램매매호가를 관리하고 관련 통계도 시장에 공표하고 있다.

한편 프로그램매매호가 사전보고제도(sun shine 제도)는 파생상품 최종거래일 가격변동을 완화할 수 있도록 수급불균형 정보를 시장에 사전공표하여 추가적인 호가제출을 유도하기 위하여 선물·옵션시장 개설초기인 1997년에 도입되었다. 그러나 현재는 종가단일가매매시간 동안 실시간으로 예상체결정보를 제공하고, 변동성완화장치(VI) 및 랜덤엔드 등의 도입으로 가격변동을 완화할 수 있는 장치들이 있어 프로그램매매호가 사전보고제도를 유지할 필요성이 없어서 해당 제도는 폐지되었다.

3) 프로그램매매호가의 효력정지제도

프로그램매매호가의 효력정지제도는 사이드카(sidecar)제도라고도 부르며 파생상품시장에서 선물가격이 급등락할 경우 프로그램매매가 주식시장(현물시장)에 미치는 충격을 완화하기 위해, 주식시장 프로그램매매호가의 효력을 일시적으로 정지하는 제도이다.

① 발동기준

각 시장별로 다음의 기준에 해당하면 사이드카가 발동된다. 매수·매도 구분 없이 1일 1회에 한해 발동되며, 장개시 후 5분이 경과한 시점부터 발동기준을 계산하므로 실제로는 오전 9시 6분부터 발동될 수 있다.

- 유가증권시장 : 코스피200지수선물 가격이 기준가 대비 5% 이상 변동하여 1분간 지속되는 경우
- 코스닥시장 : 코스닥150선물가격이 기준가 대비 6% 이상 상승(하락)하고 코스닥150지수가 3% 이상 상승(하락)하여 1분간 지속되는 경우

② 발동효력 및 해제기준

상승의 경우에는 프로그램매수호가, 하락의 경우에는 프로그램매도호가(취소 및 정정 호가 포함)의 효력을 5분 동안 정지한다. 발동된 사이드카는 프로그램매매호가의 효력정지시점부터 5분이 경과한 경우, 장종료 40분 전인 경우(14:50~15:30), 프로그램매매호가의 효력정지시간 중 주식시장 매매거래가 중단(서킷 브레이커스) 또는 임시정지된 때에는 매매거래가 재개된 경우에 해제된다.

2. 종목별 매매거래정지제도

1) 개 요

종목별 매매거래정지제도는 특정종목과 관련한 풍문 등으로 인하여 투자자에게 기업정보를 충분히 주지시킬 수 있는 시간이 필요하거나, 매매거래의 폭주로 인하여 시장에서 정상적인 매매체결이 불가능할 경우에 해당 종목의 매매거래를 일시적으로 정지시키는 제도이다. 이러한 조치는 투자자의 주의를 환기시키고 시장에서의 안정적인 매매거래를 도모하기 위한 것이다.

2) 매매거래정지 사유 및 정지기간

① 공시규정에 근거한 매매거래정지

- 상장기업의 중요내용 공시 : 공시시점부터 30분간
- 불성실공시법인 지정(코스피시장은 벌점 10점 이상, 코스닥시장은 벌점 8점 이상) : 지정일 당일(1일)
- 풍문 · 보도 관련 거래량 급변 예상 : 조회공시 요구~답변공시 후 30분 경과
- 조회공시 요구 답변 불이행(유가증권시장 : 답변기한 초과~답변공시(중요사항은 답변공시 후 30분 경과), 코스닥 · 코넥스시장 : 답변기한 초과~답변공시 후 30분 경과)
- 기타 투자자 보호를 위하여 거래소가 필요하다고 인정하는 경우 : 1일간

② 기타규정에 근거한 매매거래정지

- 관리종목지정 : 1일간(사업보고서 미제출 : 제출일까지, 회생절차개시 신청 : 개시결정일까지)

- 상장폐지 및 상장적격성 실질심사 사유가 발생한 경우 : 상장폐지 등의 사유를 확인한 날부터 상장폐지 사유를 해소한 날까지
- 주식병합 · 분할, 주식교환 · 이전 등을 위한 주권 제출 요구 : 주권의 변경상장일까지
- 결제회원이 매도증권을 결제시한까지 납부하지 못하거나 그 우려가 있다고 인정되는 경우 : 해당 매매거래정지 사유가 해소되었다고 인정될 때까지
- 거래내용이 현저히 공정성을 결여할 우려가 있는 경우 : 1일간
- 공익과 투자자 보호상 필요하다고 인정되는 경우 : 매매거래정지 사유 해소 인정시까지
- 투자경고종목 또는 투자위험종목으로 지정되어 시장감시위원회가 매매거래정지를 요청한 종목인 경우 : 요청받은 기간
- 호가 폭주로 전산장애가 발생할 우려가 있는 경우 : 호가 및 매매거래 상황 감안 후 재개
- 기타 시장관리상 필요한 경우 : 시장 및 매매거래 상황 감안 후 재개

3. 시장경보제도

1) 내 용

시장경보제도는 거래소의 시장감시위원회가 투기적이거나 불공정거래의 개연성이 있는 종목 또는 주가가 단기간에 비정상적으로 급등하는 종목의 경우에 투자자에게 주의를 환기시키기 위한 제도이다. 이 제도는 투자주의종목, 투자경고종목, 투자위험종목 등의 순으로 연결되는 3단계 지정제도로 운영된다.

① 투자주의종목

시장감시위원회는 불공정거래의 예방을 위해 주권, 증권예탁증권, 상장지수펀드가 소수지점이나 소수계좌에 거래가 집중된 종목에 대해 투자자의 주의환기가 필요한 경우 투자주의종목으로 지정하여 공표할 수 있다.

② 투자경고종목

시장감시위원회는 투자자 보호를 위해 주권, 증권예탁증권, 상장지수펀드의 가격이 일정기간 급등하는 종목을 투자경고종목으로 지정하여 공표할 수 있다.

③ 투자위험종목

시장감시위원회는 투자경고종목으로 지정되거나 그 지정이 해제된 후에도 일정기간 이내에 주가가 급등하는 경우에는 해당 종목을 투자위험종목으로 지정하여 공표할 수 있다. 만약, 투자위험종목으로서 그 지정 후에도 주가가 급등하는 경우에는 일정기간 해당 종목의 매매거래정지를 해당 시장에 요청할 수 있다.

2) 제한조치 및 지정해제

투자경고종목 및 투자위험종목으로 지정되는 경우에 제한조치는 신규의 신용거래가 제한되며, 증권회사는 해당 종목의 매매주문에 대해 위탁증거금을 100% 징수해야 한다.

또한 투자경고종목으로서 그 지정일 이후 주가가 계속 상승하는 경우, 투자위험종목으로 지정되는 경우 및 투자위험종목 지정일 이후 추가적으로 주가가 계속 상승하는 경우에는 각각 1일간 매매거래가 정지될 수 있다. 이들 종목은 지정일부터 10일 이후의 날로서 단기급등, 중장기 상승 요건에 모두 해당하지 않는 경우 또는 상장폐지기준에 해당되거나 시가기준가종목을 적용하기 위하여 매매거래가 정지된 경우에는 지정을 해제한다.

4. 단기과열완화제도

특정테마에 대한 미확인된 정보 등이 시장에 확산되고 주가상승을 기대한 불특정 다수가 관련 종목을 추종매매하면서, 단기간에 주가가 급등하였다가 급락하는 등의 단기과열현상이 발생할 수 있다. 이 경우 테마주를 추종매매한 투자자가 피해를 입고 주가의 급등락에 따라 시장의 변동성이 커지는 등 시장에 부정적인 영향이 발생한다. 이러한 단기과열현상에 대응하기 위하여 단기과열완화제도가 2012년에 도입되었다.

우리나라의 유가증권시장 및 코스닥시장에서는 상장주권(DR 포함) 중 다음의 세 가지 요건을 모두 충족하면 단기과열종목으로 지정한다.

• 주가 : 당일 종가가 직전 40거래일 종가의 평균 대비 30% 이상 상승
• 회전율 : 최근 2거래일 평균 회전율이 직전 40거래일 회전율 평균 대비 600% 이상

- 변동성 : 최근 2거래일 평균 일중변동성이 직전 40거래일 일중변동성 평균 대비 150% 이상

단기과열종목으로 지정되면 가격안정화 등을 위하여 3거래일간 정규시장의 매매체결방식이 접속매매방식에서 30분 단위의 단일가매매를 시행한다. 기준지정기간 경과 후에는 익일부터 자동해제되나, 지정해제일 종가가 지정일 전일 종가 대비 20% 이상 상승한 경우에는 해제일이 3거래일 연장될 수 있다.

5. 관리종목지정제도

증권의 관리종목지정은 유가증권시장 상장규정 제47조에 따라 정기보고서 미제출, 감사인 의견 미달, 자본잠식, 주식분산 미달, 거래량 미달, 지배구조 미달, 매출액 미달, 주가 미달, 시가총액 미달, 파산신청, 회생절차개시신청, 공시의무 위반 등에 해당될 경우에 관리종목으로 지정한다.

〈표 4-12〉 유가증권의 관리종목지정에 대한 기준

구 분	관리종목지정기준
정기보고서 미제출	• 사업보고서 미제출 • 반기 · 분기보고서 미제출
감사 · 검토의견	• 감사의견이 감사범위 제한에 따른 한정인 경우 • 감사의견이 부적정이거나 의견거절인 경우
자본잠식	자본금 50% 이상 잠식
주식분산 미달	• 소액주주수 200명 미만 • 일반주주 소유주식수가 유동주식수의 100분의 5 미만
거래량 미달	반기 월평균거래량이 유동주식수의 1% 미만
지배구조 미달	• 사외이사 선임의무 위반 • 감사위원회 설치의무 위반
매출액 미달	최근 사업연도 300억원 미만
시가총액 미달	시가총액 50억원 미달 30일간 지속
파산신청	파산신청이 있는 경우
회생절차	회생절차개시의 신청이 있는 경우
공시의무 위반	과거 1년 이내의 누계벌점이 15점 이상이 되는 경우
상장폐지사유 발생	상장폐지사유가 발생한 경우

거래소는 상장법인이 일정한 관리종목지정기준에 해당하게 되는 경우 당해 법인의 발행종목을 관리종목으로 지정한다. 과거에는 관리종목의 경우 투자자의 주의를 환기시키고 가격변동성을 완화하기 위하여 주기적인 단일가매매를 실시하였다. 이러한 관리종목에 대한 단일가매매방법이 가격변동성을 완화하는 효과가 적고 투자자의 매매기회를 제약하는 문제점이 있었다. 이에 거래소는 2002년 7월부터 관리종목도 일반종목과 동일한 매매방법을 적용하고 있다.

6. 정리매매종목의 매매

거래소는 상장폐지가 확정된 종목을 소유하고 있는 투자자에게 마지막 환금의 기회를 부여하기 위하여 매매거래일 기준 7일 동안 매매거래를 허용할 수 있는데, 이러한 종목을 정리매매종목이라고 한다.

정리매매종목의 매매거래는 급격한 가격변동에 따른 투자위험성을 최소화하기 위하여 30분 단위의 단일가매매방법으로 1일에 14회 매매체결이 이루어지고, 가격제한폭은 적용되지 않는다. 이러한 정리매매종목의 거래제도는 짧은 기간 동안 허용되는 마지막 거래라는 점과 당해 종목의 청산가치가 보는 관점에 따라 가격차이가 클 수 있다는 점을 감안한 거래라고 할 수 있다.

7. 배당락 관리제도

배당락(ex-dividend)은 배당기준일이 경과하여 배당을 받을 수 없는 상태를 말한다. 이러한 배당락 조치라 함은 이익배당을 받을 권리를 소멸시키는 일련의 시장조치이다. 주식회사는 배당 등을 결정하기 위해 주주총회를 개최하게 된다. 이때 주주총회에서 주주권을 확정하기 위해 권리확정일을 정하고 그 다음 날부터 주주총회 종료일까지 주주명부의 폐쇄와 주식 명의개서의 정지를 하게 된다.

배당은 배당기준일까지 소유한 자가 당해 연도 배당을 받을 수 있지만, 배당기준일이 지난 후 주식을 매수한 자는 이익배당을 받을 권리가 없다. 배당락 조치시기는 보통거래의 경우 매매체결일로부터 3일째 되는 날에 결제가 이루어지므로 명의개서정지 개시일인 사업연도 종료 익일에 결제되는 매매분, 즉 사업연도 종료일 전일 매매분부터 배당락 조치를 한다. 결산기말이 6월 30일이라면 6월 28일에 배당부종가가 형성되고, 6월 29일에 배당락 조치가 이루어지며, 7월 1일에 명의개서의 정지가 이루어진다.

[그림 4-2] 6월말 결산법인의 배당락 조치

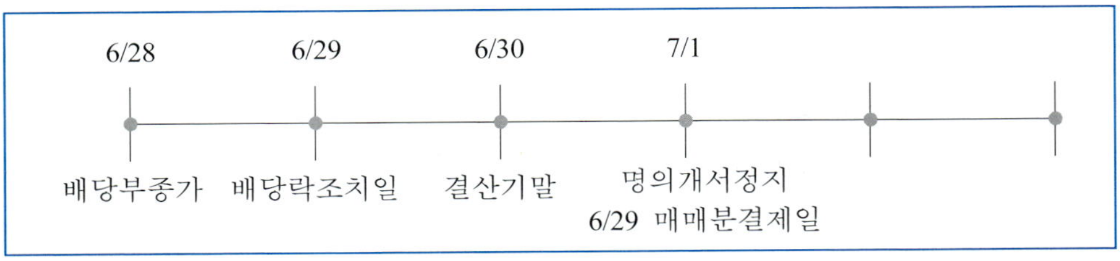

배당락 주가는 배당기준일이 지나 배당금을 받을 권리가 없어지는 주가를 의미한다. 사업연도가 끝난 다음 날 이후 주식을 매입한 자는 전년도의 결산에 따른 배당을 받을 권리가 없어지므로 한국거래소는 결제일자를 감안해 사업연도 종료일 전날부터 해당 주권에 대해 배당락을 취해 주가가 합리적으로 형성되도록 한다.

8. 권리락 관리제도

권리락(ex-rights)은 신주배정기준일이 경과되어 구주에 부여되어 있는 신주인수권 또는 신주의 무상교부권이 소멸된 상태를 말한다. 이 경우 거래소는 권리부가격과 권리락가격의 차이만큼 주가를 임의적으로 떨어뜨리는 시장조치를 단행한다. 주식회사가 증자를 하는 경우에 신주인수권을 확정하기 위해 신주배정의 기준일자를 지정한다. 이때 그 기준일의 익일 이후에 결제되는 주권에는 신주인수권이 없다. 따라서 거래소에서는 신주배정기준일 전일에 실제로 당해 종목에 권리락의 시장조치를 취함으로써 주가가 합리적으로 형성되도록 관리한다.

9. 착오매매 관련제도

1) 착오매매의 의의

착오매매는 회원이 위탁자의 주문을 접수하여 처리하는 과정, 이러한 주문을 회원시스템에 입력하는 과정, 그리고 호가를 거래소시스템에 입력하는 과정에서 주문내용에 맞지 않게 체결된 매매계약이다. 이러한 착오매매 정정방법은 종목, 수량, 가격 및 매도·매수 구분 등에 대한 착오매매의 경우 착오내용을 회원이 자기상품으로 인수하여 정정하고, 회원시스템 장애 등에 의한 위탁매매·자기매매 구분착오의 경우에는 그 구분에 맞도록 정정한다. 착오매매 발생시 회원은 당일(T)부터 그다음 매매거래일(T+1) 15시 30분까지 정정신청서를 거래소에 제출하고, 거래소는 건별로 즉시 정정확정 후 착오매매 정정내역을 반영하여 결제 자료를 산출한다.

2) 호가일괄취소제도

호가일괄취소(kill switch)는 알고리즘거래계좌에서 프로그램 오류 등으로 인한 착오주문 발생시, 회원이 신청할 경우 해당 계좌의 미체결 호가를 일괄취소하고 추가적인 호가접수를 차단하는 제도이다. 알고리즘거래계좌 관리를 위해 회원은 알고리즘거래 수행 계좌를 사전에 신고해야 하며, 알고리즘거래계좌로 신고한 계좌를 통하여 제출된 호가에 한하여 계좌단위호가처리(① 호가를 한꺼번에 취소하는 조치, ② 추가적으로 호가를 접수하지 않는 조치)를 신청할 수 있다. 계좌단위호가처리의 신청은 계좌단위별로 회원시스템 또는 회원증권단말기로 해야 하며, 신청한 후 10분 경과 후부터 해제가 가능하다.

3) 대규모 착오매매 구제제도

대규모 착오매매 구제제도는 시장가격과 상당히 괴리된 가격으로 성립된 착오매매를 거래소 직권으로 구제하는 제도이다. 회원은 대규모 착오매매 발생시점부터 30분 이내에 그 매매에 대한 구제를 신청하고, 거래소는 착오발생일(T일) 또는 익일(T+1일) 장종료 후 30분 이내에 구제여부를 결정한다. 착오매매 체결가격이 직전가격 대비 ±10%를 초과하는 체결분에 대해 결제가격을 ±10%로 조정하여 구제한다.

10. 호가정보 등의 공개제도

거래소는 다음과 같은 시장의 호가내용을 실시간으로 모든 시장참가자에게 공개함으로써 회원의 서비스 품질 및 시장의 가격발견 기능의 효율성을 제고하고 있다.

- 접속매매 : 매도·매수별 최우선호가의 가격을 포함한 10단계 우선호가 가격, 그 가격대별 호가수량 및 해당 호가의 합계수량
- 단일가매매 : 예상체결 가격 및 수량, 매도·매수별 예상최우선호가의 가격을 포함한 3단계 우선호가의 가격 및 수량

11. 고속 알고리즘 관리제도

우리나라 대부분의 증권거래가 전자화 및 자동화되면서 거래소는 자본시장의 위험관리 강화를 위해 2023년부터 고속 알고리즘거래자 등록 및 위험관리 제도를 도입하였다. 이에 따라 우리나라 증권시장에서도 고속 알고리즘거래자를 사전에 파악하고 모니터링 및 관리할 수 있는 실효적 규제방안을 도입했다.

- 거래자 등록 : 거래소 증권·파생상품시장에서 고속 알고리즘거래를 하려는 투자자는 거래소의 회원을 통해 거래소에 사전 등록해야 한다. 거래소는 고속 알고리즘거래자에 대해 별도의 식별코드(거래자ID)를 부여해 모니터링을 한다.
- 회원 관리책임 강화 : 주문사고 등 예방을 위해 고속 알고리즘거래자에 대해 회원의 위험관리 의무를 구체화하였다. 시스템의 주기적 점검, 고객 주문한도 관리, 거래 모니터링 등 회원의 고속 알고리즘거래자의 위험관리 의무에 관한 규정도 명시하였다. 또한 등록하지 않거나 말소된 자, 등록요건을 충족하지 못하는 자, 등록시 중요한 사항을 거짓으로 작성하거나 고의적으로 누락한 자 등에 대해서는 고속 알고리즘거래의 수탁을 거부하도록 하였다.
- 위험관리장치 제공 : 거래소는 등록한 고속 알고리즘거래자에 대하여 선진증시 수준의 네 가지 위험관리 수단을 제공하여 안정적 거래환경을 제공하고 있다.

〈표 4-13〉 고속 알고리즘거래 관련 위험관리장치

구 분	내 용
일괄호가취소 (mass order cancellation)	투자자가 종목군, 호가유형 등 조건을 지정하여 단일 취소 주문으로 다수의 주문을 일괄취소
자전거래 방지 (self match prevention)	거래주체가 동일한 주문의 상호체결 방지
거래정보 별도 제공 (drop copy)	주문회선과 분리된 경로를 통해 거래정보 추가 제공
접속해제시 호가취소 (cancel on disconnect)	회원-거래소 간 회선장애를 지속적으로 점검하여 네트워크 장애 발생시 이미 제출된 주문 자동취소

chapter 5

주식시장 Ⅱ

제 1 절 코스닥시장

Ⅰ. 코스닥시장의 개요

1. 코스닥시장의 의의

한국거래소는 사업본부제 형식으로 유가증권시장, 코스닥시장, 코넥스시장, 그리고 선물시장을 각각 독립적인 시장으로 구분하여 운영하고 있다. 따라서 코스닥(KOSDAQ : Korea securities dealers automated quotation)시장은 장외시장과 다르게 유가증권시장과 더불어 거래소에 속하는 제도화된 시장이다. 코스닥시장은 성장성과 기술력을 지니고 있는 중소기업 및 벤처기업이 증권시장을 통해 자금조달을 용이하게 해주기 위해 거래소시장에 상장하여 이들 기업들이 발행한 주권을 다수의 투자자들에 의해 경쟁적으로 거래되도록 하는 조직화된 증권시장이다.

2. 코스닥시장의 개설배경

우리나라의 경제정책은 1980년대 초반부터 중소기업과 벤처기업을 육성하기 위하여 이들 기업에 대하여 세제상 혜택과 금융상 지원을 강화하고 창업절차를 간소화하는 정책을 강력히 추진하였다. 이러한 정부의 경제정책에 의해 자본시장 측면에서도 기업규모의 영세성으로 인하여 거래소시장에 상장이 어려운 중소기업과 벤처기업들이 증권시장에서 자금조달을 할 수 있는 지원정책을 마련하였다. 즉, 당시 재무부는 1986년 12월에 '중소기업 등의 주식거래 활성화를 위한 시장조직화 방안'을 발표하였으며, 이에 따라 1987년 4월에 한국증권업협회 내에 주식장외시장을 개설하였다.

3. 코스닥시장의 개설

한국증권업협회는 1996년 5월에 매매의 중개를 전문으로 하는 증권회사인 (주)코스닥증권을 설립하여 1996년 7월부터 현재의 코스닥시장에서의 매매와 같은 경쟁매매를 실시하였다. 그리고 1997년 4월에 증권거래법을 개정하여 불공정거래행위를 규제하고 코스닥상장법인에 대한 정기보고서의 제출의무를 부여하는 등 투자자 보호기능을 강화하였다. 그 이후에 코스닥시장은 2005년 1월에 한국증권선물거래소법에 따라 한국증권선물거래소 내에 독립적인 사업본부 형태의 시장으로 재출범하였다. 현재의 코스닥(KOSDAQ)시장은 자본시장법의 제정에 따라 한국거래소 내에 유가증권시장과 더불어 사업본부 형태로 운영되고 있다.

4. 코스닥시장의 기능[1)]

1) 자금조달의 기능

코스닥시장은 유가증권시장에 상장이 어려운 유망 벤처기업, 중소기업 등이 발행한 주식들을 거래소시장에서 거래할 수 있도록 하여 그들 주식들의 환금성을 부여함으로써 이들 기업이 신주발행 등을 통해 장기적이고 안정적인 자금을 조달할 수 있도록 하는 자금조달의 기능을 수행한다.

2) 자금운용시장의 기능

코스닥시장은 투자자에게 성장가능성이 높은 유망기업 주식을 투자할 수 있는 수단을 제공한다. 코스닥시장에 상장되는 중소기업과 벤처기업들은 성장가능성은 높지만 위험성도 크기 때문에 그들 기업에 투자할 투자자에게도 투자위험

1) 본 내용은 2007년에 증권업협회가 발간한『증권시장의 이해』를 참조하여 정리하였다.

선호도 및 위험부담능력에 맞는 고위험(high risk)·고수익(high return)상품에 투자할 수 있는 자금운용의 기능을 수행한다.

3) 벤처산업 육성 기능

벤처금융회사는 새로운 유망벤처기업을 발굴하여 자금을 지원하고, 벤처기업들이 코스닥시장에 상장하도록 하여 증권시장을 통하여 투자한 자금을 회수할 수 있다. 이러한 벤처자금의 선순환은 코스닥시장이 존재함으로써 이루어진다. 따라서 코스닥시장은 벤처자금이 벤처기업들에 효율적으로 배분되도록 하여 벤처산업의 성장을 촉진하는 기능을 수행한다.

5. 코스닥시장의 특징[2)]

1) 성장기업 중심의 기능

코스닥시장은 대부분 소규모기업이지만 성장잠재력이 높은 벤처기업, 유망 중소기업 등이 주로 상장되어 이들 기업들이 자금을 용이하게 조달할 수 있도록 하는 시장이다.

2) 유가증권시장과 경쟁·독립적 시장

코스닥시장은 기업들이 유가증권시장의 성장을 위한 전단계적 시장으로서의 역할이 아니라 경쟁관계에 있는 독립된 시장을 형성하고 있다.

3) 증권시장의 역할과 책임이 중시되는 시장

코스닥시장의 참여기준은 유가증권시장의 상장기준에 비하여 상당히 완화된 수준이므로 코스닥시장의 안정화를 위해 우량종목 발굴에 대한 증권회사의 선별기능이 중요하다.

4) 투자자의 자기책임원칙이 강조되는 시장

코스닥시장에 상장된 주권은 성장가능성이 높은 벤처기업과 중소기업이 발행하는 증권으로 예상수익률은 높을 수 있으나 위험도 높기 때문에 투자자의 투자결정에 대한 자기책임성이 유가증권시장보다 중요시된다.

---

2) 본 내용은 2007년에 증권업협회가 발간한 『증권시장의 이해』를 참조하여 정리하였다.

Ⅱ. 코스닥시장의 매매제도[3)]

코스닥시장의 매매제도는 제4장에서 설명한 유가증권시장의 매매제도와 유사하게 운영되고 있다. 코스닥시장의 수탁제도와 결제제도는 유가증권시장과 동일하게 운영되고 있어 본절에서 설명을 생략한다. 본절에서는 코스닥시장의 매매제도와 유가증권시장의 매매제도의 차이만을 간략하게 설명하도록 한다.

1. 매매시장 운영

코스닥시장의 매매시장 운영에서 매매거래시간, 휴장일, 주문제도, 가격제한폭, 기준가격, 기세제도는 제4장에서 설명한 유가증권시장과 동일하게 운영되고 있다. 다만 단위호가 및 매매수량단위는 유가증권시장과 약간 다르게 운영되고 있다.

1) 단위호가

코스닥시장의 호가가격단위는 유가증권시장과 동일하게 가격대별로 1원부터 1,000원까지 적용되고 있다. 가격제한폭은 하루 동안 가격이 변동할 수 있는 폭을 기준가격 대비 상하 30%로 제한하고 있다.

2) 매매수량단위

코스닥시장에서 투자자가 매매거래를 하고자 할 때 호가할 수 있는 최저수량단위는 유가증권시장의 단위보다 작다. 코스닥시장에서 주식은 1주, ETF는 1증권(주), 신주인수권은 1증권이 최저로 거래될 수 있는 매매수량단위이다.

2. 매매체결원칙

코스닥시장 매매체결의 원칙은 유가증권시장과 같이 가격우선의 원칙, 시간우선의 원칙, 동시호가제가 동일하게 적용되어 운영되고 있다. 즉, 동시호가시 매매체결의 배분방법에서 〈표 5-1〉과 같이 배분기준과 배분주식수 모두 유가증권시장과 동일하게 적용되고 있다.

---

3) 한국거래소 홈페이지, 「규정제도, 매매거래제도, 코스닥시장」을 참고하여 정리하였다.

〈표 5-1〉 코스닥시장의 동시호가 배분방법

매 도	코스닥시장	
	배분기준	배분주식수
1차 배분	매매수량단위의 100배	100주
2차 배분	잔량의 1/2	잔량의 1/2주
3차 배분	잔량	잔량 주

3. 매매계약체결

1) 매매계약체결의 방법

코스닥시장에서 매매계약의 체결방법은 유가증권시장에서와 같이 운영되고 있다. 즉, 시가(始價)시 또는 장종료시 접수한 호가를 하나의 가격으로 집중체결하는 단일가격에 의한 개별경쟁매매에 의한 매매계약의 체결방법이 운영되고 있다. 그리고 단일가매매가 적용되지 아니하는 매매거래시간 중에도 유가증권시장과 동일하게 매매호가의 경합에 의해 매매계약이 체결되는 복수가격에 의한 개별경쟁매매의 체결방법으로 운영되고 있다. 이 방식은 매매체결이 가능한 주문이 유입되면 즉시 매매거래를 체결하기 때문에 매매거래시간 중에는 복수의 가격이 계속적으로 형성된다.

2) 매매계약체결의 특례

코스닥시장에서의 매매계약체결의 특례로 운영되는 장중경쟁대량매매, 장중대량매매, 장중바스켓매매, 시간외매매 등도 유가증권시장과 동일하게 운영된다. 다만, 코스닥시장에서 시간외매매제도의 시간외바스켓매매제도는 아직 도입하지 않고 있다.

4. 시장관리제도

코스닥시장에서 프로그램매매제도, 유동성공급자제도, 매매거래중단제도, 시장경보제도, 배당락 및 권리락의 제도 등이 유가증권시장과 대부분 동일하게 운영되고 있다. 다만, 다음과 같은 시장관리제도의 내용만이 유가증권시장과 다르게 운영되고 있다.

1) 종목별 매매거래정지제도

종목별 매매거래정지의 사유 중에서 조회공시의 요구에 대한 답변을 불이행할 경우에 유가증권시장은 답변기한을 초과한 시점부터 답변공시시점(중요사항은 답변공시 후 30분 경과시점)까지 해당 종목에 대한 매매거래를 정지시킨다. 다만 코스닥시장에서는 답변기한을 초과한 시점부터 답변공시를 한 후부터 30분 경과시점까지 매매거래를 정지시킨다.

2) 관리종목 및 정리매매종목의 매매

과거에 코스닥시장에서는 관리종목에 대한 투기적인 투자를 사전에 방지하고 주가의 변동성을 줄이기 위해 30분 단위 단일가매매의 방식을 적용하였으나, 현재는 투자편의 제고 등을 위하여 일반종목과 동일한 매매체결방식인 정규시장 접속매매를 적용하고 있다.

상장폐지가 확정된 정리매매종목은 소유주주에게 마지막 환금의 기회를 부여하기 위하여 7일 이내의 매매거래일 동안에 매매거래를 허용하며, 이 매매방식은 가격제한폭이 없이 정규시장 중 30분씩 경과한 시점(총 14회)마다 지정가호가 방식으로 체결시킨다.

3) 사이드카제도

사이드카(sidecar)제도는 시장상황이 급변할 경우에 프로그램매매호가의 효력을 일시적으로 제한함으로써 프로그램매매가 코스닥시장에 미치는 충격을 완화하기 위한 제도이다.

프로그램매매호가 효력의 일시정지제도인 코스닥시장의 사이드카는 코스닥150선물가격이 기준가격 대비 6% 이상 상승(또는 하락)하고 코스닥150지수의 수치가 직전 매매거래일의 최종수치 대비 3% 이상 상승(또는 하락)하여 동시에 1분간 지속되는 경우에 해당 시점부터 5분간 접수된 프로그램매매 매수호가(또는 매도호가)의 효력이 정지되는 제도이다. 효력이 정지된 프로그램매매호가의 경우 그 효력정지시간 동안에는 당해 호가에 대한 취소 및 정정호가의 효력도 정지된다.

이와 같이 호가 효력이 정지되는 사이드카는 ① 프로그램매매호가의 효력정지시점부터 5분이 경과한 경우, ② 장종료 40분 전인 경우, ③ 프로그램매매호가의 효력정지시간 중 주식시장 매매거래가 중단(서킷 브레이커스) 또는 임시정지된 경우에 해제된다.

Ⅲ. 코스닥시장의 소속부제도

정부는 2010년에 신성장동력기업 관리제도를 신설하고 투자자 보호를 위해 코스닥시장의 상장종목에 대하여 소속부를 지정하여 공시하고 있다. 이 소속부 제도는 신성장동력기업의 상장활성화와 자본시장의 자금조달 지원은 물론, 투자자에게 코스닥기업의 특성을 반영한 소속부의 정보를 제공하기 위하여 마련한 것이다. 코스닥기업에 대한 소속부의 종류, 소속부 선정기준은 〈표 5-2〉와 같다(코스닥시장 상장규정 제47조).

〈표 5-2〉 코스닥기업의 소속부 현황 및 선정기준

구 분	소속부 선정기준
우량기업부	기업규모, 재무상태, 경영성과 및 기업경영의 건전성 등의 일정요건을 충족하는 기업
기술성장기업부	기술성장기업, 신속이전기업, 신속합병상장기업 또는 이익미실현기업
벤처기업부	• 기술력 및 성장성 등의 일정요건을 충족하는 기업 • 일정방법으로 기술력을 인정받은 기업 • 시장점유율 등의 요건을 충족하는 기업
중견기업부	• 우량기업부, 벤처기업부, 기술성장기업부 등에 미해당 기업 • 코스닥시장의 신규상장법인 또는 재상장법인

Ⅳ. 코스닥시장의 현황

코스닥시장의 상장회사수, 상장종목수, 상장주식수, 상장자본금, 그리고 시가총액에 대한 연도별 시장규모 현황은 〈표 5-3〉과 같다.

〈표 5-3〉 코스닥시장의 시장규모 현황

(주식수와 금액의 단위 : 백만)

연 월	상장회사수	상장종목수	상장주식수	상장자본금	시가총액
2022. 12	1,611	1,615	48,738	20,740,265	315,498,720
2023. 12	1,702	1,705	52,483	22,177,371	431,792,285
2024. 12	1,781	1,784	54,954	22,935,714	340,145,083

자료 : 한국거래소, 『KRX Market』 제161호(2025년 여름호)

제 2 절 코넥스시장

Ⅰ. 코넥스시장의 개요

1. 코넥스시장의 의의

코넥스(KONEX : Korea new exchange)시장은 자본시장을 통한 초기 중소기업 지원을 강화하여 창조경제 생태계 기반을 조성하기 위해 새로이 개설되는 중소기업 전용 신시장이다. 최근 코스닥시장의 경우 투자자 보호를 위한 계속적인 상장요건 강화로 인해 초기 중소기업은 진입이 곤란한 시장이 되었다. 설립부터 코스닥시장 상장까지 소요되는 기간이 2011년도 기준으로 평균 13.3년으로 나타났고, K-OTC시장도 계속된 거래부진으로 인해 그 시장기능이 크게 위축되었다. 이러한 이유로 초기 중소기업에 최적화된 증권시장의 필요성이 제기되어 2013년 7월 1일에 코넥스시장을 개설하게 되었다. 2025년 9월 현재 코넥스시장에서 거래되는 상장종목수는 116개이다.

2. 코넥스시장의 특징

1) 중소기업 특화 시장

코넥스시장은 중소기업만 상장가능한 시장으로서 초기 중소기업을 위한 특화된 시장이다. 중소기업의 성장을 지원하기 위하여 진입방법을 다양화하고 진입요건도 최소화하였다.

2) 모험자본의 선순환 체계 지원

코넥스시장은 중소기업 투자전문성이 인정되는 벤처캐피털 및 엔젤투자자의 시장참여를 허용하여 투자회수 및 재투자되는 모험자본의 선순환을 지원한다.

3) M&A 등 구조조정을 지원하는 시장

코넥스시장은 초기 중소기업의 활발한 M&A의 지원 및 원활한 지분매각을 위하여 합병요건을 완화하고 대량매매제도와 경매매제도를 도입하였다.

3. 코넥스시장의 투자혜택

코넥스시장 상장법인은 코스닥 상장법인에 상응하는 세제가 적용되어 장내시장 거래세율 0.1%가 적용되며, 개인투자자인 소액주주에 대해 양도세가 면제되고, 대주주에 대해서는 중소기업에 적용되는 양도세율이 적용된다. 또한 벤처캐피털의 코넥스 신주 투자시 주식양도차익, 배당소득에 대해 비과세된다.

4. 코넥스시장의 현황

코넥스시장의 상장회사수, 상장종목수, 상장주식수, 상장자본금, 그리고 시가총액에 대한 연도별 시장규모 현황은 〈표 5-4〉와 같다.

〈표 5-4〉 코넥스시장의 시장규모 현황

(주식수와 금액의 단위 : 백만)

연 월	상장회사수	상장종목수	상장주식수	상장자본금	시가총액
2022. 12	132	132	960	412,817	3,909,811
2023. 12	129	129	1,057	442,265	3,846,911
2024. 12	121	121	1,006	445,634	3,103,846

자료 : 한국거래소, 『KRX Market』 제161호(2025년 여름호)

Ⅱ. 코넥스시장의 매매제도[4)]

1. 매매제도의 개요

코넥스시장은 투자자의 편의성과 매매제도의 안정적 운영을 위하여 매매시간, 휴장 · 정지, 매매방법, 공매도제한, 청산 · 결제 및 위탁증거금 등을 유가증권시장 · 코스닥시장과 동일하게 운영하고 있다. 그리고 매매방식도 유가증권시장 · 코스닥시장과 동일하게 접속매매방식을 채택하고 있다.

다만, 코넥스시장이 전문투자자시장이고 거래가 활발하지 않으며 공모 · 사

4) 코넥스시장의 매매제도는 2019년에 한국거래소가 발간한 『코넥스시장의 이해』를 참조하여 정리하였다.

모·직상장 등 다양한 상장유형이 있기 때문에 코넥스시장이 갖는 특성을 반영한 경매매제도, 유동성공급자(LP) 의무화 등의 매매제도를 채택하고 있다.

코넥스시장은 매매제도를 단순하게 운용할 필요가 있어 호가종류를 지정가와 시장가로 단순화하였고, 프로그램매매제도도 도입하지 않았다. 또한 특수한 매매방법도 시간외종가매매 및 대량매매 등 일부만 도입하였다.

2. 매매방법

코넥스시장은 개설 당시에는 호가부족이나 거래부진 종목에 적합한 30분주기 단일가경쟁매매방식을 채택하였다.

그러나 코넥스시장은 유가증권시장과 코스닥시장의 매매방식과 동일한 방식으로 호가정보 공개에 따른 투자정보 노출우려 및 대기시간에 따른 거래가 불편하여 이를 해소하기 위해 2014년 6월부터 정규시장 매매방식을 연속경쟁매매방식(접속매매방식)으로 변경하였다. 다만, 장개시시·종료시, 매매거래정지 후 장중 재개시, 시장임시정지 후 재개시, 정리매매종목 등의 경우에는 단일가매매가 적용된다.

3. 경매매제도

경매매는 증권의 매매거래시 매도측 또는 매수측의 어느 한쪽이 단수이고 또 다른 한쪽은 복수일 때 이루어지는 매매를 말하는데, 국고채 입찰의 경우 이러한 경매매방식을 채택하고 있다. 코넥스시장에서는 매도측이 단수(1인)이고 매수측이 복수인 경우만 도입하였다.

경매매는 당일 장개시 전 시간외시장 중(08:00~08:30)에 매도호가 및 매수호가를 접수한 후 08:30에 매매가 체결된다. 경매매는 가격우선원칙 및 시간우선원칙에 따라 매도수량에 매수주문을 순차적으로 매칭시키고, 매도수량 전부가 체결되는 해당 주문의 가격을 전체 주문가격의 체결가격으로 한다. 이는 현행 국채입찰 가격결정방법과 유사하다.

회원은 경매매를 신청하기 위하여 거래소가 운영하는 대량매매등네트워크를 통해 최저매도희망수량(발행주식 총수의 0.5% 및 2,500만원 이상)과 최저입찰가격(매도희망가격)을 입력해야 한다.

〈표 5-5〉는 경매매 체결방법의 예시로 매도수량 10,000주(최저매도희망수량

5,000주), 최저입찰가격 10,000원(기준가격 10,000원)인 경우이다. 매수주문을 순차적으로 매도수량과 매칭시켜 매수가격 10,200원에 매도수량이 전량 체결된다. 따라서 전체 경매매 체결수량 10,000주의 체결가격은 10,200원이 된다.

〈표 5-5〉 경매매 체결방법의 예시

매수가격	매수수량	비 고
10,800	10,000	전량체결(10,000주)
10,500	6,000	전량체결(6,000주)
10,200	4,000/5,000	부분체결(4,000주)*
10,000	3,000	

* 먼저 접수된 주문부터 매매체결

4. 동시호가제도

코넥스시장은 투자자간 매매체결의 공평성을 위해서 코스닥시장과 동일하게 동시호가제도를 도입하였다. 이 제도는 시가결정시 외에도 전산장애 또는 풍문 등에 의한 거래중단 후 재개시의 최초가격이 상·하한가로 결정되는 경우에도 적용된다.

동시호가시에는 위탁자우선의 원칙과 수량우선의 원칙을 적용한다. 위탁자우선의 원칙은 회원과 위탁자 간의 이해상충을 방지하기 위하여 동시호가시에 위탁자주문을 회원사의 자기매매주문보다 우선하여 체결하고, 수량우선의 원칙은 위탁매매 호가간 또는 자기매매 호가간에는 주문수량이 많은 호가부터 우선적으로 수량을 배분하여 매매거래를 체결하는 것이다. 코넥스시장도 유가증권시장·코스닥시장의 동시호가 배분방법을 동일하게 적용하고 있다.

5. 투자자 유의사항 고지제도

코넥스시장은 초기 중소기업 및 벤처기업 중심의 시장으로 상장심사 및 공시 등 규제를 최소화하여 운영하고 있다. 이에 따라 거래를 처음 시작하는 일반투자자가 코넥스시장의 특성 및 투자위험성 등을 충분히 인식할 수 있도록 회원사(증권사)는 투자자 유의사항을 개인별 1회 고지해야 한다. 다만, 충분한 위험감수능력이 있거나 중소기업에 대한 투자전문성이 인정되는 전문투자자, 집합투자기구, 중소기업창업투자회사, 벤처개인투자조합, 벤처전문엔젤투자자 등의 투자자들은 투자자 유의사항 고지를 면제하고 있다.

6. 최초가격 결정방법

코넥스시장은 공모 이외에도 사모, 직상장 등을 통해 진입이 가능하므로 신규상장종목의 평가가격 산정방법을 다양화하였다. 여기에서 평가가격이란 신규상장종목의 시초가 결정을 위해 제출할 수 있는 호가범위의 기준이 되는 가격이다. 평가가격 산정방법은 〈표 5-6〉과 같이 ① 공모(공모가격), ② 사모(사모가격), ③ 기관투자자 투자(발행가격), ④ 기타(주당순자산가치), ⑤ 가격이 현저히 불합리하거나 적용이 곤란한 경우(거래소 지정가격) 순으로 적용된다.

〈표 5-6〉 코넥스시장 신규상장종목의 평가가격 및 호가범위

구 분		평가가격	호가범위
주권발행	① 공모	공모가격	90%~200%
	② 사모(50인 이상)	사모가격	90%~200%
	③ 기관투자자 투자	발행가격	90%~200%
④ 기타(①~③ 미해당)		주당순자산가치	90%~400%
⑤ (①~④)의 가격이 현저히 불합리하거나 적용 곤란		거래소 지정가격	90%~400%

7. 시간외종가매매/장중대량매매

코넥스시장은 매매수량단위(100주) 미만의 단주 거래 원활화를 위해 〈표 5-7〉과 같이 시간외종가매매제도를 도입하였다.

〈표 5-7〉 시간외종가매매방법

구 분	주요 내용
체결가격	당일 종가
호가접수시간	15:30~16:00
매매거래시간	15:40~16:00
매매체결원칙	매수·매도 호가간에 시간우선원칙으로 매매체결
매매수량단위	1주

한편 코넥스시장의 경우에도 대량매매를 통해 시장충격을 최소화하고 M&A 등을 지원할 필요가 있으므로 장중대량매매제도를 도입하였고, 원활한 자기주식 처분 등을 지원하기 위하여 시간외대량매매도 추가로 도입하였다. 그리고 코넥스시장은 전문투자자나 벤처캐피탈 등의 회수 편의성 제고를 위하여 시간외대량매매의 가격제한폭을 기준가격 대비 상하 30%로 확대하였고, 당일 정규시장에서 거래가 형성되지 않은 경우에도 대량매매가 가능하도록 하였다.

8. 유동성공급자(LP)제도

코넥스시장의 경우 원활한 가격형성을 도모하기 위해 원칙적으로 지정자문인이 해당 종목에 대해 매도·매수호가를 제출하는 유동성공급자(LP) 역할을 하도록 의무화하였다. 다만, 코넥스시장의 경우 중소기업시장으로서 시장참여자가 제한되어 있다는 점을 고려하면 유동성 부족과 큰 폭의 호가스프레드가 예상되어 유가증권시장·코스닥시장과 같은 LP의무 부과는 지정자문인에게 큰 부담으로 작용하게 된다. 특히 코넥스시장의 LP업무는 다양한 지정자문인 업무 중 하나이므로 코넥스시장 LP에 유가증권시장·코스닥시장과 같은 의무 부과시 지정자문수수료 상승으로 코넥스상장 중소기업에 큰 부담으로 작용할 우려가 있다. 이러한 이유로 코넥스시장은 LP의무를 유가증권시장·코스닥시장에 비해 대폭 완화하였다.

코넥스시장의 LP가 되기 위해서는 투자매매업 인가를 받은 거래소 결제회원으로서, 최근 1년 이내에 관련 법규를 위반하여 형사제재 및 영업정지 이상의 조치를 받은 사실만 없으면 된다.

9. 기타 매매제도

1) 매매수량단위

매매수량단위는 하향할 경우 일반투자자의 편의를 제고하는 측면이 있으나, 대량거래를 주로 하는 전문투자자에게는 비효율적이며 호가건수 증가로 인한 시스템과부하 문제를 발생시킬 수 있다. 코넥스시장 참여자는 전문투자자 등으로서 매매수량단위가 작을 경우 거래불편을 초래하고 오히려 거래비용 증가가능성이 있어 개설 초기에는 코넥스시장의 매매수량단위를 100주로 정하였으나, 현재는 매매수량단위를 1주로 변경하여 운영하고 있다.

2) 호가의 종류

코넥스시장의 호가는 유가증권시장·코스닥시장의 지정가, 시장가, 최유리지정가, 최우선지정가, 조건부지정가, 경쟁대량매매, 중간가, 스톱지정가 등 여덟 가지 중에서 지정가호가, 시장가호가 두 가지만 도입하였다. 이는 거래가 활발하지 않고 현물·선물차익거래가 없는 등 코넥스시장의 특성을 감안한 것이다.

3) 가격제한폭 및 기준가격

코넥스시장은 공정한 가격형성을 도모하고 급격한 시세변동에 따른 투자자의 피해를 방지하기 위해 1일 가격제한폭을 기준가격 대비 상하 15%로 제한하고 있다. 다만, 투자자의 대규모거래 편의성을 제고하기 위하여 시간외대량매매의 경우에는 가격제한폭을 기준가격 대비 상하 30%로 확대하였다. 또한 본질적으로 가격변동이 큰 정리매매종목의 경우 균형가격의 신속한 발견을 위하여 가격제한폭을 적용하지 않고 있다. 기준가격은 가격제한폭을 정할 때 기준이 되는 가격으로, 코넥스시장의 기준가격은 원칙적으로 전일종가로 하고 있다.

〈표 5-8〉 유가증권·코스닥시장과 코넥스시장의 매매제도 차이점

구 분	유가증권·코스닥시장	코넥스시장
호가가격단위	1원~1,000원	1원~100원
가격제한폭	기준가격 ±30%	기준가격 ±15% (시간외대량매매 ±30%)
호가종류	지정가, 시장가, 조건부지정가, 최유리지정가, 최우선지정가, 경쟁대량매매, 중간가, 스톱지정가(8종류)	지정가, 시장가
특수한 매매체결방법	–	경매매
시간외매매	종가, 단일가, 대량·바스켓, 경쟁대량	종가, 대량매매
대량매매	장중·시간외 대량 및 바스켓	장중·시간외 대량
유동성 공급	상장법인이 선택적으로 LP와 계약체결로 유동성 공급, 회원사 시장조성자 제도	일반기업부의 경우 LP지정이 의무사항
착오매매	회원·거래소 착오시 체결내역 정정, 대규모 착오매매 구제제도 등	회원 및 거래소 착오시 체결내역 정정

* CB, 프로그램매매는 코넥스시장에서는 없음

제 3 절 K-OTC시장

Ⅰ. K-OTC시장의 개요

1. K-OTC시장의 의의

K-OTC(Korea Over-The-Counter)시장은 비상장주식의 매매거래를 위하여 한국금융투자협회가 개설하여 운영하는 제도화되고 조직화된 장외시장이다. 한국금융투자협회는 비상장된 중소기업과 벤처기업의 직접금융 활성화를 위해 2005년 7월부터 프리보드(freeboard)를 운영해 왔으나, 주식거래 대상기업이 소수의 중소기업 위주로 한정되어 시장의 역할이 크게 저하되었고, 2013년 7월 중소기업 전용 주식시장인 코넥스시장이 개설되면서 그 역할이 모호해졌다. 이에 중소기업과 벤처기업의 직접금융 활성화에 중점을 두던 시장운영방식을 개선하여 중소기업을 포함한 모든 비상장법인의 주식을 투명하고 원활하게 거래할 수 있는 실질적 시장을 제공하는 데 중점을 두고 시장개편을 추진하였다. 이를 통해 국내 주식거래 인프라를 완비함으로써 투자자의 주식거래 편의성을 제고하고 기업의 자금조달을 지원하고자 2014년 8월 K-OTC시장이 출범하였다.[5]

2. K-OTC시장의 기능

1) 자본조달의 기능

K-OTC시장은 벤처기업 등 비상장 혁신형 기업들이 자본시장을 이용하여 장기적이고 안정적인 자금조달을 가능하게 한다.

2) 투자자 보호 기능

K-OTC시장은 비상장기업의 발행주식에 대한 환금성을 부여하고, 거래집중을 통한 거래의 편의성과 가격의 공정성을 제고할 뿐만 아니라, 기존의 장외주식거래를 통해 발생할 수 있었던 불공정거래로부터 투자자를 보호하는 기능을 수행한다.

5) K-OTC시장의 내용은 한국금융투자협회 홈페이지를 참조하여 정리하였다.

3) 새로운 투자기회 제공 기능

K-OTC시장은 고위험 · 고수익을 원하는 투자자에게 아이디어와 기술력이 있는 유망기업이 발행한 주식을 상장 이전의 단계에서 투자할 수 있는 기회를 제공한다.

4) 벤처기업 육성 기능

K-OTC시장은 성장단계에 있는 벤처기업에 투자한 투자자들이 초기투자자금을 회수할 수 있으며, 기존 투자자들의 재투자 촉진을 통한 벤처자금의 선순환을 유도한다.

3. K-OTC시장의 특징

1) 비상장 대기업 및 중견기업의 장외시장

K-OTC시장은 장외에서 활발하게 거래되고 있는 비상장 대기업 및 중견기업 등 공모실적이 있는 사업보고서 제출대상 비상장법인의 발행주식이 거래된다.

2) 투자기회 제공

K-OTC시장은 고위험 · 고수익을 추구하는 투자자에게 성장가능성이 있는 비상장기업에 대해 새로운 투자기회를 제공한다.

3) 비상장주식의 투자편의성 및 결제안정성 제공

K-OTC시장은 투자자에게 비상장주식을 편리하게 거래할 수 있게 하고, 호가정보와 시세정보가 투명하게 공개되며, 매매체결시 결제도 안전하게 이루어진다.

4) 투자자 자기책임의 시장

K-OTC시장은 규제를 최소화하는 장외시장으로 투자자의 철저한 자기판단과 책임이 중요한 시장이다.

5) 한국금융투자협회의 운영 시장

미국의 나스닥을 제외하고는 세계 최대의 신시장인 코스닥을 육성시킨 과거의 노하우를 가지고 있는 한국금융투자협회가 운영하는 공신력이 보장되어 있는 시장이다.

4. K-OTC시장의 발전과정

우리나라는 1999년 8월에 금융감독위원회의 '유가증권의 장외거래에 관한 규정'을 개정하고 장외주식호가중개시스템(OTC bulletin board)을 설치하여 장외시장의 운영에 관한 근거를 마련하였다. 장외시장(OTC : over-the-counter market)은 제3시장으로도 불리고 있는데, 한국증권업협회가 2000년 3월에 거래소시장에 상장이 어려운 기업들에게 시장을 통한 자금조달을 용이하게 하고 이들 기업에 투자하는 투자자들을 보호하기 위하여 제3시장을 개설하였다. 그리고 2002년 7월에 '장외주식의 호가중개에 관한 규칙'의 제5차 개정을 통하여 지정취소요건의 강행규정화, 소속부 구분, 월간거래실적기준 강화, 불성실공시법인 제재강화 등의 대폭적인 제도를 개선하였다.

이러한 제3시장은 코스닥시장의 활황에 영향을 받아 Pre-KOSDAQ시장으로 많은 기대감과 큰 주목을 받았다. 그러나 기업과 투자자들은 제3시장을 외면하였고 시장의 침체가 지속되었다. 이와 같은 상황은 대부분의 벤처기업들이 자본시장에 진입하지 못하게 만들었다. 이에 제3시장을 활성화하기 위하여 2005년 7월 시장명칭을 프리보드(freeboard)로 변경하였고, 2006년 12월부터 프리보드 주가지수를 발표하기 시작하였다. 2009년 2월에는 새로운 자본시장법에 따라 한국금융투자협회가 한국증권업협회의 프리보드 업무를 포괄적으로 승계하여 운영되었다.

그러나 프리보드의 주식거래 대상기업이 소수의 중소기업으로만 한정되었던 것을 탈피하고 코넥스시장과의 차별화를 위해 비상장 대기업 및 중견기업에 대한 투자자의 주식거래 편의성을 제고하고 기업의 자금조달을 지원하고자 2014년 8월 K-OTC시장이 출범하였다. 2025년 8월 기준으로 우리나라 K-OTC시장의 현황은 〈표 5-9〉와 같다.

〈표 5-9〉 우리나라 K-OTC시장의 현황

구 분	소속부	
	등록기업부	지정기업부
종목수(개)	40	86
발행주식수(백만주)	1,066	3,060
시가총액(백만원)	1,328,395	15,154,407

자료 : K-OTC 홈페이지, 「통계정보, 월간통계, 2025년 8월 통계집」

Ⅱ. K-OTC시장의 등록 및 지정

1. 등록 및 지정의 의의

K-OTC시장의 등록 및 지정은 한국금융투자협회가 일정한 요건을 충족하는 비상장주식을 호가중개종목 목록에 올리는 행위를 의미한다. 이러한 행위는 한국거래소에서 유가증권시장, 코스닥시장, 코넥스시장의 상장과 유사한 것이다. K-OTC시장은 시장에 등록하는 법인인 등록기업부와 시장에서 지정하는 법인인 지정기업부 등 2개 소속부가 있다. 등록기업부는 기업의 신청에 따라 협회가 매매거래대상으로 등록한 비상장주식을 발행한 기업이며, 지정기업부는 기업의 신청 없이 협회가 직접 매매거래대상으로 지정한 비상장주식을 발행한 기업을 말한다. 이러한 지정기업은 K-OTC시장에서 공시를 하지 않으며, 한국금융투자협회는 금융감독원 전자공시시스템, 예탁결제원 증권정보포털 등에 공개된 지정기업 정보에 따라 시장조치 등을 단행한다.

1) 신규 등록 및 지정

K-OTC시장에 신규 등록을 신청하고자 하는 법인은 아래의 요건을 모두 갖추어야 하며, 발행주식 전부를 등록 신청해야 한다. 다만, 보통주식을 제외한 주식(종류주식)의 경우에는 종목별로 등록신청을 하지 아니할 수 있다. 그러나 신규 지정은 거래를 위한 최소한의 네 가지 요건만을 요구한다.

〈표 5-10〉 K-OTC시장의 신규 등록 및 지정 요건

<table>
<tr><th>구 분</th><th>등록법인</th><th>지정법인</th></tr>
<tr><td>개요</td><td>기업의 신청에 따라 협회가 그 발행주권을 등록기업부에 등록</td><td>기업의 신청 없이 협회가 직접 매매거래대상 주권지정(비신청지정제도)</td></tr>
<tr><td>자기자본</td><td colspan="2">최근 사업연도말 현재 자본전액잠식 상태가 아닐 것</td></tr>
<tr><td>매출액</td><td colspan="2">5억원 이상(최근 사업연도 기준)</td></tr>
<tr><td>감사의견</td><td colspan="2">최근 사업연도의 재무제표에 대한 감사인의 감사의견이 적정일 것</td></tr>
<tr><td>주식유통 관련</td><td colspan="2">• 한국예탁결제원의 증권 등 취급규정에 따른 주권일 것
• 명의개서대행회사와 명의개서대행계약을 체결하고 있을 것
• 정관 등에 주식양도에 대한 제한이 없을 것</td></tr>
<tr><td>기타</td><td>• 허위기재 및 누락내용 없을 것
• 기업의 존립 및 투자자 보호에 영향을 미치는 사유가 없을 것</td><td>• 최근 사업보고서 공시(반기 포함)
• 해당 주식의 공모실적이 있거나 지정 동의서를 제출하였을 것</td></tr>
</table>

2) 변경 등록 및 지정

변경 등록 및 지정은 K-OTC시장에 등록 및 지정된 후 종목의 종류, 액면의 유무 및 액면가액, 종목 또는 수량의 변경(추가)이 있는 경우에 이를 K-OTC시장 호가중개시스템에 반영하는 것을 말한다.

등록법인은 등록종목의 변경사항이 발생하는 경우 사유발생일로부터 1개월 이내에 변경(추가)등록을 신청해야 한다. 변경사항은 한국금융투자협회의 변경(추가)등록 승인일 다음 날로부터 2영업일째가 되는 날에 호가중개시스템에 반영되어 매매거래가 개시된다.

지정종목은 한국금융투자협회가 금융감독원 전자공시시스템, 한국예탁결제원의 증권정보포털 등에서 지정종목의 변경(추가)사유를 확인한 후, 변경(추가)지정을 할 수 있다. 변경사유는 협회의 변경(추가)지정 결정일 다음 날로부터 2영업일째가 되는 날에 호가중개시스템에 반영되어 매매거래가 개시된다.

2. 등록 및 지정의 해제

K-OTC시장에서는 등록 또는 지정 종목의 해제사유가 발생하면 해제사유 발생일 다음 날부터 3영업일간 매매거래를 정지시키고, 등록해제 또는 지정해제, 정리매매에 관한 안내공시를 실시하며, 매매거래정지기간(3영업일) 종료 후 10영업일 이내에 정리매매기간을 주고, 정리매매기간 종료 후 다음 영업일에 등록 또는 지정을 해제시킨다. 중요한 등록 또는 지정종목의 해제사유는 다음과 같다.

① 등록신청서와 첨부서류의 내용 중 중요한 사항의 허위기재 또는 누락내용이 투자자 보호를 위해 중요하다고 판단되는 경우(등록법인만 해당)
② 발행한 어음 또는 수표가 거래은행에 의하여 최종부도로 결정되거나 거래은행과의 거래가 정지된 경우
③ 최근 사업연도말을 기준으로 자본전액잠식 상태인 경우. 다만, 결산기 정기공시서류의 제출기한까지 협회장이 정하는 바에 따라 자본전액잠식 상태를 해소하였음이 확인된 경우는 제외
④ 최근 사업연도 매출액이 1억원 미만이거나 최근 2개 사업연도에 연속하여 매출액이 5억원 미만인 경우
⑤ 최근 사업연도의 재무제표에 대한 감사의견이 부적정, 의견거절이거나 최근 2개 사업연도에 연속하여 감사범위제한으로 인한 한정인 경우

⑥ 주된 영업이 6개월 이상 정지되어 잔여사업 부문만으로는 실질적인 영업을 영위하기 어렵거나 영업의 전부가 양도되는 경우
⑦ 「채무자 회생 및 파산에 관한 법률」에 따른 법원의 회생절차개시신청 기각, 회생절차개시결정 취소, 회생계획불인가 및 회생절차폐지 결정이 있는 경우
⑧ 타법인에 피흡수 합병되는 경우
⑨ 법률에 따른 해산사유가 발생하는 경우

Ⅲ. K-OTC시장의 매매제도

1. 시장의 운영

K-OTC시장의 매매거래시간은 09:00부터 15:30까지로, 동시호가제도 및 시간외시장은 없다. 그리고 시장은 토요일, 공휴일, 근로자의 날, 연말의 1일 및 그 밖에 협회가 필요하다고 인정하는 날에는 휴장한다.

2. 주문의 절차

1) 계좌의 개설

투자자가 K-OTC시장에서 매매거래를 하기 위해서는 금융투자회사에 증권계좌가 있어야 한다. 금융투자회사에 신규로 계좌를 개설하여 이용하거나 기존 거래소시장 매매 증권계좌를 이용하여 거래할 수 있다.

2) 호가 및 시세 확인

투자자는 금융투자회사에 전화로 문의하거나 홈트레이딩 또는 인터넷을 통해 종목별 매매, 기준가격, 시세, 호가, 시장조치 및 기업내용공시 등에 관한 정보를 확인할 수 있다.

3) 주문제출방법

투자자는 금융투자회사를 방문하여 매매하고자 하는 종목, 수량, 가격 등을 주문표에 기재하여 제출한다. 전화주문 및 홈트레이딩을 통한 주문도 가능하다.

3. 호가 및 기준가격

호가수량단위는 투자자가 매매를 하려고 할 때 호가를 낼 수 있는 최저수량단위를 의미한다. K-OTC시장에서의 호가수량단위는 1주이다. 그리고 호가가격단위는 투자자가 매매를 하려고 할 때 호가를 낼 수 있는 가격대별 최소단위의 가격을 의미한다. K-OTC시장에서의 호가가격단위는 주권의 가격대별로 7단계로 되어 있다. K-OTC시장의 주권가격과 호가가격단위는 〈표 5-11〉과 같다.

〈표 5-11〉 K-OTC시장의 호가단위

구 분	호가단위
2,000원 미만	1원
2,000원 이상~ 5,000원 미만	5원
5,000원 이상~ 20,000원 미만	10원
20,000원 이상~ 50,000원 미만	50원
50,000원 이상~200,000원 미만	100원
200,000원 이상~500,000원 미만	500원
500,000원 이상	1,000원

K-OTC시장에서는 하루 동안에 가격이 변동할 수 있는 폭을 기준가격 대비 상하 ±30%로 제한한다. 가격제한폭은 기준가격에 100분의 30을 곱하여 산출한 금액으로 하며, 기준가격에 가격제한폭을 감안한 금액이 호가가격단위를 적용할 수 없는 경우에는 호가가격단위를 적용할 수 있는 가격까지로 한다.

기준가격은 직전일에 거래형성이 된 경우에는 거래량가중평균주가로 하고, 직전일에 거래형성이 되지 아니한 경우에는 직전일의 기준가격으로 한다.

〈표 5-12〉 K-OTC시장의 매매제도

구 분	매매제도	구 분	매매제도
매매방식	상대매매	위탁증거금	현금 또는 유가증권 100%
거래시간	09:00~15:30	수도결제	매매체결일로부터 3일째 날
호가수량단위	1주	위탁수수료	금융투자회사 자율
가격제한폭	±30%		

4. 매매체결방식 및 매매거래정지제도

1) 매매체결방식

K-OTC시장의 매매체결은 상대매매방식이다. 시장에서는 매수호가와 매도호가가 일치하는 경우에 자동으로 매매가 체결되고, 동일가격 호가의 경우 먼저 접수된 호가가 뒤에 접수된 호가에 우선한다. 그러나 가격이 일치하지 않는 경우 체결을 원하는 투자자는 상대호가를 탐색하여 자신의 호가를 정정해야 한다.

2) 매매거래정지제도

K-OTC시장의 매매거래정지제도는 투자자에게 시장정보를 충분히 주시시킬 수 있는 시간이 필요하거나 정상적인 매매체결이 불가능한 경우 투자자를 보호하고 시장의 원활한 운영을 위하여 등록 및 지정법인이 발행한 주권의 매매거래를 정지하는 제도이다. 시장은 불성실공시 발생, 지정해제사유 발생, 지정해제사유에 해당하는 내용의 조회공시 요구, 주권의 액면분할 또는 병합, 호가중개시스템 전체의 장애발생이 우려되는 경우, 그리고 기타 투자자 보호를 위하여 필요하다고 인정되는 경우 매매거래를 정지시킨다.

5. 위탁증거금 및 결제

K-OTC시장에서는 매수의 경우 매수대금 전액, 매도의 경우 당해 매도증권 전부를 위탁증거금으로 징수한다. 코스닥시장의 경우 기관투자자는 증거금 징수가 면제될 수 있으나, K-OTC시장에서는 면제되지 아니한다. K-OTC시장의 거래의 결제는 수도결제로 이루어지는데, 매매계약 체결일로부터 기산하여 3일째 되는 날에 한국예탁결제원을 통하여 금융투자회사간에 계좌이체방식을 통해 차감하여 결제가 이루어진다.

6. 거래비용

K-OTC시장의 거래비용은 위탁수수료, 증권거래세, 양도소득세 등이 있다. 위탁수수료는 금융투자회사가 자율적으로 결정하며, 매매거래가 성립된 경우 금융투자회사는 결제시점에 위탁자로부터 수수료를 징수한다. 증권거래세는 매도금액의 0.15%를 해당 금융투자회사가 원천징수한다. 그리고 K-OTC시장에서 주식

매도시 양도소득세가 과세된다. 거래소시장과 달리 양도소득세는 소액주주에게도 과세되며, 양도자가 직접 세무서에 양도소득세를 신고하여 납부해야 한다. 양도소득세 예정신고 등을 하지 않는 경우에는 무신고가산세가 부과될 수 있다.

IV. K-OTC시장의 공시제도

1. K-OTC시장 공시제도의 의의

공시제도는 기업으로 하여금 기업의 주요 내용을 신속하고 정확하게 투자자에게 공개하게 함으로써 투자자가 기업의 실체를 정확히 파악하여 자신의 판단과 책임하에 투자의사결정을 하도록 하는 제도이다. K-OTC시장 등록 및 지정법인은 관련 법규 및 규정에서 정하는 바에 따라 공시의무를 이행해야 한다. K-OTC시장 등록 및 지정법인 중 사업보고서 제출 대상법인은 금융투자협회가 제정한 '장외주식의 호가중개에 관한 규정'상 공시의무를 이행해야 하며, 자본시장법상의 신고 및 공시의무를 이행해야 한다.

2. K-OTC시장 공시제도의 유형

1) 정기공시

정기공시는 결산의 경우 발행인에 관한 사항과 감사보고서를 결산종료 후 90일 이내, 반기결산의 경우 발행인에 관한 사항과 반기검토보고서를 반기종료 후 45일 이내에 금융위원회와 금융투자협회에 제출하여 공시하는 제도이다. 여기서 발행인에 관한 사항의 내용은 회사의 개황, 사업의 내용, 재무에 관한 사항, 감사인의 감사의견, 주주·임원 및 직원에 관한 사항 등이 있다.

2) 수시공시

수시공시는 지정법인이 경영활동과 관련된 사항으로 투자자의 의사결정에 중대한 영향을 줄 수 있는 사실이나 결정내용을 즉시 공시하도록 하는 제도이다. 이러한 수시공시제도는 투자자에게 합리적인 투자판단의 정보를 제공하고 내부정보가 모든 투자자에게 적시에 전달되어 공정한 거래질서를 확립하기 위한 것이다.

3) 조회공시

조회공시는 금융투자협회가 수시공시사항과 관련한 풍문이나 보도에 대하여 지정법인에게 사실여부의 확인을 요구하면 해당 내용을 공시하는 제도이다.

3. 공시주체 및 공시방법

1) 공시주체

공시의 주체는 등록법인이다. 등록법인은 공시책임자 및 공시담당자를 각 1명씩 지정해야 하고 이들은 공시제도를 운영함에 있어서 등록법인과 K-OTC시장 그리고 투자자를 연결하는 공식 채널임을 인지해야 한다.

2) 공시방법

K-OTC시장의 공시는 전자공시(K-OTC 공시시스템을 통한 발행기업 직접공시) 방식으로 등록법인이 K-OTC시장 공시시스템을 통해서 전자문서 등의 방법으로 공시사항을 신고해야 한다. 협회는 해당 내용을 접수하고 코스콤 전산망을 통해 배포해야 한다.

투자자는 K-OTC시장 공시내용을 코스콤 전산망, 금융투자회사 HTS 및 K-OTC 홈페이지 등을 통하여 확인할 수 있다.

4. 공시불이행에 대한 조치

K-OTC시장은 등록법인시장의 공시의무사항을 이행하지 않은 경우와 지정법인이 사업보고서와 반기보고서를 제출하지 않은 경우에는 공시불이행에 대한 조치를 취한다. 등록법인이 결산기에 정기공시서류를 제출기한 내에 미제출하거나 반기에 정기공시서류를 제출기한 내에 미제출한 경우에는 제1단계로 불성실공시법인 지정 및 매매거래정지, 제2단계로 투자유의 안내, 제3단계로 등록해제의 조치를 한다. 그리고 지정법인이 사업보고서를 제출기한 내에 미제출하거나 반기보고서를 제출기한 내에 미제출한 경우에는 제1단계로 매매거래정지, 제2단계로 투자유의 안내, 제3단계로 지정해제의 조치를 한다.

제4절 K-OTC PRO시장

Ⅰ. K-OTC PRO시장의 개요

1. K-OTC PRO시장의 의의

K-OTC PRO(Korea Over-The-Counter Professional)시장은 기관투자자와 전문투자자를 대상으로 비상장주식이나 펀드지분 등의 원활한 거래를 위하여 한국금융투자협회가 개설하고 운영하는 장외거래시장이다.[6]

2. K-OTC PRO시장의 특징

1) 기관 또는 전문투자자 등 전문가만 참여가능

K-OTC PRO시장에서는 한국금융투자협회가 정한 일정요건을 충족한 전문가 등만 회원으로 가입하여 거래할 수 있다.

2) 모든 비상장기업이 발행한 주식 등 거래가능

K-OTC PRO시장에서는 스타트업기업부터 중견기업까지 거래대상종목에 대한 제한이 없이 모든 비상장기업의 주식을 거래할 수 있다.

3) 다양한 거래방법

K-OTC PRO시장에서는 협상, 입찰, 경매 등 다양한 방법을 통해 합리적이고 효율적인 거래가 가능하다.

4) 비상장기업에 대한 투자정보 접근성 개선

K-OTC PRO시장에서는 비상장기업에 대한 기본정보와 기업가치(valuation)를 무료로 조회할 수 있고 이용도 가능하다.

---

6) K-OTC PRO시장의 내용은 한국금융투자협회 홈페이지를 참조하여 정리하였다.

5) 비상장주식 등의 거래 관련 법률자문 서비스 제공

K-OTC PRO시장에서는 법률사무소, 회계법인, 신용평가회사 등으로부터 법률 및 회계 자문, 기업분석정보 제공 등의 서비스를 제공받을 수 있다.

3. K-OTC PRO의 주요 기능

1) 비상장주식 등 거래

K-OTC PRO시장에서는 비상장기업의 주식이나 펀드지분 등의 거래수요 정보를 집중하고, 이를 시장참여자(회원)간 공유하여 원활한 거래상대방 탐색 및 편리하고 안전한 거래를 가능하게 한다. 거래절차는 거래를 희망하는 비상장주식 등의 거래희망조건(수량, 가격 등)을 게시하고, 매매의사가 있는 거래상대방과 협의, 입찰 및 경매 등의 절차를 통해 탐색하고 확정하여 거래한다.

2) On-Demand 서비스

K-OTC PRO시장에서는 비상장기업들이 신주발행, 주식담보대출 등 자금조달 또는 임직원이 보유한 우리사주의 대량유통 등의 서비스 신청이 가능하다. 이 절차는 신주발행, 주식담보대출 등 자금조달방법과 목표금액 등을 게시하고, 투자 또는 서비스제공 의사가 있는 회원들과 메신저 등을 통해 협의할 수 있다.

Ⅱ. K-OTC PRO시장의 매매방법

1. K-OTC PRO의 운영 및 대상종목

K-OTC PRO시장의 호가게시시간은 09:00부터 17:00까지이며, 토요일, 공휴일, 근로자의 날, 연말의 1일 및 이 외 협회가 필요하다고 인정하는 날에는 휴장한다. 거래대상종목은 모든 비상장기업이 발행한 증권을 대상으로 한다.

2. K-OTC PRO의 매매방법

K-OTC PRO시장의 매매체결방식은 K-OTC PRO시장에 호가를 게시한 투자자가 온라인 메신저 또는 오프라인에서 수량, 가격 등 거래조건을 협의하거나, 입찰

이나 경매 등의 절차를 통해 거래상대방을 확정하고, 개별 또는 중개증권사를 통해 1:1 상대매매방식으로 매매체결하게 된다.

K-OTC PRO시장의 매매절차는 다음과 같이 이루어진다.

① K-OTC PRO 회원가입 : 회원 유형에 따라 투자자, 비상장기업, 중개증권, 서비스제공 회원가입 신청
② 호가 게시 및 조회 : 거래하고자 하는 비상장주식의 종목, 수량, 가격 등의 호가를 게시하거나 다른 회원이 게시한 호가를 조회
③ 분석정보 조회 : 필요시 '서비스제공 회원'으로 가입된 평가기관에 기업에 대한 분석정보 요청
④ 거래상대방 확정 : 회원간 메신저를 통한 협의 또는 입찰, 경매 등의 절차를 통해 거래상대방 확정
⑤ 법률자문 신청 : 필요시 계약체결 등과 관련하여 '서비스제공 회원'으로 가입 법무법인에 계약서 작성 등 법률자문의 신청가능
⑥ 매매체결 및 결과등록 : 투자자간 개별 매매체결 또는 중개증권사를 통한 매매체결 및 최종 거래결과를 협의하여 보고

제 5 절 K-OTCBB시장

Ⅰ. K-OTCBB시장의 개요

1. K-OTCBB시장의 의의

K-OTCBB(Korea Over-The-Counter Bulletin Board)시장은 비상장주식의 매매거래를 지원하기 위해 한국금융투자협회가 개설하여 운영하는 호가게시판이다. 한국금융투자협회는 비상장기업 주식거래의 활성화를 위해 2014년 1월에 정부와 합동으로 '협회장외주식시장 개편방안'을 발표하고, 동년 8월에 일정요건을 충족하는 비상장법인의 주식을 시장형태로 거래할 수 있는 K-OTC시장을 개설하였다. 그리고 상장시장이나 K-OTC시장에서 거래되지 않는 모든 비상장주식의 호가를

게시하여 투자자의 주식거래 편의를 제고하고자 K-OTCBB시장을 개설하였다.[7)]

2. K-OTCBB시장의 특징

1) 모든 비상장기업의 주식 호가게시

K-OTCBB시장에서는 상장시장이나 K-OTC시장에서 거래되지 않는 모든 비상장기업 주식의 호가게시가 이루어질 수 있다.

2) 새로운 투자기회 제공

K-OTCBB시장에서는 고위험·고수익을 추구하는 투자자에게 위험이 높으나 성장가능성이 있는 비상장기업에 투자할 수 있는 새로운 투자기회를 제공한다.

3) 자기책임원칙의 투자

K-OTCBB시장은 투자자의 자기책임원칙이 가장 강조되는 투자이다. 이 시장은 어떠한 규제도 없는 매우 위험한 주식거래의 시장이다. 따라서 투자자는 부도여부, 부채상황 등 기업내용과 투자위험성 등을 충분히 검토하고 철저히 자기판단과 책임하에 투자해야 한다.

4) 한국금융투자협회의 운영 시장

K-OTCBB시장은 한국금융투자협회가 운영하는 시장이다. 대표적 주식시장인 코스닥시장과 K-OTC시장을 운영한 노하우를 가지고 있는 금융투자협회가 운용하는 시장으로, 투명하게 호가를 공개하고 높은 결제안정성을 제공한다.

Ⅱ. K-OTCBB시장의 매매제도

1. 시장운영의 개요

1) K-OTCBB시장의 운영

K-OTCBB시장의 호가게시시간은 09:00부터 15:30까지이며, 동시호가 및 시간외

7) K-OTCBB시장의 내용은 한국금융투자협회 홈페이지를 참조하여 정리하였다.

시장은 없다. 그리고 이 시장은 토요일, 공휴일, 근로자의 날, 연말의 1일 및 이외 협회가 필요하다고 인정하는 날에는 휴장한다.

2) K-OTCBB시장의 대상종목

K-OTCBB시장의 대상종목은 주식유통에 필요한 최소한의 요건으로 ① 한국예탁결제원의 증권 등 취급규정에 따른 주권이거나 전자 등록된 주식일 것, ② 명의개서대행계약이 체결되어 있을 것, ③ 정관상 주식양도에 제한이 없을 것 등을 갖춘 모든 비상장법인의 주식을 대상으로 한다.

3) K-OTCBB시장의 호가

K-OTCBB시장에서 호가수량단위는 투자자가 호가게시를 하려고 할 때 호가를 낼 수 있는 최저수량단위로 1주이다. 그리고 호가가격단위는 투자자가 호가게시를 하려고 할 때 호가를 낼 수 있는 가격대별 최소단위로 주권의 가격대별로 7단계로 되어 있다.

K-OTCBB시장의 호가효력은 유가증권시장이나 코스닥시장과 다르게 증거금 100%가 유지된 상태에서는 호가를 삭제하기 전까지 유효하며, 당일 이후에도 지속적으로 유효하다.

〈표 5-13〉 K-OTCBB시장의 호가단위

구 분	호가단위
2,000원 미만	1원
2,000원 이상~ 5,000원 미만	5원
5,000원 이상~ 20,000원 미만	10원
20,000원 이상~ 50,000원 미만	50원
50,000원 이상~200,000원 미만	100원
200,000원 이상~500,000원 미만	500원
500,000원 이상	1,000원

2. K-OTCBB시장의 매매방법

1) 매매체결방식

K-OTCBB시장의 매매체결은 상대매매방식이다. K-OTCBB시장의 투자자는 증

권사 중개로 K-OTCBB에 호가를 게시하고 증권사를 통한 수량과 가격 등 거래조건 협의를 통해 1:1 상대매매방식으로 매매체결을 하게 된다.

2) 매매절차

K-OTCBB시장의 매매절차는 계좌의 개설, 호가 및 체결내역 확인, 주문 제출, 거래조건 협의 및 매매체결 순으로 이루어진다.

① 계좌의 개설 : K-OTCBB에 참여하고 있는 증권사의 증권계좌를 통해 호가게시 및 매매 가능
② K-OTCBB 호가 및 체결내역 확인 : K-OTCBB의 홈페이지를 통해 종목별 호가 상황 및 과거 체결내역 확인
③ 주문 제출 : 증권사에 전화 등을 통해 매매하고자 하는 종목, 수량, 가격 등의 주문(호가) 제출
④ 거래조건 협의 및 매매체결 : 증권사는 K-OTCBB에 호가를 게시하고, 매매상대방이 있는 경우 소관 증권사와 수량, 가격 및 결제방법 등 거래조건을 협의하여 투자자에게 통보·확인 후 매매체결 및 결제

3) 위탁증거금

K-OTCBB시장에서 위탁증거금은 K-OTC시장과 동일하게 100%를 적용한다. 매수의 경우 매수대금의 전액, 매도의 경우 해당 매도증권의 전부를 위탁증거금으로 징수한다.

4) 거래비용

K-OTCBB시장에서 매매위탁수수료는 증권사가 자율적으로 결정하며, 증권거래세는 매매거래 결제시 증권사가 매도가액(양도가액)의 0.35%를 증권거래세로 징수한다. 그리고 중소기업 주권은 양도차익의 10%, 중소기업이 아닌 기업의 주권은 양도차익의 20%를 양도소득세로 관할세무서에 납부해야 한다.

양도자는 양도일이 속하는 분기의 말일부터 2개월 이내에 예정신고를 하지 않으면 무신고가산세가 부과되며, 과세기간(매년 1월부터 12월) 중 양도차손이 발생한 경우 다음 해 5월중 이를 신고하면 기납부 양도세액 범위 내에서 환급받을 수 있다.

제6절 넥스트레이드

I. 넥스트레이드의 의의

넥스트레이드(NXT : nextrade)는 한국거래소에 이어 제2의 주식거래 플랫폼으로서, 자본시장법에 따라 설립되었다. 투자자들은 한국거래소에 상장된 주식을 넥스트레이드에서도 동일하게 거래할 수 있다. 2022년 11월에 설립된 넥스트레이드는 금융투자업 관련 법률에 따라 다자간 매매체결 업무를 담당하고 있다. 2025년 2월에는 금융위원회의 인가를 획득하였으며, 2025년 3월에 대체거래소인 넥스트레이드가 정식으로 개장되었다.

II. 넥스트레이드의 시장구조

1. 정규시장

정규시장은 오전 8시부터 오후 8시까지 운영되며, 프리마켓(pre market), 메인마켓(main market), 애프터마켓(after market)으로 구분되고, 각 마켓별로 인정되는 호가유형 등도 차등적으로 적용된다. 한편 NXT시장에서 프리마켓, 메인마켓은 호가접수시간과 매매거래시간을 동일하게 적용하지만, 애프터마켓은 호가접수시간과 매매거래시간을 달리 적용하고 있다.

〈표 5-14〉 정규시장의 호가접수시간 및 매매거래시간

구 분	호가접수시간	매매거래시간
프리마켓	08:00～08:50	08:00～08:50
메인마켓	09:00:30～15:20	09:00:30～15:20
애프터마켓	15:30～20:00	15:40～20:00

2. 종가매매시장

종가매매는 정규시장의 메인마켓 이후의 15시 30분부터 16시까지 KRX 종가로

매매거래를 체결하는 제도이며, 종가매매시장의 호가접수시간 동안 매도·매수 호가를 접수하여 양방향 호가가 있는 경우, 시간우선원칙에 따라 접수순서로 유가증권시장 또는 코스닥시장의 정규시장에서 형성된 종목의 종가로 매매거래를 체결한다. 한국거래소가 시가 및 종가 결정을 위한 단일가매매호가를 접수하는 동안에 NXT는 호가(취소호가 제외)를 접수하지 않는다.

〈표 5-15〉 종가매매시장 매매방법

구 분	주요 내용
거래대상	매매체결대상종목으로 선정된 종목(NXT_업무규정 제52조)
거래시간	• 호가접수시간 : 15:00～16:00 • 매매거래시간 : 15:30～16:00
체결방법	매도·매수호가간에 시간우선원칙으로 매매체결
체결가격	당일 KRX 유가증권시장 또는 코스닥시장 종가
호가종류	지정가호가(IOC 또는 FOK 조건 불가)
매매수량단위	1주

3. 대량 · 바스켓매매시장

대량·바스켓매매는 오전 8시부터 오후 6시까지 일정 거래금액 이상의 개별종목(대량매매) 또는 복수종목(바스켓매매)에 대하여 거래당사자간 합의한 조건(종목, 가격, 수량)으로 매매체결이 이루어지는 특정 당사자간의 상대매매를 뜻하며, 대량·바스켓매매시장을 통하여 매매체결이 이루어진다. 한편 NXT시장의 대량·바스켓매매는 KRX 유가증권시장 및 코스닥시장에 상장된 모든 주권 및 주식예탁증권을 대상으로 매매거래가 이루어진다.

〈표 5-16〉 대량 · 바스켓매매 요건

구 분	대량매매	바스켓매매
매매거래시간	08:00～18:00	
호가가격범위	당일의 가격제한폭(상·하한가) 범위 내	
수량/금액기준	단일종목/5,000만원 이상	5종목/2억원 이상
호가가격단위	1원	
매매수량단위	1주	

chapter 6

채권시장

제 1 절 채권발행시장

Ⅰ. 채권발행시장의 의의

채권발행시장이란 자금의 수요자인 정부나 기업 등의 발행주체가 발행중개기관을 통하여 채권을 발행하여 자금의 공급자인 투자자에게 채권증서를 제공하고 자금을 공급받는 추상적인 시장이며, 제1차 시장이다. 이러한 발행시장은 발행자, 투자자, 발행중개기관(증권회사)의 3자에 의하여 구성되는 시장이다. 채권의 발행은 발행자로부터 투자자에게 직접 이루어지는 경우도 있지만, 주로 증권회사를 통하여 불특정다수인을 대상으로 한 공모로 이루어진다. 이러한 채권의 발행시장은 개개인의 유휴자금을 재정정책자금이나 산업자금으로 전환시키는 기능을 한다.

채권의 발행시장은 유통시장과 마찬가지로 경제적·정치적·사회적 상황을 종합적으로 반영한다. 즉, 실물경제의 변화는 채권발행시장의 자금흐름에 큰 영향을 미칠 뿐만 아니라 채권의 발행주체, 발행방법, 발행규모에도 큰 영향을 미치게 된다. 이러한 측면에서 최근 자본시장에서의 채권발행시장은 유통시장의 활성화와 연계되어 발행종류가 다양하고 그 규모가 크게 확대되었으며, 경제 성장과 금융시장의 건전성을 평가하는 중요한 지표로 작용한다.

II. 채권발행시장의 구조

채권발행시장은 채권이 정부나 기업 등의 발행자로부터 투자자에게 공급되는 시장이다. 채권발행시장은 발행주체가 채권발행의 중개기관을 통해 채권을 발행하여 투자자에게 채권증서를 제공하고 자금을 공급받는 추상적인 시장이다.

[그림 6-1] 채권발행시장의 구조

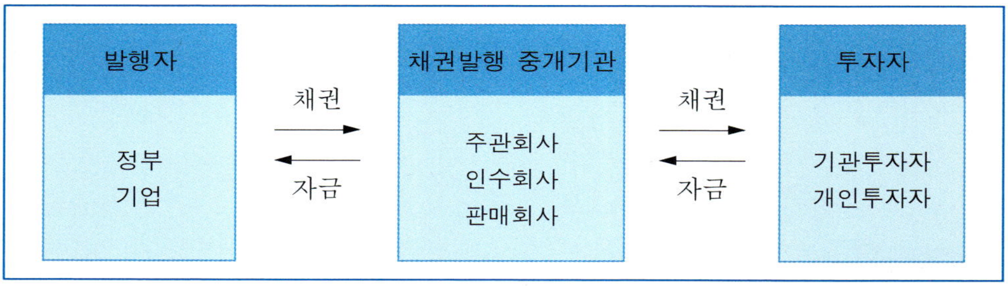

1. 발행자

채권의 발행자는 채권발행에 의해 자금을 조달하는 주체이다. 이러한 주체는 정부, 지방자치단체, 특별법에 의해 설립된 법인, 주식회사 형태의 기업 등이 있다. 발행자는 수익의 발생여부와 관계없이 이자를 지급해야 한다.

2. 투자자

투자자는 채권발행시장에서 모집・매출되는 채권의 청약에 응하여 발행자가 발행한 채권을 취득하는 자로서 자금의 공급자이다. 투자자는 기관투자자와 개인투자자가 있는데, 우리나라 채권투자자는 대부분 기관투자자이다.

3. 채권발행의 중개기관

채권발행의 중개기관은 발행자와 투자자 사이에서 중개자로서 채권발행에 따른 제반 업무를 수행하는 전문기관이다. 이 기관은 발행업무를 총괄하는 주관회사, 발행채권을 인수하는 인수회사, 발행채권을 판매하는 판매회사가 있다.

Ⅲ. 채권의 발행방법

1. 사모발행

사모발행(private placement)은 채권의 발행자가 특정 소수의 기관 및 개인투자자와 사적으로 교섭하여 채권을 매각하는 방법이다. 사모발행은 채권의 유동성이 낮아 발행기관을 찾을 수 없거나 소규모의 단기자금을 조달하는 경우에 이용된다. 이 발행방법은 감독기관에 증권신고서를 제출하지 않기 때문에 신속하게 발행할 수 있다는 이점이 있으나 공모발행의 경우보다 이자율이 높다는 단점이 있다.

2. 공모발행

1) 직접발행

직접발행(direct issuing)은 채권발행에 따른 위험을 발행자가 부담하는 발행방법으로 매출발행과 공모입찰발행이 있다. 매출발행은 일정기간 이내에 발행채권을 투자자에게 매출하여 매도한 총액을 발행총액으로 하는 방법으로 우리나라에서는 금융채에 한하여 허용되는 방법이다. 공모입찰발행은 가격이나 수익률의 발행조건을 다수의 투자자에게 입찰하도록 하여 결정하는 발행방법이다.

공모입찰발행은 발행금리의 결정방식에 따라 복수가격경쟁방식과 단일가격경쟁방식으로 구분된다. 복수가격경쟁방식(conventional auction)은 각각의 낙찰자가 입찰할 때 제시한 금리를 발행금리로 결정하여 복수가격의 채권을 발행하는 방식이다. 단일가격경쟁방식(Dutch auction)은 각각의 낙찰자가 입찰할 때 제시한 금리 중 가장 높은 금리를 발행금리로 결정하여 단일금리의 채권을 발행하는 방식으로 통화안정증권, 국고채권 등의 경우에 이용하고 있다.

2) 간접발행

간접발행(indirect issuing)은 채권발행의 중개기관을 통하여 불특정다수의 투자자들을 대상으로 채권을 발행하는 방법이다. 이 방법은 채권의 모집이나 매출이 발행총액에 미달할 때 발생하는 잔액에 대한 부담여부에 따라 위탁모집, 잔액인수, 총액인수로 구분된다. 우리나라의 사채는 대부분 총액인수의 방법을 사용하여 발행하고 있다.

Ⅳ. 채권별 발행시장

1. 국채 · 지방채 · 특수채의 발행시장

국채는 법에 따라 재정경제부장관이 중앙정부의 각 부서로부터 발행요청을 받아 국채발행 계획안을 작성한 후 국무회의 심의와 국회의 심의 및 의결을 거쳐 발행된다. 국채는 발행주체가 재정경제부가 되며 통상적으로 단일가격경쟁방식(Dutch auction)으로 발행되고 있다. 현재 국채는 2년물, 3년물, 5년물, 10년물, 20년물, 30년물, 50년물의 일곱 가지 종류로, 고정된 원금과 이자가 지급되는 형태의 이표채권과, 원금이 물가에 따라 변동하는 물가연동국채(만기 10년) 등으로 발행되고 있다. 이자가 변동하는 변동금리부 국채는 발행되고 있지 않다. 국채의 입찰에는 국채전문딜러(PD : primary dealer) 및 일반인이 참가할 수 있으나, 일반인의 입찰참가는 국채전문딜러를 통하여만 가능하다.

한편 지방채는 지방자치단체가 재정수입의 부족을 보충하거나 특수목적을 달성하기 위해 자금을 차입하는 채무이며, 특수채는 특별법에 의하여 설립된 법인이 발행한 채권으로 한국은행이 발행하는 통화안정증권이 대표적이다.

2. 회사채의 발행시장

회사채(corporate bond)란 통상 주식회사가 일반대중으로부터 거액의 장기자금을 일시에 조달하기 위해 채무증서 형식으로 발행한 유가증권을 말한다. 사채의 발행총액 한도는 2011년까지는 회사의 순재산액의 4배를 초과하지 못하도록 되어 있었으나 현재는 한도에 상관없이 이사회의 결의에 의해 발행할 수 있다.

회사채(보증사채 제외)를 발행하고자 하는 회사가 비상장법인이라면 유가증권 발행인의 금융위원회 등록을 의무화시켜 유가증권발행의 공정과 기업공시를 꾀하고 있다. 또한 유가증권 발행실적보고서를 금융위원회에 제출하여 수리되지 않고서는 유가증권의 모집 또는 매출을 할 수 없도록 규정하고 있다.

일반적으로 발행회사는 사채발행절차를 총괄하는 주관회사 및 사채원리금의 지급업무를 대행할 원리금지급대행기관을 선정하게 되는데, 보증사채의 경우에는 보증기관, 담보부사채의 경우에는 담보신탁회사를 선정하고, 무보증사채의 경우에는 사채모집의 위탁을 받을 수탁회사와 신용평가를 담당할 2개 이상의 신용평가기관을 선정해야 한다.

제2절 채권유통시장

Ⅰ. 채권유통시장의 의의

채권유통시장은 이미 발행된 채권이 투자자들 사이에서 거래되는 제2차적 시장을 말한다. 이러한 채권유통시장은 투자자 상호간의 매매거래를 통하여 채권의 공정한 시장가격을 형성하고 채권의 유동성과 환금성을 제고시키는 기능을 한다. 또한 채권의 적정가격 형성을 통해 채권발행시의 기준금리를 조정하며, 채권발행의 촉진을 통해 자본조달을 간접적으로 지원하는 기능을 갖고 있다. 따라서 채권유통시장은 발행시장과 유기적 관계를 유지하면서 발행시장을 보완해 주는 역할을 한다.

Ⅱ. 채권유통시장의 구분

채권유통시장은 거래되는 장소에 따라 거래소시장과 장외시장으로 구분된다. 거래소시장은 다수의 매도·매수 주문이 한 곳에 집중되어 상장종목 채권이 경쟁매매를 통해 거래되는 시장을 의미하며, 장외시장은 주로 증권회사 창구에서 비상장채권을 포함한 전 종목이 개별적인 상대매매를 통해 거래되는 시장을 의미한다. 채권의 경우에는 주식의 유통시장과는 달리 장외시장의 비중이 높은 것이 특징이다.

1. 거래소시장

거래소시장(exchange market, 장내시장)은 한국거래소라는 구체적 장소에서 거래소에 상장된 채권을 대상으로 하여 다수의 투자자가 표준화된 거래조건, 절차 등을 통하여 경쟁매매방식으로 채권을 장내에서 거래하는 시장이다. 현재 한국거래소는 채권의 유통시장을 국채전문유통시장과 일반채권시장으로 구분하여 운영하고 있으며, 채권을 담보로 단기자금을 거래하는 Repo시장을 별도로 운영하고 있다.

1) 국채전문유통시장

국채전문유통시장은 국채자기매매의 인가기관인 국채전문딜러가 고객을 상대로 자기매매를 집행하는 과정에서 국채를 과도하게 보유하거나 국채보유포지션[1]이 부족한 경우에 국채보유물량의 조절을 위해 국채를 대량으로 매매하는 국채전문딜러간의 거래시장이다. 이러한 시장은 국채전문딜러의 국채보유포지션을 조절할 뿐만 아니라 대고객의 거래에 응함으로써 국채의 시장조성기능을 수행한다. 우리나라는 1999년 3월에 한국거래소에 개설하였다.

국채전문딜러(PD : primary dealer)는 국채시장에서 국채인수 등에 관한 권리를 우선 부여받는 대신 국채유통시장에서 시장조성자의 의무를 수행하는 기관이다.[2] 국채전문유통시장에서는 시장참가자의 기능에 따라 국채전문딜러 이외에도 예비국채전문딜러와 일반딜러가 있다. 국채전문딜러는 매수나 매도의 호가를 제시할 의무가 있다. 그러나 예비국채전문딜러는 희망하는 경우에만 선택하여 호가를 제시하며, 일반딜러는 제시된 가격에 따라 거래에 참가만 할 수 있다.

2) 일반채권시장

일반채권시장은 불특정다수의 일반투자자들이 참여하여 상장채권이 거래되는 시장이다. 일반채권시장에서는 소매채권,[3] 소액국공채,[4] 전환사채, 신주인수권부사채, 하이브리드채권 등이 주로 거래되고 있는데, 이들 채권 중에서 소액국공채와 전환사채는 장내거래가 의무화되어 있다. 일반채권시장의 거래참가자는 거래소 회원으로 제한하지만, 개인, 일반법인, 회원이 아닌 기관투자자, 외국인 등도 회원사에 위탁계좌를 개설하여 참여할 수 있다.

---

1) 포지션(position)은 매수포지션과 매도포지션으로 분류된다. 매수포지션은 매수한 후의 재산상태로 long position이라고도 한다. 이 포지션은 채권을 지닌 상태이므로 대상자산이 충분히 많아진다. 반대로 매도포지션은 매도한 뒤의 재산상태로 short position이라고도 한다. 이 포지션은 채무를 지닌 상태이므로 대상자산이 부족해진다. 여기서 long은 '길다'라는 뜻이 아니라 '넉넉한'이나 '충분히 많이 가진'이라는 뜻으로 사용된다. 따라서 long position은 '넉넉하고 충분히 많이 가진 상태'라는 의미이며, short position은 반대의 의미이다.

2) 국채전문딜러기관은 국채전문딜러지정요건을 충족하여 국채예비전문딜러(PPD : preliminary primary dealer)로 지정된 지 1년이 경과한 후에 재정경제부에 지정신청서를 제출한 기관 중에서 전문딜러지정심의위원회 심의를 거쳐 재정경제부장관이 지정한다. 현재 국채전문딜러는 증권투자회사와 은행을 지정하고 있다.

3) 소매채권은 호가수량이 액면가로 50억원 미만인 채권을 의미한다.

4) 소액국공채에는 일반국민들이 법령에 의하여 의무적으로 첨가하여 매입해야 하는 제1종 국민주택채권, 도시철도채권 등이 있다.

3) Repo시장

Repo(repurchase agreement)는 환매조건부 채권매매라고도 하는데, 특정한 채권을 매도나 매수한 뒤 일정기간 후 매매 당시의 가격에 이자를 더한 가격으로 재매수하거나 재매도할 것을 약정하는 계약이다. Repo거래는 한국은행이 통화량과 금리를 조정하기 위한 통화조절용 수단으로 시중은행에 판매하는 한국은행 Repo, 수신상품의 하나로 은행이나 증권회사가 일정기간 후 다시 사들인다는 조건으로 고객에게 판매하는 대고객 Repo, 그리고 금융기관이 일시적인 자금부족을 해소하고 유가증권의 활용도를 높이기 위해 다른 금융기관과 거래하는 금융기관 Repo 등이 있다. 한국거래소는 2002년 2월 25일에 Repo시장을 개설하였다.

2. 장외시장

장외시장(OTC : over-the-counter market)은 증권회사 창구에서 증권회사 상호간, 증권회사와 고객 간 또는 고객 상호간에 비상장채권을 포함한 전 종목이 개별적인 상대매매를 통해 이루어지는 시장을 말한다. 우리나라 채권의 유통시장은 80% 이상이 장외거래를 통하여 이루어지고 있다. 채권은 주식과는 달리 개인투자자에 의해 소화되기 어렵기 때문에 대부분 금융기관이나 법인 등 기관투자자 간의 대량매매 형태로 거래된다. 그리고 채권의 거래도 개별경쟁매매보다는 상대매매에 의해 이루어지므로 장내거래보다는 장외거래가 대부분이다.

장외시장은 증권회사의 상대매매방식으로 이루어지는 대고객 상대매매시장과 딜러간 거래를 중개하는 브로커인 IDB(inter-dealer broker)를 통하여 거래가 이루어지는 딜러간 브로커시장(IDB market)으로 구분할 수 있다.

〈표 6-1〉 채권시장의 장내거래와 장외거래의 비교

구 분	장내거래	장외거래
대상채권	상장채권	상장 및 비상장 채권
매매방법	경쟁매매	상대매매
매매수단	전산시스템	전화, 메신저, FreeBond
결제시점	당일결제(T+0)	협의에 따라 T+1일~30일
매매시간	09:00~15:30	통상적으로 09:00~15:30
호가방법	가격호가(수익률 병기)	수익률호가(가격 병기)

Ⅲ. 채권유통시장의 관련제도

1. 채권시장 상장제도

채권시장의 상장제도는 거래소가 개설하는 유가증권시장에서 발행된 채권이 매매될 수 있는 자격을 부여하는 제도이다. 대부분의 채권은 거래소에 상장되어 거래되며 이러한 채권을 상장채권이라고 한다. 한국거래소는 채권이 유통시장에서 원활하게 거래되고 투자자를 보호하기 위해 일정한 상장요건을 갖춘 채권에 한하여 상장을 허용하고 있다. 채권의 상장은 발행인이 거래소에 상장을 신청하는 채권에 한하여 상장하는 신청주의를 채택하고 있다.

채권의 상장은 상장채권이 거래소 채권시장에서 매매가 가능하다는 장점이 있으며, 발행기업의 기업내용 및 발행채권에 관한 정보가 거래소를 통해 일반투자자에게 공시되므로 비상장기업에 비해 대외공신력이 제고되는 효과가 있다.

2. 채권수익률 공시제도

채권수익률의 공시제도는 장외시장에서 매매한 가격이나 채권수익률을 금융투자협회가 보고받아 이를 기초로 산출한 최종호가수익률과 장외거래대표수익률을 'KOFIA BIS(www.kofiabond.or.kr)'라는 채권정보서비스를 통해 공시하는 제도이다. 일반적으로 채권수익률은 투자자에게 채권투자의 지표로서 의사결정의 기준이 되며, 발행자는 자금조달의 중요한 지표가 된다. 한국거래소는 거래소 내의 장내시장에서 매매되는 채권의 거래내용인 가격이나 채권수익률을 실시간으로 공시한다. 여기서 최종호가수익률은 표준물로 선정된 채권들의 최종거래수익률 또는 호가수익률을 산술평균하여 발표하는 수익률이며, 장외거래대표수익률은 표준물로 선정된 채권들의 실제 체결수익률을 거래대금으로 가중평균하여 산출한 수익률이다.

한편 금융투자협회는 채권의 장외시장의 투명성 및 유동성을 제고하기 위하여 실시간으로 호가정보를 채권 장외호가집중시스템인 BQS(bond quotation system)를 통하여 제공하고 있다. 이 시스템은 장외시장에서 거래되는 채권의 종목명, 수량, 수익률 등 매수도의 의사표시와 관련된 모든 정보를 제공하여 채권거래의 표준화와 안정성을 높이는 데 기여하고 있다. BQS 외에도 금융투자협회는 채권정보센터, 채권지수(KOFIA-BLP) 등 다양한 인프라를 운영하고 있다.

3. 채권 등록제도

채권의 등록제도는 채권의 소유자나 이해관계자가 채권의 실물을 보유하지 않고 등록기관에 비치된 채권등록부에 채권자의 성명, 주소, 채권금액 등 권리내역을 등록함으로써 채권의 실물을 소유하는 것과 동일한 효력을 갖는 제도이다. 우리나라 대부분의 채권은 실물발행이 없이 등록발행하고 있다. 이러한 등록제도는 채권발행자의 입장에서는 채권발행비용을 절감할 수 있으며, 실물확인절차를 생략하고 원리금을 지급할 수 있어 업무처리가 간편하다는 장점이 있다. 그리고 채권자의 입장에서는 채권의 실물보관에 따른 위험을 없애고, 채권보관비용을 절감하는 효과가 있다.

채권의 등록기관은 채권의 종류에 따라 다르다. 일반적으로 한국은행은 국채와 통화안정증권에 대하여, 은행은 해당 은행이 발행하는 금융채에 대하여, 예탁결제원은 기타 공채나 사채에 대하여 각각의 등록업무를 담당하고 있다.

4. 채권 예탁제도

채권의 예탁제도는 채권의 보관 및 관리를 위하여 예탁결제원이 예탁자와 위임계약을 체결하여 채권을 예탁받아 보관하고, 예탁자의 권리행사를 예탁계좌부에 의해 처리하는 제도를 말한다. 이러한 예탁제도는 채권발행자의 입장에서는 예탁자 계좌를 통해 원리금을 지급할 수 있어 사무처리의 절차가 간편하다는 이점이 있으며, 채권투자자의 입장에서는 채권매매에 따른 채권 및 자금결제를 실물의 이동 없이 계좌간에 대체할 수 있다는 장점이 있다.

5. 채권 시가평가제도

채권 시가평가제도는 신탁상품 등에 편입되어 있는 채권의 가치를 장부가치가 아닌 시장에서 형성되는 가격으로 평가하는 제도이다. 이러한 시가평가제도를 적용하면 채권의 가격이 상승할 경우에는 수익으로 처리하고, 가격이 하락할 경우에는 손실로 처리함으로써 보유하고 있는 채권의 평가액을 정확하게 알 수 있다. 2000년 7월 1일부터 시행된 시가평가제도는 금융기관과 신탁산업의 선진화에 기여하였으며, 채권시장의 투명성과 효율성을 제고하여 금융시장의 발전에 기여하였다.

제 3 절 채권시장의 매매제도

Ⅰ. 국채전문유통시장의 매매제도

1. 거래대상국채

국채전문유통시장에서 거래대상은 재정경제부장관이 지정하는 국채(지표종목), 거래소가 국고채전문딜러와 협의하여 지정하는 국채(비지표종목), 통화안정증권, 예금보험기금채권 등으로 구성되어 있다.

2. 매매거래시간 및 호가

매매거래시간은 공휴일과 토요일을 제외하고 매일 09:00부터 15:30까지이다. 호가가격단위는 잔존만기별로 다르며, 잔존만기가 10년 이상일 경우는 1원, 2년 이상 10년 미만일 경우는 0.5원, 2년 미만일 경우는 0.1원이다. 그리고 호가수량단위는 액면 1만원, 매매수량단위는 10억원이다. 호가는 조성호가와 매매호가로 구분되며, 조성호가는 다시 양방향 조성호가와 일방향 조성호가로 나누어진다. 양방향 조성호가는 전문딜러나 예비전문딜러가 매도 및 매수 호가를 동시에 제출하는 호가이고, 일방향 조성호가는 국채딜러가 제출하는 매도 혹은 매수 호가이다.

3. 매매체결 및 결제

국채전문유통시장의 매매체결은 기본적으로 가격우선원칙과 시간우선원칙에 따라 복수가격에 의한 개별경쟁매매방식에 의해 이루어지며 인터넷 주문환경의 KTS(KRX Trading System for government securities)에 의한 완전자동매매체결방식을 채택하고 있다. 결제는 다자간 차감결제 및 집중결제 방식을 채택하고 있다. 현재 대금결제는 한국은행 BOK-Wire를 통한 자금이체방식으로, 국채결제는 예탁결제원 예탁자계좌간에 대체방식으로 이루어지고 있다. 결제주기는 익일결제(T+1, 단 지준일 전일의 매매는 T+2)이며 결제시한은 결제일의 16시이다.

Ⅱ. 일반채권시장의 매매제도

1. 거래대상채권

일반채권시장에서 거래대상은 국채전문유통시장에서 따로 거래되는 국채를 제외한 거래소에 상장된 국채, 지방채, 특수채, 전환사채(CB), 신주인수권부사채(BW), 교환사채(EB), 일반사채권 등 모든 채권이다.

2. 매매거래시간 및 호가

매매거래시간은 공휴일과 토요일을 제외하고 매일 09:00부터 15:30까지이다. 호가는 가격호가방식의 지정가호가제를 운영하고 있으며, 호가접수시간은 08:30부터 15:30까지이다. 가격제한폭은 없으며, 호가가격, 호가수량 및 매매수량 단위는 주식관련사채, 일반채권, 외화표시채권에 따라 〈표 6-2〉와 같다.

〈표 6-2〉 일반채권시장의 호가제도

구 분		주식관련사채	일반사채	외화표시채권
호가가격단위	10년 이상	1원	1원	1포인트
	2년~10년	0.5원	0.5원	0.5포인트
	2년 미만	0.1원	0.1원	0.1포인트
호가수량단위		액면 1만원	액면 1만원	1만 포인트
매매수량단위		액면 1,000원	액면 1,000원	1만 포인트

3. 매매체결 및 결제

매매체결은 자동전산매매로 이루어진다. 동시호가매매는 단일가격에 의한 개별경쟁매매방식의 가격결정방법으로 체결되며, 그 이후의 접속매매는 복수가격에 의한 개별경쟁매매방식의 가격결정방법으로 경쟁매매원칙인 가격우선 및 시간우선에 따라 매매가 체결된다. 일반채권시장 결제는 T+0일인 당일결제만 허용된다. 당일결제시한에 있어 거래소와 회원 간의 결제는 결제일의 16:00이지만, 회원과 위탁자 간의 결제는 결제일의 16:30까지로 한다.

Ⅲ. 소액채권의 매매제도

소액채권시장은 주택구입, 부동산등기, 자동차등록 등 각종 인·허가시에 필수적으로 매수하는 첨가소화채권이 거래되는 시장이다. 소액채권은 대상채권 중 매매일을 기준으로 당월 및 전월에 발행된 채권으로서 1계좌당(공동계좌의 경우 1인당) 액면 5천만원 이하인 채권이 해당된다. 거래대상채권은 제1종 국민주택채권, 서울도시철도채권 및 서울특별시 지역개발채권, 지방공기업법에 의하여 광역지자체가 발행한 지역개발공채증권, 광역시 도시철도채권 등이 있다.

채권시장에서 소액채권에만 특별하게 적용되는 매매제도를 정리하면 〈표 6-3〉과 같다.

〈표 6-3〉 소액채권에만 적용되는 매매제도

구 분	내 용
매매대상 (모두 충족)	• 제1종 국민주택채권, 도시철도채권, 지역개발채권(장내집중의무) 중 • 매매거래일 기준으로 당월과 전월에 발행된 • 1인당 호가수량이 액면 5천만원 이하인 채권
호가접수시간	08:30~15:30
호가가격단위	0.5원
호가수량단위	액면 10,000원
호가방법	가격호가(지정가호가), 수익률 병기
매매거래시간	09:00~15:30
매매수량단위	액면 1,000원
매매체결방법	• 단일가격에 의한 개별경쟁매매(오전 동시호가) 08:30~09:00 • 복수가격에 의한 개별경쟁매매(장중 접속매매) 09:00~15:10 • 장종료 후 신고시장가격으로 매매거래(오후 단일가) 15:10~15:30
주요 시장참여자	• 소액채권매수전담회원(24개사 이내) –장개시 전 및 장종료시 종류별 의무매수호가 제출 –장종료 후, 신고시장수익률 제출(17:30까지) • 소액채권시장조성회원 –채권시장조성회원으로서 시장에 자율적으로 매수·매도호가 제시
주요 매도자	매도대행회원사(자기), 채권시장조성회원(자기), 개인투자자(위탁)
주요 매수자	소액채권전담회원(자기), 채권시장조성회원(자기)
결제시한	당일결제(대금 : 시중은행, 채권 : SAFE-Line)

Ⅳ. Repo시장의 매매제도

1. 거래대상채권

환매조건부채권(Repo)으로 거래가 가능한 유가증권은 채권 · 주식 · CP · CD · 주택저당증권(MBS : mortgage backed securities) 등이 있으나, 현재 거래소 Repo시장에서 거래가 가능한 유가증권은 국채(국고채권, 재정증권, 국민주택채권), 지방채, 통화안정증권, 예금보험공사채권, 신용등급이 AA 이상인 회사채 및 기타 특수채 증권으로 국한시키고 있다. 이러한 이유는 발행채권의 위험이 낮고 종목당 유동성이 풍부하며 분산도가 높고 현금흐름이 안정된 채권을 거래대상으로 하여 Repo거래의 안정성을 유지하기 위함이다. Repo시장에서는 채권 이외의 주권 및 부동산 등도 거래대상이 될 수 있으나, 전통적으로 Repo거래는 채권을 담보로 단기자금을 거래하는 것을 의미한다.

2. 거래기간 및 시간

Repo시장의 경우에도 국제적 추세에 맞게 기간형 환매조건부채권(term Repo) 방식을 채택하고 있으며 매매거래기간은 1일, 2일, 3일, 4일, 7일, 14일, 21일, 30일, 60일, 90일의 10개 표준형 기간을 대상으로만 거래하고 있다.

Repo시장에서 호가접수 및 매매거래시간은 장내 현물시장과의 유기적 연계를 위하여 국채전문유통시장의 매매거래시간과 동일한 시간대인 09:00부터 15:30까지이다.

3. 호 가

Repo시장에서는 Repo거래의 특성상 호가는 환매이자율(Repo-rate)로 하며 호가가격단위는 소수점 둘째 자리의 환매이자율로, 호가수량단위 및 매매수량단위는 각각 1만원 및 액면기준 10억원으로 설정되어 있다.

호가의 종류는 Repo매도의 경우 지정매도호가만이 인정되며, Repo매수의 경우 지정매수호가(일종의 special collateral 호가)와 비지정매수호가(일종의 general collateral 호가) 모두 가능하다. 시장참가자는 자신의 PC에 설치한 Web-Browser를 통해 거래소에 주문을 제출한다.

4. 환매조건부채권의 매매제도 및 결제제도[5)]

〈표 6-4〉 장내 환매조건부채권의 주요 매매제도

항 목	제 도
시장참가자	거래소회원(채무증권 전문회원 포함)
거래상대방	거래소(익명거래)
대상채권	국채(국고채, 외평채), 특수채(통안채, 예보채), 회사채(AA 이상)
매매수량단위	10억원(액면기준)
시장가치	거래소가 산출한 단순산술평균가격
매매대금	매매채권의 시장가치/보전비율(2%)
거래기간 및 환매일	1일, 2일, 3일, 4일, 7일, 14일, 21일, 30일, 60일, 90일
매매거래시간	09:00～15:30
매매계약체결방식	복수가격에 의한 개별경쟁매매(가격/시간우선)
매매성립	매도호가와 매수호가가 합치된 때
호가의 구분	• 매도호가 : 지정호가만 인정 • 매수호가 : 지정/비지정호가 인정
호가가격단위	0.01%p
가격제한폭	없음

〈표 6-5〉 장내 환매조건부채권의 주요 결제제도

항 목	제 도
환매기관	한국거래소
결제책임	한국거래소
거래상대방	거래소(익명거래)
결제방법	• 대금 : 한국은행 지급준비율계좌간 이체(BOK-Wire) • 증권 : 예탁자계좌부 계좌대체(KSD Safe)
결제시한	• 매매분 : 매매일 16:00 • 환매분 : 환매일 16:00 • 증거금/수익 : 발생일 16:30
환매대금	매매대금×(1+환매이자율×약정일수/365)
수익의 반환	매매채권/증거금유지채권에서 발생한 이자를 반환
일일정산	• 정산방법 : 매매상대방별로 모든 계약을 단일계약으로 보아 총량평가 • Margin Call : 정산요구금액이 면제비율 초과시

5) 본 내용은 한국거래소 홈페이지 「매매거래제도」를 참조하여 정리하였다.

제4절 ESG채권 및 특이채권[6)]

Ⅰ. ESG채권

1. 의 의

ESG채권(ESG bonds)은 환경(environmental), 사회(social), 그리고 정부(governance)의 지속가능한 성장에 기여하기 위한 목적으로 발행되는 채권이다. 이 채권의 발행기업은 사회적 책임을 중요하게 생각하는 투자자로부터 유리한 조건으로 투자자금을 조달하고 사회의 지속가능한 발전 목표에 부합하는 프로젝트를 추진하여 기업의 브랜드가치 및 이미지 개선의 효과를 얻을 수 있다.

2. ESG채권의 종류

1) 녹색채권(green bond)

환경보호, 신재생에너지 개발과 같은 프로젝트에 투자할 재원을 마련하기 위해 발행하는 채권을 말한다.

2) 사회적 채권(social bond)

식수 및 위생, 건강 및 교육, 주택공급, 실업예방 등 사회적 문제 해결을 위한 사업에 조달자금을 사용하는 채권을 말한다.

3) 지속가능채권(sustainability bond)

환경 및 사회 친화적인 프로젝트에 조달자금을 사용하는 채권을 말한다.

4) 지속가능연계채권(SLB : sustainability linked bond)

기업의 지속가능성 전략에 맞는 성과목표를 제시하고 이를 달성하면 금리 인센티브를 받는 채권을 말한다.

---

6) 본 내용은 한국거래소, 『한국의 채권시장』, 2024, pp. 350～403에서 인용하여 정리하였다.

Ⅱ. 구조화채권

1. 의 의

변동금리부채권(FRN : floating rate note)은 시장금리에 연동하여 이자율이 변하는 채권으로서 기준금리에 가산금리를 더하여 이자지급기간마다 이자율이 재조정되는 채권이다. 이 채권은 원금 및 이자지급액의 결정에 파생상품을 활용하지 않으므로 구조화채권이라 할 수 없다. 이에 반해 구조화채권(structured note)은 원금과 이자의 지급이 주식, 금리, 통화 등의 기초자산에 연동되어 결정되는 채권으로 주로 채권과 파생상품이 결합된 형태의 채권이다. 이 채권은 금리에 연계한 것, 옵션에 연계한 것, 주식에 연계한 것, 신용에 연계한 것, 환율에 연계한 것 등 종류가 매우 다양하다. 여기서는 주요 구조화채권인 역변동금리부채권, 범위형 변동금리부채권, 이중지표 변동금리부채권, 옵션부채권을 간단히 설명하고자 한다.

2. 역변동금리부채권

역변동금리부채권(inverse FRN)은 고정금리에서 기준금리를 차감한 이자율로 이자지급액이 결정되는 채권이다. 따라서 투자자는 미리 정해진 고정금리에서 일정기간마다 정해지는 기준금리를 차감한 이자율로 이자를 받게 되므로 금리하락시 이자수익이 증가하고, 반대로 금리상승시 이자수익이 감소하게 된다.

3. 범위형 변동금리부채권

범위형 변동금리부채권은 Range FRN과 Range Accrual Note의 두 가지 유형이 있다. Range FRN은 이자지급일 또는 만기일에 기준금리가 특정범위 내에서 유지되면 높은 액면이자를 지급하고 범위를 벗어나면 낮은 액면이자를 지급하거나 이자를 지급하지 않는 채권이다. 이 채권은 고정금리채권에 매 이자결정일을 만기로 하는 디지털 옵션(digital option)[7]을 매도하여 발행할 수 있다. 그리고 Range Accrual Note은 이자지급액 산정기간 동안 기준금리가 특정범위 내에 유

7) 디지털 옵션은 디지털이 0 또는 1인 것과 같이 투자자가 이익의 전부나 전무 가운데 한 가지만 선택할 수 있는 옵션거래를 말한다.

지된 날의 수만큼 일할계산된 표면이자를 지급하는 채권이다. 이 채권은 이자 결정기간 동안 매일 디지털 옵션을 매도하고 그 일별 옵션손익을 누적시켜 표면금리를 결정한다.

4. 이중지표 변동금리부채권

이중지표 변동금리부채권은 표면이자율 결정에 두 가지 기준금리를 사용한다. 주로 사용되는 변동금리는 CD 91일물과 CMT(constant maturity treasury) 등이 있다. CD 91일물 금리는 만기 91일의 양도성예금증서(CD)의 유통시장 거래금리이고, CMT는 항상 동일한 만기를 가지는 국고채 금리를 의미하며, 두 가지 장기금리와 단기금리를 활용하여 보통 '장기금리－단기금리＋고정금리'로 설계된다.

5. 옵션부채권

옵션부채권(note with option)은 옵션이라는 선택권이 붙어 있는 채권을 의미한다. 여기서 옵션은 만기 이전에 원리금을 상환하거나(call option) 상환받을 수 있는(put option) 선택권을 의미한다. 이러한 옵션부채권은 발행회사나 투자자의 의사에 따라 채권의 일부 또는 전부를 만기일 이전에 발행 당시 정해진 조건으로 상환하거나 상환받을 수 있는 조건이 붙어 있는 채권을 말한다.

콜옵션부채권(note with call option)은 향후 금리가 하락할 경우에 만기 이전이라도 발행회사가 채권자에게 채권매도를 요구하여 적정가격에 채권을 중도에 상환할 수 있는 권리인 콜옵션이 부여된 채권을 의미한다. 발행회사는 콜옵션을 부여받은 대가로 채권투자자에게 콜옵션가치를 지불한다. 대신 발행회사는 채권발행 이후에 이자율이 하락하여 채권가격이 상승할 경우에 채권의 시장가격이 아닌 발행시점에 정해진 콜행사가격으로 채권을 중도에 상환할 수 있다.

풋옵션부채권(note with put option)은 만기 이전에 정해진 조건에 따라 채권자가 발행회사에 채권매수를 청구하여 채권을 중도에 상환받을 수 있는 권리인 풋옵션이 부여된 채권을 의미한다. 미래에 시장이자율의 상승에 따른 채권가격의 하락이 예상될 경우에 채권투자자는 가능한 한 투자시점을 연기하여 낮은 가격에 채권을 매입하려고 할 것이다. 그러나 예상과 다르게 실제로 시장수익률이 상승하지 않으면 투자자는 기회손실을 보게 되고, 현재의 수익률 수준에서 채권을 매입하면 금리상승시 채권가격의 하락으로 자본손실을 보게 된다.

Ⅲ. 조건부자본증권

1. 의 의

조건부자본증권(코코본드, contingent convertible bond)은 발행 당시 객관적이고 합리적인 기준에 따라 미리 정하는 사유가 발생하는 경우 주식으로 전환되는 증권이다. 조건부자본증권은 주식으로 전환되는 조건이 붙은 경우를 전환형이라 하고, 원금의 상환과 이자지급 의무가 감면(채무재조정)되는 조건이 붙은 경우를 상각형이라고 한다.

주권상장법인은 조건부자본증권의 발행에 따른 부채의 증가에 대한 이사회의 결의가 있는 경우와 주식 전환사유가 발생하거나 채무재조정 사유가 발생한 경우에는 이사회의 결의일 또는 사유발생일의 다음 날까지 주요사항보고서를 제출해야 한다. 또한 조건부자본증권을 거래소에 상장한 경우 채권상장법인으로서 주식 전환사유 또는 채무재조정 사유의 발생시 사유발생일 당일에 공시해야 한다.

2. 전환형 조건부자본증권

전환형 조건부자본증권은 주식으로 전환되는 조건이 붙은 경우를 말한다. 주권상장법인은 정관에 전환형의 발행근거, 발행총액, 전환조건, 전환으로 발행할 주식의 종류·내용, 주주 및 제3자 배정의 근거와 그 금액을 기재해야 하며, 사채납입 완료 후 2주일 이내에 전환형의 발행총액, 각각의 발행금액·납입금액, 주식으로의 전환, 전환의 사유·조건, 전환으로 발행할 주식의 종류·내용을 등기해야 한다.

3. 상각형 조건부자본증권

상각형 조건부자본증권은 원금의 상환과 이자지급 의무가 감면(채무재조정)되는 조건이 붙은 경우를 말한다. 주권상장법인은 정관에 상각형의 발행근거, 발행총액, 채무재조정 조건, 채무재조정으로 변경될 상각형의 내용을 기재해야 한다. 또한 사채청약서 및 사채원부에는 채무재조정의 발생, 채무재조정 사유·조건, 채무재조정으로 변경될 상각형의 내용을 기재한다.

Ⅳ. 이중상환청구권부채권

1. 의 의

이중상환청구권부채권은 발행기관에 대한 상환청구권과 함께 발행기관이 담보로 제공하는 기초자산집합에 대하여 제3자에 우선하여 변제받을 권리를 가지는 채권을 말하며, 커버드본드(covered bond)라고 불리기도 한다. 이 채권은 일반은행들이 주택담보대출 등 이미 보유한 자산을 활용하여 기존 은행채권의 발행에 비해 상대적으로 유리한 조건으로 장기자금을 조달할 수 있다.

2. 담보부사채와 구분

이중상환청구부채권은 발행기관과 담보자산에 대해 각각 변제받을 수 있는 담보부사채의 장점에 발행기관과의 파산절연과 담보자산에 대한 우선변제권을 보장하기 위해 자산유동화의 법리를 차용한다. 금융기관의 대출자산(주택담보대출채권, 공공기관대출채권 등)을 담보로 발행된다는 점에서 주택저당증권(MBS)과 유사하다. 그러나 이중상환채권법은 담보부사채와 구별하기 위해 담보부사채신탁법의 적용을 배제한다.

이중상환청구부채권의 경우 발행기관이 특수목적회사가 아닌 금융기관이기 때문에 담보자산이 특수목적회사 등에 이전되지 않고 발행기관의 재무상태표에 그대로 남게 된다. 그리고 투자자는 발행기관 파산시 담보자산뿐만 아니라 발행기관의 다른 자산에 대해서도 이중으로 상환청구권을 보유한다.

3. 이중상환청구부채권의 장단점

이중상환청구부채권은 발행기관 입장에서 우량자산을 담보로 제공하여 높은 신용등급을 받아 낮은 금리로 자금조달이 가능하고 위기시에도 상대적으로 안정적인 자금조달이 가능하다. 투자자 입장에서는 초우량채권에 투자할 수 있고 신용리스크가 작아 RP거래 등 자금거래 활용에 유리하다. 금융시장 측면에서는 통상 만기 5년 이상으로 발행되므로 장기채시장 활성화에 도움을 주며 안정적인 장기·저금리 자금조달로 장기·고정금리 대출의 활성화를 통해 가계부채 구조개선에 기여할 수 있다.

V. 주식관련사채

1. 전환사채

1) 의 의

전환사채(CB : convertible bond)는 투자자의 의사에 따라 전환기간 이내에 일정한 조건에 의해 발행회사의 주식으로 전환할 수 있는 권리가 부여된 채권을 의미한다. 이러한 전환사채의 투자자는 전환권 행사 이전에는 이자를 받을 수 있는 채권자이지만 전환권을 행사하면 채권자의 권리는 소멸되고 대신 발행회사의 주식을 받아 주주가 된다. 따라서 전환사채의 소유자는 사채 만기일까지의 원리금 청구권과 주식으로 전환할 수 있는 전환권이라는 두 종류의 권리를 동시에 보유하게 된다.

2) 장단점

투자자의 입장에서 장점은 투자기간 동안 전환대상이 되는 주식가격이 상승하면 전환권을 행사하여 미리 정해진 주식가격으로 전환함으로써 자본이득의 효과를 얻을 수 있고, 반대로 주가가 하락하면 확정된 원리금에 의해 안정적으로 투자수익을 확보할 수 있다. 단점은 전환사채는 일반사채에 비해 표면이자율이 낮다.

발행회사의 입장에서 장점은 일반사채에 비해 상대적으로 낮은 이자를 지급하기 때문에 자본조달비용을 낮출 수 있고, 채권을 주식으로 전환하기 때문에 현금유출이 없이 기업의 부채를 줄일 수 있다. 단점은 채권이 주식으로 전환되어 전환 이후에 지속적으로 배당금의 지급이 수반되며, 소유지분비율의 감소로 경영권이 침해될 위험이 있다.

전환사채가 일반사채보다 낮은 금리로 발행되는 특징은 발행회사에게는 장점이지만, 투자자에게는 만기까지 주식의 가치가 상승하지 않아 만기까지 채권을 보유할 경우 일반사채에 투자하였을 경우보다 더 낮은 수익률로 손해를 가져다줄 수 있어 전환사채의 투자수요를 위축시킬 수도 있다.

3) 투자지표

전환사채의 가치는 사채로서의 가치와 주식으로서의 가치에 의하여 형성되고, 전환대상 주식의 주가상승에 비례하여 상승한다. 일반적으로 전환사채의 가격은 채권가치와 주식가치 중에서 높은 쪽의 가격보다 높게 형성된다. 따라서 전환사채에 대한 투자여부는 궁극적으로 미래의 주식가격에 대한 예측에 달려 있다. 전환사채의 투자여부를 판단하기 위하여 다음과 같은 전환사채 투자지표들이 활용된다.

① 전환사채의 채권프리미엄

전환사채의 채권프리미엄은 전환사채의 가격과 일반 채권가치의 차이를 의미하며, 이 가치차이를 채권가치 기준으로 하는 백분율이 전환사채의 채권프리미엄률이 된다.

② 전환사채의 전환프리미엄

전환가격(conversion price)은 채권의 보유자가 채권을 주식으로 전환하고자 할 때 주식의 매입가격이며, 전환가치(conversion value)는 채권에서 전환된 주식의 시장가치로 전환주식의 시가에 전환수식수를 곱하여 계산한다. 전환사채의 전환프리미엄은 전환사채의 시장가격과 전환가치의 차이를 의미하며, 전환프리미엄률은 전환프리미엄을 전환가치 기준으로 하는 백분율로 괴리율(disparate ratio)이라고도 한다.

예를 들면 액면 10,000원인 전환사채에 주식 2주로 전환할 수 있고, 주식의 시가가 4,600원이라고 가정하자. 이 경우에 전환가격은 5,000원(=액면가 10,000원/2주)이다. 일반적으로 전환가격은 전환사채를 발행할 때 결정되며 발행시점의 전환대상 주식시세보다 높게 책정되는 경향이 있다. 전환가치는 9,200원(=주식가격 4,600원×2주)이고, 전환프리미엄은 800원(=액면가 10,000원−전환가치 9,200원)이며, 전환프리미엄률(괴리율)은 8.7%(=전환프리미엄 800원/전환가치 9,200원)이 된다.

③ 전환사채의 패리티

전환사채의 패리티(parity)는 주식의 전환가격 대비 주식의 시장가격의 비율이다. 만약 전환가격이 5,000원이고, 전환권 행사시점에 전환대상 주식의 주가가 5,400원이라면 전환사채의 패리티는 108(=(5,400원/5,000원)×100)이 되어 전환에 의한 투자수익률이 8%임을 알 수 있다. 이러한 패리티에 100을 곱하면 전환가치 10,800원이 계산된다. 이는 액면가 10,000원인 전환사채의 전환가치가 10,800원이라는 의미이다.

2. 신주인수권부사채

1) 의 의

신주인수권부사채(BW : bond with warrant)는 사채 소유자에게 일정기간 이내에 정해진 가격으로 정해진 수의 발행회사 주식을 매입할 수 있는 권리가 부여된 채권을 의미한다. 이러한 신주인수권부사채는 일반사채와 신주인수권이 결합된 채권으로, 신주인수권을 행사할 경우에는 약정된 매입대금을 별도로 납입하고 신주를 인수하게 되는 채권이다. 신주인수권부사채는 분리형과 비분리형이 있는데, 분리형은 신주인수권을 사채권과 분리해서 양도가 가능하다.

2) 장 점

투자자 측면에서 장점은 채권의 안정성과 주식의 수익성을 동시에 충족시킬 수 있고 주가가 상승할 경우에는 신주인수권을 행사하여 높은 투자수익을 얻을 수 있다는 점이다. 발행회사 측면에서 장점은 신주인수권이 채권의 발행조건에 부과되어 자금조달을 쉽게 할 수 있으며, 표면이자율도 일반사채의 이자율보다 낮게 발행함으로써 자금조달의 비용을 절감할 수 있어 자금조달 효율성이 높다는 점이다.

3) 가격구조

신주인수권부사채의 가치는 사채의 가치와 신주인수권의 가치를 합한 것이다. 여기서 신주인수권의 가치는 신주의 주가에 의하여 결정된다. 신주인수권부사채의 소유자는 발행회사의 주식을 일정한 가격으로 취득할 수 있는 옵션권을 가진다. 따라서 신주인수권부사채의 가격은 기초주식의 가격과 관련성이 매우 높다.

한편 신주인수권증권의 패리티는 주가와 행사가격의 차이에 대한 백분율에 부여율을 곱하여 계산한다. 여기서 부여율은 신주인수권을 행사할 때 매입할 수 있는 주식수이다. 이러한 패리티는 신주인수권부사채의 투자에 대한 가장 중요한 지표이며 신주인수권증권의 이론가격이라고 할 수 있다.

신주인수권증권의 프리미엄은 신주인수권증권의 시장가격과 신주인수권증권 패리티의 차이로 계산된다. 일반적으로 신주인수권증권의 시장가격은 이론가격보다 높게 형성되는데, 이는 주가의 상승에 대한 기대감과 신주인수권의 옵션 시간가치 등이 시장가격에 부가되기 때문이다.

4) 전환사채와 비교

신주인수권부사채는 채권의 소유자에게 발행회사의 주식을 일정한 가격으로 취득할 수 있는 권리가 부여된다는 측면에서 전환사채와 유사하다. 반면에 신주인수권부사채는 권리를 행사한 후에도 사채권이 존속되고, 신주인수권 행사를 할 경우에 주식의 매입대금이 필요하다는 측면에서 전환사채와 다르다. 신주인수권부사채와 전환사채를 비교하면 〈표 6-6〉과 같다.

〈표 6-6〉 신주인수권부사채와 전환사채의 비교

구 분	신주인수권부사채	전환사채
권리 종류	신주인수권	전환권
사채권 존속여부	사채권이 존속함	사채권이 소멸함
주식매입대금	추가 주식매입대금 필요	추가 주식매입대금 불필요
신주 취득가격	행사가격	전환가격
권리 이전	사채권의 분리이전 가능	사채권의 전부이전

3. 교환사채

교환사채(EB : exchangeable bond)는 투자자에게 일정한 기간 내에 발행 당시 정한 조건에 명시된 조건(교환조건)으로 발행기업이 보유하고 있는 증권으로 교환청구를 할 수 있는 권리(교환권)가 부여된 채권을 말한다. 과거에는 자본시장법에서 주권상장법인에 대한 특례 부분에 상장법인들의 교환사채 발행에 관해 규정하고 있어, 교환사채는 주권상장법인이 상장증권만을 대상으로 하여 발행할 수 있는 것으로 해석되었다. 그러나 2012년도 개정 상법에 교환사채 등에 대한 내용을 추가하면서 주권상장법인이 아니더라도, 또한 상장증권을 대상으로 하지 않더라도 발행할 수 있도록 하였다. 다만, 발행 전 교환사채의 주요 조건은 이사회에서 결정하고 교환사채를 발행하는 기업은 교환대상 유가증권을 한국예탁결제원에 예탁해야 한다.

교환사채는 사채 자체가 발행기업이 보유한 증권으로 교환되는 것으로 교환시 발행기업의 자산(보유증권)과 부채(교환사채)가 동시에 감소하게 되는 특징이 있는데, 수시로 주식과 교환할 수 있고 추가적인 자금유입이 없다는 점에서 신주인수권부사채와 다르고, 발행기업의 자본금 증가가 수반되지 않는다는 점에서 전환사채와 다르다.

발행기업은 교환사채를 주식의 추가발행이 없는 구주매출의 한 형태로 직접 보유하고 있는 상장증권을 시가보다 높은 가격으로 매각하기 위한 수단으로 활용가능하다. 왜냐하면 기업이 자금을 확보하기 위하여 해당 주식을 시장에 매각할 경우 한꺼번에 많은 물량이 쏟아져 나와 가격하락의 유인이 발생하나 교환사채를 발행하면 분할매각을 통해 가격하락 위험을 줄일 수 있기 때문이다. 투자자는 전환사채나 신주인수권부사채와는 다르게 교환대상 주식의 희석화 위험 없이 향후 주가상승에 따른 매매차익을 기대할 수 있다. 따라서 교환사채의 표면이율은 전환사채나 신주인수권부사채보다 낮게 책정되는 것이 일반적이다.

4. 이익참가부사채

이익참가부사채(PB : participating bond)는 투자자가 표면이율의 이자를 받는 것 외에 그 발행기업의 이익배당에 참가할 수 있는 채권을 말한다. 이는 사채에 주식의 성격을 가미한 것으로 이익분배사채라고도 한다. 즉, 최소한의 확정이자를 보장하고 일정률 이상의 이익 발생시 이익배당에도 참여할 수 있는 채권으로, 발행기업은 최소한 확정이자의 부담만 있고 투자자는 발행기업의 수익상황에 따라 추가수익을 기대할 수 있다.

전환사채, 신주인수권부사채 및 교환사채는 주식으로의 전환 등 주식시장과 연결되어 있으나, 이익참가부사채는 이익배당을 수령할 뿐 주식으로의 전환이나 신주인수, 교환과 같은 권리가 없는 것이 특징이다. 또한 확정이자는 지급하지 않고 발행회사의 수익상황에 따른 이자만을 받는 수익사채와는 달리 이익참가부사채는 이익의 배당에 참가할 수 있는 동시에 확정이자도 받게 된다. 이익참가부사채는 해당 연도에 배당을 받지 못했을 경우 권리의 이월여부에 따라 누적적 이익참가부사채와 비누적적 이익참가부사채로 구분된다. 누적적 이익참가부사채는 해당 연도에 배당을 받지 못했을 경우 차기 연도로 권리가 넘어가는 반면 비누적적 이익참가부사채는 해당 연도에 배당을 받지 못하면 해당 연도 배당에 대한 권리가 소멸된다.

이익참가부사채는 기업의 이익배분에 대한 참가권이 부여됨에 따라 투자수익성이 높아져 채권발행에 의한 자금조달을 더욱 촉진할 수 있다. 그러나 이익참가부사채가 갖는 이익분배에 대한 참가권은 그만큼 주식에 대한 배당을 줄이는 결과를 초래하는 단점도 있다.

Ⅵ. 자산유동화증권

1. 의 의

자산유동화증권(asset-backed securities)은 금융기관 및 기업 등이 보유하고 있는 특정자산 중 일부를 유동화자산으로 집합(pooling)하여 이를 기초로 증권을 발행하고, 유동화자산으로부터 발생하는 현금흐름으로 증권의 원리금을 상환하는 증권을 의미한다.

자산유동화증권은 증권의 법적 성격에 따라 별도의 명칭을 붙이기도 하는데, 자산유동화증권이 사채인 경우 ABS사채, CP인 경우 ABCP(asset-backed commercial paper), 주택저당채권인 경우 MBS(mortgage-backed securities), 채권인 경우 CBO(collateralized bond obligation), 은행의 대출채권인 경우 CLO(collateralized loan obligation), 신용카드 매출채권인 경우 CARD(certificates of amortizing revolving debts), 자동차할부대출인 경우 auto-loan ABS 등 다양한 명칭이 있다.

2. 특 징

일반적인 채무증권은 발행기관(무보증채) 또는 보증기관(보증채)의 원리금상환능력을 기초로 하여 발행되는 데 비해, 자산유동화증권은 자산보유자로부터 완전매각(true sale)된 유동화자산의 현금흐름을 기초로 발행된다. 자산유동화증권은 발행증권의 원리금상환이 발행기관의 신용이 아닌 유동화자산의 현금흐름에 의하여 전적으로 이루어진다. 이러한 발행과정에는 자산보유자, 유동화전문회사 등 자산유동화회사, 자산관리자 및 업무수탁자 등 다양한 기관이 참여하게 된다. 유동화자산의 완전매각, 신용보강, 재투자 등 다양한 기법들이 구사되고 있어 자산유동화증권은 일반채권과는 달리 매우 복잡한 구조를 갖고 있다.

3. 발행구조

1) 자산보유자

자산보유자(originator)는 보유자산을 자산유동화회사에 양도하여 자산유동화회사로 하여금 자산유동화증권을 발행하게 하고 자산유동화증권의 매각대금을 자산양도의 대가로 받음으로써 자금을 조달하는 주체를 말한다.

2) 자산유동화회사

자산유동화회사(SPC : special purpose company)는 자산유동화법에 의한 유동화전문회사 및 신탁업자와 한국주택금융공사법에 따라 설립된 특수법인인 한국주택금융공사 등이 있다. 최근에는 자산유동화법에 의하지 않은 상법상 주식회사가 유동화사채를 발행하는 경우도 있다.

3) 자산관리자

자산관리자(servicer)는 자산유동화회사를 대신하여 유동화자산을 실질적으로 관리하고 채권의 추심 또는 채무자관리 등을 담당한다. 우리나라에서는 자산보유자, 신용정보업자 등이 자산관리자가 될 수 있는데, 일반적으로 유동화자산의 내용을 잘 파악하고 있는 자산보유자가 자산관리자가 된다.

4) 업무수탁자

업무수탁자(trustee)는 유동화자산을 안전하게 보관하는 한편 자산유동화회사의 원리금상환 및 채무불이행시 담보권 행사 등 자산유동화회사를 대신하여 세부적인 실무업무를 담당한다. 업무수탁자는 자산유동화회사와 관련된 현금흐름을 관리하는 동시에 투자자의 이익을 최종적으로 보호해 주는 역할을 담당하기 때문에 주로 신인도가 높은 은행이 업무수탁자가 된다.

5) 신용평가기관

신용평가기관은 유동화자산의 기대손실 및 신용보강기관의 신용도를 객관적으로 평가하여 자산유동화증권의 신용등급을 결정한다. 자산유동화증권은 다양한 자산을 모아서 발행되므로 투자자가 자산유동화증권의 신용위험을 정확하게 평가하기는 매우 어렵기 때문에 자산유동화증권의 발행에 있어서 신용평가기관의 역할은 투자자 보호를 위해 필수적이다.

6) 주관회사

주관회사는 발행절차상 관련이 있는 각 기관들 간의 의견을 조율할 뿐만 아니라 자체 영업망을 이용해서 수요기관을 탐색한 다음 자산유동화증권의 만기 및 발행물량 등을 수요에 맞게 조절하는 역할도 담당한다. 또한 자산유동화증권을 발행할 때에는 여러 가지 복잡한 법률문제와 유동화자산 및 자산유동화증권의 평가문제가 발생하기 때문에 법무법인, 회계법인 등도 참여하게 된다.

chapter 7

증권상품시장

일반투자자는 금융시장의 불확실성 속에서 증권시장에 대한 전문지식이 부족하여 개별주식에 대한 직접투자로 장기간 시장의 평균수익률 이상의 수익을 얻지 못하고 있다. 이에 따라 최근에 주식투자의 패러다임은 직접투자에서 간접투자로 이동하고 있다. 특히 일반투자자들이 장기적이고 안정적인 분산투자가 가능한 증권상품이나 매매편의성이 높은 저비용의 금융상품에 대한 투자요구가 높아졌다.

이에 한국거래소는 우리 증권시장을 통해 이러한 투자자의 수요를 충족시키기 위하여 2002년 10월에 일반투자자들이 대상지수에 포함된 다수기업에 동시 투자할 수 있고, 특정 주가지수의 움직임과 수익률이 연동되도록 설계된 지수연동형 펀드인 상장지수펀드증권(ETF : exchange traded fund)을 개설하였다. 이후 한국거래소는 일반투자자들이 주가의 상승 또는 하락을 예상할 때 높은 레버리지 효과를 기대하면서도 손실을 제한할 수 있도록 하고, 주가가 높은 우량주식을 직접 투자하려면 많은 자금을 투자해야 하지만, 상대적으로 적은 자금으로 더 높은 수익률을 실현시킬 수 있게 설계된 주식워런트증권(ELW : equity linked warrant)시장을 2005년 12월에 개설하게 되었다.

또한 한국거래소는 기초지수 변동과 수익률이 연동되도록 증권회사가 발행하여 주식처럼 거래소에 상장되어 거래되는 파생결합증권인 상장지수증권(ETN : exchange traded note)시장을 2014년 11월에 개설하였다. 현재 거래되고 있는 증권상품에는 ETF, ETN 그리고 ELW가 있으며, 자본시장법상 ETF는 집합투자증권으로, ETN와 ELW는 파생결합증권으로 분류하고 있다.

제 1 절 ETF시장

Ⅰ. ETF시장의 개요

1. ETF의 의의

ETF(exchange traded fund : 상장지수 집합투자기구)는 주식, 채권, 파생상품, 실물상품 등으로 바스켓을 구성하여 운용사가 지정한 수탁회사에 납입하고 이를 근거로 발행하는 유가증권을 거래소에 상장시켜 주식처럼 거래되는 상품이다. ETF는 코스피200과 같은 특정지수나 특정자산의 가격 움직임과 펀드의 수익률이 연동되도록 설계된 일종의 인덱스펀드이다. ETF는 주식의 성격을 갖추고 있어 개별주식의 장점인 매매편의성이 있고, 인덱스펀드의 장점인 분산투자, 낮은 거래비용, 거래의 투명성이 있는 장기 적립투자에 적합한 금융투자상품이다.

또한 ETF는 다수의 주식을 하나로 묶어 증권을 만들고 하나의 ETF증권을 거래함으로써 다수의 주식을 거래하는 것과 동일한 분산투자의 효과를 얻을 수 있다. 따라서 ETF는 적은 투자자금으로도 분산투자가 가능하며 개별종목에 대한 정보나 분석 없이 주식시장 전체 또는 특정산업의 전반적인 흐름에 대한 판단을 기초로 투자할 수 있기 때문에 기관투자자는 물론 증권투자 경험이 부족한 개인투자자도 손쉽게 이용할 수 있다. 이러한 ETF는 상장되어 시장에서 거래되는 것과 공매도가 가능하다는 점이 인덱스펀드와 큰 차이점이다.

ETF시장은 주식시장과 마찬가지로 발행시장과 유통시장으로 나누어진다. 발행시장은 ETF가 최초로 발행되는 시장으로서 대량의 단위(CU : creation unit)로 설정 또는 환매가 이루어지기 때문에 일반적으로 기관투자자만이 이 시장에 참여할 수 있다. 발행시장에서 ETF 설정을 원하는 경우 투자자는 지정판매회사(AP)로 지정된 증권회사를 경유하여 ETF 설정에 필요한 주식바스켓을 납입하고 ETF를 인수한다. 환매시에는 반대로 ETF를 납입하고 주식바스켓을 인수한다.

일반집합투자기구와는 달리 ETF는 현물로 설정 · 환매를 함으로써 펀드 운용비용을 절감하고 추종하고자 하는 지수의 수익률을 정확하게 추적할 수 있는 특성이 있다. 지수수익률 추종이라는 ETF 본래의 목적을 달성하기 위해 원칙적으로 현물로 설정 · 신주발행/환매를 함으로써 이러한 오차가능성을 최소화한다.

2. ETF의 특징

1) 지수연동 금융상품으로 투자 용이성

ETF는 주가지수의 움직임에 따라 가격이 결정되는 금융상품이므로 지수가 변동하면 그 비율만큼 가격이 상승 또는 하락한다. 그러므로 ETF는 개별종목에 대한 정보와 분석이 필요 없이 시장의 방향성에 따라 투자판단이 쉽다.

2) 주식투자의 일종

ETF는 증권회사에 개설한 증권계좌를 통하여 거래할 수 있다. 따라서 기존에 증권계좌를 가지고 있는 투자자는 해당 계좌를 이용하여 투자할 수 있다.

3) 환금성 보장 및 분산효과

ETF는 거래소에 상장되어 거래되기 때문에 언제라도 거래소에서 거래되는 시장가격에 매수·매도를 할 수 있어 주식과 동일하게 환금성이 보장되고 있다. 또한 코스피200지수 ETF는 코스피200지수로 구성되어 있어 ETF 1좌를 매입하여도 코스피200 전체 종목에 투자하는 것과 같은 분산효과가 있다.

4) 낮은 현금 보유

일반적인 펀드는 환매에 대한 대응 등의 이유로 펀드 내에 일정한 현금을 유지해야 한다. 하지만 ETF는 현물로 환매되기 때문에 펀드 내부에 현금을 보유할 필요성이 적어 현금 보유로 인해 상실되는 기회비용이 적다.

5) 안정적 주식투자상품

ETF는 주식시장 전체 또는 특정산업의 업황에 따라 수익률이 결정되고 개별기업 투자에 수반되는 투자위험과 가격변동성이 적어 안정추구형 투자상품이다.

3. ETF의 장점

1) 투자의 용이성 및 효율성

ETF는 개별종목에 대한 정보와 분석이 필요하지 않고 주식시장 전체 또는 특정산업의 업황에 따라 수익률이 결정되므로 이해하기 쉽고 투자판단이 용이하다. 또한 ETF는 한 번의 거래로 시장대표지수 및 섹터지수 구성종목 등을 매수 또는 매도할 수 있다. 기관투자자는 고객으로부터 예탁받은 자금을 낮은 리스크 하에 장기적으로 안전하게 운용할 수 있으며, 개인투자자의 경우 적은 자금으로도 주식시장 전체에 대한 효율적인 투자가 가능하다.

2) 투자 리스크의 저하

투자자가 특정종목의 주식을 보유하는 경우 당해 회사의 영업실적이 악화되거나 파산시 예기치 않은 큰 손실을 입을 수 있지만 ETF에 투자하는 경우 여러 종목에 분산투자하는 효과가 있기 때문에 투자위험을 크게 줄일 수 있다.

3) 투자비용의 저렴성

주식형 펀드는 집합투자업자가 현금을 납입받아 주식을 매수하거나 매도하여 펀드를 운용하기 때문에 운용비용이 많이 발생한다. 반면에 ETF는 법인투자자가 주식바스켓에 편입된 주식을 집합투자업자에게 납입하는 구조이기 때문에 주식거래비용이 발생하지 않아 투자자가 부담하는 운용보수가 저렴하다.

4) 펀드 운용의 투명성

일반 펀드는 자산구성과 운용내역을 사후적으로만 볼 수 있지만, ETF는 납입자산구성내역(PDF : portfolio deposit file) 공시라는 제도를 통해 펀드의 포트폴리오를 매일 확인할 수 있어 일반 펀드보다 운용의 투명성이 있다.

II. ETF시장의 상품

1. 시장대표지수 ETF

시장 전체의 추세를 반영하는 코스피200, KRX100지수 등을 추적하는 시장대표지수 ETF는 시장의 평균수익률을 추구하는 상품이다. 코스피200지수는 유가증권시장 상장종목 중에서 시장대표성, 업종대표성, 유동성 등을 감안하여 선정된 200종목으로 구성된다. KRX100지수는 기업규모, 유동성, 수익성 등 다양한 재무기준을 반영하여 유가증권시장과 코스닥시장의 대표종목 100종목으로 구성된다. 이들 ETF는 지수 추세파악의 용이성과 거래의 활발성으로 일반투자자들의 참여가 적합하며, 편입종목이 다양하여 가격변동에 따른 투자위험성이 낮다.

2. 섹터지수 ETF

섹터지수 ETF는 자동차, 반도체, IT, 미디어통신, 증권 등 특정업종에 소속된 기업에 분산투자함으로써 개별종목 투자에 따른 위험을 회피하면서 시장평균수익 이상을 추구할 수 있도록 설계된 상품이다. 동일 산업에 소속된 기업들의 주가는 업황, 계절 수요 등으로 같은 방향으로 움직이는 경향이 있기 때문에 섹터지수 ETF의 가격변동성은 주식보다는 낮으나 여타 다른 ETF상품보다는 높다고 할 수 있다. 섹터 ETF 도입을 위해 개발된 섹터지수는 유가증권시장 및 코스닥 시장에서 유동성, 재무기준, 유동비율 요건을 충족하는 종목 중에서 시가총액순으로 구성종목을 선정하였다.

3. 스타일지수 ETF

스타일지수 ETF는 기업특성과 성과형태가 유사한 주식집단으로 구성된 지수를 추적하는 ETF로서 기업의 시가총액 크기에 따라 대형주, 중형주, 소형주 등으로 구분하고 이를 다시 가치주와 성장주로 분류한 상품이다. 가치주 ETF는 주가가 주가순자산배율(PBR), 주가수익비율(PER), 배당수익률 등 지표상 기업의 내재가치보다 저평가된 종목을 편입하고, 성장주 ETF는 매출액, 순이익증가율 등이 높아 미래에 성장가능성이 높다고 판단하는 종목을 편입한다.

4. 채권 ETF

채권 ETF는 다양한 채권에 투자하는 ETF로 주식처럼 거래소에 상장해 투자자가 쉽게 매매할 수 있는 상품이다. 이 ETF는 정부, 기업, 지방채 등 다양한 채권을 포트폴리오로 구성해 분산투자하고, 주식 ETF와 유사하게 거래되며, 정기적인 이자수익과 금리 변동시 채권가격 상승에 따른 자본차익을 제공한다. 그리고 채권의 종류에 따라 국채 ETF, 기업채 ETF, 고위험 채권 ETF, 레버리지 채권 ETF 등 다양한 ETF가 있다.

5. 파생형 ETF

파생형 ETF는 기초지수 변화의 1배를 초과한 배율(레버리지 ETF) 또는 음의 배율(인버스 ETF)로 연동되어 운용되는 것을 목표로 하는 지수연동형 상품을 말한다. 레버리지 ETF는 기초지수의 수익률을 2배 또는 3배로 추종하는 고위험・고수익 금융상품이다. 인버스 ETF는 기초지수의 일일 변동률을 역방향으로 추적하는 상품으로, 지수하락시 수익을 얻는 구조이다.

6. 원자재 ETF

원자재 ETF는 금, 은, 구리, 석유 등의 다양한 원자재와 연계된 상품이다. 전쟁과 같이 세계정세가 불안정할 경우에는 이들 원자재 가격이 상승하는 경우가 많다. 이러한 경우 일반인들은 개별적으로 원자재에 투자하기가 어렵지만 원자재 ETF는 간편하고 쉽게 투자할 수 있으며, 특히 여러 종목 등을 집합하기 때문에 위험관리 측면에서도 탁월하다는 장점이 있다.

7. 해외지수 ETF

현재 한국거래소에는 중국, 일본, 브라질, 라틴, 브릭스 등 5개 해외 ETF가 상장되어 있으며 조만간 투자가능한 해외 ETF수가 대폭 늘어날 것으로 본다. 해외 ETF는 국내시장 침체시에도 대안상품으로서 활용할 수 있으며 국제적 분산투자의 효과를 누릴 수 있기 때문에 ETF의 활용도가 크게 높아질 것이다. 다만, 해외지수 ETF는 환율변동과 해외거래에 따른 위험이 존재한다.

8. 기타 ETF

테마 ETF는 우량가치, 블루칩, 2차전지산업 등 테마주처럼 묶인 ETF를 말한다. 이 중에서 블루칩 ETF는 업종별 시가총액 상위 1・2위 종목 중에서 유동성이 풍부한 40개 종목으로 구성되어 있다. 블루칩지수의 특징은 구성종목의 비중을 동일하게 배정하는 동일가중방식을 채택하였다는 점인데, 이러한 방식은 시가총액가중방식 적용시 시가총액이 큰 개별종목의 영향력이 과다하여 지수변동성이 커질 수 있다는 단점을 보완하기 위한 것이다.

고배당 ETF는 배당수익률이 높은 20종목을 현금배당 가중방식으로 편입하였으며, 고배당지수의 과거 장기수익률이 코스피를 상회하고 변동성도 코스피보다 다소 낮은 것으로 알려지고 있다.

Ⅲ. ETF시장의 구조

1. ETF의 발행시장

ETF의 발행시장은 ETF의 설정 및 환매 기능을 담당하는 시장이다. ETF는 대량의 단위로 설정 또는 환매가 이루어지기 때문에 일반적으로 법인투자자만이 발행시장에 참여할 수 있다. 발행시장에서 ETF 설정을 원하는 경우, 법인투자자는 지정참가회사(AP : authorized participants)로 지정된 투자매매 및 중개업자를 경유하여 ETF 설정에 필요한 주식바스켓을 납입하고 ETF를 인수한다. 집합투자업자는 지정참가회사로부터 ETF 설정 요청을 받아 ETF를 발행해야 한다. ETF의 설정은 설정단위(CU : creation unit)로 이루어진다. ETF 발행시장에서의 투자자는 거래소 상장 이전단계로 자산운용사나 은행을 통해 직접 거래한다.

[그림 7-1] ETF시장의 구조

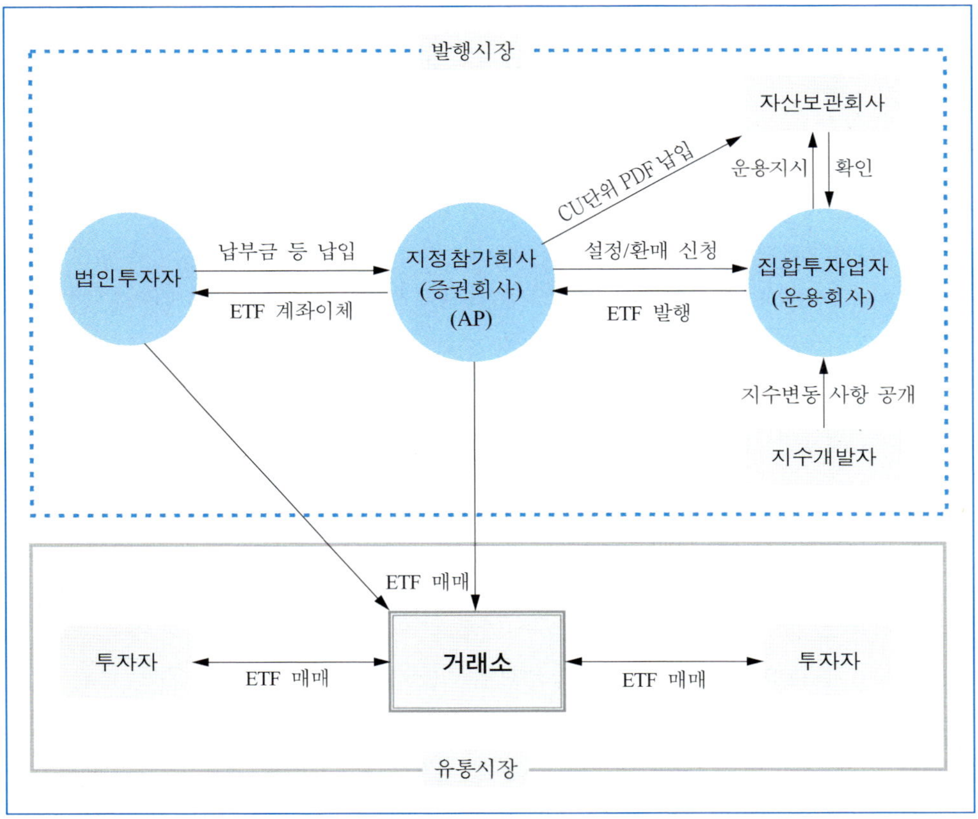

설정단위(CU)란 설정·신주발행에 필요한 최소수량으로서 집합투자업자가 정한 단위이다. ETF를 설정하고자 하는 법인투자자는 설정단위(CU)에 해당하는 주식현물바스켓을 지정참가회사를 통해 집합투자업자에게 납입해야 하며, 설정된 주식바스켓은 자산보관회사인 신탁회사에 맡겨진다. 집합투자업자는 자산구성내역(PDF)을 공개해야 하며, 해당 ETF가 거래소에 거래될 수 있도록 상장을 신청해야 한다. 한편 ETF의 환매는 기본적으로 설정 또는 신주발행에서와 같이 설정단위(CU)로 이루어지며, ETF 환매를 원하는 법인투자자는 ETF를 납입하고 주식바스켓을 인수한다.

2. ETF의 유통시장

ETF의 유통시장은 상장시킨 후 투자자간에 매매가 이루어지는 시장이다. 상장된 ETF는 거래소 유통시장에서 일반투자자들에 의해 매수·매도되어 거래가 이루어진다. 유통시장은 모든 투자자들이 참여할 수 있으며 일반 주식에서 이루어지는 모든 매매의 방식이 일반적으로 허용된다. 다만, ETF는 시장조성을 위해 지정참가회사 중에서 유동성공급자(LP)를 반드시 두어야 한다.

3. ETF의 시장참가자

1) 법인투자자

법인투자자는 발행시장에서 지정참가회사에 ETF의 설정과 환매를 신청하여 참여하고 유통시장에서도 매매거래에 참여한다. 이러한 법인투자자는 ETF의 순자산가치인 NAV와 유통시장에서 형성된 ETF의 시장가격의 차이인 괴리율이 크게 벌어지면, 차익거래를 지속적으로 수행하여 두 가격의 격차를 줄인다.

2) 지정참가회사

지정참가회사(AP)는 ETF의 발행시장에서 법인투자자와 집합투자업자 사이에서 ETF의 설정 및 환매 신청의 창구 역할을 담당하는 지정판매회사이다. 지정참가회사는 ETF의 설정과 환매의 신청업무를 통해 ETF가 시장에서 원활하게 거래되도록 하고, 그 가격이 좌당 순자산가치(NAV)에 일치되도록 노력해야 한다. 이를 위해 지정참가회사 중 1사 이상은 집합투자업자와 유동성공급계약을 체결하여 유동성공급자(LP)로서의 역할을 수행해야 한다.

3) 집합투자업자

집합투자업자는 ETF시장에서 가장 중추적인 역할을 하는 회사로서 ETF를 기획하고 상품화하는 과정에서부터 펀드매니저로서 ETF를 운용하는 업무 일체를 담당하는 운용회사이다. ETF를 운용하는 회사로서 집합투자업자는 ETF 납부자산구성내역(PDF)의 결정 및 공지, ETF 편입종목 재구성 등 포트폴리오 운용, ETF 증권의 발행 및 소각, 설정단위(CU)의 결정, 추적오차율 관리, 배당금 및 분배금 지급규모 결정 등의 업무를 수행한다.

4) 신탁업자

신탁업자는 일반적으로 시중은행이 수행하는 자산보관회사로 집합투자업자의 운용지시에 따라 자산의 취득 및 처분을 이행하거나 수익증권의 환매대금 및 이익금을 지급하는 역할과 투자신탁재산 운영지시에 대한 감시업무 및 신탁재산 평가의 공정성과 기준가격 산정의 적정성 여부 확인 등의 업무를 수행한다.

5) 일반사무관리회사

일반사무관리회사는 ETF의 사무처리를 위해 집합투자업자의 업무를 위탁받아 수행하는 역할을 하는 곳으로, 현재는 한국예탁결제원과 미래에셋펀드서비스에서 해당 업무를 수행하고 있다.

6) 지수산출기관

지수산출기관은 ETF의 추적대상지수를 산출하여 제공해야 한다. ETF가 추종하는 지수는 코스피200, KRX100, 나스닥100과 같이 해당 거래소에서 산출하여 발표하는 시장대표지수가 있고, 삼성그룹주, 성장주/가치주 등 해당 ETF의 목적과 특성에 맞도록 특정 지수전문산출기관에서 산출하여 사용되는 특수지수가 있다.

7) 개인투자자

개인투자자는 일반적으로 ETF의 설정과 환매 신청이 허용되지 않아 발행시장에 참여할 수 없고 유통시장의 거래에만 참여가 가능하다.

8) 유동성공급자

유동성공급자는 특정 ETF거래가 활성화되지 않아 스프레드가 많이 확대되면 유동성공급호가를 반드시 제출하여 투자자들에게 거래편의를 제공하고 있다.

Ⅳ. ETF의 상장

1. 신규상장

ETF의 상장절차는 자본시장법에 따라 ETF를 설정하고 금융위원회에 등록을 마친 후 집합투자규약과 신탁재산 운용계획서, 예탁자계좌부 기재확인서 등을 거래소에 제출한다. 거래소는 상장규정상의 요건으로 규모, 유동성, 지수의 적격성 여부 등을 심사하여 최종 신규상장 여부를 결정한다.

〈표 7-1〉 신규상장 요건

구 분	상장요건
규모요건	• 자본금(신탁원본액) 70억원 이상 • 발행주식수(발행좌수) 10만주 또는 10만좌 이상
유동성요건	• 지정참가회사 1사 이상 • 유동성공급계약 1사 이상
지수의 적격성	• 지수구성종목이 채무증권인 경우 –지수구성종목이 10종목 이상일 것 –한 종목의 비중이 30%를 초과하지 않을 것 –지수 비중순으로 85%에 해당하는 종목의 발행잔액이 500억원 이상일 것 • 지수구성종목이 채무증권 이외의 증권인 경우 –지수구성종목이 10종목 이상일 것 –한 종목의 비중이 30%를 초과하지 않을 것 –시가총액 비중순으로 85%에 해당하는 종목은 직전 3개월 평균 시가총액이 150억원 이상이고 거래대금은 1억원 이상일 것
자산의 구성	매일 공고되는 자산구성내역에 시가총액기준으로 대상지수의 95% 이상 편입, 종목수 기준으로 지수구성종목의 50% 이상 편입
투자정보제공	지수정보 실시간 공표를 위한 지수사용계약 체결

2. ETF의 상장폐지

거래소는 ETF의 상장폐지 사유가 발생하면 폐지기준일 3일 전에 상장폐지에 대한 예고를 한 후 기준일에 상장폐지 및 거래정지를 공시한다. 기준일 다음 날에 매매거래정지를 단행하며 기준일로부터 2일 후에 상장폐지를 시킨다. 상장폐지 사유는 ETF 1좌당 순자산가치의 일간변동률의 상관계수가 0.9 미만이 되어 3개월간 지속되는 경우, 유동성공급계약 체결요건 미충족, 상장규모요건 불충족, 신고의무 불성실, 투자신탁 해지사유 등이 해당된다.

Ⅴ. ETF의 거래제도

1. ETF의 매매제도

ETF의 매매방법은 매매시간, 가격제한폭, 주문의 종류, 공매도 등에서 일반적인 주식거래방법과 거의 동일하다. 유통시장에서 ETF는 개별주식 거래와 마찬가지로 각각의 매도호가와 각각의 매수호가의 경합으로 가격이 결정된다. ETF는 항상 최소호가가격단위가 5원으로 균일하고, 최소호가수량단위는 1주이다. ETF는 일반적으로 50,000원 이하의 가격으로 거래된다. 그리고 가격제한폭 상하는 기준가격에 30%를 곱하여 산출한 금액으로 하며, 주문의 종류는 지정가주문, 시장가주문, 조건부지정가주문, 최유리지정가주문, 최우선지정가주문 등이 있다.

ETF의 거래가격은 집합투자업자가 설정하는 지수에 대한 가격배율에 따라 결정된다. 다만, 해외 ETF의 경우에는 지수승수뿐만 아니라 환율까지도 가격에 반영된다. 또한 ETF도 공매도제도가 허용된다. 그리고 ETF는 주식바스켓에서 발생하는 배당 등의 수익에 대한 분배금을 ETF 투자자에게 지급한다.

2. ETF의 가격

ETF는 순자산가치(NAV)가 존재하므로 ETF의 가격은 ETF 1주당 순자산가치와 비슷하게 형성된다. 그런데 운용회사는 ETF 1주당 순자산가치를 ETF가 추적하는 지수에 일정배율을 곱한 값과 비슷하게 형성한다.

ETF 가격은 운용회사가 초기에 설정하는 지수에 대한 배율에 따라 달라진다. 예를 들어, KODEX200의 경우 코스피200지수에 대한 배율이 100배이기 때문에 현 지수가 199.20이라면 가격은 지수에 100을 곱한 19,920원 부근에서 형성된다. 해외 ETF의 경우 환율까지 가격에 반영된다. 예를 들어, KODEX China H의 경우 현지수가 11,700.00이고 환율이 1홍콩 달러당 132.00원이라면 가격은 지수에 가격배율 0.01과 환율 132.00을 곱한 15,444원 부근에서 형성된다.

3. ETF의 대차제도

ETF가격의 하락이 예상되는 경우 ETF를 대차하여 공매도한 후 예상대로 가격이 하락하면 낮은 가격에 재매입하여 상환하면 이익을 실현할 수 있다.

4. ETF의 분배금 지급제도

ETF는 주식바스켓에서 발생하는 배당 등의 수익에서 신탁보수 및 운용에 필요한 경비를 공제한 후 분배금을 울간 또는 분기별로 ETF 투자자에게 지급한다.

5. ETF의 결제제도

ETF의 결제제도는 일반 주식거래시와 동일하다. 즉, ETF의 결제는 주식과 같이 거래성립일로부터 2일째 되는 날(T+2)에 이루어지며, ETF는 예탁기관에 전부 예탁되어 계좌대체를 통해 인수도가 이루어진다.

Ⅵ. 합성 ETF의 제도

1. 합성 ETF의 의의

합성 ETF(synthetic exchange traded fund)는 주식과 채권 등의 기초자산을 편입하는 전통적인 ETF와 달리 장외스왑거래를 활용하여 지수를 복제하여 추종하는 ETF를 의미한다. 합성 ETF는 자산운용사가 증권사와 스왑계약을 맺고, 실제로 기초자산을 보유하지 않으면서 목표지수의 수익률만을 추종하는 방식으로 운용되는 ETF이다. 그리고 합성 ETF는 증권사와의 스왑계약을 통해 목표지수의 수익률을 제공받으며, 실제 자산을 직접 보유하지 않는다.

2. 합성 ETF의 종류

합성 ETF는 스왑 거래상대방에게 담보를 제공하는 자금공여형(funded swap)과 담보를 제공하지 않고 투자자금으로 직접 대체자산을 매입하여 소유하는 구조의 자금비공여형(unfunded swap)으로 분류할 수 있다.

1) 자금공여형 ETF

ETF 운용사가 설정된 현금을 거래상대방에게 공여하고 원금과 기초지수 수익을 거래상대방으로부터 돌려받는 스왑계약을 체결하는 방식을 취하고 있다. 운용사는 거래상대방에게 공여한 원금에 대해 담보를 설정하여 거래상대방 위험을 관리하는 구조이나, 거래상대방 부도 등의 유사시에는 담보권 행사의 안정성이 상대적으로 없어질 수 있다.

2) 자금비공여형 ETF

ETF 운용사가 설정된 현금으로 대체자산(B)을 매입하여 ETF 내에 소유하고, 스왑 거래상대방과는 목표지수 수익률(A)과 ETF에 편입된 대체자산 수익률(B)을 교환(A↔B)하는 방식을 취하고 있다. 따라서 거래상대방의 부도 등의 이벤트가 발생할 경우, ETF가 소유한 대체자산을 직접 처분하여 투자자에게 환급이 가능하므로, 거래상대방의 부도 등의 이벤트 발생시 자금회수가 용이하다.

Ⅶ. 우리나라 ETF의 발행현황

우리나라 ETF시장은 2002년 10월 개장 당시에는 4개 종목에 시가총액이 3,581억원으로 출발하여, 2020년 11월말 기준으로 상장종목수가 463개, 시가총액이 약 50조원 규모의 시장으로 성장하였고, 특히 2025년 9월말 기준으로 상장종목수가 1,029개, 시가총액이 250조원의 규모로 크게 성장하였다.

〈표 7-2〉 ETF 상장현황

(주권수와 총액의 단위 : 백만)

연 월	운용사	종목수	상장주권수	시가총액	순자산총액
2022. 12	23	666	5,901	78,446,655	78,511,638
2023. 12	26	812	6,913	122,064,563	121,065,665
2024. 12	26	935	9,441	172,878,743	173,563,862
2025. 9	28	1,029	13,736	250,282,544	249,857,693

자료 : KRX 정보데이터시스템, 「쉽게 보는 통계, 주요통계, 증권상품, 주요통계추이」

제 2 절 ETN시장

Ⅰ. ETN시장의 개요

1. ETN의 의의

ETN(exchange traded note : 상장지수증권)은 기초지수 변동과 수익률이 연동되도록 증권회사가 발행하는 파생결합증권으로서 주식처럼 거래소에 상장되어 거래되는 증권이다. 발행회사인 증권회사는 투자수요가 예상되는 다양한 ETN을 상장시켜 투자자가 쉽게 ETN을 사고팔 수 있도록 실시간 매도·매수호가를 공급하며, 상장 이후에는 투자에 도움이 될 수 있도록 상품 관련 주요 공시정보 및 투자참고지표를 제공한다. 거래소는 투자자 보호를 위하여 ETN상품의 상장적합성을 심사하고, 원활한 유동성 공급을 위해 LP를 평가하고 관리하며 적정가격이 형성되도록 공시 및 시장조치 업무를 수행한다. 그러므로 투자자는 쉽고 편하게 증권시장에서 결정된 시장가격으로 매매하여 환금을 할 수 있다.

ETN은 증권회사가 무담보 신용으로 발행한 상품으로서 변동하는 지수수익률에 의해 결정되는 실질가치를 투자자에게 만기에 지급해야 하는 계약상의 의무가 있는 증권이다. 실질가치는 기초지수 누적수익에서 미리 정한 제비용을 제외한 금액으로 산정된다. 그러므로 확정된 수익률을 지급하는 채권, 발행시 약정한 조건에 따라 확정된 수익률을 지급하는 ELS와도 다르며 실물자산이 있는 펀드와도 구별된다. 투자자가 주식, 채권 등을 직접 매매하는 것을 '직접투자'라고 한다. 그리고 펀드는 펀드를 발행한 회사에 투자금을 납입하면 펀드 발행사의 펀드매니저가 주식, 채권 등을 골라서 투자하는 대표적인 '간접투자' 방식의 상품이라고 할 수 있다. 투자자 입장에서 ETN도 사실상 ETF와 매우 유사한 '원금 비보장형 간접투자' 상품으로서 투자대상에 접근하도록 도와주는 매개체라고 할 수 있다.

ETN은 ETF와 수익구조 등 경제적 실질 측면에서는 매우 유사한 상품으로, ETF 중에서도 합성 ETF가 ETN과 가장 유사한 상품이다. 합성 ETF 구조에서 발행사인 자산운용사만 제외하면 나머지 구조가 사실상 ETN의 구조라고 볼 수 있다.

2. ETN의 특징

1) 신상품에 접근성 용이

ETN은 발행절차가 간소하고 운용방식에 제약이 적어 다양한 기초자산에 투자할 수 있는 상품을 신속하게 공급할 수 있다. 따라서 투자절차가 복잡하여 일반투자자들이 접하기 어려웠던 투자대상과 투자전략에도 활용할 수 있다.

2) 세제상 장점과 비용 절감

국내 주식형 ETN은 증권거래세가 면제되며, 매매차익에 대해서 비과세이다. 또한 발행 증권회사가 자사 ETN의 유동성 공급을 직접 수행하는 경우 별도의 유동성공급계약에 소요되는 비용을 절감할 수 있다.

3) 지수연동형 상품

ETN은 기초지수의 가격 움직임을 반영하도록 설계된 상품으로 기초지수의 특성이 상품특성에 대부분 반영된다. ETN은 발행회사가 투자기간 동안의 기초지수의 수익을 지급할 것을 약속하기 때문에 추적오차가 없는 상품이다.

4) 분산투자 상품

ETN은 투자의 여러 가지 원칙 중에서 가장 중요한 분산투자 문제를 쉽게 해결해 준다. 특히, 주식을 기초자산으로 하는 경우 5종목 이상으로 지수를 구성할 수 있도록 하고 있어 배당이나 성장 등 특정한 투자목적에 충실한 포트폴리오의 구성이 가능하다.

5) 환금성 보장 상품

ETN은 거래소에 상장되어 거래되기 때문에 주식시장이 열려 있는 동안에는 거래소에서 지표가치를 중심으로 시장수급상황에 따라 형성되는 시장가격으로 투자자가 원하는 실시간에 매매할 수 있다.

6) 신용위험 상품

ETN은 발행회사의 신용으로 발행하는 상품으로 무보증·무담보 사채와 동일한 발행자 신용위험이 있는 상품이다. 따라서 투자자는 투자할 ETN을 선택할 때 발행회사의 신용도와 재무안정성 등을 확인해야 한다.

Ⅱ. ETF와 비교

1. ETF와 공통점

1) 지수 추종형 거래소 상장상품

ETN과 ETF는 모두 목표로 하는 기초지수의 수익률을 추종하는 인덱스상품이다. ETN과 ETF는 모두 거래소에 상장된 장내상품으로 별도의 중도상환절차 없이 실시간으로 매매를 통해 수익 확정이 가능하다.

2) 유사한 수익구조

일반적으로 ETN과 ETF는 투자수익이 기초자산의 가격변화를 그대로 따라 변화하는 선형의 수익구조를 갖고 있다.

2. ETF와 차이점

1) 발행주체와 신용위험

ETF는 자산운용사가 발행하지만 ETN은 증권회사가 무담보 신용으로 발행한다. 그리고 ETN은 발행회사의 신용으로 발행하는 상품으로 무보증·무담보 사채와 동일한 발행자 신용위험이 있는 상품이다. 반면 ETF는 펀드상품이므로 발행회사의 신용위험에 노출되지 않는다.

2) 기초지수

ETF의 경우 기초지수를 10종목 이상으로 구성해야 한다. 하지만 ETN은 5종목 이상으로 구성하면 되기 때문에 ETF보다 다양한 지수를 만들 수 있다.

3) 자산운용

ETF는 자본시장법에 따라 많은 운용 제약을 받지만, ETN은 운용방식에 제약이 적어 다양한 기초자산에 투자할 수 있는 상품을 신속하게 공급할 수 있다.

4) 만 기

ETN은 1년 이상 20년 이내의 만기로 발행하는 만기가 있는 상품이다. 반면 ETF는 만기가 없다는 점에서 두 상품간에 차이가 있다.

Ⅲ. ETN시장의 상품

1. 전략지수 ETN

전략지수 ETN은 시장수익률보다 높은 초과수익을 추구하는 전략이 반영된 상품이다. 이러한 전략에는 주가상승이 예상되는 종목을 매수하고 하락이 예상되는 종목을 매도함으로써 주가지수의 흐름에 관계없이 절대수익을 추구하는 롱숏 전략, 주가등락이 완만한 시장상황에서 옵션매도를 이용하여 시장대표지수보다 초과수익을 추구하는 커버드콜 또는 커버드풋 전략 등이 있다.

2. 혼합지수 ETN

혼합지수 ETN은 안전자산과 위험자산 간 분산투자의 전략과 시장수익률 대비 초과수익을 추구하는 전략이 혼합된 상품이다. 이러한 전략에는 위험자산인 주식과 선물, 안전자산인 채권 등을 조합하는 방법이 있다.

3. 바스켓지수 ETN

바스켓지수 ETN은 시장수익보다 높은 초과수익이 예상되는 블루칩 종목이나 IT 등 초우량주식을 기초자산으로 구성하여 바스켓지수에 연동하는 상품이다.

4. 해외 주가지수 ETN

해외지수 ETN은 일반투자자가 직접 접근하기 어려운 다양한 해외지수를 추적하는 상품이다. 해외지수 ETN은 발행회사와 유동성공급자가 동일하여 시장스프레드 축소로 인하여 비용의 감소효과가 있다.

5. 채권지수 ETN

채권지수 ETN은 채권만으로 지수를 구성하여 안정적 수익을 추구하는 상품이다. ETN 발행회사는 자산운용에서 자유롭기 때문에 좀더 다양한 구조의 채권수익률을 제공할 수 있다.

IV. ETN시장의 구조

1. ETN의 발행시장

ETN은 신용등급, 재무안정성 등이 우수한 증권회사가 발행한다. 그리고 발행된 ETN은 발행한 증권회사가 직접, 또는 발행된 ETN을 인수한 제3의 유동성공급자가 거래소시장을 통해 매출하거나 매도함으로써 거래가 시작된다. 물론 신규상장 후 시장수요에 따라 추가발행이 가능하고, 일정규모 이상을 모아 중도상환도 가능하다.

ETN은 발행 전에 거래소의 상장예비심사를 받도록 되어 있는 점에서 주식과 동일하며, 최근 1년 이내 ETN 발행실적이 있으면 일괄신고서를 통해 발행할 수 있도록 발행절차가 간소화되어 있다. 일괄신고서제도는 증권을 공모할 때마다 매번 증권신고서를 제출하는 대신 발행 예정기간 내에 공모예정인 증권을 일괄 기재하여 신고하도록 한 것으로서, ETN을 발행할 때마다 증권신고서를 제출하지 않고 일괄신고 추가서류만 제출하면 증권신고의 효력이 바로 발생하도록 되어 있다. 따라서 일괄신고서제도를 통해 신속하게 투자자 수요에 적합한 상품을 공급할 수 있다.

한편 ETN은 발행시 일정한 규칙에 따라 종목명을 사용한다. 이러한 종목명에는 중요한 상품정보가 포함되도록 하고 있기 때문에 종목명을 이해하면 그 상품의 큰 특징을 쉽게 파악할 수 있다.

[그림 7-2] ETN의 발행시장과 유통시장

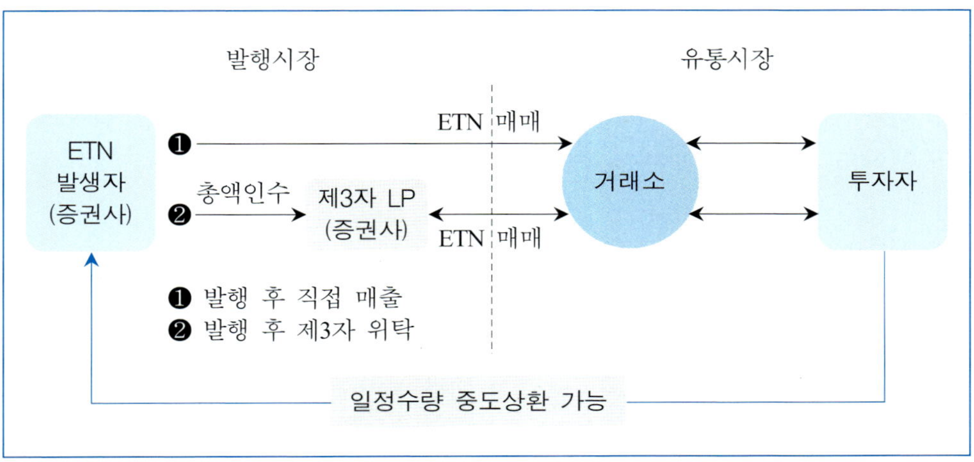

2. ETN의 유통시장

ETN의 유통시장은 ETN을 상장시킨 후 투자자간에 매매가 이루어지는 시장이다. 상장된 ETN은 거래소 유통시장에서 투자자들에 의해 매수 · 매도되어 거래가 이루어진다. 유통시장은 모든 투자자들이 참여할 수 있으며 일반 주식에서 이루어지는 모든 매매의 방식이 ETN에도 허용된다. 다만, ETN은 시장조성을 위해 지정참가회사 중에서 유동성공급자(LP)를 반드시 두어야 한다.

3. ETN의 시장참가자

1) 발행회사

발행회사는 ETN시장에서 중추적인 역할을 하는 회사이다. 이 회사는 투자수요에 맞는 ETN을 기획하고 발행하는 업무, 마케팅 활동, 만기 또는 중도 상환시 지수수익률을 투자자에게 지급하는 업무를 수행한다. 이를 위해 발행회사는 자산을 운용하는 활동, 그리고 중요한 사항이 발생했을 때 신고 · 공시함으로써 투자자에게 고지하는 업무 등 일체를 담당한다.

ETN상품은 무담보 신용상품으로 발행회사의 재무안정성 및 신용도가 가장 중요하다. 따라서 거래소는 상품 상장시 발행회사의 재무안정성, 업무적격성 등을 엄격하게 심사한다.

[그림 7-3] ETN시장의 구조

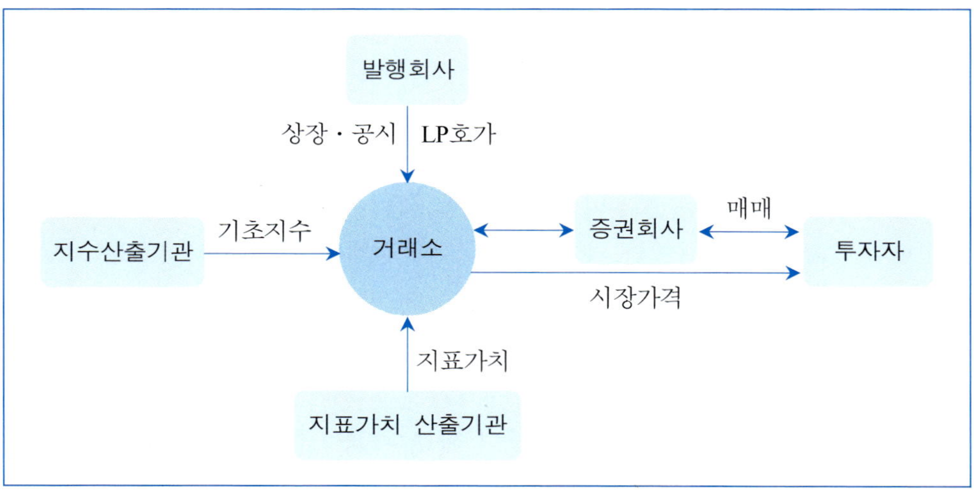

2) 유동성공급자

유동성공급자는 발행된 ETN을 최초로 투자자에게 매도 또는 매출하는 한편, 상장 이후 지속적으로 유동성공급호가를 제출한다. 매도와 매수 호가가격의 차이가 커지는 경우 매도와 매수 양방향으로 호가스프레드의 비율을 낮추는 호가를 일정수량 이상으로 제출한다. 발행회사가 직접 유동성 공급을 할 수도 있고 제3의 증권회사가 발행회사와 유동성공급계약을 체결하고 발행된 ETN을 인수하여 시장에 매출할 수도 있다.

유동성공급자는 ETN시장가격이 지표가치에서 벗어나는 현상인 가격괴리가 발생하지 않도록 하는 기능도 있다. 시장가치는 지표가치와 근접한 가격으로 형성되는 것이 바람직하다. 유동성공급자는 ETN시장에서 매수 또는 매도의 한 방향으로 주문이 몰림으로써 ETN이 지표가치와 괴리된 가격으로 거래되는 것을 방지하는 역할을 한다.

3) 지수산출기관

ETN은 지수수익률을 지급하는 상품이다. 따라서 ETN투자는 기초지수의 움직임이 무엇보다 중요하다. 발행회사는 지수산출기관과 지수 사용에 관한 계약을 맺고 이를 이용하여 ETN을 상장한다. 지수산출기관은 지속적으로 실행가능한 전략을 합리적으로 설계하고, 객관적인 자료와 기준을 마련하여 지수를 산출해야 한다. 그리고 투자자는 이러한 기초지수에 대한 정보를 어려움 없이 볼 수 있어야 한다. ETN의 상장기간 동안 안정적으로 지수를 산출하고 관리할 수 있는 전문성과 독립성을 갖춘 기관이 ETN의 지수산출기관이 될 수 있다.

현재 국내 지수산출기관은 한국거래소 및 해외 거래소, FnGuide, WISEfn 등이 있으며, 해외 지수산출기관은 S&P Dow Jones, 블룸버그, 바클레이즈 등이 있다.

4) 기타 시장참가자

일반사무관리회사는 ETN의 사무처리를 위해 발행회사로부터 일부 업무를 위탁받아 수행하는 회사이다. 현재는 한국예탁결제원에서 해당 업무를 담당하고 있다. 한국예탁결제원에서는 매일 장종료 후 ETN의 지표가치를 계산하고 거래소와 코스콤을 통해 공시하고 있다. 여기서 산출된 지표가치는 다음 날 코스콤을 통해 산출되고 발표되는 실시간 지표가치의 기준이 되는 역할을 한다. 한국예탁결제원은 매일 세금부과의 기준이 되는 과표기준가격의 계산업무도 수행하고 있다.

Ⅴ. ETN의 상장

1. 상장요건

1) 발행회사의 자격

발행회사가 ETN을 발행하기 위해서는 매우 높은 수준의 신용도와 재무건전성 등 엄격한 자격요건을 충족해야 한다. 이는 ETN이 발행자의 신용으로 발행하는 상품이기 때문에 발행자의 재무요건 등을 엄격하게 제한하여 신용위험을 최소화하기 위한 것이다. ETN의 발행자는 ① 증권 및 장외파생상품 매매업 인가를 받은 금융투자업자, ② 자기자본 5,000억원 이상, ③ 신용등급 AA− 이상, ④ 영업용 순자본비율(NCR) 150% 이상, ⑤ 최근 3년간 감사의견 적정 등의 요건을 갖추어야 한다.

2) 기초지수의 요건

ETN의 기초지수는 ① KRX시장에서 거래되는 기초자산 가격의 변동을 종합적으로 나타내는 지수(단, 코스피200, KRX100 등 시장대표지수 및 섹터지수 제외), ② 외국거래소 시장 등 거래소가 인정하는 시장에서 거래되는 기초자산 가격의 변동을 나타내는 기초지수, ③ 기초지수에 국내외 주식, 또는 채권이 포함되는 경우 주식·채권 각각 최소 5종목 이상이고 동일 종목 비중 30% 이내로 분산될 것 중에서 하나의 요건을 갖추어야 한다.

3) 발행규모와 발행한도

신규상장하는 ETN의 발행규모는 소규모 ETN의 난립을 방지하고 충분한 유통수량을 확보하기 위하여 발행총액이 최소 70억원 이상이어야 하고, 발행증권수가 10만 증권 이상이어야 한다. 그리고 ETN의 발행한도는 발행자가 과도한 신용위험에 노출되는 것을 방지하기 위해 ETN 발행자가 자기자본의 50%까지만 ETN을 발행할 수 있도록 제한하고 있다.

4) 만기, 지수이용계약 및 유동성공급계약

ETN은 1년 이상 20년 이내의 만기로 발행할 수 있다. ETN은 공모로 발행되어야 하는데, 발행사 또는 유동성공급자가 전량 보유한 상태에서 상장 이후에 매출이 시작되는 간주모집을 이용하게 된다. 또한 ETN의 발행자는 기초자산인 지수정보가 실시간으로 투자자에게 공표되고 지수를 이용할 수 있도록 지수에 관한 법적 권한을 가진 기관과 지수사용계약을 체결해야 한다. 그리고 발행자는 원활한 유동성 공급을 위해 유동성공급계약을 체결하거나 자신이 직접 유동성을 공급해야 한다.

2. 상장절차

ETN은 반드시 거래소시장에 상장되어야 한다. ETN의 상장절차는 기본적으로 주식의 신규상장절차와 동일하다. ETN도 상장적합성 심사를 위해 주식과 같이 신규상장 신청 전에 상장예비심사를 받아야 하지만 신속한 상장을 위해 심사기간을 15일로 짧게 설정하여 심사기간이 20일인 ETF보다 빠른 시일 내에 상장이 가능하다.

3. 추가상장 및 변경상장

ETN의 추가상장은 시장에서 투자자에게 인기가 있어 상당수량 이상 매출이 이루어진 종목의 추가적인 시장수요가 예상될 때 발행회사가 신속하게 물량을 공급하는 제도이다. 이러한 추가상장도 발행회사의 자격, 지수 요건, 유동성공급자에 관한 요건 등은 충족해야 하지만, 상장요건 중 발행한도는 적용되지 않는다. 이러한 제도는 유동성공급자의 보유물량이 다 소진되어 유동성 부족으로 ETN의 시장가격이 기초지수와 동떨어진 가격으로 거래되는 것을 방지하기 위한 것이다.

ETN의 변경상장은 상장법인이 이미 발행한 ETN의 종목명을 바꾸거나 중도상환에 따라 수량을 변경하는 제도이다. 이러한 변경상장은 발행회사명이 바뀌어 종목명을 바꾸는 경우나 만기 전에 투자자가 보유한 일정수량 이상의 ETN을 장외에서 발행회사를 상대로 중도상환을 청구하여 발행수량이 감소되는 경우에 이루어진다.

4. 상장폐지

한국거래소는 다음과 같은 상장폐지기준에 해당할 경우 투자자의 보호를 위하여 만기 이전이라 하더라도 해당 종목의 ETN에 대하여 상장을 폐지시킨다. 다만, ETN의 상장폐지가 우려되는 경우로서, 만기일이 1개월 남은 경우, 유동성공급자가 없거나 교체기준에 해당하게 된 경우, 영업용순자본비율이 미달하게 된 경우 등에는 투자자가 미리 알 수 있도록 사전에 해당 사실을 시장에 예고한다.

1) 발행회사의 자격요건 미달

ETN은 발행회사의 증권 또는 장외파생상품 투자매매업 인가가 취소되거나 영업정지로 상장지수증권 관련 업무의 수행이 불가능한 경우에 폐지된다.

2) 기초지수의 요건 미달

ETN은 기초자산의 가격 또는 지수를 산출할 수 없거나 이용할 수 없게 되는 경우, 그리고 지수의 산출기준이 변경되는 경우에 상장이 폐지된다.

3) 유동성 공급의 능력 부족

ETN은 발행회사가 유동성 공급을 할 수 없게 되거나 유동성공급계약을 체결한 LP가 없게 되는 경우, 그날로부터 1개월 이내에 다른 LP와 유동성공급계약을 체결하지 않거나 발행회사가 직접 유동성공급계획서를 제출하지 않는 경우에 상장이 폐지된다.

4) 상장규모 및 거래규모 부족

ETN은 ETN종목의 발행원본액과 지표가치금액이 모두 50억원에 미달하는 경우에는 소규모종목 난립방지를 위해 관리종목으로 우선 지정한다. 그리고 해당 ETN이 다음 반기 말에도 동일 기준에 미달하면 상장을 폐지한다.

5) 신고의무의 위반

ETN 발행회사는 ETN이 상장된 이후에 중요한 내용을 투자자가 알 수 있도록 규정에서 정하는 사유가 발생하면 거래소에 신고해야 한다. 그럼에도 불구하고 고의·중과실 또는 상습적으로 신고의무를 위반하는 경우에 상장을 폐지할 수 있다.

6) 조기청산

ETN은 투자설명서(예비투자설명서 및 간이투자설명서 포함)에 기재된 조기청산 사유가 발생한 경우에 상장이 폐지된다.

VI. ETN의 거래제도

1. ETN의 매매제도

1) ETN의 매매

ETN의 매매제도는 주식 또는 ETF와 거의 동일하다. 정규시장의 매매시간은 09:00～15:30이며, 시간외시장의 매매시간은 08:00～09:00과 15:40～18:00이다. 호가가격단위는 5원이고, 매매수량단위는 1증권이며, 가격제한폭은 기준가격의 상하 30%이다. 그리고 주문의 종류는 지정가주문, 시장가주문, 조건부지정가주문, 최유리지정가주문, 최우선지정가주문 등이 있다.

2) ETN의 공매도제도

ETN은 주식이나 ETF와 같이 차입공매도도 허용된다. 그리고 ETN은 실시간 지표가치를 참고하여 매매하기 때문에 ETN 차입공매도가 가격급락을 유발할 우려가 거의 없다. 따라서 ETN은 ETN 차입공매도, ETN 차익거래 및 유동성공급자의 헤지거래 등에 대해서는 직전가격 이하로 차입공매도 호가 제출을 금지하는 업틱룰(Up Tick Rule)이 적용되지 않는다.

3) ETN의 대용증권제도

ETN도 현금에 갈음하여 위탁증거금으로 사용할 수 있도록 대용증권으로 지정되어 있다. ETN의 경우 사정비율은 70%를 적용한다. 다만, 상장폐지사유에 해당되어 매매거래가 정지되었거나 투자위험종목으로 지정된 종목은 대용증권에서 제외하고 있다.

4) 위탁증거금 및 위탁수수료

증권회사가 고객으로부터 매매주문을 받았을 때 고객에게 담보로서 납부하게 하는 위탁증거금과 증권회사의 중개서비스에 대한 위탁수수료는 증권회사가 자율로 정하도록 하고 있다. 따라서 거래 전에 증권회사의 위탁증거금률 및 위탁수수료율을 확인할 필요가 있다.

5) 신용거래

ETN은 현재 도입 초기로서 아직 매출이 활발하게 일어나지 않고 있다. 따라서

ETN은 신용거래융자와 신용거래대주가 허용되지 않는다.

2. ETN의 결제제도

ETN의 결제제도는 주식이나 ETF와 동일하다. 즉, ETN 결제는 주식과 같이 거래성립일로부터 2일째 되는 날(T+2)에 이루어지며, ETF와 같이 예탁기관에 전부 예탁되어 계좌대체를 통해 인수도가 이루어진다.

3. 유동성공급자제도

유동성공급자(LP : liquidity provider)는 ETN의 원활한 거래를 지원하는 시장참가자로서 시장에 주문이 충분하지 않아 매도주문과 매수주문의 가격차이가 크게 확대되어 있는 경우 이 가격의 차이를 좁히기 위해 매도, 매수 양방향의 주문을 일정수량 이상 제출할 의무가 있다.

유동성공급자의 역할은 ETN을 발행한 증권회사 또는 제3의 증권회사가 담당하게 된다. LP는 매수와 매도 양쪽 방향으로 최소 100증권 이상씩 호가를 제출해야 한다. 유사상품인 ETF의 경우 HTS 등을 보면 보통 LP는 1호가당 1천~1만 증권씩 양방향으로 호가를 제출하는 경우가 있다. 거래가 활발하여 유동성이 높은 종목이라 함은 LP가 제출한 호가뿐 아니라 일반투자자의 호가도 풍부하여 현재가격에 가까운 가격의 호가가 많이 제출되어 있는 종목을 의미한다. 하지만 거래량이 매우 적거나 심지어 하루 1주도 거래되지 않아 유동성이 매우 낮은 ETN이라도 사실은 언제든지 즉시 거래가 가능한 LP호가가 존재하기 때문에 거래량 수준이 낮다고 해서 그 ETN을 외면할 이유는 없다. LP의 또 다른 역할은 ETN 시장가격과 지표가치의 가격괴리가 발생하지 않도록 하게 한다.

Ⅶ. 우리나라 ETN의 발행현황

우리나라 ETN시장의 상장종목수는 2020년 9월말 기준으로 203개로 시가총액은 76,780억원 규모의 시장이다. 그리고 일평균 거래대금은 1,073억원이며, 일평균 거래량은 39,169천 증권이다. 2025년 9월말 현재 ETN은 종목수 406개, 시가총액 17.7조원으로 확대되었다.

제 3 절 ELW시장

Ⅰ. ELW의 기본개념

1. ELW의 의의

주식워런트증권이라고 하는 ELW(equity linked warrant)는 실질적으로 옵션과 동일한 금융투자상품으로 특정시점(만기일 또는 행사기간)에 미리 정해진 가격(권리행사가격)으로 특정회사의 주식(기초자산)을 사전에 약정된 수량만큼 사거나(call) 팔(put) 수 있는 권리(option)가 부여된 증권을 의미한다. 이러한 ELW는 옵션과 그 특성이 동일한 금융상품이지만 파생상품으로 분류되지 않고 증권상품으로 분류되어 증거금제도와 같은 복잡한 절차 없이 증권시장에서 거래된다.

여기서 워런트(warrant)라는 용어는 신주인수권부사채를 발행할 경우에 채권자에게 발행회사의 주식을 인수할 수 있는 권리를 부여하는 신주인수권증권을 의미한다. 이 경우에 신주인수권 소유자가 권리를 행사하면 그 증권을 발행한 상장회사가 신주를 발행하여 교부하게 된다. 반면에 ELW는 상장회사가 아닌 제3의 금융기관(증권회사)이 발행하며, ELW 보유자의 권리행사시 증권회사가 보유중인 주식을 지급하거나 주식시장에서 매입하여 지급하는 제도이다.

2. ELW의 특징

ELW는 적은 투자비용으로 동일한 주식을 사고팔 수 있는 레버리지 효과가 크다는 특징이 있다. 콜 ELW는 기초자산의 작은 가격상승에도 ELW의 가격이 큰 폭으로 상승하는 레버리지 효과가 있다. 콜 ELW는 레버리지 효과를 이용하여 적은 투자금액으로 고수익을 달성할 수 있는 반면 시장상황이 돌변할 경우에는 주가의 하락폭보다 더 큰 폭으로 가치가 떨어질 수 있는 위험성이 있다.

ELW의 투자자는 매수포지션만 보유하기 때문에 손실은 ELW가격에 한정되는 반면 이익은 무한대로 확대될 수 있다. ELW매수를 통해 보유자산의 가격이 원하지 않는 방향으로 변화함에 따라 발생하는 위험을 회피하고 보유자산의 가치를 일정하게 유지할 수 있다. 활황장세(bullish market)이든 침체장세(bearish market)이든 시장상황과 무관하게 투자기회는 항상 존재한다. 거래소시장에 상장되며 발행자의 유동성 공급으로 투자자는 쉽게 거래할 수 있다.

3. ELW의 종류

1) 권리의 종류에 따른 분류

콜 ELW(call ELW)는 미래에 강세장이 예상될 때 매수하는 것으로 만기에 기초자산을 권리행사가격으로 발행자로부터 인수하거나 그 차액(만기평가가격－권리행사가격)을 수령할 수 있는 ELW이다. 만기에 예상과 같이 기초자산의 가격이 상승하면 이익을 얻을 수 있다.

풋 ELW(put ELW)는 미래에 약세장이 예상될 때 매수하는 것으로 만기에 기초자산을 권리행사가격으로 발행자에게 인도하거나 그 차액(권리행사가격－만기평가가격)을 수령할 수 있는 ELW이다. 만기에 예상과 같이 기초자산의 가격이 하락하면 이익을 얻을 수 있다.

2) 구조에 따른 분류

기본구조 ELW(plain vanilla ELW)는 ELW가 일반적인 특징만 가진 옵션으로 만기와 행사가격 등 조건이 단순한 콜과 풋 구조인 ELW이다. 이색구조 ELW(exotic ELW)는 콜 ELW와 풋 ELW가 기초자산 가격의 상승이나 하락에 비례하여 수익이 발생하지 않고 일정수준에 도달시 미리 정해진 수익으로 확정되어 지급되는 구조의 ELW이다.1)

3) 기초자산에 따른 분류

개별주식워런트(single stock warrant)는 기초자산이 개별주식이며 일반적으로 대형우량주(blue chip)를 기초자산으로 하여 발행되는 ELW이다. 이 ELW는 일반투자자의 참여가 쉽고 유동성이 높다.

바스켓워런트(basket warrant)는 2개 이상 복수의 기초자산 바스켓 또는 포트폴리오를 대상으로 발행되는 ELW이다. 이 ELW는 일반적으로 특정산업에 속하는 기업들의 주식 전체를 대상으로 발행된다.

---

1) ELW의 조기종료제도는 기초자산이 조기에 종료발생의 기준가격에 도달하거나 초과할 경우 조기종료 발생일에 해당 종목을 상장폐지시키거나 워런트 효력을 자동적으로 종료시키는 제도이다. 이러한 ELW를 녹아웃 ELW(knock-out ELW)라고 한다.

Ⅱ. ELW시장의 상장

1. ELW의 발행조건

ELW의 발행조건은 발행인인 증권회사가 투자자의 수요 등 시장수요를 반영하여 자유롭게 결정하는 것이 원칙이다. 이 발행조건은 기초자산(주식/주가지수), 권리유형(콜/풋), 행사가격, 만기, 권리행사기간(유럽형/미국형), 만기결제방식(현금결제/실물인수도결제), 전환비율 등이 있는데, 이들은 주식워런트증권의 가격이나 투자자의 투자의사결정에 중요한 영향을 미친다.

2. ELW의 상장조건

〈표 7-3〉 ELW의 상장조건

구 분	상장조건
발행인	증권 및 장외파생상품을 인가받은 투자매매업자로 순자본비율이 150% 이상
기초자산	• 코스피200 구성종목 중 거래소가 분기별로 공표하는 50종목 및 코스닥150 구성종목 중 거래소가 월별로 공표하는 5종목(별도로 정한 기준에 따라 시가총액, 일평균거래대금 등을 고려하여 선정) • 코스피200지수, 니케이225지수, 항셍지수
공모	모집·매출로 발행되었을 것
발행총액	발행총액 10억원 이상
잔존권리행사기간	잔존권리행사기간이 상장신청일 현재 3월 이상 3년 이내
유동성 공급	직접 유동성공급계획을 제출하거나 1사 이상과 계약 체결

Ⅲ. ELW의 거래제도

1. ELW의 매매제도

투자자의 편의도모를 위해 주식시장 매매제도를 준용하였기 때문에 ELW의 매매방법은 일반적인 주식거래방법과 거의 동일하나 가격제한폭, 주문의 종류, 매매체결의 특례, 신용거래 등에서 차이가 있다.

〈표 7-4〉 ELW의 매매제도

구 분	매매제도 내용
매매시간	09:00～15:30
호가가격단위	5원
매매수량단위	10증권
가격제한폭	높은 가격변동성을 고려하여 가격제한폭 적용 배제
주문의 종류	지정가주문
매매체결의 특례	신고대량, 장중대량, 바스켓, 시간외 매매 등 적용 배제
매매거래의 중단	• 주식시장 매매거래 중단(CB) 및 재개시 ELW시장도 중단 및 재개 • 기초주권 매매거래 정지 및 재개시 ELW 정지 및 재개 • ELW 발행회사와 관련하여 ELW 주가 또는 거래량 급변시 정지 및 재개
대용증권	높은 가격변동성에 따른 담보가치 급락가능성으로 지정 제외
신용거래	허용하지 않음

2. ELW의 결제제도

ELW의 결제는 T+2일 결제로서 통상 주식의 결제방법과 동일하다. 즉, 거래성립일로부터 기산하여 2일째 되는 날에 ELW와 매매대금의 수수를 하게 된다. ELW는 예탁기관에 전부 예탁되어 있으므로 증권회사간의 계좌대체를 통하여 ELW의 양수도가 이루어지게 된다. ELW 결제는 현금결제이며, 만기시 행사가치가 있는 경우 T+2일에 발행자가 자동으로 결제한다. ELW의 행사가치가 있는 경우 정산금액은 만기평가가격과 행사가격의 차이에 전환비율을 곱하여 계산한다.

Ⅳ. 우리나라 ELW의 발행상품

1. 개별주식워런트

개별주식워런트(single stock warrant)는 개별주식 중에서 대량우량주(blue chip)를 기초자산으로 발행되는 워런트이다. 이러한 워런트 종목은 코스피100지수를 구성하는 100개의 개별주식과 코스닥150지수 구성종목 중 시가총액 상위 5개의 개별주식이 해당된다. 이러한 ELW는 주로 일반투자자들이 참여하여 유동성이 높은 상품이다.

2. 바스켓워런트

바스켓워런트(basket warrant)는 코스피100지수를 구성하는 100개의 개별주식과 코스닥150지수 구성종목 중에서 2개 이상 복수의 기초자산 바스켓 또는 특정 포트폴리오를 대상으로 발행되는 ELW를 의미한다. 이러한 ELW는 일반적으로 특정 산업군(market sector)에 속하는 기업들을 대상으로 발행되므로 해당 산업 전체의 주가변동에 연계된 수익률을 원하는 투자자들에게 적절한 상품이다.

3. 주가지수워런트

주가지수워런트(stock index warrant)는 기초자산을 주가지수로 하여 발행되는 ELW이다. 현재 대상지수는 코스피200지수, NIKKEI225지수, 홍콩항셍지수 등이 있다. 이러한 ELW는 시장 전체에 대한 투자 혹은 주가지수에 대한 헤지의 수단으로 이용되고 있다.

4. 우리나라 ELW시장의 상장현황

현재 우리나라 ELW시장의 상장종목수는 2025년 9월 기준으로 1,967개이고 시가총액은 약 10.7조원 규모로 과거에 비해 많이 축소되었다.

〈표 7-5〉 ELW 상장 현황

구 분	2020년 9월	2025년 9월
상장종목수	3,292	1,967
상장증권수(천주)	53,810,370	22,182,500
시가총액(백만원)	34,110,411	10,701,039
거래량(월합계, 천주)	21,095,429	6,476,974
거래대금(월합계, 백만원)	2,866,981	2,101,460

자료 : KRX 정보데이터시스템, 「쉽게 보는 통계, 주요통계, 증권상품, 주요통계추이」

PART III

파생상품시장과 펀드시장

제 8 장 파생상품시장

제 9 장 펀드(집합투자기구)시장

chapter 8

파생상품시장

제 1 절 파생상품시장의 개요

Ⅰ. 파생상품시장의 역사

1. 선물시장의 유래 및 발달

17세기경에 일본 오사카의 '도지마쌀거래소'에서는 오늘날 선물거래소와 유사한 기능을 갖춘 쌀을 대상으로 하는 물표가 거래되었다. 오사카에 거주하는 영주(藩主 : 반슈)들은 경비를 조달하기 위해 가을에 수확 예정인 쌀을 담보로 물표를 발행하여 경비를 조달하였다. 이러한 물표는 주로 도지마쌀거래소의 상인들 사이에서 거래되었다.

현대적 의미의 선물거래소는 1848년 미국의 시카고에서 시작되었는데, 82명의 소맥분 상인들이 모여 옥수수 등 곡물 선물계약을 주요 매매대상으로 세계 최초로 조직화된 시카고상품거래소(CBOT : Chicago Board of Trade)를 설립하였다. 1899년에는 버터와 계란의 선물계약을 주요 매매대상으로 하는 시카고상업거래소(CME : Chicago Mercantile Exchange)가 설립되었다. CME는 1972년에 기존의 상품선물 거래조직과 분리하여 국제통화시장(IMM : International Monetary Market)을 개설하고 7개국의 통화에 대한 통화선물거래를 시작하였다. 특히 CME는

2006년에 CBOT를 합병·인수하였을 뿐만 아니라 2008년에는 원유와 천연가스 중심의 선물거래소인 뉴욕상업거래소(NYMEX : New York Mercantile Exchange)까지 인수하여 오늘날 세계 선물시장의 발전에 주도적인 역할을 하고 있다.

2. 옵션시장의 유래 및 발달

옵션거래가 최초로 등장하게 된 것은 17세기경 네덜란드의 튤립시장에서 튤립을 기초자산으로 하는 옵션이 거래되기 시작하면서부터이다. 미국에서도 18세기말부터 증권중개업자들이 옵션중개인협회를 조직하여 뉴욕을 중심으로 주식옵션을 장외에서 거래하기 시작하였다.

조직적 시장에서 옵션거래가 이루어진 것은 1973년 시카고옵션거래소(CBOE : Chicago Board Options Exchange)에서 16개로 이루어진 주식 콜옵션을 거래하면서부터이며, 이후 1977년에는 주식 풋옵션이 상장되었다. 현재 미국에서는 500개가 넘는 개별주식에 대한 옵션이 시카고옵션거래소(CBOE), 미국증권거래소(AMEX : American Stock Exchange), 뉴욕증권거래소(NYSE : New York Stock Exchange) 등에서 거래되고 있다.

3. 우리나라 파생상품시장

우리나라에서 선물거래를 가장 먼저 시도한 곳은 조달청이다. 1974년 '주요물자 해외 선물거래규정'에 따라 조달청은 8개 농산물 원자재를 대상으로 선물거래를 하였다. 1990년대에 위험관리의 수단으로서 파생상품시장 개설의 필요성을 인식하고 여의도 증권거래소에서 1996년 5월에 코스피200선물시장이 최초로 개설되었으며, 1997년 7월에는 코스피200옵션시장이 개설되었다.

1999년 4월에는 부산의 선물거래소가 개설되었고 금리선물, 미국달러통화선물 및 옵션, 금선물 등이 상장되어 거래를 시작하였다. 2001년에는 코스닥50주가지수선물과 코스닥50주가지수옵션이 상장되었고, 2002년에는 주식옵션, 국채선물옵션, 통안증권금리선물 등이 상장되었으며, 2003년에는 5년국채선물이 상장되어 거래를 시작하였다. 2009년 2월에 새로운 자본시장법에 따라 한국증권선물거래소가 한국거래소(KRX)로 개명하여 선물과 옵션이 거래소의 파생상품시장에서 통합되어 거래되고 있다. 2024년에는 30년국채선물과 코스닥글로벌지수선물도 거래소 시장에 개설되었다.

Ⅱ. 파생상품시장의 의의와 기능

1. 파생상품시장의 의의

파생상품시장(derivatives market)은 선도, 선물, 옵션, 스왑 등의 파생상품이 거래되는 시장이다. 이러한 파생상품시장은 시장의 존재여부에 따라 장내파생상품시장과 장외파생상품시장으로 분류된다.

장내파생상품시장은 파생상품을 표준화하여 조직화된 거래소에서 거래가 이루어지는 시장으로, 선물과 옵션이 거래된다. 우리나라의 한국거래소(KRX)가 대표적인 장내파생상품시장이다. 장외파생상품시장은 거래소 이외의 시장으로 계약당사자간에 자유롭게 거래하는 시장이다. 이 시장에서는 선도와 스왑이 대표적으로 거래된다.

2. 파생상품시장의 기능

1) 위험전가의 기능

파생상품시장은 현물가격의 불리한 가격변동의 위험을 원하지 않는 헤저로부터 가격변동위험을 감수하면서 보다 높은 이익을 추구하려는 투기자로 위험을 전가하는 기능을 수행한다.

2) 가격예시의 기능

파생상품시장은 현재 시점에서 미래 현물가격에 대해 시장참여자들에게 가격을 예측할 수 있도록 하는 기능을 수행한다.

3) 자본형성의 기능

파생상품시장은 투기자의 자금을 시장으로 흡수하여 기업에 안정적으로 투자하는 헤저들의 자금을 효율적으로 관리할 수 있도록 함으로써 기업의 자본형성에 도움을 주는 기능을 수행한다.

4) 자원배분 효율성의 기능

파생상품시장은 기초상품의 공급시기를 적절히 조절하게 하여 시기별로 자원의 효율적인 배분기능을 수행한다.

Ⅲ. 파생상품시장의 거래유형

파생상품시장은 원래 시장참여자들에게 노출된 가격변동의 위험을 회피하게 하는 수단으로 설계되었다. 즉, 헤지거래자들에게 주가의 변동으로 발생하는 위험을 회피하도록 하는 것이 주목적이다. 그러나 최근에는 투기거래자, 차익거래자, 스프레드거래자들이 투자수단으로 파생상품을 이용하는 경향도 강하게 나타나고 있다. 이러한 거래자 유형을 현물시장과 파생상품시장의 거래형태로 살펴보면 [그림 8-1]과 같다.

[그림 8-1] 현물시장과 파생상품시장의 거래형태

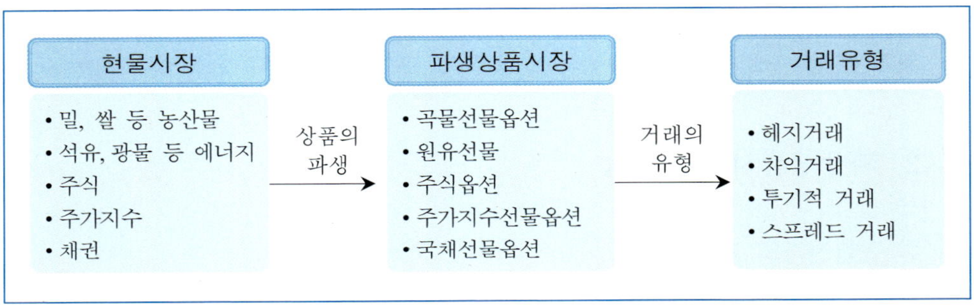

1. 헤지거래

헤지거래(hedge transaction)는 현재 보유하고 있는 현물의 가격변동에 따른 위험을 회피하기 위하여 파생상품시장에서 반대되는 포지션(position)[1]을 취하는 거래이다. 최근에 주식시장의 가격변동성이 커지면서 이에 대한 위험관리의 수단으로 파생상품의 이용이 증가하고 있다. 만약, 현물가격과 선물가격이 동일한 방향으로 변화하면 현물시장에서의 손실이 선물시장에서의 이익에 의하여 상쇄되어 위험을 관리할 수 있는데, 이러한 경우를 헤지(hedge)라고 한다. 이러한 헤지거래는 선물을 이용한 헤지거래와 옵션을 이용한 헤지거래가 있다.

1) 한국거래소의 증권용어사전에 의하면 position은 매매계약이 체결된 뒤 아직 결제되지 않은 상태의 약정수량을 의미한다. 신규로 매입한 것을 매수포지션(long position)이라고 하며, 매도한 것을 매도포지션(short position)이라고 한다. 결제일이 되면 이와 같은 포지션은 모두 청산해야 한다. 선물을 예로 들면 이해가 쉽다. 선물은 미래의 특정시점에 사거나 팔기로 하는 계약이다. 따라서 선물은 현재 특정자산을 사고파는 것이 아니라 미래의 특정시점에 가서야 사거나 파는 행위가 이루어진다. 그러므로 매수하거나 매도할 때 투자자들은 buy나 sell이라는 용어를 사용하지 않고 long이나 short라는 용어를 사용한다.

1) 선물을 이용한 헤지거래

선물을 이용한 헤지거래는 현물시장에서 현재 보유하고 있는 현물 또는 장래에 보유예정인 현물의 가격하락으로 인한 가치감소 가능성에 대비하여 선물에 대해 매도포지션을 취함으로써 위험을 회피하기 위한 거래이다.

이러한 선물에 의한 헤지는 현물의 가격하락에 대한 위험을 헤지하기 위해 선물을 매도하는 매도헤지(short hedge), 가격상승의 위험을 회피하기 위해 선물을 매수하는 매입헤지(long hedge), 그리고 헤지하고자 하는 현물상품을 대상으로 하는 선물이 없을 경우에 현물상품과 유사한 선물계약을 이용하여 헤지하는 교차헤지(cross hedge)가 있다.

한편 헤지거래는 현물의 가격변동의 위험을 헤지하기 위해 선물을 매입하지만 선물가격과 현물가격의 차이로 인한 베이시스만큼 불완전한 헤지가 이루어질 수 있는데, 이를 베이시스 위험(basis risk)이라고 한다.

2) 옵션을 이용한 헤지거래

옵션을 이용한 헤지거래는 옵션매수자가 유리하면 권리를 행사하고 불리하면 권리를 포기하는 비대칭성 때문에 다양한 헤지수단을 제공할 수 있다. 옵션의 헤징전략은 현물을 보유한 경우 가격하락에 따른 손실을 보전하기 위하여 풋옵션을 매수하는 방어적 풋(protective put)과 콜옵션을 매도하는 커버드 콜(covered call)이 있다.

2. 차익거래

차익거래(arbitrage transaction)는 어떠한 위험도 부담하지 않고 가격차이를 이용하여 이익을 얻을 수 있는 거래를 의미한다. 차익거래의 발생은 소액이지만 확정적으로 얻을 수 있는 이익이다. 가격차이가 발생할 경우에는 거래가 즉각적으로 이루어져야 하기 때문에 일반적으로 프로그램매매에 따라 거래가 이루어진다. 이러한 차익거래는 현물시장과 선물시장 간, 현물시장(또는 선물시장)과 옵션시장 간의 가격차이로 인해 발생한다.

1) 현물시장과 선물시장 간의 차익거래

현물시장과 선물시장 간의 차익거래는 선물의 시장가격과 이론가격 간에 괴리가 발생하였을 때 이를 이용하여 무위험 수익을 얻을 수 있는 거래이다. 이러한 차익거래는 선물의 시장가격이 이론가격보다 높은 경우에 선물을 매도하여 현물을 매수하는 거래가 이루어진다.

2) 현물시장(또는 선물시장)과 옵션시장 간의 차익거래

현물시장(또는 선물시장)과 옵션시장 간의 차익거래에는 컨버전과 리버설이 있다. 이러한 차익거래를 알기 위해서는 먼저 합성선물을 이해해야 한다. 합성선물(synthetic futures)은 콜옵션과 풋옵션을 합성하여 선물을 만들어내는 것이다. 합성선물의 매수는 동일한 행사가격을 가진 콜옵션을 매수하고 풋옵션을 매도하는 방법으로 이루어지는데, 이는 선물의 매수와 동일한 효과가 발생한다. 그리고 합성선물의 매도는 동일한 행사가격을 가진 콜옵션을 매도하고 풋옵션을 매수하는 방법으로 이루어지는데, 이는 선물의 매도와 동일한 효과가 발생한다. 이러한 합성선물의 가격은 선물가격 및 현물가격과 비교하여 차익거래에 이용한다.

컨버전(conversion)은 합성선물가격이 선물가격 또는 현물가격보다 높다면 가격이 상대적으로 높은 합성선물을 매도(콜옵션을 매도하고 풋옵션을 매수하는 합성거래)하고 상대적으로 저렴한 선물 또는 현물을 매수하는 차익거래가 이루어지는 것을 의미한다.

반대로 리버설(reversal)은 합성선물가격이 선물가격 또는 현물가격보다 낮다면 가격이 상대적으로 높은 선물 또는 현물을 매도하고 가격이 낮은 합성선물을 매수(콜옵션을 매수하고 풋옵션을 매도하는 합성거래)하는 차익거래가 이루어지는 것을 의미한다.

3. 투기적 거래

투기적 거래(speculative transaction)는 많은 위험이 있는 자산에 투자하여 높은 이익을 취하는 거래를 의미한다. 이러한 투기적 거래는 일반인에게 부정적인 이미지를 주지만 선물시장과 옵션시장에서 유동성을 제공하는 순기능도 있다. 즉, 시장측면에서 보면 투기자(speculator)는 헤지거래자가 전가하려는 위험을 받아주는 역할을 하므로 시장의 유동성에 있어 중요한 위치를 차지하고 있다. 만약, 투기적 거래가 없다면 선물시장과 옵션시장에서 헤지거래자는 거래의 상대방이 없기 때문에 원하는 시점에 헤징을 위한 거래를 할 수 없게 된다.

투기적 거래는 투기적 거래자에게 위험이 크지만 고수익을 얻을 수 있는 새로운 투자처를 제공하는 기능도 있다. 이러한 고수익이 발생하는 이유는 선물거래나 옵션거래가 현물거래에 비해 레버리지 효과가 존재하기 때문이다.

4. 스프레드 거래

스프레드 거래(spread transaction)는 같은 방향으로 가격이 움직이는 두 개의 파생상품의 가격차이를 이용하여 서로 다른 포지션을 취함으로써 이익을 얻는 거래이다. 이러한 스프레드 거래의 위험은 투기적 거래와 차익거래의 중간 정도이다. 즉, 스프레드 거래는 같은 방향으로 가격이 움직이는 두 가지 종목에 서로 다른 포지션을 취하기 때문에 투기적 거래보다 위험이 작고, 서로 가격의 변동폭이 다른 것에 베팅하는 것이므로 차익거래보다 위험이 크다.

1) 선물의 스프레드 거래

선물의 스프레드 거래는 만기 또는 종목이 서로 다른 두 가지 선물계약을 대상으로 하나의 선물을 매수함과 동시에 다른 하나의 선물을 매도하는 거래를 의미한다. 이러한 거래는 상품내 스프레드와 상품간 스프레드가 있다. 선물스프레드 거래의 가격은 원월물의 가격에서 근월물의 가격을 뺀 수치를 말한다. 원월물을 기준으로 하여 스프레드 매도는 원월물 매도와 근월물 매수, 스프레드 매수는 원월물 매수와 근월물 매도를 의미한다.

상품내 스프레드(intra-commodity spread)는 동일한 상품내에서 서로 만기가 다른 두 선물종목에 대해 각각 매수와 매도 포지션을 동시에 취하는 거래를 의미하는데, 이를 시간스프레드(calendar spread)라고도 한다. 상품간 스프레드(inter-commodity spread)는 기초자산이 서로 다르지만 두 자산가격의 상관관계가 높은 경우 이를 기초자산으로 하는 선물간 스프레드 거래이다.

2) 옵션의 스프레드 거래

옵션의 스프레드 거래는 종류가 서로 같은 옵션 중에서 만기나 행사가격이 서로 다른 두 가지 종류 이상의 옵션을 결합하여 각각 매도 포지션과 매수 포지션을 동시에 취하는 거래를 의미한다. 여기서 행사가격이 서로 다른 옵션을 이용하는 거래를 수직스프레드(vertical spread)라 하고, 만기가 서로 다른 옵션을 이용하는 거래를 수평스프레드(horizontal spread) 또는 시간스프레드(time spread)라고 한다.

Ⅳ. 파생상품시장의 야간거래

1. 도입배경

한국거래소는 2009년부터 해외거래소(CME, Eurex)와 연계 형태로 야간거래를 제공하였다. 야간거래는 투자자에게 야간시간대 해외시장의 주가와 환율의 변화에 대한 리스크 관리수단과 다양한 투자전략을 제공한다. 한국거래소는 그동안 축적된 시장운영 경험과 IT 기술 역량을 바탕으로 2025년 6월부터 자체적으로 야간거래를 운영하고 있다.

2. 기대효과

1) 비용의 절감

KRX 야간거래는 정규거래와 동일하게 KRX 회원을 통해 바로 KRX 파생상품을 거래할 수 있다. 기존 Eurex 연계거래의 경우 KRX 회원을 통해 Eurex 회원을 경유하여 거래하던 복잡한 절차에 비하여 간소화되었다. 이에 따라 회원사 측면에서 시장참여비용이 감소할 수 있고, 투자자 입장에서 거래비용이 절감될 수 있다.

2) 시장운영 안정성

KRX가 직접 운영하는 시장에서 거래가 이루어짐에 따라 적시에 제도 및 시스템 개선이 가능하다. 기존 연계거래에서 발생가능했던 국가간 네트워크 이슈와 같은 통제할 수 없는 위험요인을 축소할 수 있다.

3) 리스크 관리 강화

KRX 야간거래는 거래대상이 10개 상품으로 기존 Eurex 연계거래(5개)보다 크게 확대되어 운영되고 있다. 이에 따라 투자자는 보다 다양한 투자전략을 활용하여 리스크 관리를 강화할 수 있다.

4) 투자자 거래편의

야간거래는 정규거래제도를 대부분 준용하며 시스템 체계도 동일하기에 투자자의 거래편의성이 개선되었다.

3. 야간거래의 기본사항

1) 거래시간

KRX 야간거래는 18시부터 익일 6시까지 총 12시간 동안 진행되며, 호가접수는 그보다 10분 앞선 17시 50분부터 개시된다.

2) 거래일

야간거래의 거래일은 종료시점의 날짜가 기준이 된다. 즉, 오늘(T일) 18시에 개시하는 야간거래는 내일(T+1일) 새벽 6시에 종료되므로 내일(T+1일) 정규거래와 함께 내일(T+1일)의 거래가 된다.

3) 휴장일

야간거래의 휴장일은 야간거래 개시시점을 기준으로 판단한다. 야간거래 개시시점이 속한 날이 정규거래의 휴장일이면 당일 야간거래는 개시하지 않는다.

4) 대상상품

야간거래의 대상상품은 코스피200선물, 미니코스피200선물, 코스닥150선물, 코스피200옵션, 미니코스피200옵션, 코스피200위클리옵션(월 · 목물), 코스닥150옵션 등 7개와 미국달러선물, 3년국채선물, 10년국채선물 등 총 10개가 있다.

4. 야간거래의 매매 및 결제

1) 매매제도

야간거래는 시장참가자의 거래편의성 및 글로벌 정합성 등을 고려하여 호가의 종류, 조건, 취소 및 정정 등은 모두 정규거래와 동일한 요건이 적용된다. 정규거래와 야간거래 간 호가의 효력은 서로 영향을 미치지 않는다. 한편 야간거래에서는 가격제한비율, 최대가격폭, 호가수량한도가 정규거래보다 축소되어 운영되고 있다.

2) 결제제도

야간거래는 종료 후 개시하는 정규거래와 동일한 거래일로 본다. 따라서 오늘 개시하는 야간거래분은 내일 정규거래분에 포함시켜 차감결제를 진행한다.

제 2 절 선물시장의 이해

Ⅰ. 선물시장의 개요

1. 선물시장의 개념

선물시장(futures market)은 선물거래가 이루어지는 시장으로 수량이나 품질 등이 표준화되어 있는 상품 또는 금융자산을 계약시점에 정해진 가격으로 장래의 일정시점에 인수도할 것을 약속하는 거래가 조직화된 시장이다. 선물거래는 선도거래와 유사한 개념이지만 다음과 같은 특징이 있다.

1) 조직화된 거래소

선물거래는 정형화되고 조직화된 선물거래소라는 시장에서만 발생한다. 우리나라 한국거래소(KRX)는 선물이 거래되는 시장이다.

2) 표준화된 계약조건

선물거래는 대상상품의 품질과 수량, 인수도 시점 및 조건, 거래가격의 변동폭 등의 계약조건이 사전에 표준화되어 있다.

3) 청산소의 존재

선물거래의 참여자가 안심하고 매매하기 위해 계약의 이행을 보장하는 청산소가 존재한다. 우리나라는 현재 한국거래소가 청산소의 기능을 수행한다.

4) 증거금 및 일일정산제도

선물거래는 매매 당사자에게 계약의 이행을 보증하도록 일정비율의 증거금을 요구하고, 계약의 이행을 준수할 수 있도록 일일정산으로 증거금을 관리한다.

5) 청산방법

선물거래에서는 실물의 인수도 방식은 미미하게 이루어지고 주로 현금결제방식을 채택하고 있다. 그리고 선물거래에서는 최종결제일 이전에도 반대매매를 통해 계약을 종료시킬 수 있다.

2. 선물거래의 기능

1) 가격변동의 위험회피 기능

현물보유자가 가격하락을 예상할 경우에는 현물보유량만큼을 선물시장에서 매도하여 현물가격 하락에 따른 손실액을 선물시장에서 얻는 이익으로 보전할 수 있게 된다. 한편 장래에 현물이 필요한 사람이 현물가격 상승을 예상할 경우에는 필요한 수량만큼을 선물시장에서 매수계약을 해두면 가격상승에 따른 기회손실액을 선물시장에서의 이익으로 보전할 수 있다. 이러한 위험회피 기능이 선물거래의 가장 의의 있는 기능이다.

2) 현물시장의 거래활성화 및 가격안정화 기능

현물투자자들은 선물거래를 통해 가격변동위험을 투기자에게 전가함으로써 현물투자에 대한 위험이 감소된다. 따라서 현물투자자들은 현물시장투자를 확대할 수 있게 된다. 그리고 차익거래자는 선물시장과 현물시장의 왜곡된 가격으로부터 차익을 얻기 위해 선물시장과 현물시장을 동시에 이용하기 때문에 현물시장의 거래가 활성화된다. 또한 현물시장과 선물시장 간의 왜곡된 가격을 이용한 차익거래의 빈번한 발생이 현물시장의 수급과 가격에 영향을 미치므로 현물시장의 가격이 보다 합리적으로 형성되고 안정화될 수 있다.

3) 미래가격의 예측 기능

선물시장에서는 다수의 참여자가 현물의 장래가격과 관련된 각종 정보를 수집·분석·예측하고 이를 바탕으로 가격경쟁을 통하여 장래 특정시점에서의 현물가격 예측치인 선물가격이 형성됨에 따라 그 선물가격의 공정성과 신뢰도가 높다. 이에 따라 선물시장에서의 선물가격을 통해 미래의 현물가격을 예측할 수 있게 된다.

4) 새로운 투자수단의 제공 기능

선물거래는 비교적 적은 금액으로 큰 규모의 거래가 가능하므로 투자원금에 대한 수익률이 매우 높아 투자자들에게 좋은 투자수단을 제공하는 기능을 수행한다.

Ⅱ. 선물시장의 구조

1. 선물거래소

선도거래와 달리 선물거래는 선물거래소(futures exchange)라고 하는 조직화된 시장에서 거래가 이루어진다. 선물거래소는 회원제로 구성되어 있으며 비영리기관이다. 따라서 선물시장을 통해 선물의 매입과 매도를 하고자 하는 투자자들은 거래소의 회원에게 위탁해야 한다. 우리나라 선물거래소는 한국거래소에 통합되어 있다.

2. 청산소

청산소(clearing house)는 투자자의 거래상대방이 되어 결제를 행하는 기관이다. 선물시장에서는 궁극적으로 선물거래소와의 거래가 이루어지며, 거래의 결제도 거래소를 상대로 이루어진다. 따라서 선물거래소가 청산소가 된다.

3. 선물중개인

선물중개인(futures broker)은 고객의 주문을 처리하는 서비스를 제공하며 이에 대한 대가로 일정액의 수수료를 받는다. 이러한 선물중개인은 거래소의 회원과 비회원이 있다. 선물투자자의 주문은 거래소 회원만이 처리할 수 있다. 한국거래소의 파생상품회원은 자기명의로 결제에 참가할 수 있는 거래소결제회원, 매매만을 전문으로 수행하고 결제는 거래소결제회원에게 위임하는 매매전문회원으로 분류되어 있다.

4. 선물투자자

선물투자자(futures investor)는 위험을 회피하고자 참여하는 위험회피자, 현물과 선물의 가격차이를 이용하여 시세차익을 얻고자 하는 차익거래자, 선물의 가격변동에 따른 이익을 얻고자 참여하는 투기거래자, 그리고 같은 방향으로 가격이 움직이는 두 개의 파생상품의 가격차이를 이용하여 서로 다른 포지션을 취하여 이익을 얻고자 참여하는 스프레드투자자 등이 있다.

Ⅲ. 선물거래의 조건

1. 거래대상

선물의 거래대상은 기초자산을 무엇으로 선별하여 선물거래를 할 것인가의 문제이다. 선물의 다섯 가지 종류별로 거래대상을 살펴보면 ① 지수선물은 주가지수, ② 주식선물은 개별주식, ③ 금리선물은 채권이나 금리, ④ 외환선물은 미국달러나 엔화, ⑤ 상품선물은 금이나 돈육 등이 거래대상이다.

거래대상의 상품으로 적합한 선별조건은 현물시장의 규모가 크고, 가격변동폭이 심해야 하며, 거래조건의 표준화가 가능해야 하고, 현물시장의 독과점이 없어야 하며, 정부의 규제가 적어야 한다.

2. 거래단위

선물은 상품마다 표준화된 거래단위가 있으며 1계약 단위로 거래된다. 예를 들면 코스피200선물 1계약은 코스피200지수×25만원, 미국달러선물 1계약은 미화 1만달러를 거래단위로 사용한다. 이와 같은 거래단위는 선물의 원활한 거래를 위해 매우 중요한 사항이다.

거래단위가 너무 작으면 잦은 거래를 해야 하는 투기자들에게는 너무 많은 거래비용이 발생하기 때문에 원활한 거래가 이루어지기 어렵다. 반대로 거래단위가 너무 크면 헤저들은 헤지에 필요한 만큼 거래하기가 어렵게 된다. 이러한 문제를 고려하여 거래소에서는 각각의 품목에 대해 품질을 표준화하여 가장 알맞은 거래단위를 정해 놓고 있다.

3. 결제월

선물은 미래의 특정시점에 거래대상을 사고파는 계약이므로 특정시점의 결제월과 최종결제일을 정해야 한다. 코스피200선물은 분기별 마지막 월인 3월, 6월, 9월, 12월을 결제월로 정하여 1년 이내의 4개 결제월이 만들어져 거래된다. 만일 오늘이 2025년 11월 3일이라면 2025년 12월물과 2026년 3월물, 6월물, 9월물이 상장되어 거래된다. 여기서 2025년 12월물은 2025년 12월에 코스피200지수를 인수도하는 선물계약으로 '코스피200 F 202512'라는 종목명으로 표시된다. 이와 같이 1년의 12개월 전부를 결제월로 정하지 않고 3개월 간격으로 결제월을 정하고 있는 것은 결제월을 한정하여 거래를 집중시킴으로써 거래가 원활하게 이루어지게 하기 위함이다.

선물거래의 최종거래일은 결제월의 일정한 날로 정하여 선물을 최종적으로 거래할 수 있는 날이다. 최종거래일은 ① 코스피200선물, 코스닥150선물, 주식선물의 경우에는 두 번째 목요일이고, ② 금리선물의 경우에는 세 번째 화요일이며, ③ 외환선물은 세 번째 월요일이다.

한편 최종결제일은 결제월의 특정일자에 거래대상을 인수도하는 일자이다. 현금으로 결제되는 코스피200선물, 코스닥150선물, 주식선물, 3년국채선물 등의 최종결제일은 최종거래일 다음 거래일이며, 실제로 기초자산을 인수도하는 미국달러선물, 엔선물, 유로선물 등은 최종거래일로부터 기산하여 3일째 되는 거래일이 최종결제일이다.

4. 호가단위

호가단위(quotation unit)는 투자자들이 주문을 할 때에 표준화된 최소 가격단위를 의미한다. 코스피200선물의 호가단위는 0.05포인트, 코스닥150선물은 0.10포인트, 3년국채선물은 0.01포인트이다. 이러한 호가단위에 거래승수를 곱하면 1틱의 금액이 된다. 즉, 코스피200선물의 호가단위 0.05포인트에 거래승수 25만원을 곱한 12,500원이 1틱의 금액이 된다.

5. 가격제한폭

주식과 마찬가지로 선물도 급격한 가격변동으로 인한 거래질서의 혼란을 막기 위해 하루 동안에 등락할 수 있는 가격제한폭을 설정해 놓고 있다. 이러한 선물의 가격제한폭은 상품별로 각각 다르다. 주가지수선물거래의 가격제한폭은 단계별로 시간차(5분)를 두고 1단계 ±8%, 2단계 ±15%, 최종 3단계 ±20%를 적용한다. 주식선물거래와 ETF선물거래는 1단계 ±8%, 2단계 ±15%, 3단계 ±20%를 적용한다. 다만, 08:45~09:00 및 야간거래시간에는 1단계만 적용한다. 가격변동폭(restriction of price range)은 단위당 변동금액으로 정하는 방법과 전일가격에 대한 변동비율을 기준으로 정하는 두 가지 방법이 있는데, 우리나라 주가지수선물의 경우 후자에 의한 방법을 채택하고 있다.

Ⅳ. 선물거래의 절차

선물거래는 거래소 회원을 통해 거래소라는 지정된 장소에서 거래된다. 선물거래의 매매절차는 투자자가 회원에게 계좌를 개설한 후 매입 또는 매도의 주문을 내면, 회원은 이 주문을 거래시스템을 이용해 거래소에 전달한다. 거래소는 수요와 공급의 원리에 따라 거래를 체결하고, 거래체결의 결과를 회원을 통해 투자자에게 통보한다.

한편 선물거래의 결제절차는 계약불이행의 방지를 위해 증거금과 일일정산의 제도가 도입되며, 결제는 만기일 이전에 반대매매하거나 만기일에 현물의 인수도 또는 현금결제로 최종결제한다. 이와 같은 선물거래의 절차는 [그림 8-2]와 같다.

[그림 8-2] 선물거래의 절차

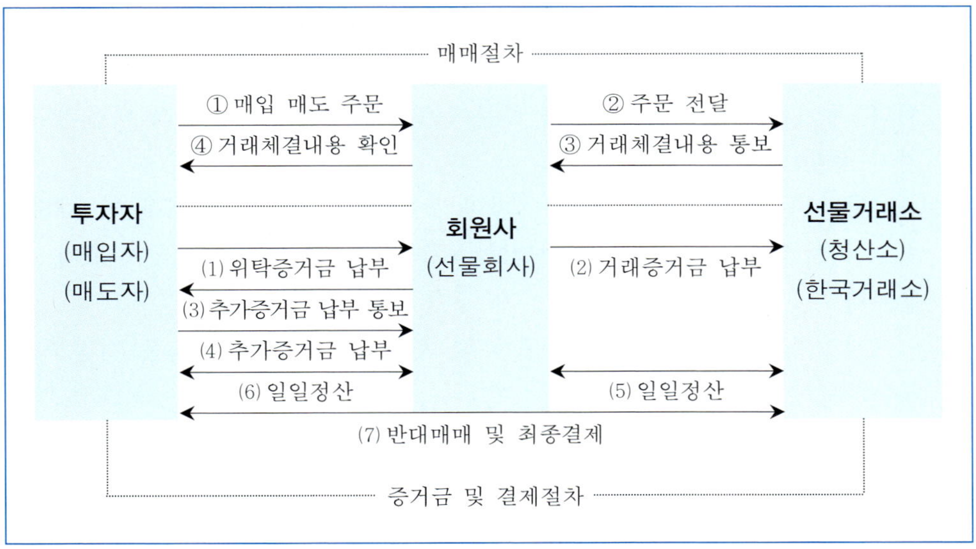

1. 계좌계설

투자자가 선물거래를 하기 위해서는 선물중개인인 거래소 회원에게 서면으로 파생상품계좌설정계약을 체결하여 선물거래의 위탁을 의뢰하는 계좌개설을 해야 한다. 선물거래는 현물과 다른 복잡한 구조를 갖고 있고 투자위험이 높은 상품이므로 거래설명서를 읽어 본 후에 거래개설약정서를 작성해야 한다. 계좌개설은 투자목적과 계약내용에 따라 다음과 같이 네 가지의 종류가 있다.

일반계좌는 개인이 선물계좌를 개설하여 주문과 증거금 납부 등 선물거래와 관련된 의사결정에 대한 모든 책임을 투자자가 스스로 지는 계좌이다. 법인계좌는 법적으로 선물거래의 허가를 취득한 법인이 개설하는 계좌이다. 일임매매계좌는 투자자가 선물거래와 관련된 모든 권한을 선물회사와 같은 타인에게 위임하는 계좌이다. 헤지계좌는 현물을 보유하고 있는 투자자가 자신이 헤저임을 증명하는 증서를 제출한 후 선물거래의 계좌를 개설한 것이다.

2. 주 문

투자자는 문서에 의한 방법, 전화 등에 의한 방법, 전자통신에 의한 방법을 통해 파생상품계좌를 개설한 회원에게 주문을 제출해야 한다. 일반적으로 투자자가 주문을 제출할 때 파생상품의 유형 및 종목, 매도 또는 매수의 구분, 가격, 수량 등의 사항을 결정하여 주문을 하게 된다. 주문은 투자자가 회원에게 선물거래를 위탁할 때 매매하고자 하는 종목·수량·가격 등을 표시하는 의사표시이다. 투자자가 제출할 수 있는 주문에는 가격지정여부에 따라 다음과 같은 네 가지 유형이 있다.

지정가주문(limit order)은 투자자가 주문을 제출할 때 가격을 지정하는 주문으로서 지정한 가격 또는 그 가격보다 유리한 가격으로 거래를 하고자 하는 주문이다.

시장가주문(market order)은 종목 및 수량은 지정하되 가격은 지정하지 아니하는 주문이다.

조건부지정가주문(conditional limit order)은 최종약정가격을 결정하는 때에는 시장가주문으로 전환되는 것을 조건으로 하는 주문이다.

최유리지정가주문(best limit order)은 종목 및 수량은 지정하되 가격은 매도의 경우 가장 높은 매수호가의 가격, 매수의 경우 가장 낮은 매도호가의 가격을 지정한 것으로 보아 거래를 하고자 하는 주문이다.

한편 지정가주문의 경우에는 별도조건이 붙는데, 전량충족조건(FOK : fill or kill)은 주문한 수량이 모두 체결될 때까지 거래가 진행되는 방식으로 주문전달 즉시 전량 체결되지 않으면 모든 주문이 자동으로 취소되는 조건이며, 일부충족조건(FAK : fill and kill)은 주문수량의 일부만 체결되어도 거래가 종료되는 방식으로 체결가능수량만 체결하고 나머지 잔량은 취소되는 조건이다.

3. 매매체결

회원사에 접수된 주문은 신속하고 정확하게 회원사파생상품시스템을 거쳐 거래소파생상품시스템에 도달되며, 가격우선의 원칙, 시간우선의 원칙 등 매매체결원칙에 따라 체결된다. 거래소에서 매매체결이 이루어지면 거래소파생상품시스템에 도달하여 체결된 투자자의 주문은 다시 회원파생상품시스템을 거쳐 투자자에게 체결 여부 및 내용이 통보된다. 투자자의 최초 주문의 제출과 체결 및 통보가 전산상으로 신속·정확하게 자동으로 이루어지므로 투자자는 자신의 거래내용을 신속하게 확인할 수 있다.

이러한 파생상품거래는 개별경쟁거래가 원칙이나 예외적으로 협의대량거래, 기초자산조기인수도부거래, 플렉스협의거래 등은 당사자간 협의된 조건으로 거래가 가능하다.

1) 협의대량거래

협의대량거래(block trade)는 기관투자자 등 대량거래자의 거래 편의를 제공하고 대량거래에 따른 시장가격 급변을 방지하기 위해 거래당사자가 종목, 가격 및 수량에 관하여 사전에 협의하고 그 협의된 내용을 회원을 통해 거래소에 신청하여 선물거래를 체결하는 거래이다. 이 거래는 코스피200선물, 미국달러선물, 엔선물, 유로선물, 3년국채선물 등에 대해 적용하고 있다.

2) 기초자산조기인수도부거래

기초자산조기인수도부거래(EFP : exchange of futures for physicals)는 거래당사자가 선물거래의 미결제약정을 최종거래일 이전에 해소하기 위하여 종목, 가격 및 수량에 관하여 회원이 당사자간에 협의된 거래의 체결을 거래소에 신청하고, 해당 미결제약정수량에 관한 기초자산과 대금을 수수하는 제도이다. 이 거래는 현재 미국달러선물에 도입되어 있다.

3) 플렉스협의거래

플렉스협의거래(flex exchange)는 최종거래일, 최종결제방법(실물인수도 또는 현금결제), 가격 및 수량에 관하여 당사자간에 협의된 내용을 회원을 통해 거래소에 신청한 경우 거래를 체결시켜 주는 제도이다. 이 거래는 현재 미국달러플렉스선물에서 운용되고 있다.

4. 증거금 납부

선물거래는 거래대상 품목을 미래에 인수도하게 되므로 계약시점에는 손익을 계산할 수 없어 일종의 계약금 성격으로 전체 거래금액의 일부를 증거금으로 납부해야 한다. 이와 같이 선물거래는 증거금만으로 계약이 체결되기 때문에 레버리지 효과가 높은 반면 거래상대방이 결제를 이행하지 않을 위험이 상존한다. 따라서 거래소 및 회원은 파생상품시장의 변화 등 여러 가지 요소를 체계적으로 고려하여, 각 참가자별 보유 포지션(위험 노출액)에 상응하는 금액의 금전 등을 징수하고 있다.

1) 증거금의 내용

선물거래는 High-risk, High-return 상품으로 손실위험이 크므로 결제이행을 위한 담보가 항상 필요하다. 즉, 선물거래의 경우 계약시점과 결제시점 간의 간격이 장기간이므로 미결제약정을 갖고 있는 투자자로 하여금 선물가격이 자신에게 불리하게 변동될 경우 결제이행을 대비하기 위해 증거금을 납부하도록 하고 있다.

2) 증거금의 종류

증거금은 납부주체에 따라 고객이 회원에게 납부하는 위탁증거금과 회원이 거래소에 납부하는 거래증거금으로 구분되며, 납부시기에 따라 주문제출 전에 납부하는 사전증거금과 거래종료 후에 납부하는 사후증거금으로 구분한다. 현재 거래증거금은 사후증거금제도가 적용되며, 위탁증거금의 경우 적격기관투자자는 사후증거금제도가, 그 외 일반투자자는 사전증거금제도가 적용되고 있다.

위탁증거금은 투자자가 헤지거래·차익거래 또는 투기거래 등 미결제약정을 증가시키는 거래를 위해 주문을 제출할 경우 증거금을 납부해야 한다. 투자자가 파생상품계좌 개설 후 최초로 파생상품거래의 주문을 하거나 기존에 있던 미결제약정을 모두 해소한 후 익일 12시 이내에 다시 주문을 제출하는 때에는 위탁자의 신용상태 등을 감안하여 회원이 자율적으로 정하는 단계별 파생상품 기본예탁금을 납부해야 하며, 위탁증거금으로 충당된다. 고객은 현금뿐 아니라 대용증권, 외화, 외화증권으로 위탁증거금을 납입할 수 있다. 야간거래의 위탁증거금은 정규거래와 동일하게 산출된다.

회원이 거래소에 납부하는 거래증거금은 거래종료 후에 회원의 자기매매계좌 및 당해 회원에 개설된 각 위탁자의 계좌별 미결제약정에 대하여 산출한다. 거래증거금은 주문시에 증거금을 납부하는 위탁증거금과 달리 사후증거금으로서 산출일의 익일 12시까지 납부해야 하며, 전액을 대용증권으로 예탁할 수 있다.

5. 일일정산

선물투자는 계약시점에 미래의 가격을 정하게 되는데, 만기일에 가격이 어느 일방에게 크게 불리하게 되면 대금을 지급하지 못하는 경우가 발생할 수 있다. 이러한 문제점을 해결하기 위해 선물은 만기일 전에 일일정산을 통해 매 거래일마다 손익을 확정하여 정산하도록 하고 있다. 거래소는 선물거래에서 거래자가 얻은 이익이나 손실을 매일 계산하여 거래자의 계좌에 반영하는데, 이러한 제도를 일일정산제도(mark-to-market system)라고 한다. 일일정산은 평가에 따라 발생하는 손익을 일일정산차금으로 거래소와 회원 간 그리고 투자자와 회원 간에 수수하게 된다. 거래소는 각 거래일에 거래가 종료된 후 각 종목에 대하여 선물거래의 일일정산을 위한 기준이 되는 정산가격을 결정한다. 이러한 일일정산제도는 투자자가 최종거래일에 한꺼번에 결제를 이행하면 그 금액이 아주 커질 경우 결제를 불이행할 가능성이 높기 때문에 1일 거래일 단위로 정산함으로써 결제불이행을 예방하는 기능을 한다.

6. 결 제

선물거래 고유의 결제방법에는 반대매매 및 최종결제가 있다. 반대매매(covering)는 최종거래일 거래종료 시점 이전 어느 때라도 당초 매도한 것을 다시 사거나, 당초 매수한 것을 다시 파는 것을 의미하는 것으로 반대매매를 통해 보유하고 있는 포지션을 청산할 수 있다.

최종결제방식에는 현금결제방식과 현물의 인수도결제방식이 있다. 10년국채선물, 미국달러선물, 엔선물, 유로선물 및 금선물의 경우 최종거래일까지 반대매매가 되지 않고 남은 미결제약정에 대해서는 최종결제일에 기초자산을 직접 인수도하고 그에 대한 결제대금을 수수하는 방식으로 최종결제를 처리한다. 그 밖에 옵션상품은 최종거래일의 선물정산가격과 현물가격 간의 가격차이에 미결제약정수량과 거래승수를 곱하여 투자자의 계좌에 현금으로 결제를 처리한다.

제 3 절 우리나라의 선물시장

우리나라 선물시장은 1997년 한국선물거래소 설립을 시작으로 다양한 금융 및 상품 선물상품이 거래되는 시장으로, 현재는 한국거래소(KRX)에서 모든 선물·옵션상품이 통합 운영되고 있다. 2025년 9월말 기준 선물시장의 규모는 일평균 거래대금이 73.9조원, 일평균거래량이 7,748,456계약으로 크게 성장하였다.

현재 거래소에 상장되어 있는 선물상품은 주가지수상품, 변동성지수선물, 개별주식상품, ETF상품, 채권/금리상품, 통화상품, 상품선물로 구분하며, 각 분류별 선물상품은 〈표 8-1〉과 같다.

〈표 8-1〉 우리나라의 선물상품 종류

구 분	선물상품 종류
주가지수상품	• 코스피200선물 • 섹터지수선물 • 미니 코스피200선물 • 코스닥150선물 • 코스닥글로벌선물 • KRX300선물
변동성지수선물	코스피200변동성지수선물
개별주식상품	개별주식선물
ETF상품	ETF선물
채권/금리상품	• 3년국채선물 • 5년국채선물 • 10년국채선물 • 30년국채선물 • 3개월무위험지표금리선물 • 상품간스프레드
통화상품	• 미국달러선물 • 엔선물 • 유로선물 • 위안선물
commodity	• 돈육선물 • 금선물

자료 : 한국거래소 홈페이지, 「KRX시장, 시장안내, 파생상품시장」

Ⅰ. 주가지수상품

1. 코스피200선물

코스피200선물(KOSPI200 futures)은 한국거래소의 유가증권시장에 상장된 주권 200종목의 시가총액 기준으로 산출된 코스피200지수를 기초자산으로 하는 파생상품이다. 코스피200선물의 상품내용은 〈표 8-2〉와 같다.

〈표 8-2〉 코스피200선물의 상품내용

구 분	상품내용
기초자산	코스피200지수
거래단위	코스피200선물가격×25만(거래승수)
결제월	3월, 6월, 9월, 12월
상장결제월	3년 이내 7개 결제월(3, 9월 : 각 1개, 6월 : 2개, 12월 : 3개)
가격의 표시	코스피200선물 수치(포인트)
호가가격단위	0.05포인트
최소가격변동금액	12,500원(=25만원×0.05포인트)
거래시간	• 정규거래 : 08:45~15:45(최종거래일 08:45~15:20) • 야간거래 : 18:00~06:00
최종거래일	각 결제월의 두 번째 목요일(공휴일인 경우 순차적으로 앞당김)
최종결제일	최종거래일의 다음 거래일
결제방법	현금결제
가격제한폭	기준가격 대비 각 단계별로 확대 적용 (단, 08:45~09:00 및 야간거래시간에는 1단계만 적용) ① ±8%, ② ±15%, ③ ±20%
정산가격	최종약정가격(최종약정가격이 없는 경우, 선물이론정산가격)
기준가격	직전 거래일의 정산가격
단일가격경쟁거래	• 개장시 : 정규거래_08:30~08:45, 야간거래_17:50~18:00 • 거래종료시 : 정규거래_15:35~15:45, 야간거래_05:50~06:00
필요적 거래중단	• 정규거래 : 현물가격 급변으로 매매거래 중단시 선물거래 일시 중단 및 단일가로 재개 • 야간거래 : 야간거래시간에는 현물가격 변동이 없으므로 필요적 거래중단 미적용. 단, 정규거래 중 서킷브레이커 3단계 발동으로 주식시장 거래 종결시 당일 개시 야간거래는 미실시

자료 : 한국거래소 홈페이지, 「KRX시장, 시장안내, 파생상품시장, 주가지수상품」

2. 미니 코스피200선물

미니 코스피200선물은 기존 코스피200선물과 동일하게 한국의 대표 주가지수인 코스피200지수를 기초자산으로 하는 상품이다. 다만, 1계약금액을 1/5(거래승수 50만→10만)로 축소하였다. 미니 코스피200선물의 상품내용 중 〈표 8-2〉의 코스피200선물 상품내용과 차이가 있는 내용은 〈표 8-3〉과 같다.

〈표 8-3〉 미니 코스피200선물의 상품내용

구 분	상품내용
거래단위	미니 코스피200선물가격×5만(거래승수)
결제월	매월
상장결제월	연속 6개월(분기월 2개, 비분기월 4개)
가격의 표시	미니 코스피200선물 수치(포인트)
호가가격단위	0.02포인트
최소가격변동금액	1,000원(=5만원×0.02포인트)
정산가격	• 분기월 : 코스피200선물의 정산가격(호가가격단위 미조정) • 비분기월 : 코스피200선물의 정산가격 산출방식을 차용한 자체가격
기준가격	• 분기월 : 코스피200선물의 기준가격(호가가격단위 조정) • 비분기월 : 미니 코스피200선물의 전일정산가격

자료 : 한국거래소 홈페이지, 「KRX시장, 시장안내, 파생상품시장, 주가지수상품」

3. 섹터지수선물

섹터지수선물은 산업군별 또는 유형별로 구분하여 산출한 주가지수를 기초자산으로 하는 상품이다. 이 선물은 다음과 같이 코스피200섹터지수, 코스피배당지수, 코리아밸류업지수선물, 기타 섹터지수선물 등이 있다.

1) 코스피200섹터지수선물

코스피200섹터지수선물은 코스피200지수 구성종목을 산업군별로 재분류하여 산출한 코스피200섹터지수를 기초자산으로 하는 상품이다. 코스피200섹터지수선물의 상품내용 중 〈표 8-2〉의 코스피200선물 상품내용과 차이가 있는 내용은 〈표 8-4〉와 같다.

〈표 8-4〉 코스피200섹터지수선물의 상품내용

구 분	상품내용
기초자산	코스피200에너지/화학, 코스피200정보기술, 코스피200금융, 코스피200경기소비재, 코스피200건설, 코스피200중공업, 코스피200헬스케어, 코스피200철강/소재, 코스피200생활소비재, 코스피200산업재
거래승수 및 거래단위	코스피200섹터지수선물가격×10,000(거래승수)
상장결제월	1년 이내 분기월(3, 6, 9, 12) 4개
가격의 표시	각 섹터지수선물 수치(포인트)
호가가격단위	0.2포인트
최소가격변동금액	2,000원(=10,000원×0.2포인트)
거래시간	08:45~15:45(최종거래일 08:45~15:20)
단일가격경쟁거래	개장시(08:30~08:45) 및 거래종료시(15:35~15:45)
필요적 거래중단	현물가격 급변으로 매매거래 중단시 선물거래 일시중단 및 단일가로 재개

자료 : 한국거래소 홈페이지, 「KRX시장, 시장안내, 파생상품시장, 주가지수상품」

2) 배당지수선물

배당지수선물은 코스피 고배당50지수와 코스피 배당성장50지수를 기초자산으로 하는 상품이다. 배당지수선물의 상품내용 중 〈표 8-2〉의 코스피200선물 상품내용과 차이가 있는 내용은 〈표 8-5〉와 같다.

〈표 8-5〉 배당지수선물의 상품내용

구 분	상품내용
기초자산	코스피 고배당50지수, 코스피 배당성장50지수
거래승수 및 거래단위	코스피배당지수선물가격×2,000(거래승수)
상장결제월	1년 이내 분기월(3, 6, 9, 12) 4개
가격의 표시	코스피배당지수선물 수치(포인트)
호가가격단위	0.5포인트
최소가격변동금액	1,000원(=2,000원×0.5포인트)
거래시간	08:45~15:45(최종거래일 08:45~15:20)
단일가격경쟁거래	개장시(08:30~08:45) 및 거래종료시(15:35~15:45)
필요적 거래중단	현물가격 급변으로 매매거래 중단시 선물거래 일시중단 및 단일가로 재개

자료 : 한국거래소 홈페이지, 「KRX시장, 시장안내, 파생상품시장, 주가지수상품」

3) 코리아밸류업지수선물

코리아밸류업지수선물은 코리아밸류업지수를 기초자산으로 하는 상품이다. 코리아밸류업지수선물의 상품내용 중 〈표 8-2〉의 코스피200선물 상품내용과 차이가 있는 내용은 〈표 8-6〉과 같다.

〈표 8-6〉 코리아밸류업지수선물의 상품내용

구 분	상품내용
기초자산	코리아밸류업지수
거래승수 및 거래단위	코리아밸류업지수선물가격×10,000(거래승수)
상장결제월	1년 이내 분기월(3, 6, 9, 12) 4개
가격의 표시	코리아밸류업지수선물 수치(포인트)
호가가격단위	0.2포인트
최소가격변동금액	2,000원(=10,000원×0.2포인트)
거래시간	08:45~15:45(최종거래일 08:45~15:20)
단일가격경쟁거래	개장시(08:30~08:45) 및 거래종료시(15:35~15:45)
필요적 거래중단	현물거래 중단시 선물거래 일시중단 및 단일가로 재개

자료 : 한국거래소 홈페이지, 「KRX시장, 시장안내, 파생상품시장, 주가지수상품」

4) 기타 섹터지수선물

기타 섹터지수선물은 KRX BBIG, KRX 2차전지, KRX 바이오를 기초자산으로 하는 상품이다. 기타 섹터지수선물의 상품내용 중 〈표 8-2〉의 코스피200선물 상품내용이나 〈표 8-6〉의 코리아밸류업지수선물 상품내용과 차이가 있는 내용은 〈표 8-7〉과 같다.

〈표 8-7〉 기타 섹터지수선물의 상품내용

구 분	상품내용
기초자산	KRX BBIG, KRX 2차전지, KRX 바이오
거래승수 및 거래단위	섹터지수선물가격×1,000(거래승수)
호가가격단위	0.5포인트
최소가격변동금액	500원(=1,000원×0.5포인트)

자료 : 한국거래소 홈페이지, 「KRX시장, 시장안내, 파생상품시장, 주가지수상품」

4. 코스닥150선물

코스닥150선물은 코스닥시장의 기술주 섹터에 중점을 두면서 코스닥 종합지수의 흐름을 잘 따라가도록 시장대표성, 섹터대표성, 유동성 등의 기준으로 선정된 150개 종목으로 구성된 코스닥150지수를 거래대상으로 하는 상품이다. 최종결제방법은 현금결제방식을 채택하고 있다. 코스닥150선물의 상품내용 중 〈표 8-2〉의 코스피200선물 상품내용과 차이가 있는 내용은 〈표 8-8〉과 같다.

〈표 8-8〉 코스닥150선물의 상품내용

구 분	상품내용
기초자산	코스닥150지수
거래단위	코스닥150선물 가격×10,000(거래승수)
상장결제월	총 7개[분기월(3, 9월) 2개, 반기월(6월) 2개, 연월(12월) 3개]
가격의 표시	코스닥150선물 수치(포인트)
호가가격단위	0.10포인트
최소가격변동금액	1,000원(=10,000원×0.1포인트)

자료 : 한국거래소 홈페이지, 「KRX시장, 시장안내, 파생상품시장, 주가지수상품」

5. KRX300선물

2018년 3월 26일에 상장된 KRX300선물은 코스피시장과 코스닥시장에서 거래

〈표 8-9〉 KRX300선물의 상품내용

구 분	상품내용
기초자산	KRX300지수
거래단위	KRX300선물가격×50,000(거래승수)
상장결제월	1년 이내 4개 결제월(3, 6, 9, 12월)
가격의 표시	KRX300선물 수치(포인트)
호가가격단위	0.2포인트
최소가격변동금액	10,000원(=5만원×0.2포인트)
거래시간	08:45~15:45(최종거래일 08:45~15:20)
단일가격경쟁거래	개장시(08:30~08:45) 및 거래종료시(15:35~15:45)

자료 : 한국거래소 홈페이지, 「KRX시장, 시장안내, 파생상품시장, 주가지수상품」

되는 우량기업들로 구성된 KRX300지수를 기초자산으로 하는 선물상품이다. 최종결제방법은 현금결제방식을 채택하고 있다. KRX300선물의 상품내용 중 〈표 8-2〉의 코스피200선물 상품내용과 차이가 있는 내용은 〈표 8-9〉와 같다.

6. 코스닥글로벌지수선물

코스닥글로벌지수선물은 재무실적, 지배구조, 기업건전성 등의 기준으로 선정한 코스닥시장 대표기업 약 50개 종목으로 구성된 코스닥글로벌지수를 거래대상으로 하는 상품이다. 코스닥글로벌지수선물의 상품내용 중 〈표 8-2〉의 코스피200선물 상품내용과 차이가 있는 내용은 〈표 8-10〉과 같다.

〈표 8-10〉 코스닥글로벌지수선물의 상품내용

구 분	상품내용
기초자산	코스닥글로벌지수
거래단위	코스닥글로벌지수선물가격×10,000(거래승수)
상장결제월	1년 이내 4개 결제월(3, 6, 9, 12월)
가격의 표시	코스닥글로벌지수선물 수치(포인트)
호가가격단위	0.10포인트
최소가격변동금액	1,000원(=10,000원×0.1포인트)
거래시간	08:45~15:45(최종거래일 08:45~15:20)
단일가격경쟁거래	개장시(08:30~08:45) 및 거래종료시(15:35~15:45)
필요적 거래중단	현물거래 중단시 선물거래 일시중단 및 단일가로 재개

자료 : 한국거래소 홈페이지, 「KRX시장, 시장안내, 파생상품시장, 주가지수상품」

Ⅱ. 변동성지수상품

변동성지수상품은 코스피200변동성지수선물이 있다. 코스피200변동성지수선물은 코스피200옵션가격을 이용하여 미래(30일) 코스피200의 변동성을 나타낸 지수(V-KOSPI 200)를 기초자산으로 하는 상품이다. 코스피200변동성지수선물은 지수를 거래대상으로 하고 있어 최종결제방법은 현금결제방식을 채택하고 있다. 코스피200변동성지수선물의 상품내용 중 〈표 8-2〉의 코스피200선물 상품내용과 차이가 있는 내용은 〈표 8-11〉과 같다.

〈표 8-11〉 코스피200변동성지수선물의 상품내용

구 분	상품내용
기초자산	코스피200변동성지수
거래단위	코스피200변동성지수선물가격×25만(거래승수)
결제월	최근 연속 6개월
상장결제월	6개월 이내의 6개 결제월
가격의 표시	코스피200변동성지수선물 수치(포인트)
거래시간	08:45～15:45(최종거래일 08:45～15:20)
최종거래일	결제월이 속하는 월의 다음 월의 두 번째 목요일(해당일이 휴장일인 경우에는 앞당김)부터 30일(Calendar Day) 전일에 해당하는 날
단일가격경쟁거래	개장시(08:30～08:45) 및 거래종료시(15:35～15:45)
필요적 거래중단	코스피200옵션시장의 거래중단인 경우 변동성지수선물거래도 일시 중단

자료 : 한국거래소 홈페이지, 「KRX시장, 시장안내, 파생상품시장, 변동성지수상품」

Ⅲ. 개별주식상품

〈표 8-12〉 개별주식선물의 상품내용

구 분	상품내용
기초자산	개별주식
1계약금액	주식선물가격×10(거래승수)
결제월	비분기월 2개, 분기월(3, 6, 9, 12월) 4개
상장결제월	1년 이내의 6개 결제월
가격의 표시	주식선물가격(원)
호가가격단위	① 2,000원 미만 : 1원, ② 2,000원 이상～5,000원 미만 : 5원, ③ 5,000원 이상～20,000원 미만 : 10원, ④ 20,000원 이상～50,000원 미만 : 50원, ⑤ 50,000원 이상～200,000원 미만 : 100원, ⑥ 200,000원 이상～500,000원 미만 : 500원, ⑦ 500,000원 이상 : 1,000원
거래시간	08:45～15:45(최종거래일 08:45～15:20)
단일가격경쟁거래	• 개장시 : 08:30～09:00 • 최종거래일 이외의 거래종료시 : 15:35～15:45
필요적 거래중단	현물가격 급변시 주식선물 거래 일시 중단

자료 : 한국거래소 홈페이지, 「KRX시장, 시장안내, 파생상품시장, 개별주식상품」

개별주식상품은 코스피200지수 또는 코스닥글로벌지수의 구성종목 중 거래소가 선정한 주권을 기초자산으로 하는 선물상품이다. 개별주식선물의 상품내용 중 〈표 8-2〉의 코스피200선물 상품내용과 차이가 있는 내용은 〈표 8-12〉와 같다.

Ⅳ. ETF상품

ETF선물은 주식시장에 상장되어 있는 ETF를 기초자산으로 하는 선물상품이다. 최종결제방법은 현금결제방식을 채택하고 있다. ETF선물의 상품내용 중 주요 내용은 〈표 8-13〉과 같다.

〈표 8-13〉 ETF선물의 상품내용

구 분	상품내용
기초자산	PLUS 고배당주 ETF, KODEX 삼성그룹 ETF, TIGER 헬스케어 ETF, TIGER 차이나CSI300 ETF, KODEX Top5PlusTR ETF, TIGER 미국나스닥100 ETF
1계약 금액	ETF선물가격×100(거래승수)
결제월	3월, 6월, 9월, 12월
상장결제월	1년 이내의 4개 분기월(3, 6, 9, 12월)
가격의 표시	ETF선물가격(원)
호가가격단위	① 2,000원 미만 : 1원 ② 2,000원 이상 : 5원
가격제한폭	기준가격 대비 각 단계별로 확대 적용 ① ±10%, ② ±20%, ③ ±30%
단일가격경쟁거래	• 개장시 : 08:30~09:00 • 최종거래일 이외의 거래종료시 : 15:35~15:45
필요적 거래중단	현물가격 급변시 ETF선물거래 일시중단
미결제약정 제한수량	• PLUS 고배당주 ETF선물 : 10,000계약 • KODEX 삼성그룹 ETF선물 : 20,000계약 • TIGER 헬스케어 ETF선물 : 5,000계약 • TIGER 차이나CSI300 ETF선물 : 20,000계약 • KODEX Top5PlusTR ETF선물 : 10,000계약 • TIGER 미국나스닥100 ETF선물 : 10,000계약

자료 : 한국거래소 홈페이지, 「KRX시장, 시장안내, 파생상품시장, ETF상품」

V. 채권/금리상품

채권/금리상품은 이자를 발생시키는 금융상품인 채권, 예금 등을 기초자산으로 하는 파생상품이다. 한국거래소에는 국채를 기초자산으로 하는 3년국채선물, 5년국채선물, 10년국채선물, 30년국채선물과 한국무위험지표금리(KOFR)를 기초자산으로 하는 3개월무위험지표금리선물이 상장되어 거래되고 있다.

1. 3년국채선물

3년국채선물은 표면금리 5%, 6개월 단위 이자지급방식의 만기일 기준으로 잔존기간 3년의 국고채를 대상으로 거래하는 계약을 말한다. 3년국채선물의 상품내용은 〈표 8-14〉와 같다.

〈표 8-14〉 3년국채선물의 상품내용

구 분	상품내용
거래대상	표면금리 5%, 6개월단위 이자지급방식의 3년만기 국고채 표준물
거래단위	액면 1억원
결제월	3월, 6월, 9월, 12월
상장결제월	6월 이내의 2개 결제월
가격의 표시	액면 100원당 원화(백분율방식)
호가가격단위	0.01포인트
최소가격변동금액	10,000원(=1억원×0.01×1/100)
거래시간	• 정규거래 : 08:45~15:45(최종거래일 08:45~15:20) • 야간거래 : 18:00~06:00
최종거래일	결제월의 세 번째 화요일(단, 08:45~09:00 및 야간거래시간에는 1단계만 적용)
최종결제일	최종거래일의 다음 거래일
결제방법	현금결제
가격제한폭	기준가격 대비 상하 ±1.5%
단일가격경쟁거래	• 개장시 : 정규거래_08:30~09:00, 야간거래_17:50~18:00 • 거래종료시 : 정규거래(최종거래일 이외의 경우)_15:35~15:45, 야간거래_05:50~06:00
필요적 거래중단	정규거래 중 서킷브레이커(CB) 3단계 발동으로 주식시장 거래종결시 당일 개시하는 야간거래는 미실시

자료 : 한국거래소 홈페이지, 「KRX시장, 시장안내, 파생상품시장, 채권/금리상품」

2. 5년국채선물

5년국채선물은 표면금리 5%, 6개월 단위 이자지급방식의 만기일 기준으로 잔존기간 5년의 국고채를 대상으로 거래하는 계약을 말한다. 5년국채선물의 상품내용 중 〈표 8-14〉의 3년국채선물 상품내용과 차이가 있는 내용은 〈표 8-15〉와 같다.

〈표 8-15〉 5년국채선물의 상품내용

구 분	상품내용
거래대상	표면금리 5%, 6개월단위 이자지급방식의 5년만기 국고채 표준물
거래시간	09:00～15:45(최종거래일 09:00～11:30)
최종거래일	결제월의 세 번째 화요일(공휴일인 경우 순차적으로 앞당김)
가격제한폭	기준가격 대비 상하 ±1.8%
단일가격경쟁거래	• 개장시 : 08:30～09:00 • 최종거래일 이외의 거래종료시 : 15:35～15:45

자료 : 한국거래소 홈페이지, 「KRX시장, 시장안내, 파생상품시장, 채권/금리상품」

3. 10년국채선물

10년국채선물은 만기일 기준으로 잔존기간 10년의 국고채를 대상으로 거래하는 계약을 말한다. 10년국채선물의 상품내용 중 〈표 8-14〉의 3년국채선물 상품내용과 차이가 있는 내용은 〈표 8-16〉과 같다.

〈표 8-16〉 10년국채선물의 상품내용

구 분	상품내용
거래대상	표면금리 5%, 6개월단위 이자지급방식의 10년만기 국고채 표준물
가격제한폭	기준가격 대비 상하 ±2.7%
미결제약정한도	미적용(2015. 6. 24 규정 변경)

자료 : 한국거래소 홈페이지, 「KRX시장, 시장안내, 파생상품시장, 채권/금리상품」

4. 30년국채선물

30년국채선물은 표면금리 5%, 6개월 단위 이자지급방식의 만기일 기준으로 잔존기간 30년의 국고채를 대상으로 거래하는 계약을 말한다. 30년국채선물의 상품내용 중 〈표 8-14〉의 3년국채선물 상품내용과 차이가 있는 내용은 〈표 8-17〉과 같다.

〈표 8-17〉 30년국채선물의 상품내용

구 분	상품내용
거래대상	표면금리 5%, 6개월단위 이자지급방식의 30년만기 국고채 표준물
호가가격단위	0.02포인트
최소가격변동금액	20,000원(=1억원×0.02×1/100)
거래시간	09:00~15:45(최종거래일 09:00~11:30)
최종거래일	결제월의 세 번째 화요일(공휴일인 경우 순차적으로 앞당김)
가격제한폭	기준가격 대비 상하 ±3.9%
미결제약정한도	미적용
단일가격경쟁거래	• 개장시 : 08:30~09:00 • 최종거래일 이외의 거래종료시 : 15:35~15:45

자료 : 한국거래소 홈페이지, 「KRX시장, 시장안내, 파생상품시장, 채권/금리상품」

5. 3개월무위험지표금리선물

〈표 8-18〉 3개월무위험지표금리선물의 상품내용

구 분	상품내용
거래대상	KOFR 3개월 복리 금리
상장계약	분기월 4개와 비분기월(연속월) 4개 상장
거래단위	10억원
호가가격단위	0.005
거래승수	250만원
최소가격변동금액	12,500원(=거래승수 250만원×0.005)
참조기간	종목별 결제월의 3개월전 월의 세 번째 수요일(산입)부터 결제월의 세 번째 수요일(불산입)까지
거래시간	09:00~15:45(최종거래일도 동일)
최종거래일	결제월의 세 번째 수요일의 직전 거래일
최종결제일	최종거래일부터 기산하여 세 번째 거래일(T+2일)
결제방법	현금결제
가격제한폭	기준가격 대비 상하 ±1.3%

자료 : 한국거래소 홈페이지, 「KRX시장, 시장안내, 파생상품시장, 채권/금리상품」

3개월무위험지표금리선물은 한국무위험지표금리(KOFR)의 선물만기 직전 3개월 복리금리를 최종결제일에 현금결제방식으로 거래하는 계약이다. 3개월무위험지표금리선물의 상품내용은 〈표 8-18〉과 같다.

Ⅵ. 통화상품

통화상품은 미국달러선물, 엔선물, 유로선물, 위안선물 등이 있다. 이러한 선물은 미래의 일정시점에 인수도할 외화를 현재시점에서 미리 매수하거나 매도하는 선물계약이다.

〈표 8-19〉 미국달러, 엔, 유로, 위안 선물의 차이점

구 분	미국달러선물	엔선물	유로선물	위안선물
거래대상	미국달러화(USD)	일본엔(JPY)	유로(Euro)	중국위안화(CNH)
거래단위	US $10,000	JP ¥1,000,000	EU €10,000	CNH ¥100,000
가격의 표시	US $1당 원화	JP ¥100당 원화	EU €1당 원화	CNH ¥1당 원화
최소가격변동폭	0.10원	0.10원	0.10원	0.01원
가격제한폭	±4.5%	±5.25%	±5.25%	±4.5%

자료 : 한국거래소 홈페이지, 「KRX시장, 시장안내, 파생상품시장, 통화상품」

〈표 8-20〉 미국달러선물의 상품내용

구 분	상품내용
결제월	분기월 중 12개, 그 밖의 월 중 8개
상장결제월	총 20개(1년 이내 매월, 1년 초과 매분기월 상장)
최소가격변동금액	1,000원(=US $10,000×0.10원)
거래시간	• 정규거래 : 08:45~15:45(최종거래일 08:45~15:20) • 야간거래 : 18:00~06:00
최종거래일	결제월의 세 번째 월요일(공휴일인 경우 순차적으로 앞당김)
최종결제일	최종거래일로부터 기산하여 3일째 거래일
결제방법	인수도결제
단일가격경쟁거래	• 개장시 : 정규거래_08:30~09:00, 야간거래_17:50~18:00 • 거래종료시 : 정규거래_15:35~15:45(최종거래일 11:20~11:30) 야간거래_05:50~06:00

자료 : 한국거래소 홈페이지, 「KRX시장, 시장안내, 파생상품시장, 통화상품」

Ⅶ. 상품선물

금선물(gold futures)은 현재시점에 예측한 미래의 금가격과 실제 미래시점에 형성된 금가격의 차이를 현금으로 주고받을 것으로 약속한 파생상품이다. 돈육선물(lean hog futures)은 사전에 약속된 미래의 특정시점에 1계약당 1,000kg에 해당하는 돈육대표가격을 사거나 팔 것을 약정하는 선물거래를 말한다.

〈표 8-21〉 금선물의 상품내용

구 분	거래제도
기초자산	순도 99.99% 이상의 금지금
거래단위	100g
호가가격단위	10원/g
거래시간	09:00~15:45(최종거래일 09:00~15:20)
결제월	1년 이내의 7개 결제월(짝수월 6개와 홀수월 중 1개)
최장거래기간	• 짝수월(2월, 4월, 6월, 8월, 10월, 12월) 종목의 경우 : 1년 • 홀수월 종목의 경우 : 2개월
최종거래일	각 결제월의 세 번째 수요일
최종결제가격/방법	최종거래일 KRX금시장 1kg 종목의 종가 / 현금결제
가격제한폭	기준가격 대비 ±10%
이론가격	현물가격×(1+선도이자율×잔존기간/365)+보관료

자료 : 한국거래소 홈페이지, 「KRX시장, 시장안내, 파생상품시장, 일반상품선물」

〈표 8-22〉 돈육선물의 상품내용

구 분	상품내용
거래대상	돈육대표가격(산출기관 : 축산물품질평가원)
계약크기	1,000kg
결제월/최장거래기간	분기월 중 2개와 그 밖의 월 중 4개 / 6개월
가격의 표시/호가가격단위	원(kg) / 5원
최소가격변동금액	5,000원(=1,000kg×5원)
거래시간	10:15~15:45(최종거래일 : 좌동)
최종거래일	각 결제월의 세 번째 수요일
최종결제일	결제월의 최종거래일부터 기산하여 3일째 거래일
결제방법/가격제한폭	현금결제 / 기준가격 대비 상하 ±21%
단일가격경쟁거래	개장시(09:45~10:15) 및 거래종료시(15:35~15:45)

자료 : 한국거래소 홈페이지, 「KRX시장, 시장안내, 파생상품시장, 일반상품선물」

제4절 옵션시장의 이해

Ⅰ. 옵션시장의 개관

1. 옵션시장의 의의

옵션거래는 옵션시장에서 옵션발행자와 옵션매입자 간에 이루어진다. 옵션매입자(option buyer)는 기초자산의 살 수 있는 권리와 팔 수 있는 권리를 얻는 대신 옵션발행자(option writer)에게 일정한 대가로 옵션가격(옵션 프리미엄)을 지불해야 한다. 옵션발행자는 옵션매도자(option seller)로 옵션매수자가 권리행사시 옵션(권리)을 제공해야 한다.

옵션시장의 형성은 상품가격의 방향보다는 상품가격의 변동성에 대한 거래가 가능해진 것과 옵션가격 메커니즘을 이용한 신금융상품의 출현이 가능해졌다는 점에서 의미가 있다.

〈표 8-23〉 현물거래와 옵션거래의 비교

구 분	현물거래	옵션거래
상품성격	상품자체가 재산권리를 나타내는 유가증권	주식, 채권 등 기초자산을 기초로 하는 파생상품
거래대상	증서에 나타난 권리자체에 대한 거래로 소유권이 이전되는 거래	기초자산을 매도 또는 매수할 수 있는 권리에 대한 거래
발행인	기업, 공공단체 및 국가가 직접 발행	투자자가 발행하고 발행사무는 거래소와 같은 결제기관이 대행
증서발행	소유권 증명을 위한 증서, 즉 주권, 채권 등을 발행	소유권 증명을 위한 문서(옵션증서)는 발행되지 않음
대상종목	발행회사나 단체의 상장신청에 의해 거래소가 요건을 심사한 후에 상장	발행인(투자자)의 의사와는 관계없이 거래소가 독자적(제도적)으로 선정
거래비용	현물가치를 모두 현금으로 거래하기 때문에 옵션거래보다 상대적으로 높은 편	증거금만 투자자금으로 계산하기 때문에 현물거래보다 상대적으로 저렴

주) 현물거래와 옵션거래의 비교는 증권업협회, 『증권시장의 이해』에서 인용하였음

2. 옵션거래의 기능

1) 위험의 헤지 기능

옵션거래는 주식 등 기초자산의 투자자에게 주가가 불리한 방향으로 변동하는 위험에 대한 헤징기능을 수행하는 거래이다. 현재 주식을 보유하고 있는 투자자는 주가의 하락위험을 풋옵션의 거래를 함으로써 회피할 수 있다. 반대로 장래에 주식을 매수하고자 하는 투자자는 주가의 상승위험을 콜옵션의 거래를 함으로써 회피할 수 있다.

한편 주식의 투자자는 개별주식의 가격변동에 대한 고유한 위험을 회피하기 위하여 여러 종목의 주식에 분산투자하여 포트폴리오를 구성하지만 시장 전체의 위험은 회피할 수 없다. 이 경우 옵션거래를 이용하면 시장위험을 회피할 수 있는 효율적인 포트폴리오의 관리가 가능하다.

2) 투자의 확대 기능

옵션거래는 새로운 투자수단을 제공할 뿐만 아니라 다양한 투자수단을 제공하는 기능을 수행하는 거래이다. 옵션거래는 기초주식의 투자와 상관없이 그 자체로서 하나의 투자수단을 제공하는 거래이다.

3) 손실의 유한 기능

옵션거래는 옵션투자자에게 손실을 유한한 금액(옵션가격)으로 한정시키고 이익을 극대화할 수 있는 기능을 수행하는 거래이다. 콜옵션(풋옵션)의 매수자는 기초자산의 가격이 상승(하락)하면 권리를 행사하여 많은 이익을 얻을 수 있지만 기초자산의 가격이 하락(상승)하면 권리행사를 포기하여 손실을 옵션에 투자한 옵션가격의 금액으로 유한하게 한정시킬 수 있다.

4) 효율적 포트폴리오관리 기능

옵션거래는 주식거래와 다르게 낮은 비용으로 포트폴리오의 위험을 보다 효율적으로 관리할 수 있다. 주식을 이용한 포트폴리오관리는 주가가 하락할 것으로 예상되면 보유주식을 대량으로 매도해야 하고, 주식매도에 따른 주가하락을 초래할 수 있다. 그러나 옵션을 이용한 포트폴리오관리는 기초자산인 주식의 거래가 없이 옵션거래가 이루어지기 때문에 주가의 하락 없이 효율적으로 관리할 수 있다.

Ⅱ. 옵션거래의 종류

옵션은 권리의 유형에 따라 콜옵션과 풋옵션으로 나누어지며, 일정한 기일(만기일)에만 권리를 행사할 수 있는 유럽형 옵션과 만기일 이전이라도 언제든지 권리를 행사할 수 있는 미국형 옵션이 있다. 또한 옵션은 권리행사 대상자산에 따라 주가지수옵션, 주식옵션, 통화옵션, 금리옵션, 선물옵션 그리고 상품옵션으로 구분된다.[2)]

1. 권리의 유형에 따른 분류

1) 콜옵션거래

콜옵션거래(call option trade)는 미래 일정시점에 약정한 가격으로 특정한 자산을 살 수 있는 권리를 매매대상으로 하는 거래이다. 콜옵션의 매수자는 살 수 있는 권리를 취득하고 그 대가로 옵션가격인 프리미엄을 매도자에게 지급한다. 기초자산의 가격이 상승하면 콜옵션의 가격이 상승하고, 반대로 기초자산의 가격이 하락하면 콜옵션의 가격이 하락한다. 콜옵션의 매도자는 프리미엄을 받는 대신에 매수자의 권리행사가 있으면 기초자산을 행사가격으로 매도해야 한다.

2) 풋옵션거래

풋옵션거래(put option trade)는 미래 일정시점에 약정한 가격으로 기초자산을 팔 수 있는 권리를 매매대상으로 하는 거래이다. 풋옵션의 매수자는 팔 수 있는 권리를 취득하기 위해 옵션가격인 프리미엄을 매도자에게 지급한다. 기초자산의 가격이 하락하면 풋옵션의 가격이 상승하고, 반대로 기초자산의 가격이 상승하면 콜옵션의 가격이 하락한다. 풋옵션의 매도자는 옵션가격을 받는 대신에 옵션의 매수자의 권리행사가 있으면 기초자산을 행사가격으로 매수해야 할 의무가 있다.

2) 옵션은 거래대상이 되는 기초자산에 따라 현물옵션과 선물옵션으로 분류되기도 한다. 현물옵션(physical option)은 현물을 기초자산으로 하는 옵션으로 일반적인 옵션을 말한다. 선물옵션(futures option)은 선물계약을 기초자산으로 하는 옵션으로 권리행사시 선물계약이 생기는 옵션을 말한다. 예를 들면 우리나라의 3년물 국채선물옵션으로 콜옵션을 행사하는 경우 선물매수포지션이 생기게 된다. 또한 옵션은 거래대상인 현물의 현재 시장의 현물가격과 옵션의 행사가격에 따라 등가격(ATM, 기초자산가격＝행사가격), 내가격(ITM, 기초자산가격 < 행사가격), 외가격(OTM, 기초자산가격 > 행사가격)으로 구분되기도 한다. 옵션의 행사가격별 분류인 등가격, 내가격, 외가격에 대한 내용은 본절의 'Ⅳ. 옵션가격'에서 추가적으로 설명한다.

2. 권리행사기간에 따른 분류

1) 유럽형 옵션

유럽형 옵션(European option)은 옵션의 권리행사가 장래의 일정시점에만 가능한 옵션이다. 유럽형 옵션은 옵션의 매수자가 만기일 이전에는 유리하다고 판단될 때에도 권리행사를 할 수 없고 만기일에만 권리행사가 가능하기 때문에 옵션의 매도자가 유리하다. 이 옵션은 이론가치의 산출이 용이하고 업무처리가 상대적으로 적다. 우리나라의 거래소에서 거래되고 있는 모든 옵션들은 유럽형 옵션에 해당된다.

2) 미국형 옵션

미국형 옵션(American option)은 옵션의 권리행사가 만기일 이전에 언제든지 가능한 옵션이다. 미국형 옵션은 옵션의 매수자가 유리하다고 판단될 때 언제든지 권리행사를 할 수 있기 때문에 매수자에게 유리한 옵션이다. 이 옵션은 권리행사의 기회가 많기 때문에 거래가 유럽형 옵션에 비해 활발하며 다양한 투자전략의 수립도 가능하다. 유럽형 옵션이나 미국형 옵션에서 지역의 이름은 아무런 의미를 가지고 있지 않다.

3. 권리행사 대상자산에 따른 분류

1) 주가지수옵션

주가지수옵션(stock index option)이란 주식시장의 전체 동향을 나타내는 시장지표인 주가지수를 대상자산으로 하는 옵션을 말한다. 따라서 주가지수옵션거래는 개별종목의 가격변동보다는 시장 전체의 동향과 변동성을 예측하여 주식시장 전체에 대한 투자를 할 수 있는 거래이다.

주가지수란 특정시점의 주식시장의 주가추이를 나타내는 척도로서 현물시장의 개별주식 가격을 토대로 산출된다. 주가지수옵션거래는 어떤 지수를 매매대상으로 선택하느냐에 따라 성패가 좌우되기 때문에 옵션거래대상이 되는 주가지수를 선정하는 것이 매우 중요하다. 옵션의 대상지수는 투자자 친숙도, 차익거래 용이성, 지수변동성, 시장대표성 등을 고려하여 산출해야 한다. 이에 거래소는 증권시장여건, 지수의 특성 등을 종합적으로 고려하여 대상지수를 선정하고 있다.

2) 주식옵션

주식옵션(stock option)은 개별주식을 기초자산으로 하는 옵션이다. 따라서 주식옵션의 가치는 개별주식의 가치와 특성에 따라 도출된다. 계약조건은 보통 개별주식이 10주 단위로 거래가 이루어진다는 점에서 편의상 옵션계약단위도 해당종목 10주를 대상으로 하는 것이 일반적이다.

3) 통화옵션

통화옵션(currency option)은 미래의 어느 특정일 또는 특정일 이전에 어느 특정통화의 일정량을 지불하는 대가로 다른 통화의 일정량을 지급받는 권리를 말한다. 통화옵션은 환위험에 대한 헤지를 제공하면서 옵션매입자의 이익을 보장할 수 있다.

4) 금리옵션

금리옵션(interest rate option)은 고정된 금리를 지불하는 채권 등을 기초자산으로 하는 옵션이다. 금리옵션은 기초자산의 성격에 따라 단기금리옵션과 장기금리옵션으로 구분하며, 현물옵션과 선물옵션으로 구분하기도 한다. 단기금리옵션은 대부분이 선물옵션이다. 현물옵션은 권리가 행사되면 거래자는 포지션의 전액을 지불해야 하지만 선물옵션의 경우에는 옵션의 행사가격과 기초자산의 시장가격의 차액만을 지불한다는 점이 중요한 차이이다.

5) 선물옵션

선물옵션(futures option)은 선물계약을 기초자산으로 하는 옵션이다. 선물옵션을 행사하면 대상현물의 매매를 할 수 있는 것이 아니라 현물에 대한 선물계약이 이루어진다. 예를 들면, 콜옵션의 매수자는 콜옵션을 행사하면 행사가격에 선물매입포지션을 취하는 것이고, 옵션발행자는 선물매도포지션을 취하게 되어 결과적으로 선물의 매입·매도 관계가 되며 그 후에는 선물계약에서와 똑같이 서로간에 선물계약의 청산까지는 일일정산이 이루어진다. 풋옵션의 경우는 그 반대가 된다.

6) 상품옵션

상품옵션(commodity option)은 상품을 기초자산으로 하는 옵션이다. 상품옵션은 미국을 중심으로 금속과 농산물에 대한 옵션거래가 주로 이루어진다. 특히 귀금속에 대한 옵션은 세계적으로 여러 거래소에서 취급되고 있다.

Ⅲ. 옵션의 증거금제도

옵션은 고위험, 고수익 상품으로 손실위험이 크므로 결제이행을 위해 참가자별 보유 포지션(위험 노출액)에 상응하는 액수의 금전 등을 징수함으로써, 거래상대방의 위험에 대비하는 증거금제도를 운영하고 있다.

1. 신규주문 증거금

옵션은 신규로 주문을 할 경우에 옵션매수자와 옵션매도자에게 부과되는 증거금이 다르다. 옵션매수자는 기초자산의 가격이 불리하게 변동할 경우 옵션 프리미엄만큼만 포기하면 되기 때문에 매수금액만큼의 증거금이 부과된다. 그러나 옵션매도자는 매수자의 권리행사에 응해야 할 의무가 있으며 이를 이행하지 않을 가능성이 있기 때문에 하루 동안 발생할 수 있는 최대손실에 기초하여 계산된 증거금이 부과된다.

2. 순위험 증거금

순위험 증거금은 투자자의 미결제약정 보유에 따른 결제이행을 보증하기 위한 증거금이다. 이러한 증거금은 결제불이행시 증권회사나 선물회사가 반대거래를 통해 청산할 때 소요되는 비용과 기초자산의 가격이 증거금률만큼 상승 또는 하락한다고 가정할 경우 발생할 수 있는 최대손실을 기준으로 계산된 금액을 합산하여 부과된다. 2025년 9월 현재 코스피200옵션, 미니 코스피200옵션, 코스피위클리옵션의 거래증거금률과 유지위탁증거금률은 각각 6.1%이며, 코스닥150옵션의 거래증거금률과 유지위탁증거금률은 각각 8.8%이다.

3. 당일 순매수금액

당일 순매수금액은 익일에 결제예정인 옵션대금으로 전일에 매수한 옵션금액에서 매도한 옵션금액을 차감하여 계산한다. 옵션도 선물과 같이 기초자산의 가격이 불리한 방향으로 변동하면 증거금이 증가하여 추가증거금을 투자자에게 요구하는 마진콜이 발생한다. 다만, 옵션은 손익의 정산이 권리행사 시점에 이루어지기 때문에 일일정산이 필요하지 않다.

Ⅳ. 옵션가격

1. 옵션가격의 의의

옵션가격(option price)은 옵션매도자의 의무부담에 대한 보상이다. 즉, 옵션가격은 옵션계약에 따라 옵션매수자의 일방적인 권리에 대하여 옵션매도자가 부담하는 의무에 대한 일정한 보상을 의미하며, 이를 옵션 프리미엄(option premium)이라고도 한다. 옵션매도자는 콜옵션의 경우 옵션매수자가 기초자산을 매수하고자 할 때에 언제든지 행사가격으로 매도해야 할 의무를 부담하며, 풋옵션의 경우에는 옵션매수자가 기초자산을 매도하고자 할 때에 언제든지 행사가격으로 매수해야 할 의무를 부담하고 있다.

2. 옵션가격의 구성

옵션가격은 행사가치와 시간가치로 구성된다. 행사가치(exercise value)는 옵션의 권리를 행사하는 경우에 얻을 수 있는 이익을 의미하며, 대상자산의 현물가격과 행사가격의 차이에 의하여 결정된다.

시간가치(time value)는 만기까지의 잔존기간 동안에 기초자산의 가격이 유리하게 변동할 수 있는 가능성에 대한 가치를 의미한다. 시간가치는 잔존기간이 길수록 또는 주가변동성이 클수록 커지며, 만기일이 가까워지면 점차 감소하여 만기일에는 0이 된다. 따라서 만기일에 옵션가격은 행사가치와 일치하게 된다.

3. 옵션가격의 종류

옵션가격은 이익발생의 여부에 따라 내가격, 외가격, 등가격 등의 세 가지로 구분한다. 내가격(ITM : in-the-money)은 옵션종목 중에서 권리를 행사하여 이익을 실현할 수 있는 옵션으로 행사가치가 있는 옵션가격을 의미한다. 외가격(OTM : out-the-money)은 권리를 행사하여 이익을 얻지 못하는 옵션으로 행사가치가 없고 오로지 시간가치만 갖는 옵션가격을 의미한다. 그리고 등가격(ATM : at-the-money)은 권리를 행사하거나 포기하는 것이 차별이 없는 상태의 옵션으로 현물가격과 행사가격이 동일한 옵션가격을 의미한다.

제5절 우리나라의 옵션시장

거래소에 상장되어 있는 옵션상품은 주가지수상품, 개별주식상품, 통화상품으로 구분하며, 각 분류별 옵션상품은 〈표 8-24〉와 같다.

〈표 8-24〉 우리나라의 옵션상품 종류

구 분	옵션상품 종류
주가지수상품	• 코스피200옵션 • 미니 코스피200옵션 • 코스닥150옵션
개별주식상품	개별주식옵션
통화상품	미국달러옵션

자료 : 한국거래소 홈페이지, 「KRX시장, 시장안내, 파생상품시장」

Ⅰ. 주가지수상품

1. 코스피200옵션

코스피200옵션(KOSPI200 options)은 코스피200지수를 대상지수로 사용하는 옵션이다. 즉, 코스피200옵션은 유가증권시장본부에 상장된 주권 200종목의 시가총액 기준으로 산출된 코스피200지수를 기초자산으로 하는 상품이다. 이 옵션은 주가뿐만 아니라 코스피200선물의 위험관리를 위해 활용되고 있으며, 여러 현물 및 선물 등과 연계하여 다양한 투자전략을 구사할 수 있다. 코스피200옵션은 한국거래소의 대표상품으로서 1997년 7월 상장 후 급격하게 성장하였으며, 2025년 6월부터는 야간거래를 통해 24시간 매매체제가 구축되었다. 코스피200옵션의 상품내용은 〈표 8-25〉와 같다.

한편 코스피200위클리옵션은 코스피200주가지수를 기초자산으로 하되, 매주 목요일 만기가 도래하는 옵션이다. 즉, 이 옵션은 매주 목요일에서 다음 주 목요일까지 연속 1주 만기로 상장결제가 이루어진다. 이러한 위클리옵션은 빈

번하게 발생하는 국내외 경제 이벤트 관련 위험을 정밀하게 관리하고자 하는 수요를 충족시키기 위해 2019년 9월말부터 상장되었다.

코스피200위클리옵션의 주요 거래제도는 상장방식, 행사가격 범위 등이 기존 코스피200옵션과 동일하며, 코스피200위클리옵션의 상장으로 월물옵션 및 코스피200지수와 연계거래 등 더욱더 다양한 옵션 투자전략을 구사할 수 있게 되었다. 또한 2022년 3월부터 Eurex와의 연계를 통해 야간시장에서도 거래가 가능하게 되었으며, 2025년 6월부터는 자체야간거래를 통해 24시간 매매체제가 구축되었다.

〈표 8-25〉 코스피200옵션의 상품내용

구 분	상품내용
기초자산	코스피200지수
거래단위	코스피200선물가격×25만(거래승수)
상장결제종목	비분기월 4개 및 분기월 7개(3, 9월 각 1개, 6월 2개, 12월 3개)
가격의 표시	프리미엄(포인트)
호가가격단위	• 프리미엄 10포인트 미만 : 0.01포인트 • 프리미엄 10포인트 이상 : 0.05포인트
최소가격변동금액	• 프리미엄 10포인트 미만 : 2,500원(=25만×0.01포인트) • 프리미엄 10포인트 이상 : 12,500원(=25만×0.05포인트)
거래시간	• 정규거래 : 08:45~15:45(최종거래일 08:45~15:20) • 야간거래 : 18:00~06:00
최종거래일	각 결제월의 두 번째 목요일(공휴일인 경우 순차적으로 앞당김)
최종결제일	최종거래일의 다음 거래일
권리행사/결제방법	최종거래일에만 가능(European형) / 현금결제
가격제한폭	기초자산 기준가격 대비 아래에 해당하는 옵션이론가격을 단계적으로 확대적용(단, 08:45~09:00 및 야간거래시간에는 1단계만 적용) ① ±8%, ② ±15%, ③ ±20%
거래증거금 기준가격	최종약정가격(최종약정가격이 없는 경우, 옵션이론가격)
기준가격	전일의 거래증거금 기준가격
단일가격경쟁거래	• 개장시 : 정규거래_08:30~08:45, 야간거래_17:50~18:00 • 거래종료시 : 정규거래_15:35~15:45, 야간거래_05:50~06:00
필요적 거래중단	• 정규거래 : 현물가격 급변으로 매매거래 중단시 주식상품거래 일시중단 및 단일가로 재개 • 야간거래 : 야간거래시간에는 현물가격 변동이 없으므로 필요적 거래중단 미적용

자료 : 한국거래소 홈페이지, 「KRX시장, 시장안내, 파생상품시장, 주가지수상품」

2. 미니 코스피200옵션

미니 코스피200옵션은 기존 코스피200옵션과 동일하게 한국의 대표 주가지수인 코스피200지수를 기초자산으로 하는 상품이다. 다만, 1계약금액을 1/5(거래승수 50만→10만)로 축소함으로써 소액투자가 가능하여 다양한 거래기회를 이용할 수 있다. 미니 코스피200옵션의 상품내용은 〈표 8-26〉과 같다.

〈표 8-26〉 미니 코스피200옵션의 상품내용

구 분	상품내용
기초자산	코스피200지수
거래단위	미니 코스피200옵션가격×5만(거래승수)
결제월	매월
상장결제월	연속 6개월(분기월 2개, 비분기월 4개)
가격의 표시	프리미엄(포인트)
행사가격의 설정	• 신규 결제월 상장시 행사가격 설정방법 －ATM, ATM±80포인트 및 5포인트 간격 • 지수 변동에 따라 항상 ATM 기준으로 아래 행사가격 범위 이내에서 해당 간격이 유지되도록 추가 설정 －최근 3개 근월물(3개월 이내) : ATM ±80포인트 및 2.5포인트 간격 －제 4~6근월물(6개월 이내) : ATM±80포인트 및 5포인트 간격
호가가격단위	• 프리미엄 3포인트 미만 : 0.01포인트 • 프리미엄 3포인트 이상~10포인트 미만 : 0.02포인트 • 프리미엄 10포인트 이상 : 0.05포인트
최소가격변동금액	• 프리미엄 3포인트 미만 : 500원(=5만원×0.01포인트) • 프리미엄 3포인트 이상~10포인트 미만 : 1,000원(=5만원×0.02포인트) • 프리미엄 10포인트 이상 : 2,500원(=5만원×0.05포인트)
거래시간	• 정규거래 : 08:45~15:45(최종거래일 08:45~15:20) • 야간거래 : 18:00~06:00
최종거래일	각 결제월의 두 번째 목요일(공휴일인 경우 순차적으로 앞당김)
최종결제일	최종거래일의 다음 거래일
권리행사	최종거래일에만 가능(European형)
결제방법	현금결제
증거금 기준가격	코스피200옵션(콜/풋, 행사가격, 결제월 동일)의 기준가격(호가가격 단위 미조정)
기준가격	코스피200옵션(콜/풋, 행사가격, 결제월 동일)의 기준가격(호가가격 단위 조정)

자료 : 한국거래소 홈페이지, 「KRX시장, 시장안내, 파생상품시장, 주가지수상품」

3. 코스닥150옵션

2018년 3월 26일에 상장된 코스닥150옵션은 코스닥시장의 기술주 섹터에 중점을 두면서 코스닥 종합지수의 흐름을 추정하도록 시장대표성, 섹터대표성, 유동성 등의 기준으로 선정된 150개 종목으로 구성된 코스닥150지수를 거래대상으로 하는 옵션상품이다. 코스닥150옵션의 상품내용은 〈표 8-27〉과 같다.

〈표 8-27〉 코스닥150옵션의 상품내용

구 분	상품내용
기초자산	코스닥150지수
거래단위	코스닥150옵션가격×1만(거래승수)
결제월	매월
상장결제월	비분기월물 2개 및 분기월 4개(3, 6, 9, 12월)
행사가격의 설정	• 각 결제월 거래개시일의 행사가격 설정방법 : 25포인트 간격으로 ATM 1개, ITM 8개, OTM 8개 • 지수변동에 따라 ATM 기준으로 상하로 각 8개가 유지되도록 설정(25포인트 간격) • 최종거래일 도래로 신규결제월 상장시 결제월 순서에 따라 상기와 같이 행사가격 추가설정
가격의 표시	프리미엄(포인트)
호가가격단위	• 프리미엄 50포인트 미만 : 0.1포인트 • 프리미엄 50포인트 이상 : 0.5포인트
최소가격변동금액	• 프리미엄 50포인트 미만 : 1,000원(=1만×0.1포인트) • 프리미엄 50포인트 이상 : 5,000원(=1만×0.5포인트)
거래시간	• 정규거래 : 08:45~15:45(최종거래일 08:45~15:20) • 야간거래 : 18:00~06:00
최종거래일	각 결제월의 두 번째 목요일(공휴일인 경우 순차적으로 앞당김)
최종결제일	최종거래일의 다음 거래일
권리행사	최종거래일에만 가능(European형)
결제방법	현금결제
가격제한폭	기초자산 기준가격 대비 아래에 해당하는 옵션이론가격을 단계적으로 확대적용(단, 08:45~09:00 및 야간거래시간에는 1단계만 적용) ① ±8%, ② ±15%, ③ ±20%

자료 : 한국거래소 홈페이지, 「KRX시장, 시장안내, 파생상품시장, 주가지수상품」

Ⅱ. 주식옵션

주식옵션(stock option)은 코스피200지수 또는 코스닥글로벌지수의 구성종목 중 거래소가 선정한 주권을 기초자산으로 하는 옵션상품이다. 주식옵션은 현물거래에 비해 레버리지가 크고 다양한 매매전략을 구사할 수 있다. 주식옵션의 상품내용은 〈표 8-28〉과 같다.

〈표 8–28〉 주식옵션의 상품내용

구 분	상품내용
기초자산	유가증권 200개 및 코스닥 58개 개별종목(2025. 9. 7 기준)
거래단위	주식옵션가격×10(거래승수)
결제월	비분기월 중 2개, 분기월 중 4개
상장결제월	1년 이내의 6개 결제월
행사가격의 설정	• 행사가격 설정방법 : 매일 등가격(ATM, 기초자산의 종가와 가장 가까운 행사가격) 기준 거래증거금률 범위 내 행사가격 단위에 부합하는 모든 행사가격 설정 • 최소 행사가격의 수 : 1~3근월물의 경우 9개, 4~6근월물의 경우 3개 • 행사가격의 간격 : 권리행사간격의 수준 및 잔존만기에 따라 달리 적용
가격의 표시	프리미엄(원화)
최종거래일	각 결제월의 두 번째 목요일(공휴일인 경우 순차적으로 앞당김)
최종결제일	최종거래일의 다음 거래일
권리행사/결제방법	최종거래일에만 가능(European형) / 현금결제
호가가격단위	① 1,000원 미만 : 10원 ② 1,000원 이상~2,000원 미만 : 20원 ③ 2,000원 이상~5,000원 미만 : 50원 ④ 5,000원 이상~10,000원 미만 : 100원 ⑤ 10,000원 이상 : 200원
거래시간	08:45~15:45(최종거래일 08:45~15:20)
단일가격경쟁거래	• 개장시 : 08:30~08:45 • 최종거래일 이외의 거래종료시 : 15:35~15:45
필요적 거래중단	현물가격 급변시 주식옵션 거래 일시 중단

자료 : 한국거래소 홈페이지, 「KRX시장, 시장안내, 파생상품시장, 개별주식상품」

Ⅲ. 미국달러옵션

미국달러옵션(US dollar option)이란 미리 정한 환율로 최종거래일에 달러화를 매수 또는 매도할 수 있는 권리를 매매하는 것을 말한다. 여기서 매입할 수 있는 권리를 콜옵션, 매도할 수 있는 권리를 풋옵션, 미리 정한 환율을 옵션의 행사가격이라고 한다.

미국달러옵션을 매수한 투자자는 미래 환율변동이 발생한 경우 손실이 매수한 옵션의 가격에 한정된다. 그러나 이 옵션을 매도한 투자자는 미래의 환율변동으로 이익을 볼 수도 있지만 환율이 급격하게 변동하는 경우에는 큰 손실을 볼 수도 있다. 통상적으로 옵션을 매도하는 대규모 금융기관들은 매도한 옵션의 반대거래를 통해 이러한 큰 손실의 위험을 관리한다. 따라서 전문적인 위험관리의 능력이 없는 일반투자자들은 옵션의 매도에 주의해야 한다. 미국달러옵션은 2021년 1월부터 신규 결제월 종목의 거래개시(상장)가 중지되었다.

〈표 8-29〉 미국달러옵션의 내용

구 분	내 용
거래대상	미국달러화(USD)
거래단위	US $10,000
결제월	분기월 중 2개와 그 밖의 월 중 2개
상장결제월	6개월 이내의 4개 결제월
행사가격의 설정	ATM을 기준으로 10원 간격으로 상하 각 3개(총 7개)
가격의 표시	프리미엄(원화)
호가가격단위	0.10원
최소가격변동금액	1,000원(=US $10,000×0.10)
거래시간	09:00~15:45(최종거래일 09:00~15:30)
최종거래일	결제월의 세 번째 월요일(공휴일인 경우 순차적으로 앞당김)
최종결제일	최종거래일의 다음 날
권리행사	최종거래일에만 행사가능(European형)
결제방법	현금결제
가격제한폭	기초자산 기준가격 대비 ±4.5%에 해당하는 옵션이론가격
단일가격경쟁거래	개장시(08:30~09:00) 및 거래종료시(15:35~15:45)

자료 : 한국거래소 홈페이지, 「KRX시장, 시장안내, 파생상품시장, 통화상품」

chapter 9

펀드(집합투자기구)시장

제 1 절 집합투자기구의 이해

Ⅰ. 집합투자기구의 의의

1. 집합투자의 의의

간접투자(indirect investment)는 개인투자자들이 직접 증권에 투자하는 것이 아니고 자산운용회사에 투자금액을 맡긴 후 대신 투자하게 하여 운용결과에 따라 실적을 배당받는 것이다. 이러한 간접투자라는 용어는 직접투자가 아닌 모든 투자를 포괄하는 것으로 오해할 수 있고, 투자자가 간접적으로 투자하는 투자일임과 신탁업도 간접투자로 혼돈할 수 있다.

이에 자본시장법은 간접투자라는 용어 대신에 집합투자(collective investment)라는 용어를 사용하여 우리에게 널리 알려진 펀드(fund)를 집합투자기구(collective investment scheme)라고 규정하고 있다. 자본시장법(제6조 제5항)에서는 집합투자란 '2인 이상의 투자자로부터 모은 금전등을 투자자로부터 일상적인 운용지시를 받지 아니하면서 재산적 가치가 있는 투자대상자산을 취득 · 처분, 그 밖의 방법으로 운용하고 그 결과를 투자자에게 배분하여 귀속시키는 것을 말한다'라고 규정하고 있다. 다만, 일부 사모의 방법으로 금전등을 모아 운용 · 배분하는 것으로서 일반투자자의 총수가 49인 이하인 경우, 자산유동화에 관한 법률 제3조의 자산유동화계획에 따라 금전등을 모아 운용·배분하는 경우, 그 밖에 행위의 성격 및 투자자 보호의 필요성 등을 고려하여 예치기관·종합금융투자사업자·일부 신탁업자·투자목적회사·종합금융회사 등의 해당 고유업무를 하는 경우에는 집합투자에서 제외된다.

또한 집합투자기구(펀드)의 자산을 운용하는 업을 집합투자업(collective investment business)이라 하고, 집합투자기구의 자산을 운용하는 주체인 자산운용회사를 집합투자업자(collective investment business entity)라고 한다.

2. 집합투자의 요건

자본시장법에 따른 집합투자에 대한 규정은 다음 네 가지 요건을 요구하고 있다.

첫째, 2명 이상에게 투자권유를 해야 한다는 것이다. 이러한 요건은 1명 단독사모펀드는 집합투자의 개념에서 제외된다는 것을 의미한다.

둘째, 투자자로부터 일상적인 운용지시를 받지 않아야 한다. 즉, 투자자로부터 투자된 금전으로부터 발생하는 수익이 오직 집합투자 사업자나 제3의 노력에 의한 것이어야 한다는 것이다.

셋째, 재산적 가치가 있는 투자대상자산을 취득, 처분, 그 밖의 방법으로 운용할 수 있어야 한다. 이러한 요건은 가격을 정할 수 있고 거래할 수 있는 모든 자산이 투자대상자산에 포함될 수 있다는 것을 의미한다.

넷째, 투자대상자산의 손익을 투자자에게 배분하여 귀속시킨다는 것이다. 이는 수익의 기대가 존재해야 한다는 것과 기대수익에 대한 위험도 존재한다는 것을 의미한다.

3. 집합투자기구의 정의

과거의 자산운용법상 간접투자기구는 투자신탁, 주식회사, 합자회사로 한정되어 있었다. 그러나 자본시장법(제9조 제18항)은 집합투자기구를 투자신탁, 투자회사, 투자유한회사, 투자합자회사, 투자유한책임회사, 투자합자조합, 투자익명조합 등으로 확대하였다. 투자신탁(investment trust)은 집합투자업자인 위탁자가 신탁업자에게 신탁한 재산을 신탁업자로 하여금 그 집합투자업자의 지시에 따라 투자·운용하게 하는 신탁 형태의 집합투자기구이다. 투자회사(investment company)는 상법에 따른 주식회사 형태의 집합투자기구이다. 투자유한회사(limited investment company)는 상법에 따른 유한회사 형태의 집합투자기구이다. 투자합자회사(investment limited partnership company)는 상법에 따른 합자회사 형태의 집합투자기구이다. 투자유한책임회사(investment limited liability company)는 상법에 따른 유한책임회사 형태의 집합투자기구이다. 투자합자조합(investment limited partnership association)은 상법에 따른 합자조합 형태의 집합투자기구이다. 투자익명조합(undisclosed investment association)은 상법에 따른 익명조합 형태의 집합투자기구이다.

한편 자본시장법(제9조 제19항)에서는 사모집합투자기구를 집합투자증권을 사모로만 발행하는 집합투자기구로서 투자자의 총수가 100인 이하인 것으로 규정하고 있다. 이러한 사모집합투자기구는 일반 사모집합투자기구와 기관전용 사모집합투자기구가 있다. 여기서 일반 사모집합투자기구는 일반투자자도 투자자가 될 수 있다. 따라서 일반 사모집합투자기구는 투자자의 총수가 100인 이하가 적용되지만 그 투자자 중에서 일반투자자의 총수는 50인 이하가 적용된다.

Ⅱ. 집합투자기구의 종류

1. 성격에 따른 분류

1) 법적 성격에 따른 분류

집합투자기구는 법적 성격에 따라 계약형(투자신탁), 회사형(투자회사, 투자유한회사, 투자합자회사, 투자유한책임회사), 조합형(투자합자조합, 익명조합) 등으로 구분된다. 여기서 계약형 집합투자기구는 신탁계약서에 의해 집합투자업자와 신탁업자가 신탁계약을 체결하고 수익증권을 발행하여 수익자가 취득하는 것이다. 회사형 집합투자기구는 증권투자를 목적으로 하는 회사를 설립하여 투자자가 그 지분에 투자하는 것이다. 조합형 집합투자기구는 증권투자를 목적으로 하는 조합을 설립하여 투자자가 그 조합에 투자하는 것이다.

2) 중도환매 여부에 따른 분류

집합투자기구는 중도환매 여부에 따라 개방형과 폐쇄형으로 구분된다. 개방형 집합투자기구는 언제라도 환매를 하여 현금화가 가능한 형태이다. 폐쇄형 집합투자기구는 계약기간 내에 환매가 불가능한 형태이다.

3) 판매방식에 따른 분류

집합투자기구는 판매방식에 따라 모집형과 매출형으로 구분된다. 모집형 집합투자기구는 투자자금을 모집하고 집합투자기구 설정일에 집합투자증권을 발행하는 방식이다. 매출형 집합투자기구는 판매사 또는 운용사의 자금으로 우선 펀드를 설정하고 그 수익증권을 투자자에게 매출하는 방식이다.

4) 추가설정 여부에 따른 분류

집합투자기구는 추가설정의 여부에 따라 단위형과 추가형으로 구분된다. 단위형 집합투자기구는 일정기간 투자자를 모집해 펀드설정 후 추가적으로 펀드규모를 증가시키지 않는 형태이다. 추가형 집합투자기구는 투자자 증가에 따라 펀드규모가 증가하는 형태이다.

5) 상장여부에 따른 분류

집합투자기구는 상장여부에 따라 상장형과 비상장형으로 구분된다. 상장형 집합투자기구는 수익증권이나 주권이 거래소에 상장되는 것으로 주로 폐쇄형이다. 폐쇄형 집합투자기구는 만기까지 환급을 받을 수 없기 때문에 거래소에 상장하여 다른 투자자에게 매도할 수 있도록 유동성을 확보해 주고 있는 펀드이다. 비상장형 집합투자기구는 수익증권이나 주권이 거래소에 상장되지 않은 것으로 주로 개방형이다.

6) 공모여부에 따른 분류

집합투자기구는 공모여부에 따라 공모형과 사모형으로 구분된다. 공모형 집합투자기구는 모집공모나 매출공모의 방식으로 투자자를 모으는 펀드이다. 사모형 집합투자기구는 사모방식으로만 투자자를 모으고 투자자의 수나 자격이 제한된다.

2. 투자대상에 따른 분류(자본시장법 제229조)

1) 증권집합투자기구

증권집합투자기구(securities fund)는 집합투자재산의 100분의 50 이상(법에서는 40% 이상 대통령령이 정하는 비율, 동 시행령에서는 50% 이상)을 증권 또는 증권을 기초자산으로 한 파생상품에 투자하면서 부동산과 특별자산에 투자하지 않는 집합투자기구이다.

증권집합투자기구는 주식형, 채권형, 혼합형이 있다. 주식형 집합투자기구는 규약상 주식에 집합투자재산의 60% 이상 투자하는 펀드로 대체로 90% 이상 주식에 투자한다. 채권형 집합투자기구는 규약상 채권에 집합투자재산의 60% 이상 투자하는 펀드로 주식 또는 주식관련 파생상품에 투자가 불가능하다. 혼합형 집합투자기구는 주식형, 채권형 어디에도 속하지 아니하면서 규약상 허용되는 주식 최대 편입비율이 50% 이상인 주식혼합형과 주식 최대 편입비율이 50% 미만인 채권혼합형이 있다.

2) 부동산집합투자기구

부동산집합투자기구(real estate fund)는 집합투자재산의 100분의 50 이상(법에서는 40% 이상으로서 대통령령이 정하는 비율, 동 시행령에서는 50% 이상)을 부동산에 투자하는 집합투자기구를 말한다. 여기서 ① 부동산개발사업, ② 부동산의 관리 및 개량, ③ 부동산의 임대, ④ 지상권・지역권・전세권・임차권 등 부동산사용에 관한 권리의 취득, ⑤ 기업구조조정 촉진법 제2조 제1호에 따른 채권금융기관이 채권자인 금전채권의 취득 등의 방법으로 운용하는 경우에 부동산 투자로 간주하고 있다.

3) 특별자산집합투자기구

특별자산집합투자기구(special asset fund)는 집합투자재산의 100분의 50 이상(법에서는 40% 이상 대통령령이 정하는 비율, 동 시행령에서는 50% 이상)을 특별자산(증권과 부동산을 제외한 투자대상자산)에 투자하는 집합투자기구이다. 예를 들면, 사회기반시설에 대한 투자이다.

4) 혼합자산집합투자기구

혼합자산집합투자기구(mixed asset fund)는 집합투자재산을 운용함에 있어서 증권, 부동산, 특별자산 등의 투자대상자산과 관련 운영비율에 대한 아무런 제한을 받지 않고 투자할 수 있는 집합투자기구이다.

5) 단기금융집합투자기구

단기금융집합투자기구(MMF : money market fund)는 집합투자재산을 단기채권, CP, CD 등의 단기금융상품에 투자하는 집합투자기구이다.

3. 특수형태의 집합투자기구(자본시장법 제230조~제234조)

1) 환매금지형 집합투자기구

환매금지형 집합투자기구(closed end fund)는 집합투자업자가 존속기간을 정하여 집합투자증권의 환매를 청구할 수 없는 집합투자기구를 설정하고 설립하는 형태이다. 투자신탁이나 투자익명조합의 집합투자업자 또는 투자회사 등은 기존 투자자의 이익을 해할 우려가 없을 때에는 환매금지형 집합투자기구의 집합투자증권을 추가로 발행할 수 있다.

투자신탁의 집합투자업자 또는 투자회사는 신탁계약 또는 정관에 투자자의 환금성 보장 등을 위한 별도의 방법을 정하지 아니한 경우에는 환매금지형 집합투자기구의 집합투자증권을 최초로 발행한 날부터 90일 이내에 그 집합투자증권을 증권시장에 상장해야 한다.

2) 종류형 집합투자기구

종류형 집합투자기구(multiple class fund)는 집합투자업자가 판매보수의 차이로 인하여 기준가격이 다르거나 판매수수료가 다른 여러 종류의 집합투자증권을 발행하는 집합투자기구를 설정하고 설립하는 형태이다.

3) 전환형 집합투자기구

전환형 집합투자기구(umbrella fund)는 집합투자업자가 복수의 집합투자기구간에 각 집합투자기구의 투자자가 소유하고 있는 집합투자증권을 다른 집합투자기구의 집합투자증권으로 전환할 수 있는 권리를 투자자에게 부여하는 구조의 집합투자기구를 설정하여 설립하는 형태이다.

4) 모자형 집합투자기구

모자형 집합투자기구(master feeder fund)는 집합투자업자가 다른 집합투자기구(모집합투자기구)가 발행하는 집합투자증권을 취득하는 구조의 집합투자기구(자집합투자기구)를 설정하여 설립하는 형태이다.

5) 상장지수 집합투자기구

상장지수 집합투자기구(exchange trade fund)는 증권의 종류에 따라 다수 종목의 가격수준을 종합적으로 표시하는 지수의 변화에 연동하여 운용하는 형태이다.

제 2 절 집합투자기구의 형태

Ⅰ. 투자신탁

투자신탁(investment trust)은 계약형 집합투자기구의 형태로 집합투자기구(펀드)에 가입하여 수익권을 가진 투자자(수익자), 집합투자업의 운용주체인 집합투자업자(자산운용회사), 신탁재산의 보관 및 관리를 담당하는 신탁업자, 그리고 다양한 집합투자기구를 판매하는 판매회사(금융회사) 등으로 구성되어 있다.

[그림 9-1] 투자신탁의 구조

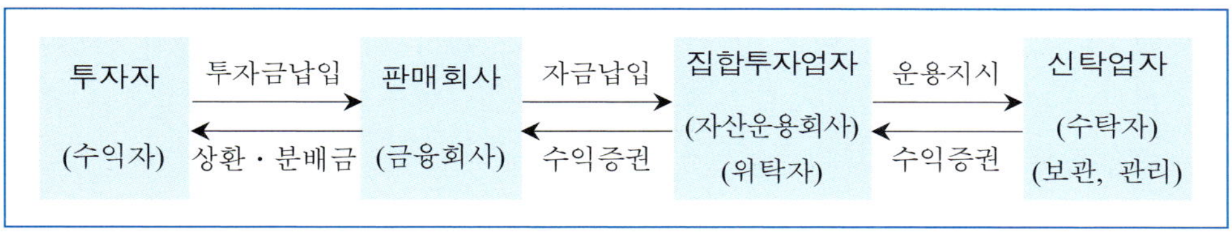

1. 투자자

투자자(investor)는 집합투자기구에 가입하여 투자금액을 납입하고 그에 대한 대가로 수익권에 대한 권리를 가진 자로 신탁법상 투자신탁 수익증권의 소지자이다. 투자자는 투자자금의 납입의무가 있고, 수익증권의 환매를 청구할 수 있는 권리가 있으며, 투자수익에 대하여 분배를 받을 수 있는 권리가 있다.

2. 집합투자업자

집합투자업자(collective investment business entity)는 집합투자재산을 운용하는 회사이다. 집합투자업자는 집합투자재산의 보관업무와 관리업무를 신탁업자(수탁자)에게 위탁하기 때문에 위탁자가 된다. 집합투자업자는 일반적으로 집합투자기구를 운용하고, 집합투자기구의 판매는 판매계약에 의하여 판매회사에 판매업무를 위탁하여 수행한다. 다만, 집합투자업자가 스스로 판매하는 경우도 있다.

집합투자업자인 자산운용회사들은 펀드매니저(fund manager)에게 특정 집합투자기구를 운용하는 업무를 수행하게 하고 있다. 펀드매니저가 집합투자기구의 운용에 있어서 절대적인 권한을 가지고 있고 그 운용실적이 개인의 능력에 따라 크게 좌우되기 때문에 펀드매니저에 의하여 투자수익률이 결정되기도 한다. 2025년 9월말 현재 금융위원회의 인가를 받은 집합투자업자인 자산운용회사는 322개사이다.

3. 신탁업자

신탁(trust)은 금전, 부동산, 유가증권 등을 가진 사람이 자산운용을 신탁회사에 맡기고 그 운용수익을 받는 제도이다. 신탁업자(trust business entity)는 은행신탁계좌 중 금전신탁, 재산신탁, 종합재산신탁 등의 업무를 수행하는 단독 운영자가 있으며, 투자신탁과 투자회사의 수탁자로서 투자신탁재산의 보관, 관리의 업무를 하는 수탁업자가 있다. 신탁회사는 신탁 대가로 수수료를 받게 된다. 우리나라에서는 일반적으로 시중은행, 지방은행 및 외국은행의 국내지점에서 신탁의 업무를 수행하고 있다.

4. 판매회사

판매회사는 금융위원회로부터 집합투자증권의 매매업과 중개업으로 인가를 받아 집합투자기구(펀드)를 판매하는 회사이다. 우리나라의 펀드 판매회사로는 증권회사, 금융투자회사, 은행, 농협중앙회, 수협중앙회, 한국산업은행, 중소기업은행, 보험회사, 종합금융회사, 신용협동조합, 농협협동조합, 수산업협동조합 등이 있다.

5. 기타 투자신탁의 형태

1) 수익증권

투자신탁을 설정한 집합투자업자는 투자신탁의 수익권을 균등하게 분할하여 수익증권으로 표시해야 하며, 수익증권은 무액면 기명식으로 발행한다. 수익자는 신탁원본의 상환 및 이익의 분배 등에 관하여 수익증권의 좌수에 따라 균등한 권리를 가진다.

2) 신탁계약

투자신탁을 설정하고자 하는 집합투자업자는 신탁계약서에 의하여 신탁업자와 신탁계약을 체결해야 한다. 집합투자업자가 신탁계약을 변경하고자 하는 경우에는 신탁업자와 변경계약을 체결할 수도 있다. 집합투자업자는 신탁계약에 따라 투자신탁을 설정하는 경우 신탁업자에게 해당 신탁계약에서 정한 신탁원본 전액을 금전으로 납입해야 한다.

3) 수익자총회

투자신탁에는 전체 수익자로 구성되는 수익자총회를 두며, 수익자총회는 자본시장법 또는 신탁계약에서 정한 사항에 대하여만 결의할 수 있다. 수익자총회는 투자신탁을 설정한 집합투자업자가 소집한다. 투자신탁을 설정한 집합투자업자는 투자신탁재산을 보관·관리하는 신탁업자 또는 발행된 수익증권의 총좌수의 100분의 5 이상을 소유한 수익자가 수익자총회의 소집을 요청하는 경우 1개월 이내에 수익자총회를 소집해야 한다. 수익자총회는 출석한 수익자의 의결권의 과반수와 발행된 수익증권 총좌수의 4분의 1 이상의 수로 결의한다. 다만, 이 자본시장법에서 정한 수익자총회의 결의사항 외에 신탁계약으로 정한 수익자총회의 결의사항에 대하여는 출석한 수익자의 의결권의 과반수와 발행된 수익증권의 총좌수의 5분의 1 이상의 수로 결의할 수 있다.

4) 투자신탁의 해지

집합투자업자는 금융위원회의 승인을 받아 투자신탁을 해지할 수 있다. 다만, 수익자의 이익을 해할 우려가 없는 경우에는 금융위원회의 승인을 받지 아니하고 투자신탁을 해지할 수 있으며, 이 경우 집합투자업자는 그 해지사실을 지체없이 금융위원회에 보고해야 한다.

5) 투자신탁의 합병

투자신탁을 설정한 집합투자업자는 그 집합투자업자가 운용하는 다른 투자신탁을 흡수하는 방법으로 투자신탁을 합병할 수 있다. 집합투자업자는 투자신탁을 합병하고자 하는 경우에는 합병하는 각 투자신탁의 수익자총회의 결의를 거쳐야 한다. 집합투자업자는 투자신탁을 합병한 경우에는 그 사실을 지체 없이 금융위원회에 보고해야 한다. 이 경우 합병되는 투자신탁의 수익증권이 증권시장에 상장되어 있는 때에는 거래소에도 보고해야 한다.

Ⅱ. 투자회사

투자회사(investment company)는 투자자의 자금을 주식회사의 주식형태로 모아 그 수익을 주주인 투자자에게 배당으로 분배하는 것을 목적으로 설립된 회사형 집합투자기구이다. 투자회사는 상법상 주식회사이므로 투자회사의 설립, 신주발행 등에 대하여 상법에 따른 자체의 정관이 있어야 한다.

투자회사는 미국의 뮤추얼펀드와 같은 의미로 투자자들이 투자한 자산을 유가증권, 파생상품, 부동산, 선박, 석유 등에 투자하여 그 수익을 투자자(주주)에게 분배한다는 점에서 투자신탁과 동일하다. 그러나 투자회사는 명목상 주식회사라는 점과 투자자의 지위가 주주라는 점에서 투자신탁과 구별된다. 따라서 투자신탁의 발행증권은 수익증권이지만 투자회사는 무액면 주식을 발행한다.

〈표 9-1〉 투자회사와 투자신탁의 차이점

구 분	투자회사	투자신탁
운용구조	투자자, 판매회사, 신탁회사, 투자회사, 집합투자업자, 일반사무관리회사	투자자, 집합투자업자, 판매회사, 신탁회사
발행증권	무액면 주식	수익증권
투자자 지위	주주	수익자
중도환매 여부	가능, 한국거래소 매매가능	가능
투자자 수익	배당금, 주식매매차익	환매
최소투자금액	일정금액 이상	1,000원
투자기간	1년 이상	기간이 다양

투자회사는 투자자가 주식형태로 투자하기 때문에 일정시점까지는 투자회사로부터 원금의 환급이 어렵다. 따라서 투자회사는 투자자의 유동성 확보를 위하여 증권거래소에 상장을 시킨다. 한국거래소에 상장된 투자회사는 일반투자회사, 부동산투자회사, 선박투자회사 등 다양하다. 자본시장법은 조합형태의 집합투자기구, 사모투자펀드, 헤지펀드, M&A 펀드 등도 투자회사에 해당하는 것으로 규정하고 있다.

투자회사는 명목상 주식회사이기 때문에 자산의 운용이나 보관의 업무를 [그림 9-2]와 같이 집합투자업자, 신탁업자, 판매회사, 일반사무관리회사 등에 위탁해야 한다.

[그림 9-2] 투자회사의 구조

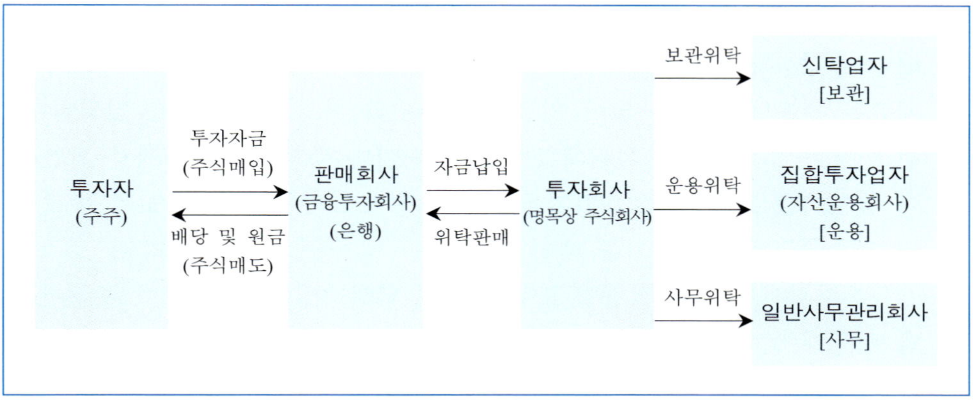

투자회사의 집합투자기구는 주식형태로 투자한 투자자(주주), 투자회사의 법인이사가 되어 투자재산을 운용하는 운용주체인 집합투자업자(자산운용회사), 신탁재산의 보관을 담당하는 신탁업자, 다양한 집합투자기구(펀드)를 판매하는 판매회사(금융회사), 그리고 일반사무에 관한 업무를 위탁받은 일반사무관리회사 등으로 구성되어 있다.

1. 투자자

투자자(investor)는 주식을 매입하여 주식대금을 납입하고 그에 대한 대가로 주주의 권리를 가진 자로 배당청구권과 원본금액 청구권이 있다. 투자자는 거래소를 통하여 다른 투자자에게 보유주권을 매도함으로써 유동성을 확보할 수 있다.

2. 투자회사

투자회사(investment company)는 투자자의 자금이 주식형태로 모여 설립되고, 투자회사의 자산을 운용하여 그 수익을 투자자에게 배당으로 분배하는 것을 목적으로 설립된 집합투자기구(펀드)이다. 투자회사는 명목상 주식회사(paper company라고 함)이기 때문에 자산의 운용이나 보관 등의 모든 업무를 집합투자업자, 신탁업자, 판매회사, 일반사무관리회사 등에 위탁하여 처리한다.

투자회사의 설립은 발기설립절차에 의하여 발기인이 정관을 작성하고 기명날인 또는 서명하여 설립절차를 추진한다. 투자회사 설립시의 자본금은 주식

발행가액의 총액으로 한다. 투자회사의 발기인은 투자회사의 설립시에 발행하는 주식의 총수를 인수해야 하며, 지체 없이 주식의 인수가액을 금전으로 납입해야 한다. 발기인은 투자회사 설립시에 발행하는 주식의 인수가액의 납입이 완료된 경우에는 지체 없이 의결권 과반수의 찬성으로 이사를 선임한다. 선임된 이사는 투자회사의 설립에 관하여 법령이나 투자회사의 정관을 위반한 사항이 있는지를 조사하여 그 결과를 이사회에 보고해야 하며, 보고를 종료한 날부터 2주 이내에 설립등기를 해야 한다.

투자회사는 회사 성립일 또는 신주의 납입기일에 지체 없이 주주에게 주식을 발행해야 한다. 투자회사가 그 성립 후에 신주를 발행하는 경우 신주의 수, 발행가액 및 납입기일은 이사회가 결정한다.

투자회사의 지배구조는 상법상의 규정에 따라 주주총회, 이사회, 감사 등으로 구성된다. 주주총회는 주주로 구성되는 투자회사의 최고 의사결정기구로 이사를 선임한다. 이사회는 이사들로 구성된다. 투자회사의 이사는 집합투자업자인 법인이사와 감독이사로 구분되며, 법인이사 1명과 감독이사 2명 이상을 선임한다. 법인이사는 투자회사를 대표하고 투자회사의 업무를 집행하며, 감독이사는 법인이사의 업무집행을 감독한다.

투자회사는 정관에서 정한 존속기간의 만료, 그 밖의 해산사유가 발생하면 해산해야 한다. 이 경우 청산인은 해산일부터 2주 이내에 해산의 사유 및 연월일, 청산인 및 청산감독인을 금융위원회에 보고해야 한다.

3. 집합투자업자

집합투자업자(collective investment business entity)는 투자회사의 집합투자재산을 운용하는 회사이다. 투자회사의 집합투자업자는 투자회사의 법인이사와 업무집행사원이 투자신탁재산의 운용업무를 수행한다. 조합형태 집합투자재산의 운용은 업무집행조합원인 집합투자업자가 수행한다. 그리고 투자회사는 명목상 주식회사이기 때문에 신탁업무, 판매업무, 그리고 사무업무는 투자회사가 신탁회사, 판매회사, 일반사무관리회사에 위탁하여 처리한다.

자본시장법에서 집합투자업자란 집합투자를 영업으로 하는 집합투자업을 영위하는 자를 말한다. 여기서 집합투자란 2인 이상의 투자자로부터 모은 금전 등 재산적 가치가 있는 투자대상자산을 취득·처분 등의 방법으로 운용하고 그 결과를 투자자에게 배분하여 귀속시키는 것을 말한다.

4. 신탁업자

신탁업자(trust business entity)는 투자회사의 수탁자로서 투자회사의 집합투자재산의 보관, 관리의 업무를 하는 수탁업자이다. 신탁회사는 신탁 대가로 수수료를 받게 된다. 우리나라에서는 일반적으로 은행에서 신탁의 업무를 수행하고 있다. 2025년 9월말 현재 우리나라에서 투자회사의 신탁업으로 금융위원회의 인가를 받은 신탁회사는 14개이다.

5. 판매회사

판매회사(sale company)는 금융위원회로부터 집합투자증권의 매매업과 중개업에 대한 인가를 받아 집합투자기구를 판매하는 회사이며, 투자회사의 판매회사도 투자신탁의 판매회사에 관한 제반 사항과 규제가 유사하다. 우리나라 판매회사로는 금융회사, 은행, 보험회사, 종합금융회사 등이 있다.

6. 일반사무관리회사

일반사무관리회사(general administration company)는 투자회사로부터 일반사무에 관한 업무를 위탁받은 회사이다. 일반사무관리회사는 투자회사의 주식발행, 명의개서, 투자회사의 재산계산, 이사회 및 주주총회의 업무 등 투자회사에 필요한 일반사무의 업무를 수행한다.

7. 기타 투자회사

1) 투자유한회사

투자유한회사(investment limited liability company)는 집합투자를 수행하기 위한 회사형 집합투자기구로 상법상 유한회사의 일종이다. 따라서 투자자의 투자자금은 회사의 출자금이며, 투자자는 회사의 유한책임사원이 된다. 그리고 사원총회, 이사 등과 같은 회사법상 유한회사의 조직구조를 갖춘다. 투자유한회사의 집합투자재산의 운용업무는 법인이사가 수행하며, 집합투자재산의 보관 및 관리 업무는 신탁업자가 위탁받아 수행한다. 투자유한회사는 특정한 투자자들이 균등금액을 출자하여 집합투자재산을 운용하는 사모펀드로 주로 운영된다.

2) 투자합자회사

투자합자회사(investment limited partnership company)는 집합투자를 수행하기 위한 집합투자기구로 상법에 따른 합자회사 형태의 회사형 집합투자기구이다. 투자합자회사는 투자자의 자금을 모아 집합투자재산을 운용하고 그 결과를 투자자에게 배분하는 것을 목적으로 한다는 측면에서 투자회사와 유사하나, 그 법적 형태를 상법상의 합자회사로 하는 데 특징이 있다. 따라서 투자합자회사는 1명 이상의 무한책임사원과 1명 이상의 유한책임사원으로 구성된다. 무한책임사원은 무한책임의 의무를 지고 업무집행권을 가지며, 유한책임사원은 출자가액의 한도 내에서만 책임을 진다. 그리고 무한책임사원은 재산, 노무, 신용 등으로 출자가 가능하지만, 유한책임사원은 재산출자만 가능하다.

3) 조합형태의 집합투자기구

조합형태의 집합투자기구는 투자조합과 투자익명조합이 있다. 자본시장법 제218조와 제224조는 집합투자업자로 투자조합(investment association)을 설립하는 경우에는 업무집행조합원 1명과 유한책임조합원 1명이 기명날인 또는 서명해야 하며, 집합투자업자로 투자익명조합(undisclosed investment association)을 설립하는 경우에는 익명조합계약에 영업자 1명과 익명조합원 1명이 기명날인 또는 서명해야 한다고 규정하고 있다.

4) 사모집합투자기구(사모펀드)

사모집합투자기구는 사모로만 발행하는 집합투자기구로서 투자자의 수가 100인 이하인 것을 말한다. 여기서 100인의 산정방식은 ① 기관투자자의 수는 투자자 수 산정시 고려하지 않고, ② '일반투자자'와 '기관투자자가 아닌 전문투자자'의 수가 100인 이하인 것이며, ③ 일반투자자의 수는 49인 이하인 것이다. 그리고 타 집합투자기구가 당해 집합투자기구의 집합투자증권 총수의 10% 이상을 취득하였을 경우에는 타 집합투자기구의 투자자 수도 합산해야 한다.

사모집합투자기구는 일반 사모집합투자기구와 기관전용 사모집합투자기구로 구분된다. 일반 사모집합투자기구는 집합투자증권을 사모로만 발행하는 집합투자기구로서 기관전용 사모집합투자기구가 아닌 것을 말한다. 기관전용 사모집합투자기구(구 사모투자전문회사)는 경영권 참여, 사업구조 또는 지배구조의 개선 등을 위하여 지분증권 등에 투자·운용하는 합작투자회사인 사모집합투자기구이다.

제 3 절 집합투자업자의 영업행위

Ⅰ. 집합투자업자의 영업의무

1. 선관의무와 충실의무

집합투자업자가 투자자의 보호를 위하여 집합투자재산을 운용함에 있어서 선관의무(duty of due care) 및 충실의무(duty of good faith)가 있다. 집합투자업자는 투자자에 대하여 선량한 관리자의 주의로써 집합투자재산을 운용해야 하며, 투자자의 이익을 보호하기 위하여 해당 업무를 충실하게 수행해야 한다.

2. 자산운용지시의 의무

투자신탁의 집합투자업자는 투자신탁재산을 운용함에 있어서 그 투자신탁재산을 보관·관리하는 신탁업자에 대하여 투자신탁재산별로 투자대상자산의 취득·처분 등에 관하여 필요한 지시를 해야 한다. 투자신탁을 제외한 집합투자기구의 집합투자업자는 집합투자기구의 명의로 집합투자재산별로 투자대상자산의 취득·처분 등을 하고, 그 집합투자기구의 신탁업자에게 취득·처분 등을 한 자산의 보관·관리에 필요한 지시를 해야 한다.

3. 자산운용보고의 의무

집합투자업자는 자산운용보고서를 작성하여 해당 집합투자재산을 보관·관리하는 신탁업자의 확인을 받아 3개월마다 1회 이상 해당 집합투자기구의 투자자에게 교부해야 한다. 다만, 투자자가 수시로 변동되는 등 투자자의 이익을 해할 우려가 없는 경우에는 보고서를 투자자에게 교부하지 아니할 수 있다.

4. 수시공시의 의무

투자신탁이나 투자익명조합의 집합투자업자는 ① 투자운용인력의 변경, ② 환매연기 또는 환매재개의 결정 및 그 사유, ③ 부실자산이 발생한 경우 그 명세 및 상각률, ④ 집합투자자총회의 결의내용, ⑤ 그 밖에 투자자 보호를 위하여 필요한 사항 등이 발생한 경우 이를 수시로 공시해야 한다.

5. 집합투자재산에 대한 보고의무

투자신탁이나 투자익명조합의 집합투자업자는 집합투자재산에 관한 매 분기의 영업보고서를 작성하여 매 분기 종료 후 2개월 이내에 금융위원회 및 협회에 제출해야 한다. 집합투자업자는 집합투자기구에 대하여 결산사유가 발생한 날부터 2개월 이내에 결산서류를 금융위원회 및 협회에 제출해야 한다. 그리고 금융위원회 및 협회는 제출받은 서류를 인터넷 홈페이지 등을 이용하여 공시해야 한다.

6. 장부열람 및 공시의 의무

투자자는 투자신탁이나 투자익명조합의 집합투자업자에게 영업시간 중에 이유를 기재한 서면으로 그 투자자에 관련된 집합투자재산에 관한 장부·서류의 열람이나 등본 또는 초본의 발급을 청구할 수 있다. 집합투자업자는 집합투자규약을 인터넷 홈페이지 등을 이용하여 공시해야 한다.

7. 환매연기통지의 의무

집합투자업자는 집합투자증권의 환매를 연기한 경우와 집합투자기구에 대한 회계감사인의 감사의견이 적정의견이 아닌 경우 해당 집합투자증권을 판매한 투자매매업자·투자중개업자에게 이를 즉시 통지해야 할 의무가 있다.

8. 위험지표 공시의 의무

집합투자업자는 파생상품 매매에 따른 위험평가액이 집합투자기구 자산총액의 10%를 초과하여 투자할 수 있는 집합투자기구의 집합투자재산을 파생상품에 운용하는 경우에는 계약금액, 그 밖에 '위험에 관한 지표'를 인터넷 홈페이지 등을 이용하여 공시해야 할 의무가 있다.

Ⅱ. 집합투자업자의 영업제한

1. 자산운용의 제한

집합투자업자는 투자자 보호를 위해 집합투자재산인 증권 또는 파생상품, 부동산, 집합투자증권 등을 운용함에 있어서 일정한 범위를 초과하여 투자하는 행위를 제한받는다. 이러한 제한은 투자대상재산의 법인이나 발행인이 부도 또는 파산하여 발생될 수 있는 위험을 분산시키는 데 목적이 있다.

2. 자기집합투자증권의 취득제한

투자신탁이나 투자익명조합의 집합투자업자는 집합투자기구의 계산으로 그 집합투자기구의 집합투자증권을 취득하거나 질권의 목적으로 받지 못하도록 제한하고 있다. 다만, 담보권의 실행 등 권리행사에 필요한 경우에는 집합투자기구의 계산으로 그 집합투자기구의 집합투자증권을 취득할 수 있다.

3. 금전차입의 제한

집합투자업자는 집합투자재산을 운용함에 있어서 집합투자기구의 계산으로 금전을 차입하지 못하도록 제한하고 있다. 이는 집합투자기구의 계산으로 금전을 차입하는 경우에는 집합투자기구의 이자부담이 발생하고, 차입을 위한 담보로 집합투자기구가 보유한 자산이 제공되는 것을 방지하기 위한 것이다.

4. 이해관계인과의 거래제한

집합투자업자는 집합투자재산을 운용함에 있어 집합투자기구와 이해가 상충될 우려가 있는 집합투자업자의 임직원 및 대주주, 그들의 배우자 등의 이해관계인과 거래행위를 하지 못하도록 제한하고 있다.

5. 자기증권의 취득제한

집합투자업자는 집합투자재산을 운용함에 있어서 집합투자기구의 계산으로 그 집합투자업자가 발행한 증권을 취득하지 못하도록 제한하고 있다. 다만, 투자신탁의 수익증권은 취득할 수 있다.

6. 불건전 영업행위의 금지

집합투자업자는 투자자 보호 및 건전한 거래질서를 해할 우려가 있는 특정 금융상품의 매매행위를 하지 못하도록 제한하고 있다. 예를 들면, 집합투자기구가 인수한 증권을 집합투자재산으로 매수하는 행위는 금지하도록 하고 있다.

7. 성과보수의 제한

집합투자업자는 집합투자기구의 운용실적에 연동하여 미리 정하여진 산정방식에 따른 성과보수를 받지 못하도록 제한하고 있다. 다만, 집합투자기구가 사모집합투자기구인 경우와 투자자 보호 및 건전한 거래질서를 해할 우려가 없는 경우에는 일부 성과보수를 허용하고 있다.

8. 의결권 행사의 제한

투자신탁이나 투자익명조합의 집합투자업자는 집합투자재산에 속하는 주식의 의결권을 행사함에 있어서 집합투자재산에 속하는 주식을 발행한 법인의 주주총회에 참석한 주주가 소유하는 주식수에서 집합투자재산에 속하는 주식수를 뺀 주식수의 결의내용에 영향을 미치지 아니하도록 의결권을 행사해야 한다.

다만, 집합투자재산에 속하는 주식을 발행한 법인의 합병, 영업의 양도·양수, 임원의 임면, 정관변경, 그 밖에 이에 준하는 사항으로서 집합투자재산에 손실을 초래할 것이 명백하게 예상되는 경우에는 의결권 행사의 제한을 적용하지 아니한다. 그러나 상호출자제한 기업집단은 의결권 행사를 제한하는 경우도 있다.

9. 금전 차입 및 대여의 제한

집합투자업자는 집합투자기구의 계산으로 금전의 차입 및 대여를 못하도록 규정하고 있다. 다만, 집합투자재산으로 부동산을 취득하는 경우에는 제한적 방법에 따라 집합투자기구의 계산으로 금전의 차입 및 대여를 허용한다.

제 4 절 집합투자기구(펀드)상품

Ⅰ. 단기펀드상품(MMF)

MMF(money market fund)는 단기금융집합투자기구로 자산운용회사가 여러 고객이 투자한 자금으로 양도성예금증서(CD), 기업어음(CP), 잔존만기 1년 이하의 국채 및 통화안정증권 등 금융자산에 투자하여 얻은 수익을 고객에게 배당하는 채권투자 신탁상품이다. 개인이나 법인 누구나 가입할 수 있으며, 최저 가입금액의 제한이 없고, 환금성이 높을 뿐만 아니라 시중 실세금리 수준의 수익을 올릴 수 있어 소액 투자나 단기자금을 운용하는 데 유리한 저축수단이다. MMF는 수시로 입출금이 가능하고, 실적에 따라 배당을 실시하며, 일반적으로 환매수수료가 없고, 예금보호를 받지 못하는 상품이다.[1)]

Ⅱ. 증권펀드상품

1. 채권형 펀드

채권형 펀드(bond-type fund)는 채권 등에 최소한 60% 이상 편입하여 운용하는 펀드를 말한다. 이러한 펀드의 투자성과는 채권 시가평가에 의해 나타나므로 금리가 하락하여 채권가격이 상승하면 수익이 커지고, 금리가 상승하여 채권가격이 하락하면 수익이 작아진다. 따라서 금리하락기에는 편입채권의 잔존기간이 장기인 펀드가 유리하고, 금리상승기에는 편입채권의 잔존기간이 짧은 펀드가 유리하다. 펀드의 가입 자격 및 금액에는 제한이 없고, 임의식과 적립식이 있다. 투자기간은 3개월 이상인 단기, 6개월 이상인 중기, 1년 이상인 장기가 있다. 채권형

---

1) MMF와 유사한 CMA(cash management account)는 어음관리계좌 또는 종합자산관리계정이라고 불리며, 종합금융회사나 증권회사가 고객의 예탁금을 기업어음(CP), 양도성예금증서(CD), 국공채 등의 단기금융상품에 직접 투자하여 운용한 후 그 수익을 고객에게 돌려주는 단기금융상품이다. 예탁금에 제한이 없고 수시 입출금이 허용되면서도 실세금리 수준의 수익을 올릴 수 있는 장점을 가지고 있다. 종합금융회사의 CMA는 예금자보호법에 따라 해당 업체가 도산해도 최고 5,000만원까지 보호받을 수 있다.

펀드상품에는 국공채펀드, 우량회사채펀드, 일반채권펀드 등이 있다.

2. 주식형 펀드

주식형 펀드(stock-type fund)는 주식 등에 최소 60% 이상 편입하여 운용하는 펀드를 말한다. 이러한 주식형 펀드는 투자성과가 주식시장과 밀접한 관련이 있는 고위험・고수익형 상품이다. 주식형 펀드의 가입 자격 및 금액에는 제한이 없고, 임의식과 적립식이 있다. 주식형 펀드상품은 주식시장 변동에 의한 투자수익률 변동성이 크다. 따라서 채권형 펀드상품에 비하여 변동성이 크고 기대수익률도 높다.

주식형 펀드상품은 성장주형, 가치주형, 인덱스형 등이 있다. 성장주형은 향후 성장가능성이 높은 산업군 내에서 재무구조가 양호하고 시장점유율이 우월하며 영업실적이 지속적으로 증가하는 등 성장잠재력이 큰 기업에 집중 투자하는 유형이다. 성장주형 펀드에는 주로 수출관련주, 첨단기술 관련주, 업종 대표주 등이 편입된다. 가치주형은 자산가치와 재무구조가 우량한 기업 중 시장에서 저평가되거나 미래가치 상승이 예상되는 기업에 집중 투자하는 유형이다. 그리고 인덱스형은 주가지수 변동추적을 목적으로 구성된 펀드로, 추적하고자 하는 지수의 종류에 따라 배당지수펀드, 코스피200지수펀드, KRX100지수펀드 등 다양하다.

3. 혼합형 펀드

혼합형 펀드(matching fund)는 채권과 주식을 혼합하여 구성한 펀드를 말한다. 이 혼합형은 주식과 채권의 자산배분형이라고도 하며 주식의 최고 편입가능 비율이 50%를 초과하면 주식혼합형, 주식의 최고 편입가능 비율이 50% 미만이면 채권혼합형이라고 한다. 채권형 펀드보다는 높은 수익을 기대하나 주식형 펀드보다는 낮은 위험을 선호하는 고객에게 적합한 유형이다. 혼합형 펀드도 가입 자격 및 금액에는 제한이 없고, 임의식과 적립식이 있다.

혼합형 펀드상품은 채권혼합형, 주식혼합형, 하이일드형 등이 있다. 채권혼합형은 신탁재산을 주로 채권 등에 투자하고 주식 등에 대한 최고 투자비율이 50% 미만으로 운용되며, 채권의 안정성과 주식투자의 추가이익을 기대하는 펀드이다. 주식혼합형은 신탁재산을 주로 주식 등에 투자하는 상품으로 주식 등에 대한 최고 투자비율이 50% 이상으로 운용된다. 하이일드형(high yield type)은 투기등급(BB+ 이하) 채권을 의무적으로 편입하여 고수익 달성을 목표로 하지만 위험성이 크다. 주로 투기등급 편입가능 비율에 따라 여러 유형이 있다.

Ⅲ. 파생펀드상품

1. 주가지수연계펀드(ELF)

주가지수연계펀드(ELF : equity linked fund)는 운용자산의 대부분을 국공채에 투자하여 원금을 보전하고, 나머지 일부자산을 증권회사에서 발행한 주가지수연계증권(ELS)에 편입해 펀드 수익률이 주가에 연계되도록 자산운용회사가 설계하여 운용하는 구조의 상품이다. 상품의 특징은 투자원금과 수익이 주가지수 또는 개별주가에 연계되어 결정된다는 것이다.[2] 따라서 증권회사가 발행한 ELS가 원금손실을 낼 경우에는 ELF도 손실이 날 수 있다. 이 펀드의 가입 자격 및 금액에는 제한이 없고, 투자기간도 제한이 없어 개별 펀드별로 정할 수 있고, 중도환매도 가능하다.

〈표 9-2〉 주가지수연계형 금융상품의 비교

구 분	주가지수연계증권(ELS)	주가지수연계펀드(ELF)
판매(발행)기관	증권회사	자산운용회사
상품성격	유가증권	투자신탁펀드
만기수익	지수에 따라 사전에 제시한 수익 확정지급	운용성과에 따라 실적배당
예금보호	비보호(발행사의 신용이 중요)	비보호(실적배당상품)
중도해지	불가능(유가증권시장에서 매도, 원금손실 발생가능)	가능(원금손실 발생가능)
장점	증권회사가 제시한 수익을 달성할 수 있도록 상품 구성	추가수익 발생가능
단점	추가수익 없음	제시수익 보장 없음

2) 주가지수연계형 금융상품은 주가지수와 연계된 금융상품으로 일반투자자들이 통상적으로 ELS라고 부르고 있지만 엄밀하게 구분하면 증권회사가 발행하는 주가지수연계증권(ELS : equity linked securities), 자산운용회사가 발행하는 수익증권 형태의 주가지수연계펀드(ELF), 은행에서 발행하는 주가지수연계예금(ELD : equity linked deposit)이 있다. 여기서 ELF와 ELD는 증권회사들이 발행한 ELS를 예금과 펀드로 투자하는 구조의 상품이다.

2. 인덱스펀드

인덱스펀드(index fund)는 증권시장의 장기적 성장 추세를 전제로 하여 주가지수의 움직임에 연동되게 포트폴리오를 구성하여 운용함으로써 시장의 평균수익률을 실현하는 것을 목표로 하는 금융상품이다. 인덱스펀드 구성에 있어서 우선으로 고려해야 할 사항은 펀드가 추구하는 목표인덱스를 선정하는 것이다. 인덱스마다 구성종목과 산출방법이 다르기 때문에 목표인덱스를 무엇으로 선정하느냐에 따라 수익률이 크게 차이가 있다. 인덱스펀드의 가입 금액 및 자격은 제한이 없고, 투자기간도 제한이 없어 개별 펀드별로 정할 수 있다.

이러한 인덱스펀드의 장점은 종목을 일일이 개별적으로 분석하지 않고도 시장수익률을 확보할 수 있다는 점과 운용이 투명하다는 것이다. 그리고 인덱스펀드는 효율적인 분산화 실현, 증권매매에 따르는 비용 절감, 저렴한 운용비용, 투자자 스스로 운용을 할 수 있다는 이점이 있다. 그러나 인덱스펀드는 목표인덱스보다 낮은 투자성과, 구성종목 교체의 곤란성 등 단점도 있다.

3. 시스템펀드와 퀀트펀드

시스템펀드(system fund)는 사전에 미리 입력된 자동주문시스템의 매매조건에 따라 매매를 반복하여 수익을 실현하는 펀드이다. 일반 펀드는 펀드매니저가 증시를 분석하고 판단하여 펀드를 운용하지만, 시스템펀드는 펀드매니저의 자의적인 판단을 배제하고 자동적으로 프로그램매매[3]가 이루어진다.

퀀트펀드(quant fund)는 금융공학의 개념을 이용하여 기업가치 매트릭스를 평가하고, 과거 주가추이에 기초한 계량분석기법을 통해 투자대상을 찾아내는 펀드를 의미한다. 퀀트펀드는 투자대상자산을 평가하여 고평가된 자산을 매도하고 저평가된 자산을 매수하도록 설계되어 있다.

4. 스타일펀드

스타일펀드(style fund)는 주식의 특성과 성과가 비슷한 종목으로 구성된 포트폴리오에 대해 산출된 스타일 지수를 추적하는 펀드이다. 스타일 분류는 가치주와 성

3) 프로그램매매는 미래에 발생가능한 시장상황을 사전에 시스템에 입력한 뒤 시장변동에 따라 증권이 자동적으로 매매되도록 하는 것이다. 시스템펀드는 대부분이 프로그램매매에 의해 운용된다.

장주가 있다. 가치주(value stock)는 주가순자산비율, 주가현금흐름비율, 배당수익률 등의 지표를 적용해 주가가 기업의 내재가치보다 저평가된 종목을 말한다. 반면 성장주(growth stock)는 성장가능성이 큰 종목들로 매출액, 순이익증가율, 내부성장률 등이 높아 앞으로 성장가능성이 높다고 판단되는 종목을 말한다.

5. 섹터펀드

섹터펀드(sector fund)는 특정업종에 속한 주식을 대상으로 구성한 펀드이다. 섹터펀드의 수익률은 해당 업종의 경기상황과 밀접한 관계가 있다. 가장 많이 이용되는 섹터는 IT, 반도체, 금융, 건강관련 상품, 천연자원(에너지) 등의 섹터이며, 이 밖에도 기초소재, 일반산업, 소비재, 물, 인프라스트럭처 등의 섹터가 있다. 섹터펀드에서 어느 하나의 섹터에만 투자하는 것보다는 여러 섹터에 분산투자하는 것도 투자위험을 관리하는 하나의 방법이 될 수 있다.

6. 사회책임펀드

사회책임펀드(SRI : socially responsible investments)는 단순히 이익을 많이 내는 기업에 투자하는 것이 아니라, 펀드투자에 대한 의사결정을 할 때 사회적·환경적·윤리적 책임 및 기업지배구조 등과 같은 무형자산의 가치까지 고려하여 투자하는 펀드이다. 기업의 재무적인 측면뿐만 아니라 비재무적인 측면도 고려하여 기업의 지속발전 가능성에 영향을 미치는 요소 등을 고려하여 투자를 결정하는 펀드이다.

7. 테마펀드

테마펀드(thema fund)는 특정국가의 주식 위주로 투자하는 펀드와는 달리 전세계 증권시장에 상장된 종목을 특정산업이나 테마로 나누어 투자하는 펀드상품을 의미한다.[4]

---

4) 테마펀드는 섹터펀드와 유사하지만 다음과 같은 차이점이 있다. 테마펀드는 특정 주제나 이슈를 가진 업종이나 종목에 집중투자하는 것을 의미한다. 예를 들면 물, 와인, 명품, 대체에너지 등과 같은 특정 주제나 이슈에 따라서 해당 종목에 집중하여 투자하는 것이다. 반면에 섹터펀드는 특정한 산업군에 속하는 업종에만 투자하는 것을 의미한다. 예를 들면 조선, 기계, 금융 등과 같은 특정업종의 주식들에 투자하는 것이다.

Ⅳ. 기타 펀드상품

1. 해외투자펀드

해외투자펀드의 경우 자본시장법은 외국에서 발행되어 국내 증권시장에서 판매되는 외국집합투자기구를 규정하고 있는데, 국내에서 판매하기 위해서는 적격요건을 갖추어 금융위원회에 등록해야 한다. 그 요건으로는 해외투자펀드가 OECD에 가입되어 있는 국가 등의 법률에 따라 발행되어야 하고 투자자의 요구에 따라 환매가 가능해야 한다. 그리고 국내에서 광고를 할 수 없고 자산운용보고서를 제공해야 한다.

해외투자펀드는 일반적인 국내펀드와 취급기관, 가입대상, 가입한도 등이 동일하지만 투자대상이 해외의 주식, 채권 및 부동산인 펀드상품이다. 해외투자펀드는 투자자산의 비율에 따라 자산총액의 60% 이상을 해외주식에 투자하는 주식형, 자산총액의 60% 이상을 해외채권에 투자하는 채권형, 자산총액의 50% 이상에서 60% 미만을 해외주식에 투자하는 주식혼합형, 자산총액의 50% 미만을 해외주식에 투자하는 채권혼합형으로 나눌 수 있다.

또한 해외투자펀드는 국내 자산운용회사에서 운용하고 원화로 투자되는 역내펀드(on-shore fund)와 해외투자운용회사가 해외에서 운용하는 역외펀드(off-shore fund)로 나눌 수 있으며, 미국, 유럽, 중국, 인도 등 투자자산을 운용하는 지역에 따라 브릭스(BRICs)펀드, 차이나펀드(China fund), 태평양펀드(Pacific seaboard fund), 이머징마켓펀드(emerging market fund) 등으로 나눌 수 있다. 이처럼 해외투자펀드는 개별상품별로 투자자산의 운용비율, 투자방법, 운용지역 등이 세분화되어 있어 투자자의 투자성향에 맞는 상품의 선택이 용이하다.

2. 엄브렐러펀드

엄브렐러펀드(umbrella fund)는 투자자가 시장상황에 따라 다른 펀드로 자유롭게 전환할 수 있는 펀드로서, 하나의 약관 아래 여러 개의 하위펀드가 있는 모양이 마치 우산과 같다고 해서 엄브렐러펀드라고 부른다. 하위펀드로 MMF, 채권형 수익증권, 안정형 수익증권, 성장형 수익증권, 정보통신펀드, 코스닥전용펀드, 공모주전용펀드 등 다양하게 편입할 수 있다. 엄브렐러펀드의 가입 자격 및 금액에는 제한이 없고, 임의식이다. 투자기간에도 제한이 없다.

엄브렐러펀드는 주식시장 방향성 예측에 의한 투자로 하락장에서도 수익추구가 가능하고, 회사에 따라 고객지정 목표수익률 달성시 자동으로 MMF로 전환해주는 서비스도 제공이 가능하다. 그리고 환매 및 전환청구시에는 익일의 영업일에 결제되므로 일반펀드보다 출금일이 단축되어 신속한 전환투자가 가능하다.

3. 적립식 펀드

적립식 펀드는 투자자의 입장에서는 은행의 정기적금처럼 매월 일정액을 적립하여 주식이나 채권에 투자한 후 운용실적에 따라 투자수익을 얻는 수익증권이다. 집합투자업자인 자산운용회사의 입장에서는 투자자로부터 일정기간 동안 정기 또는 수시로 분할 납입받은 자금을 주식·채권 등으로 운용하고 만기에 원본과 수익을 투자자에게 지급하는 수익증권이다.

적립식 펀드에 가입하면 주가가 하락하여 투자적기라고 생각되면 주식을 많이 구매하고, 주가가 상승하여 비싸다고 판단되면 주식을 적게 사게 되어 평균매입단가를 낮추는 효과를 볼 수 있으므로 일시에 주식에 투자하는 것보다는 위험을 낮출 수 있다.

4. 재간접펀드

재간접펀드(fund of funds)는 펀드자산을 다른 펀드가 발행한 집합투자증권에 50% 이상 투자하는 펀드를 말한다. 재간접펀드는 여러 자산운용사들이 운용하고 있는 펀드에 투자하기 때문에 운용사들의 시장분석 및 예측 능력과 펀드매니저의 운용능력에 분산투자할 수 있다는 이점이 있다.

재간접펀드에 가입하면 여러 자산운용회사들이 운용하는 다양한 펀드에 동시에 가입한 것과 유사한 효과가 있어 분산투자 효과를 높일 수 있고 다양한 투자전략의 효과가 있는 펀드상품이다. 따라서 재간접펀드는 어느 정도 검증된 펀드에 간접투자하기 때문에 일반펀드보다 안정적인 펀드상품이라고 볼 수 있다. 재간접펀드의 가입 자격 및 금액에는 제한이 없고, 투자기간도 제한이 없어 개별 펀드별로 정할 수 있다. 그리고 재간접펀드는 중도에 환매도 가능하다. 다만, 재간접펀드는 이중으로 수수료를 내야 한다는 점에서 비용부담이 늘어나고, 편입펀드 개수가 많을수록 수익률 변동성이 커질 수 있다는 단점도 있다.

제5절 사모펀드 및 국부펀드

Ⅰ. 사모펀드

1. 사모펀드의 개요

사모펀드(private placement fund)는 소수의 투자자들로부터 비공개방식으로 자금을 모아 주식이나 채권 등을 운용하는 펀드이다. 사모펀드는 49인 이하의 투자자들을 모집해서 만드는 펀드로 소수의 투자자를 대상으로 하기 때문에 규제의 강도가 비교적 낮고, 공격적이면서도 자유로운 투자가 가능하다. 공모펀드는 불특정다수를 대상으로 하고, 특정종목에 투자하는 비중, 차입비율 등의 제한이 있다. 하지만 사모펀드는 이러한 제약이 없어 이익이 날 만한 어떤 자산에도 집중적인 투자가 가능하고 시장상황에 유연하게 대응할 수 있다는 장점을 가지고 있다. 자본시장법에서는 사모펀드를 사모집합투자기구로 규정하고 있다.

사모펀드는 다시 일반 사모펀드와 기관전용 사모펀드로 나눈다. 기관전용 사모펀드는 사모투자펀드(PEF : private equity fund)라고도 부르고 기업 인수합병(M&A)을 전공으로 하는 부실기업 M&A 시장의 큰손이다. 그리고 일반 사모펀드는 자율적이고 과감한 자산운용을 통해 절대수익이고 고수익을 추구하는 펀드이다. 이러한 일반 사모펀드가 헤지펀드이다. 원래 헤지(hedge)는 '나무로 빙 둘러친 울타리'라는 뜻으로, 안전을 의미하며 금융투자 위험에 대비한다는 뜻이다. 그러나 실제로 헤지펀드는 공매도나 파생상품 등 고위험자산에 투자된다. 우리나라는 2011년에 자본시장법에서 전문투자형 사모집합투자기구의 조항을 신설하여 한국형 헤지펀드를 도입하였다. 우리나라 펀드 운용자산 규모는 2023년말 기준 약 350조원으로 세계 14위에 해당한다.

자본시장법에서 "사모집합투자기구"란 집합투자증권을 사모로만 발행하는 집합투자기구로서 기관투자자 등 전문투자자를 제외한 일반투자자의 총수가 49인 이하인 것을 말한다. 이 경우 49인을 산출할 때 다른 집합투자기구가 그 집합투자기구의 집합투자증권 발행총수의 100분의 10 이상을 취득하는 경우에는 그 다른 집합투자기구의 투자자의 수를 합하여 산출한다. 그리고 사모집합투자기구를 일반 사모집합투자기구와 기관전용 사모집합투자기구로 구분하였다. 여기서 기관전용 사모집합투자기구는 경영권 참여, 사업구조 또는 지배구조의 개선 등을 위하여 지분증권 등에 투자·운용하는 투자합자회사인 사모집합투자기구를 말하고, 일반 사모집합투자기구는 기관전용 사모집합투자기구를 제외한 사모집합투자기구를 말한다.

2. 일반 사모집합투자기구

1) 일반 사모펀드의 의의

헤지펀드(hedge fund)는 1949년 미국에서 처음 만든 것으로 원래 위험을 회피하기 위해 여러 나라의 다양한 상품에 분산투자한다고 해서 헤지펀드라는 이름을 사용하였다. 1990년대 이후로는 고위험·고수익을 추구하는 투기펀드를 지칭하는 말로 사용되고 있다. 수익에 따르는 세금을 피하기 위하여 조세피난처 국가에 헤지펀드 본사를 두는 경우가 일반적이다.

헤지펀드는 증권과 자산의 집합재산을 보유하되 그 지분을 공모절차에 의하여 모집하지 않고, 투자회사로서 등록되지 않는 법인으로 인식되고 있다. 즉, 사적으로 조직되고 전문투자매니저에 의해 운용되며 일반대중에게는 접근이 제한되어 있는 모든 투자기구를 포괄한다고 할 수 있다.

헤지펀드는 단기적인 투자로 고수익을 추구하기 때문에 증권시장의 교란을 가져올 수 있으며 투자자 보호라는 문제를 안고 있어 우리나라에 도입이 늦어졌다. 이러한 문제에도 불구하고 헤지펀드는 금융투자자들에게 다양한 투자기회를 제공하고, 국내의 투자자들이 기존에 주식과 채권에 투자하는 방식에서 벗어나 직접적으로 위험을 관리하는 맞춤형 투자에 관심이 크게 증가함에 따라 도입이 필요하게 되었다.

이러한 배경에 의하여 헤지펀드가 대중화된 미국이나 유럽과 비교하면 그 도입이 너무 늦었지만, 우리나라에도 1998년 증권투자신탁업법 개정 및 증권투자회사법 제정에 따라 한국형 헤지펀드가 도입되었다. 그리고 2009년 제정된 자본시장법에서는 헤지펀드를 전문투자형 사모집합투자기구라는 용어로 지칭하였으나 2023년 4월에 일반 사모집합투자기구라는 용어로 변경되었다.

한국형 헤지펀드가 처음 도입되었을 때에는 전문투자형의 헤지펀드를 운영하는 전문사모집합투자업이 인가제로 운영되었으나 현재는 자본시장법 제249조의3 제2항에 따라 일반 사모집합투자업의 설립요건을 다음 〈표 9-3〉과 같이 등록제로 변경하여 운영되고 있다.

〈표 9-3〉 일반 사모집합투자업의 등록요건

요 건	세부요건
회사형태	• 상업상 주식회사 및 자본시장법상 금융회사 • 외국인 집합투자업자 영업소
자기자본	최저 자기자본 10억원 이상
전문인력	상근 3인 이상 투자운용인력(증권운용전문인력 3명 또는 증권운용전문인력 2명 & 전문사모운용인력 1명)
물적 설비	• 전산설비와 통신수단 • 업무공간과 사무장비 • 업무연속성을 위한 보안설비
임원 및 감시인	• 금융회사의 지배구조에 관한 법률상 자격요건을 갖출 것 • 준법감시인 : 상근
대주주 요건	• 차입금지 : 출자금의 자금출처에 대한 객관적 입증 필요 • 사회적 신용 : 최근 5년간 금융관련법 등 위반에 의한 벌금형 이상 형사처벌이 없을 것
신청인 요건	• 경영건전성 기준 및 금융관련 위반 여부 등 • 건전한 재무상태와 사회적 신용
이해상충방지	이해방지체계 및 정보교류차단장치

2) 일반 사모펀드의 장 · 단점

일반 사모펀드(헤지펀드)는 자금의 흐름을 활성화하여 자본시장을 발전시킬 수 있다는 장점이 있다. 먼저 헤지펀드는 다양한 투자전략을 사용할 수 있어 자산을 운용하는 데 있어서 위험을 분산시킬 수 있으며 효율적인 투자기회가 될 수 있다. 그리고 헤지펀드는 주식시장뿐만 아니라 채권, 파생상품 시장 등의 효율성을 추구하고 유동성 공급의 역할을 수행하며 단기적으로 높은 수익을 얻을 수 있다. 또한 헤지펀드는 다양한 포트폴리오를 통해 장기적이고 안정적인 수익을 목표로 하는 연기금 등 기관투자자의 자금을 자본시장으로 유도할 수 있다.

헤지펀드의 단점은 과도한 차입과 투자의 집중으로 인해 금융부문의 시스템 리스크가 나타날 수 있다는 것이다. 헤지펀드는 은행과 다르게 예금자를 보호할 수 있는 제도가 없기 때문에 만약 헤지펀드에 대규모 손실이 발생할 경우에 그 여파는 매우 크게 나타날 수 있다. 그리고 헤지펀드와 관련된 투자정보가 불투명하고 복잡하여 투자전략에 따른 가치평가가 어렵다.

3. 기관전용 사모집합투자기구

1) 기관전용 사모펀드의 의의

사모펀드는 소수의 투자자들로부터 자금을 모아 증권 등에 운용하는 펀드이다. 이러한 사모펀드는 일반사모펀드와 사모투자펀드로 나누기도 한다. 일반사모펀드는 소수의 투자자들로부터 단순히 투자목적으로 자금을 모아 운용하는 펀드로 자본시장법의 일반 사모집합투자기구를 의미한다. 사모투자펀드(private equity fund)는 자기재산으로 특정기업의 주식을 대량으로 인수해 기업경영에 참여하여 기업의 가치를 높인 후 주식을 되팔아 수익을 남기는 펀드로 자본시장법의 기관전용 사모집합투자기구를 의미한다.

기관전용 사모집합투자기구인 사모투자펀드의 형태는 상법상 합자회사로 사모투자전문회사이다. 사모투자전문회사는 경영권의 참여, 사업구조 및 지배구조의 개선 등을 위하여 지분증권 등에 투자하여 운영하는 투자합자회사로 지분증권을 사모로만 발행하는 집합투자기구이다. 사모투자전문회사는 투자자들에게 장기적인 투자기회를 제공하고 이렇게 모인 자금을 산업자본으로 흡수하며 M&A 방식의 기업경영에 참여함으로써 기업구조조정을 촉진하는 역할을 수행한다.

2) 기관전용 사모집합투자기구의 설립

기관전용 사모집합투자기구의 설립목적은 경영권 인수를 통해 기업구조조정 또는 지배구조개선, 그리고 기업가치를 올린 후 매각을 통해 수익을 추구하는 데 있다. 이러한 펀드는 집합투자증권을 사모로 발행하고 투자자 총수가 100인 이하이며, 투자기업에 대한 적극적인 경영권 참여 및 구조개선 등을 통해 기업가치를 제고한 후 매각이나 상장 등으로 투자한 자금을 회수한다.

기관전용 사모집합투자기구의 사원은 크게 유한책임사원과 무한책임사원으로 나뉜다. 유한책임사원의 주된 역할은 자본을 출자하는 투자자이다. 이에 반해 무한책임사원은 이 펀드를 운용하는 운용주체이다. 펀드의 성격에 따라 직접적으로 운용할 수도 있고, 특수한 경우의 펀드는 운용총괄을 하고 운용전문기관에 운용을 의뢰할 수도 있다. 주된 투자자가 유한책임사원이지만 무한책임사원도 신뢰의 문제 등으로 인해 자본출자를 하는 경우가 많다. 이 집합투자기구는 상근 임원을 두거나 직원을 고용하지 아니하고 본점 외 영업소를 설치하지 않은 서류상의 회사이다.

3) 기관전용 사모집합투자기구의 특징

첫째, 투자대상기업 선정, 투자집행, 인수와 관련된 협상 및 대상기업 경영에 직접 참여하여 펀드의 재산인 투자대상기업의 주식가치를 적극적으로 높이는 활동성 펀드(active fund)이다.

둘째, 인수기업을 영구 보유하거나 장기간 기업경영을 통해 수익을 올리는 것을 목적으로 하지 않는다. 따라서 보통 3~7년 정도 보유하며, 기업가치를 높이는 경영관리 후 주식을 매각하는 것이 일반적이다.

셋째, 매우 높은 수익률을 추구한다. 투자수단으로 보통주, 전환우선주 또는 전환사채, 보통주, 신주인수권을 가진 우선주 등을 이용한다. 유동성이 낮거나 매수자 물색이 쉽지 않은 고위험자산에 투자하는 특성을 갖고 있다.

이러한 기관전용 사모집합투자기구는 그 특성상 주식시장으로부터의 자금조달은 물론 차입에도 어려움을 겪을 수 있는 비공개기업에 자금을 조달해 주어 기업이 성장할 수 있도록 돕는 역할을 수행하고, 자본시장에 묶여 있는 부동자금을 원활하게 하는 긍정적인 역할도 수행한다.

4. 기관전용 사모집합투자업의 등록요건

기관전용 사모집합투자업의 등록자는 자본시장법 제249조의3 제2항에 따라 〈표 9-4〉와 같이 자기자본, 전문인력, 임원자격, 신청인 요건, 이해상충방지 등의 등록요건을 갖추어야 한다. 다만, 기관전용 사모집합투자업의 등록자는 서류상 회사이기 때문에 물적설비 및 대주주 요건 등을 규정하지 않고 있다.

〈표 9-4〉 기관전용 사모집합투자업의 등록요건

요 건	세부요건
자기자본	1억원 이상의 자기자본을 갖출 것
전문인력	• 집합투자재산의 운용업무에 2년 이상의 경력이 있는 사람 • 투자운용인력 2명 이상
임원자격	금융회사의 지배구조에 관한 법률상 자격요건을 갖출 것
신청인 요건	• 경영건전성 기준 및 금융관련 위반 여부 등 • 건전한 재무상태와 사회적 신용
이해상충방지	이해상충이 발생할 가능성을 파악·평가·관리할 수 있는 적절한 내부통제기준을 갖출 것

Ⅱ. 국부펀드

1. 국부펀드의 의의

국부펀드(sovereign wealth fund)는 정부가 공공자금을 출자하여 설립하는 투자펀드이다. 대체로 정부가 직접 또는 민간투자회사 설립을 통해 관리하는 방식으로 자금을 운용하고 있으며, 대부분의 재원을 외국 통화로 표시된 다양한 해외자산에 투자하는 국가투자기금이다.[5)]

국부펀드는 1950년대부터 중동의 산유국들을 중심으로 설립되기 시작하였다. 그 이후에 국제 원유가격의 상승, 금융의 국제화, 그리고 글로벌 경제위기 등으로 인하여 국부펀드를 운용하는 국가들의 숫자와 운용자산 규모가 크게 증가하였다. 현재 중국은 단일국가로는 최대 규모의 국부펀드를 보유하고 있으며, 개별 국부펀드로는 아부다비투자청이 가장 큰 규모의 국부펀드를 운용하고 있다.

2. 국부펀드의 종류

국부펀드는 기본적으로 펀드의 재원조달방법에 따라 상품펀드(commodity fund)와 비상품펀드(non-commodity fund)로 구분할 수 있다. 상품펀드는 정부가 소유한 원유 등 원자재 수출을 통해 재원을 조달하거나 이를 기반으로 하는 재정수입을 국부펀드의 재원으로 형성한다. 그러나 비상품펀드는 국제수지 흑자를 통해 축적된 외환보유액이나 재정흑자를 통해 축적된 자금을 재원으로 형성된다.

국부펀드는 투자수익에 대한 배분구조에 따라 우발채무형, 고정채무형, 혼합채무형, 비확정채무형으로 분류할 수 있다. 우발채무형(contingent liability)은 경제적 비상상황에서 투자성과를 배분하는 국부펀드이다. 고정채무형(fixed liability)은 미래의 투자성과 및 배분이 확정되어 있는 국부펀드이다. 혼합채무형(mixed liability)은 투자성과의 배분이 경제성과 등에 연동되어 지급되도록 규정되어 있는 국부펀드이다. 그리고 비확정채무형(open-ended liability)은 미래의 지급처 용도에 대한 확실한 규정이 없는 국부펀드이다.

또한 펀드설립의 정책적 목표에 따라 저축펀드, 외환보유고 펀드, 경제개발펀드 등으로 분류할 수 있다. 저축펀드(savings fund)는 원자재 수출국가가 자원의

5) 이하 국부펀드의 내용은 김한수, "국부펀드의 주요 유형 및 투자성향과 이에 따른 시사점," 자본시장 Weekly 2012-05호(2012.1.31~2.6), 자본시장연구원, pp. 1~4를 참조 및 인용하였다.

고갈에 대비하여 개발수익의 일부를 차세대의 저축으로 활용하는 유형이다. 외환보유고 펀드는 잉여 외환보유액의 운용수익 극대화를 목적으로 하는 유형이다. 경제개발펀드는 펀드의 수익배분에 대하여 구체적으로 명시하지 않고 전반적인 경제개발 목표를 제시하고 있는 유형이다.

3. 국부펀드의 장 · 단점

국부펀드의 장점은 국부의 장기적 수익제고에 용이한 형태라는 점과 투자운용에 있어서 정책적 목표를 지향할 수 있다는 점이다. 특히 장기투자성이 있는 국부펀드는 국제금융시장이 위기인 상황에서도 자금인출 수요가 크지 않기 때문에 자산가격의 변동성을 완화시키며 유동성위험 프리미엄을 낮추는 긍정적 역할을 한다. 그러나 국부펀드는 투명성이 높지 않고, 정치적 목적으로 자산운용이 이루어질 소지도 있어 향후 자본시장에 부정적 요인으로 작용할 우려가 있으며, 국가가 소유한다는 점에서 투자대상국의 반감을 초래하고 보호주의 성향을 강화시킬 수도 있다는 단점이 있다.

4. 국부펀드의 운영현황

국부펀드는 다양한 정의와 일부 국가의 투명성 부족으로 인하여 정확한 규모 추정에는 다소 어려움이 있으나, 글로벌 금융위기 여파를 겪었던 2009년을 제외하고는 매년 꾸준히 증가하고 있다. 이러한 국부펀드의 규모 확대는 전 세계 기관투자자의 운용자산 포트폴리오 중에서도 가장 빠른 증가세를 보이고 있다. 2024년 기준 세계 국부펀드의 규모는 11조 2,000억 달러로 추정되고 있다. 2025년 6월 기준으로 세계 단일국부펀드기관별 규모를 살펴보면 단일국가 기준으로 노르웨이의 정부연기금이 세계 최대 규모인 1.9조 달러의 국부펀드를 보유하고 있고, 중국의 중국투자공사가 1.3조 달러, 쿠웨이트의 투자청이 1조 29억 달러, 아랍에미리트의 아부다비투자청이 9,530억 달러, 사우디아라비아의 공동투자펀드가 9,250억 달러, 싱가포르의 투자청이 8,000억 달러 순으로 보유하고 있다.[6] 우리나라는 2024년말 기준으로 한국투자공사에서 2,065억 달러를 보유하고 있다.[7]

6) 글로벌 SWF(Global Sovereign Wealth Fund)기관의 2025년 6월 기준 자료 참조
7) 한국투자공사 홈페이지 자료 참조

PART IV

자본시장 제도와 투자지표

제10장 상장 및 공시 제도
제11장 규제 및 보호 제도
제12장 자본시장 투자지표

chapter 10

상장 및 공시 제도

제 1 절 증권시장의 상장제도

Ⅰ. 상장의 의의

상장(listing)은 주식회사가 발행한 주권이 한국거래소가 정한 일정한 요건을 충족하여 유가증권시장, 코스닥시장, 코넥스시장에서 집단적 · 대량적으로 거래될 수 있는 자격을 부여하는 것을 의미한다.[1] 그리고 상장증권은 거래소에서 매매대상으로 인정된 증권이며, 상장대상의 증권은 주권, 채권, 파생상품, 외국증권 등이 있고, 상장회사는 상장증권을 발행한 회사이다. 여기서 주권상장은 어디까지나 당해 주권이 증권시장을 통해 자유롭게 거래될 수 있도록 허용받는 것을 의미할 뿐이며, 당해 주권의 가치를 보증받는 것은 아니다.

상장에는 두 가지 원칙이 있다. 첫째는 주권발행기업의 자유로운 의사에 따른 상장신청에 의하여 상장이 이루어진다. 둘째는 상장신청기업이 발행한 증권 전부를 상장해야 한다.[2]

---

1) 상장과 혼용되어 사용되고 있는 단어로 '기업공개'가 있다. 기업공개는 기업이 공모를 통하여 일반투자자에게 발행주식을 분산시키고 기업의 재무내용 등 기업의 실체를 공개하는 것으로 상장 이전 단계를 의미한다.

2) 정상적인 상장절차를 통하지 않고 거래소에 우회적으로 상장하는 경우도 있다. 이러한 우회상장(back door listing)은 장외기업이 유가증권시장이나 코스닥시장에 상장된 기업과의 합병을 통해,

〈표 10-1〉 한국거래소의 상장 현황

시 장	유가증권시장	코스닥시장	코넥스시장
설립연도	1956년	1996년	2013년
시장특성	중대형 우량기업 위주	중소벤처 및 성장기업 위주	코스닥시장 상장요건 미충족 중소벤처기업
상장기업수	849	1,793	117
상장종목수	962	1,796	117
상장주식수(백만주)	63,902	55,473	995
상장자본금(억원)	1,304,662	230,260	4,433
시가총액(억원)	25,120,916	4,046,282	31,588

자료 및 기준일 : 한국거래소, 『KRX MARKET』, 여름호, 2025년 6월말 기준

Ⅱ. 상장의 종류

1. 상장형태에 따른 분류

주권의 상장은 그 상장형태에 따라 신규상장, 재상장, 추가상장, 변경상장 등으로 분류할 수 있다.

1) 신규상장

신규상장(initial listing)은 상장되어 있지 아니한 기업이 발행한 주권을 한국거래소의 증권시장에 최초로 상장하는 것으로 공모상장이 일반적이다.

2) 재상장

재상장(relisting)은 상장기업이 분할 또는 분할합병에 의하여 설립된 기업이나 상장기업간의 합병에 의하여 설립된 기업 또는 상장이 폐지된 후 5년이 경과되지

상장을 위한 심사나 공모주청약 등의 절차를 밟지 않고 곧바로 상장되는 것을 말한다. 기존 장외기업들의 경우 자금의 여유는 있으나 현재 시점에서 상장심사 요건을 충족시키지 못하는 경우, 우회상장을 위하여 대주주의 지분율이 낮은 상장기업 가운데 자금에 어려움을 겪고 있는 기업을 대상으로 M&A를 한다. 유가증권시장 상장규정 제2조 제1항의 규정에 의하면 "우회상장"이란 ① 유가증권시장 주권상장법인과 주권비상장법인 간의 거래로서 합병, 포괄적 주식교환, 영업의 양수 등의 거래, ② 유가증권시장 주권상장법인과 주권비상장법인의 최대주주 간의 거래로서 중요한 자산의 양수, 현물출자 등의 거래 등 세칙으로 정하는 바에 따라 유가증권시장 주권상장법인의 경영권이 변동되고 주권비상장법인의 지분증권이 상장되는 효과가 있는 경우를 말한다.

않은 기업이 발행한 주권을 상장하는 것을 말한다.

3) 추가상장

추가상장(additional listing)은 상장기업이 증자, 합병, 전환사채 또는 신주인수권부사채를 소유한 자의 권리행사 등으로 인하여 새로 발행한 주권을 상장하는 것을 말한다.

4) 변경상장

변경상장(listing change)은 기상장된 주권의 기재내용인 상호, 종류, 액면금액 등을 변경한 경우에 새로운 주권으로 교체하여 발행한 주권을 상장하는 것을 말한다.

2. 공모방법에 따른 분류

상장은 공모방법에 따라 공모상장, 직상장, 국내외동시공모상장 등이 있다.

1) 공모상장

공모상장(public listing)은 상장요건 중 분산요건을 충족하기 위해 일정비율(10%) 이상의 주식수를 모집 또는 매출을 통해 공모한 후 상장하는 형태이다.

2) 직상장

직상장은 주식분산요건을 충족하여 공모를 하지 않고 주권을 바로 상장하는 형태이다. 다만, 직상장은 코스닥상장기업이 공모 없이 코스닥시장에서 유가증권시장으로 이전하는 경우에만 허용한다.

3) 국내외동시공모상장

국내외동시공모상장은 국내외에서 10% 이상 동시에 공모하되 국내에서 100만주 이상(액면가 5,000원 기준)을 공모하여 상장하는 형태이다.[3]

---

3) 기업이 국외 증권시장에서 자본을 조달하는 수단으로는 주권을 국내에서 발행한 후 이를 표창하는 주권예탁증권(DR : depositary receipts)을 해외에서 발행하여 상장시키는 방법과 국외에서 발행한 주권을 국외 증권시장에 직접 상장시키는 방법이 있다. 우리나라는 삼성물산이 1990년에 룩셈부르크 증권거래소에서 미국달러표시 주권예탁증권을 최초로 상장시켰다.

Ⅲ. 상장의 효과

1. 경제적 측면

1) 자금조달방법의 다양화

상장기업은 정관에 정하는 바에 따라 이사회의 결의로써 주주 이외의 자를 대상으로 신주를 모집할 수 있고 유상증자, 해외DR발행, 전환사채, 신주인수권부사채, 교환사채, 이익참가부사채 등 다양한 방법으로 장기적이고 안정적인 자금을 조달할 수 있다.

2) 구조조정 촉진효과

상장기업은 기업의 분할 또는 합병 등에 의해 설립된 회사를 쉽게 상장할 수 있도록 상장요건 정비 등 환경을 조성함으로써 상장기업의 경영목적에 맞는 방법으로 구조조정을 원활하게 추진할 수 있다.

3) 기업홍보의 효과

상장기업은 주가 등이 신문·TV 등 언론매체에서 수시로 보도됨으로써 기업의 홍보효과가 극대화되고 투자자에게 기업인지도를 제고할 수 있다. 이러한 기업인지도 제고에 따라 우수인재의 입사지원 증가 및 우수인력의 확보가 용이하다. 또한 홍보효과를 통해 대외적 신인도 제고는 물론, 기업의 대외진출이나 합작투자시 신용도 제고에 유리하다.

4) 종업원의 사기 진작

유가증권시장에 상장되는 국내기업은 공모주식의 20% 한도를 우리사주조합에 배정하도록 되어 있다. 우리사주조합 주식을 매입한 종업원은 주주로서 경제적 이익을 얻을 수 있고, 상장기업은 노사협력 증진 및 종업원의 사기 진작을 꾀할 수 있다.

5) 주주의 이익 실현

비상장기업의 투자자는 회사설립 초기에 액면가 또는 이에 준하는 낮은 가격으로 주식을 매입하였을 것이다. 주식이 상장되어 주가가 상승하면 기존의 주주는 자본이익을 얻을 수 있다.

6) 경영합리화 도모

상장기업은 재무제표 공시를 통해 동업종 기업들과 비교가 용이하고, 주가를 통해 경영실적이 객관적으로 평가받게 되어 경영합리화를 도모할 수 있다.

7) 자기주식 취득방법 확대

상법에서 정한 방법 외에 상장기업은 자기주식의 취득을 허용하고 있다. 따라서 상장기업은 자기주식을 취득하여 주가관리나 적대적 M&A에 대한 방어수단으로 이용이 가능하다.

2. 주주 측면

1) 주식의 양도소득세 비과세

상장기업이 발행한 주권의 경우에는 주권양도에 따른 양도소득세를 부과하지 않는다. 다만, 대주주가 양도하는 것과 유가증권시장이나 코스닥시장을 통하지 않고 양도하는 것은 양도소득세를 부과한다. 또한 비상장주식도 양도차익의 20%를 세금으로 납부해야 한다.

2) 상속 및 증여 재산에 대한 시가평가

상장기업의 주식 등을 상속 및 증여하는 경우 그 주식 등의 평가는 평가일 전후 2개월간의 종가 평균액으로 한다. 그러나 비상장기업 주식 등은 상속세 및 증여세법에 정한 산식으로 평가한다.

3) 증권거래세의 탄력세율 적용

유가증권시장과 코넥스시장을 통해 양도되는 주권에 대해서는 0.1%(코스닥시장 0.15%)의 탄력적 증권거래세율을 적용한다. 그러나 비상장기업의 주권을 양도하는 경우에는 0.5%의 증권거래세율을 적용한다.

4) 소수주주권 행사완화 등

상장법인의 경우 상법상 소수주주권 및 집중투표제 행사요건(1%) 등이 완화되어 적용된다. 여기서 집중투표제는 2인 이상의 이사를 선임하는 경우에 각 주주가 1주마다 선임할 이사의 수와 동일한 수의 의결권을 가지고 이를 이사 후보자 1인 또는 수인에게 집중하여 투표하는 방법을 의미한다.

3. 법적 측면

1) 의결권 없는 주식의 발행 특례

비상장기업은 의결권이 없는 주식을 발행주식총수의 25%까지 발행할 수 있다. 상장기업은 외국에서 발행한 주식 및 해외전환사채 등 주식관련 증권이나 증서의 권리행사로 발행되는 의결권이 없는 주식을 주식발행한도에 산입하지 않고 이 부분만큼 주식을 추가적으로 발행할 수 있다. 다만 무의결권 주식을 포함한 상장기업의 의결권 없는 주식의 총수는 발행주식총수의 50%를 초과하지 못한다.

2) 신주모집의 간소화

상장기업은 정관에 기재되어 있으면 이사회 결의에 의하여 기존주주의 신주인수권을 배제하고 불특정다수를 상대로 신주를 모집할 수 있다. 그러나 비상장기업은 주주 이외의 자에게 신주를 배정할 수 있는 경우는 주식교환, 주식이전 등 회사의 경영상 목적달성을 위한 경우로 제한하고 있다.

3) 주주총회 소집절차의 간소화

비상장기업은 주주총회일 2주 전에 모든 주주에게 서면 또는 전자문서로 주주총회의 소집통지를 해야 한다. 상장기업의 주주총회 소집통지는 의결권 있는 발행주식총수의 1% 이하를 소유하는 주주에게는 정관이 정하는 바에 따라 주주총회일 2주 전에 2개 이상의 일간신문에 각각 2회 이상 공고하거나 금융감독원 또는 거래소의 전자공시시스템에 공고하면 된다.

4) 주식배당의 특례

비상장법인은 주식배당을 배당가능이익액의 1/2을 초과하지 못하도록 하고 있다. 그러나 상장법인은 배당가능이익총액에 상당하는 금액까지 주식배당을 할 수 있다.

5) 이익배당의 특례

연 1회의 결산기를 정한 주권상장법인은 정관으로 정하는 바에 따라 사업연도 중 그 사업연도 개시일부터 3월, 6월 및 9월 말일부터 45일 이내의 이사회 결의로써 금전으로 이익배당(분기배당)을 할 수 있다.

Ⅳ. 상장의 요건

상장요건의 주된 목적은 상장된 증권이 공정한 가격의 형성, 원활한 유통 및 투자자 보호에 공헌할 수 있는가에 중점을 두고 있다. 유가증권시장의 주권상장요건은 기업규모, 분산, 경영성과, 안정성 및 건전성 등의 요건을 충족할 것을 요구하고 있다.

〈표 10-2〉 유가증권시장 신규상장의 주요 요건

구 분		상장요건(일반기업)
규모요건 (모두)	기업규모	자기자본 300억원 이상
	상장주식수	100만주 이상
분산요건 (모두)	주식수	다음 중 하나만 충족하면 됨 • 일반주주소유비율 25% 이상 또는 500만주 이상 • 공모주식수 25% 이상 또는 500만주 이상 • 자기자본 500억원 이상 법인은 10% 이상 공모 등 • 국내외동시공모는 공모수 10% 이상 & 국내공모 100만주 이상
	주주수	일반주주 500명 이상
	양도제한	발행주권에 대한 양도제한이 없을 것

자료 : 한국거래소 홈페이지, 「상장공시, 주권상장, 유가증권 상장, 신규상장, 상장요건」

코스닥시장의 주권상장요건은 주식분산(소액주주 500명 & 소액주주 지분율 25% 이상, 자기자본 500억원 이상 & 소액주주 500명 이상 중 택 1), 경영성과 및 시장평가, 적정 감사의견, 사외이사 및 상근감사 충족, 주식양도제한이 없을 것 등의 요건을 충족할 것을 요구하고 있다.

코넥스시장은 중소·벤처기업이 원활하게 시장에 주권을 상장할 수 있도록 매출액·순이익 등의 재무요건을 적용하지 않고 있으나 증권의 자유로운 유통과 재무정보의 신뢰성 확보를 위해 주식의 양도제한이 없을 것, 최근 사업연도 감사의견이 적정일 것, 지정자문인 1사와 선임계약 체결 등을 요구하고 있다.

채무증권의 상장요건에서 발행회사에 대한 요건은 자본금이 5억원 이상인 법인으로 하고 있다. 다만 보증사채, 담보부사채 등은 이 요건에서 제외된다. 발행총액은 발행액면총액이 3억원 이상이며 보증사채 및 담보부사채는 5천만원 이상이어야 한다. 국고채권, 지방채, 특수채는 심사를 하지 아니하고 상장신청서만 제출하면 된다.

Ⅴ. 상장의 절차

1. 유가증권시장의 상장절차

유가증권시장의 상장절차는 ① 선행절차, ② 사전준비, ③ 상장예비심사, ④ 공모, ⑤ 상장 등의 흐름으로 진행된다. 신규상장은 기업의 주권이 증권시장에서 최초로 거래될 수 있는 자격을 부여받는 과정이므로 엄격한 심사와 절차를 요구하고 있다. 신규상장을 준비하는 기간은 회사마다 다를 수 있으나 상장예비심사청구 이전 1년 동안에 최대주주의 변경이 없어야 하므로 최소 1년 이상의 준비기간이 요구된다. 상장준비기간은 상장예비심사청구 이후부터 신규상장까지는 약 3~4개월의 기간이 소요되며, 거래소는 국내기업의 상장예비심사청구를 접수받은 이후 45일 이내에 심사결과를 통지하고 있다.

신규상장을 청구하기 이전에 준비사항은 지정감사인의 감사, 대표주관회사의 선정 및 계약, 정관 및 내부통제시스템 등의 정비, 명의개서대행계약의 체결,

〈표 10-3〉 신규상장의 절차

구 분	세부절차
선행절차	지정감사인 감사
사전준비	• 대표주관회사계약 체결 • 정관 정비 • 명의개서대행계약 체결 • 우리사주조합 결성 • 유가증권시장본부 예비접촉
상장예비심사	• 상장심사신청 • 상장심사 • 유가증권시장상장위원회 심의 • 상장심사결과 통보
공모	• 증권신고서 제출 • 수요예측 및 발행가격 결정 • 청약·배정 및 납입 • 증권발행실적 보고
상장	• 상장신청 • 상장 및 매매거래 개시

자료 : 한국거래소 홈페이지, 「상장공시, 주권상장, 유가증권 상장, 신규상장, 신규상장 절차」

우리사주조합의 결성, 회계감사 및 관계법률에 대한 검토, 기업실사(due diligence), 상장예비심사청구서 작성 등이 있다. 상장예비심사는 거래소에 최초로 주권을 상장하고자 하는 기업의 상장적격성을 심사하는 과정으로 거래소는 규정에 따라 외형요건을 확인하고 심사기준의 충족여부를 검토한다.

상장예비심사가 승인되면 공모과정이 필요하다. 공모과정은 대표주관회사의 주도하에 진행되며, 거래소에 공모일정 등 진행상황을 통지해야 한다. 거래소는 공모 후 분산요건 등을 충족하였는지, 상장예비심사 경과 통지 후 경영상의 중대한 사실이 발생하였는지를 검토한다. 공모를 마친 기업은 신규상장신청서를 거래소에 제출하며, 거래소는 최종적으로 신규상장을 승인한다. 그리고 거래소는 신규상장승인 여부를 신규상장신청인 및 관계기관에 통보하고 있다.[4)]

2. 코스닥시장의 상장절차

코스닥시장의 상장절차는 유가증권시장과 유사하다. 코스닥시장의 상장절차는 ① 외감법에 의한 외부감사(지정감사인 지정), ② 대표주관계약 체결, ③ 정관 정비 및 사전준비, ④ 기업실사 및 발행가액 분석자료 준비, ⑤ 명의개서대행기관 선정, ⑥ 주권가쇄 계약, ⑦ 예비심사청구서 제출, ⑧ 예비심사청구서 검토, ⑨ 청구기업 심의, ⑩ 예비심사 승인, ⑪ 증권신고서 제출, ⑫ 발행가액 결정, ⑬ 증권신고서 효력발생, ⑭ 청약, ⑮ 배정, ⑯ 신규상장 신청, ⑰ 증자 등기, ⑱ 코스닥상장 승인, ⑲ 매매 개시 등의 순서로 이루어진다.

3. 코넥스시장의 상장절차

유가증권시장 및 코스닥시장에 상장을 하고자 하는 기업은 한국거래소의 상장예비심사 승인 후 해당 기업의 신규로 발행된 주식을 일반투자자를 대상으로 공모하는 절차를 이행해야 한다. 그러나 코넥스시장에서는 일반투자자를 대상으로 하는 공모, 50인 이하의 투자자를 대상으로 하는 사모 또는 주식을 신규발행하지 않고 상장하는 직상장 등 다양한 상장방법이 허용되어 있어 기업이 자금조달 규모 및 필요성을 고려하여 기업실정에 적합한 상장방법을 선택할 수 있다. 코넥스시장의 상장절차는 지정자문인 선임계약 체결, 외부감사인에 의한

4) 신규상장의 신청 및 절차에 대하여 자세한 내용과 세부적인 절차는 한국거래소 홈페이지, 「상장공시, IPO 절차」를 참조하기 바란다.

외부감사, 기업실사 및 상장적격성보고서 작성, 신규상장 신청, 신규상장 승인, 매매거래 개시 등의 순서로 이루어진다.

Ⅵ. 상장폐지

상장폐지(delisting)는 상장법인이 주주총회의 결의를 통해 상장폐지를 신청하는 경우와 상장폐지기준에 해당되는 경우에 이루어진다. 유가증권시장의 상장폐지 기준은 정기보고서 미제출, 감사인 의견 미달, 자본잠식, 주식분산 미달, 거래량

〈표 10-4〉 유가증권시장의 상장폐지에 대한 기준

구 분	상장폐지 요건
정기보고서 미제출	• 사업보고서 미제출로 관리종목 지정 후 법정제출기한부터 10일 이내 사업보고서 미제출 • 반기 · 분기보고서 미제출로 관리종목 지정 후 사업 · 반기 · 분기보고서 미제출
감사의견	• 최근 사업연도 감사보고서상 감사의견이 부적정 또는 의견거절인 경우(연결감사보고서 포함) • 2년 연속 감사보고서상 감사의견이 감사범위제한 한정인 경우
자본잠식	• 최근 사업연도 사업보고서상 자본금 전액 잠식 • [실질심사] 2년 연속 자본금의 50% 이상 잠식
주식분산 미달	• 일반주주수 200명 미만 2년 연속 • 지분율 5% 미만 2년 연속. 다만, 200만주 이상인 경우 해당되지 않는 것으로 간주
거래량 미달	2반기 연속 반기 월평균거래량이 유동주식수의 1% 미만
지배구조 미달	2년 연속 사외이사수 미달 또는 감사위원회 미설치 등
공시의무 위반	• [실질심사] 관리종목 지정 후 최근 1년간 누계벌점이 15점 이상 추가 • [실질심사] 관리종목 지정 후 고의, 중과실로 공시의무 위반
매출액 미달	2년 연속 사업연도말 300억원 미만
주가/시가총액 미달	관리종목 지정 후 90일 이내 관리지정사유 미해소
회생절차	• 회생절차 기각, 취소, 불인가 등 • [실질심사] 기업의 계속성 등 상장법인으로서의 적격성이 인정되지 않는 경우
파산신청	법원의 파산선고 결정

자료 : 한국거래소 홈페이지, 「상장공시, 주권상장, 유가증권 상장, 상장폐지」

미달, 지배구조 미달, 매출액 미달, 주가 미달, 시가총액 미달, 해산, 최종부도 또는 은행거래 정지, 지주회사 편입, 주식양도제한, 우회상장기준 위반 등이 있다. 우리나라 유가증권시장의 주요 상장폐지기준은 〈표 10-4〉와 같다.

〈표 10-5〉 코스닥시장의 상장폐지에 대한 기준

구 분	상장폐지 요건
매출액	[실질심사] 관리종목으로 지정된 다음 해에도 매출액 30억원 미달 사유 발생
법인세비용차감전계속사업손실	• [실질심사] 관리종목으로 지정된 다음 해에도 자기자본 50% 초과 • [실질심사] 10억원 이상의 법인세비용차감전계속사업손실 발생
자본잠식	• [실질심사] 관리종목으로 지정된 다음 해에도 자본잠식률 50% 이상 발생 • 최근 사업연도 전액 자본잠식
자기자본 미달	[실질심사] 관리종목으로 지정된 다음 해에도 자기자본 10억원 미만 발생
감사의견	최근 사업연도 감사의견 비적정(부적정 · 의견거절 · 범위제한 한정)
시가총액	관리종목 지정 후 90일간 "연속 10일 & 누적 30일 이상 시가총액 40억원 이상"의 조건을 미충족
정기보고서 미제출	• 2년간 3회 이상 분기, 반기, 사업보고서를 법정제출기한 내 미제출 • 사업보고서 법정제출기한 후 10일 내 미제출 • 분기, 반기, 사업보고서 미제출로 관리종목 지정된 상태에서 분기, 반기, 사업보고서를 미제출
거래량	2분기 연속 분기 월평균 거래량이 유동주식 수의 1%에 미달
지분분산	2년 연속 최근 사업연도말 기준 소액주주 200인 미만 또는 소액주주의 지분이 20% 미만
불성실공시	[실질심사] 1년간 불성실공시 벌점 15점 이상
지배구조	2년 연속 사외이사/감사위원회 요건 미충족
회생/파산신청	[실질심사] 개시신청 기각, 결정 취소, 회생계획 불인가 등
기타 상장폐지사유	• 최종 부도 또는 은행거래정지 • 해산사유(피흡수합병, 파산선고) • 정관 등에 주식양도 제한을 두는 경우 • 유가증권시장 상장의 경우 • 우회상장시 우회상장 관련 규정 위반시(심사 종료 전 기업결합 완료 및 의무보유 위반 등)

코스닥시장의 상장폐지기준은 매출액, 법인세비용차감전계속사업손실, 자본잠식, 자기자본 미달, 감사의견, 시가총액, 정기보고서 미제출, 거래량, 지분분산, 불성실공시, 지배구조, 회생절차/파산신청 등이 있다. 우리나라 코스닥시장의 주요 상장폐지기준은 〈표 10-5〉와 같다.

코넥스시장의 상장폐지 요건은 유가증권시장 및 코스닥시장의 요건과 유사하다. 이 요건은 초기 중소·벤처기업의 작은 규모, 취약한 재무상태 및 높은 경영성과 변동성 등을 고려하여 재무상태 및 경영성과와 관련한 상장폐지 요건은 적용하지 않는다. 그 대신에 코넥스시장은 지정자문인 보유여부를 퇴출요건으로 하여 지정자문인이 해당 기업의 상장유지가 곤란하다고 판단하는 경우 지정자문인 선임계약 해지를 통해 부실기업 등이 신속히 퇴출되도록 유도하고 있다. 코넥스시장의 상장폐지기준은 〈표 10-6〉과 같이 특례상장기업의 지정자문인 미선임, 감사의견, 분산요건 미달, 공시서류 미제출, 즉시상장폐지, 기업설명회 미개최, 상장적격성 실질심사, 자본전액잠식, 포괄적 주식교환 등이 있다.

〈표 10-6〉 코넥스시장의 상장폐지에 대한 기준

구 분	상장폐지 요건
특례상장기업의 지정자문인 미선임	특례상장 후 1년 경과시까지 지정자문인 계약 미체결
감사의견	부적정, 의견거절, 범위제한 한정
분산요건 미달	사업연도(신규상장일이 속하는 사업연도는 제외)말 최대주주 등의 지분을 제외한 주식이 5% 미만
공시서류 미제출	사업보고서 미제출
즉시상장폐지	• 부도/은행 거래정지 • 해산사유(피흡수합병, 파산선고 등) • 지정자문인 선임계약 해지 후 30영업일 내 미체결 • 주식의 양도제한
기업설명회 미개최	2반기 연속 미개최 또는 3년 내 4회 이상 미개최
상장적격성 실질심사	• 불성실공시(누계 15점 이상) • 회생절차개시신청(간이회생절차개시신청 포함) • 상장관련서류의 허위기재 또는 누락 • 횡령·배임, 회계처리기준 위반, 주된 영업정지 등
자본전액잠식	상장 이후 10년 경과 법인의 자본전액잠식 발생
포괄적 주식교환	주식의 포괄적 교환 등으로 상장법인이 다른 법인에 완전자회사가 되는 경우

제 2 절 SPAC의 상장제도

Ⅰ. SPAC의 개요

1. SPAC의 개념

기업인수목적회사(SPAC : special purpose acquisition company)는 공모(IPO)를 통해 조달한 자금을 바탕으로 다른 기업과 합병하는 것을 유일한 목적으로 하는 명목회사(paper company)이다. SPAC의 도입으로 일반투자자들도 투자의 안정성을 보장받으면서 소액으로 기업 인수합병시장에 참여할 수 있게 되었으며, 유망한 비상장기업들이 적기에 대규모 투자자금을 조달하면서 상장할 수 있다.

2. SPAC의 기본구조

SPAC는 법인설립, IPO 및 상장, M&A라는 3단계로 진행된다. 법인의 설립단계에서는 소수의 발기인에 의해 법인설립을 추진한다. SPAC도 주식회사이므로 주식회사의 설립절차를 따르며, 발기인은 설립 당시에 발행되는 주식을 인수해야 한다. SPAC는 발기인에 의해 주식회사 형태로 설립되며 자기자본 1,000억원 이상과 금융투자업자 1인 이상의 조건을 마련해야 한다.

[그림 10-1] SPAC의 기본구조

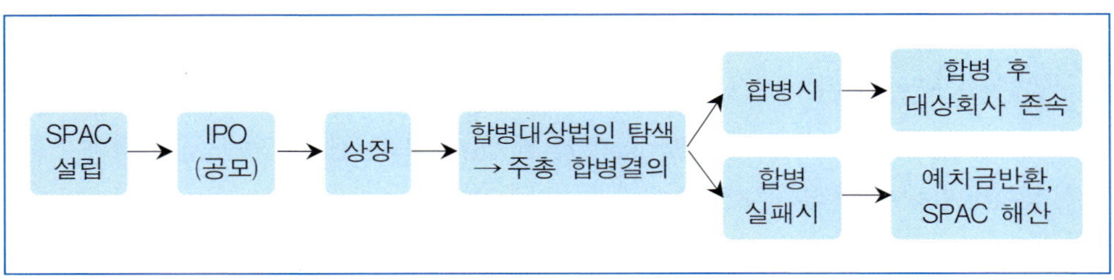

SPAC는 IPO 및 상장의 단계에서 먼저 상장을 위하여 IPO를 실시하고 이때 공모자금을 별도로 예치한다. SPAC는 일반주주에게 투자원금 수준의 금액을 보장해주기 위하여 공모자금의 90% 이상을 금융기관에 예치하여 인출을 제

한하고 있다. IPO가 완료되면 SPAC는 그 발행주권을 거래소에 상장하게 된다. 일반적으로 M&A 외에 다른 사업목적을 가지고 있지 않은 SPAC의 특성을 반영하여 상장특례를 인정하고 있다.

SPAC는 최종 목적인 M&A의 단계를 추진하기 위해 경영진들이 대상기업을 탐색한다. 대상기업이 결정되면 합병상장예비심사청구서를 거래소에 제출하여 비상장법인에 대한 상장적격성 심사를 받아야 한다. 거래소의 합병상장심사승인을 받은 경우 M&A를 최종적으로 결정하기 위한 주주총회가 개최되는데, 이때 발기인은 의결권 행사가 제한되므로 전적으로 일반주주의 의사에 따라 M&A에 대한 결정이 내려진다. 주주총회에서 M&A를 승인하면 대상기업은 상장기업의 지위를 얻게 되며, SPAC가 존속기한 내에 M&A를 완료하지 못하는 경우에는 의무예치금액을 일반주주에게 반환하는 등 청산절차가 진행된다.

Ⅱ. SPAC의 상장절차

1. SPAC의 신규상장예비심사청구

SPAC는 증권시장에 신규상장을 위해 거래소에 상장예비심사청구서를 제출하여 SPAC의 상장적격성 심사를 의뢰한다. 이 청구서 제출시에는 재무제표 등 일반기업 심사서류 외에 공모전 주주 등 보호예수 관련 서류, 자금예치계약서, 금융투자업자 소유주식 등의 발행총액 확인서, 공모전 주주 등 의결권 관련 약정서, 채무증권 인수계약서 등을 추가로 제출해야 한다.

2. SPAC의 예비심사 및 결과통보

거래소는 SPAC의 계량적인 요건에 대한 심사와 함께 정관 필수기재사항, 투자자 보호와 관련된 주요 계약내용 등에 대한 질적심사를 실시한 후 심사결과를 회사에 통보한다.

3. IPO 및 신규상장

SPAC는 상장예비심사결과 상장적격성이 인정되면 IPO를 실시하고, 주식공모

완료일까지 거래소에 주권 신규상장신청을 한다. 그리고 거래소는 공모를 통해 주식의 분산이 충분히 이루어졌는지를 심사한 후 SPAC의 상장을 승인하며, 상장 이후에 투자자는 장내에서 SPAC 주권을 자유롭게 거래할 수 있다.

Ⅲ. SPAC의 상장심사 요건

1. 형식적 요건

〈표 10-7〉 SPAC의 유가증권시장 상장요건

구 분	상장요건
기업규모	주식 100만주 이상 & 자기자본 100억원 이상
주식분산	• 일반주주 200명 이상 & 아래 요건 선택 충족 - 일반주주 25% 이상 or 일반주주 500만주 이상 - 총공모지분 25% 이상 or 총공모주식수 500만주 이상 - 공모지분 10% 이상 & 자본총액 기준 일정 주식수 이상 - 동시공모로 발행한 총공모지분 10% 이상 & 100만주 이상
감사의견	개별재무제표 : 적정
주식양도제한	주식의 양도제한이 없을 것
사외이사	사외이사 선임의무 충족
감사위원회	감사위원회 설치의무 충족
상근감사	상근감사 선임의무 충족
금융투자업자	금융투자업자의 소유주식 등 발행금액이 SPAC 발행총액 5% 이상
임원	임원이 자본시장법 요건 충족

2. 질적심사 요건

SPAC의 질적심사 요건 중 첫째는 경영진 구성현황과 과거경력 등이 사업목적 수행에 적합해야 한다. 둘째는 정관기재사항 및 자금조달관련 주요 계약내용이 적정해야 한다. 이 요건은 증권금융 또는 신탁기관과 체결한 주식납입자금 예치 및 신탁계약, 공모 전 주주의 주식 및 사채권 인수계약 등, 그리고 공모 전 주주간 체결한 의결권 및 주식매수청구권 등 행사제한 약정 등이 적정해야 한다. 셋째는 공익과 투자자 보호 및 증권시장의 건전한 발전성이 있어야 한다.

Ⅳ. SPAC의 상장관리

거래소는 투자자 보호와 시장 신뢰성 유지를 위해 주권이 규정에서 정한 상장요건을 충족하지 못하는 경우 관리종목으로 지정한다. 관리종목의 지정요건은 SPAC의 특성을 고려, 현행 주권의 관리종목지정 요건 등을 탄력적으로 적용하고 있으며, 대신 투자자 보호와 관련하여 몇 가지 요건이 추가로 적용된다. 거래소는 투자자 보호와 시장 신뢰성 유지를 위해 관리종목으로 지정된 뒤 일정기간 내에 동 사유를 해소하지 못하면 당해 주권을 상장폐지한다. 유가증권시장 기준으로 관리종목지정 및 상장폐지 요건은 〈표 10-8〉 및 〈표 10-9〉와 같다.

〈표 10-8〉 SPAC의 관리종목지정 요건

구 분	지정요건
정기보고	사업・반기・분기보고서 미제출
감사・검토의견	• 반기 검토의견 부적정, 의견거절 • 감사보고서 범위제한 한정
자본잠식	사업연도말 50% 이상 잠식
주식분산	• 소액주주수 미달(50인 미만) • 소액주주 지분율 10% 미만
시가총액 미달	시가총액 50억원 미달이 30일 계속
공시의무 위반	공시의무 위반 벌점 15점 이상
지배구조 미달	사외이사수 1/4 미만 등

〈표 10-9〉 SPAC의 상장폐지 요건

구 분	폐지요건
정기보고서 미제출	사업보고서 10일 이내, 반기・분기보고서 2회 연속 미제출
감사・검토의견	감사보고서 부적정, 의견거절, 감사보고서 2년 연속 한정
자본잠식	전액잠식, 2년 연속 50% 이상 잠식
주식분산	1년 이내 미해소
시가총액 미달	90일 이내 미해소
공시의무 위반	고의, 중과실로 공시의무 위반
지배구조 미달	차기 주총에서 사유 미해소 등
임원 사항	관리종목 지정 후 6월 이내 미해소

제 3 절 증권시장의 공시제도

Ⅰ. 공시제도의 개념

1. 공시제도의 의의

공시제도(disclosure system)는 증권의 발행인이 증권의 발행내용과 발행회사의 재무상태 및 경영성과 등 투자자의 투자판단에 필요한 내용을 신속·정확하게 공시하도록 하여 투자자가 증권이나 발행회사의 실태를 정확하게 파악하고 자신의 판단과 책임 하에 투자결정을 하도록 하는 제도를 말한다. 투자자의 투자판단을 위한 기업내용 공시제도의 기능이 제고되려면 공시되는 자료가 정확해야 하며, 최근의 자료가 제공되어야 하고, 일반투자자가 쉽고 용이하게 이용할 수 있는 상태로 제공되어야 한다. 이러한 공시제도는 증권거래의 공정성을 확보하고 투자자를 보호하는 것을 목적으로 한다.

증권은 발행회사의 재무상태, 경영성과, 성장가능성 등 기업내용에 따라 가치가 결정되므로 이들 내용에 대한 정확한 기업공시가 이루어져야 한다. 즉, 불성실공시는 유가증권의 가격형성을 불공정하게 하여 투자손실의 발생 및 공정

[그림 10-2] 증권시장의 공시절차

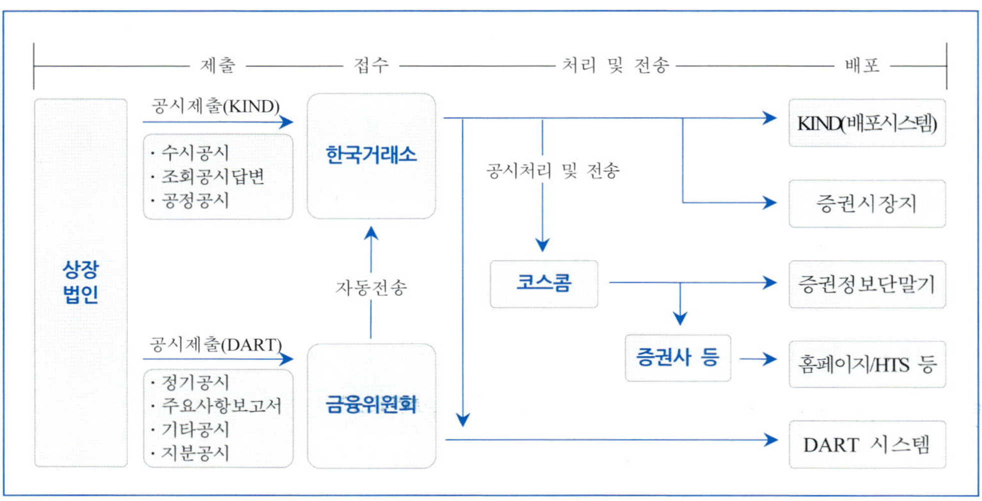

거래 질서를 저해할 뿐만 아니라 나아가 기업발전과 국민경제 발전의 저해요인이 된다.

2. 공시제도의 기본적 요건

기업공시는 증권시장에서 거래의 공정성을 확보하고 투자자를 보호하기 위하여 투자자의 투자판단에 필요한 기업내용을 모든 투자자들에게 완전공시가 이루어지도록 다음과 같은 기본적인 요건들을 갖추어야 한다.[5)]

1) 기업정보에 대한 공시의 신속성과 적시성

기업정보는 발생한 즉시 신속하게 공시되어야 하며, 투자자의 의사결정에 오류가 생기지 않도록 최신의 정보가 적시에 제공되어야 한다.

2) 기업정보의 정확성과 완전공개

기업정보가 허위이거나 불확실한 경우 투자자의 의사결정에 혼란을 줄 우려가 있으므로 기업정보는 정확해야 하며 완전한 내용이 제공되어야 한다. 따라서 투자자에게 모든 정보가 공시되어야 하며, 중요한 사실의 누락도 없어야 한다.

3) 기업정보의 이해용이성

기업의 공시정보는 가능한 한 투자자가 이해하기 쉽고 간결하며 명확하게 제공되어야 한다. 특히 증권시장에 참여하고 있는 투자자들의 다양성을 포괄하기 위해서는 당해 기업의 업무에 대하여 전문지식이 없는 투자자들도 쉽게 공시내용을 파악할 수 있도록 전문적인 용어보다는 이해가 쉬운 표현을 사용하는 것이 정보전달의 실질적 형평성을 보장할 수 있을 것이다.

4) 정보전달의 공평성과 대칭성

기업정보는 모든 투자자에게 공평하게 널리 전달되어야 하며, 특정집단에만 시간적으로 차별하여 전달하는 정보전달의 비대칭성이 없어야 한다. 이를 위하여 정보전달의 형평성이 보장되는 정보전달 매체를 이용함으로써 공시시점에 모든 투자자가 동시에 기업정보를 획득하도록 해야 할 것이다.

5) 본 내용은 한국거래소 홈페이지, 「규정 · 제도, 공시제도」를 참조하였다.

Ⅱ. 공시제도의 유형

현행 자본시장법상 공시제도는 크게 발행공시제도와 유통공시제도로 분류된다. 여기서 발행공시는 유가증권의 발행인이 유가증권과 유가증권 발행인에 관한 정보를 투자자에게 전달하는 것이며, 유통공시는 투자자의 유가증권의 취득과 처분에 필요한 정보를 제공하는 것을 말한다. 자본시장법은 상장법인으로 하여금 증권의 내용이나 당해 법인의 재산 및 경영상태 등에 관한 기업정보들을 신속·정확하게 공시하도록 공시의무를 규정하고 있다.6)

1. 발행공시의 유형

1) 증권신고서

증권신고서(registration statement)는 증권을 모집이나 매출하기 위해서 회사의 개황, 사업내용, 재무내용, 그리고 당해 증권의 종류·발행액·자금 사용목적 등을 기록하여 금융위원회에 제출하는 서류를 말한다. 모집가액 또는 매출가액의 총액이 10억원 이상인 경우에는 발행인이 증권신고서를 금융위원회에 제출하여 수리되어야만 그 증권의 모집 또는 매출을 할 수 있다. 이는 발행인에게 해당 증권에 대한 정보를 공시하여 투자자를 보호하기 위한 제도이다.

2) 투자설명서

투자설명서(investment prospectus)는 투자권유를 목적으로 발행인의 기업내용에 대한 정보를 기록한 문서 또는 자료이다. 증권을 모집하거나 매출하는 경우 발행인은 투자설명서를 금융위원회에 제출해야 하고, 증권의 발행인 본점, 금융위원회, 한국거래소, 청약사무를 취급하는 장소 등에 비치하여 일반투자자가 열람할 수 있도록 해야 한다. 투자설명서는 증권신고서의 효력발생 전의 예비설명서, 증권신고서가 수리된 후의 간이투자설명서, 효력발생 후의 본투자설명서가 있다.

3) 증권발행실적보고서

증권신고의 효력이 발생한 증권의 발행인은 그 증권 발행실적에 관한 증권발행실적보고서(post-issuance report)를 작성하여 금융위원회에 제출해야 하고, 금융위원회는 홈페이지 등을 이용하여 공시해야 한다.

---

6) 아래 내용은 김석진 외, 『한국자본시장론』, 삼영사, 2011, pp. 409~413에서 인용하여 정리하였다.

2. 유통공시의 유형

1) 정기공시

정기공시(regular disclosure)는 투자자에게 기업내용과 함께 일정기간의 영업성과 및 재무상태를 정기적으로 공시하는 것을 말한다. 정기공시는 사업보고서, 반기보고서, 분기보고서 등이 있는데, 종류별로 제출시기가 다르다. 사업보고서는 직전 사업연도 영업실적 등의 공시로 사업연도 경과 후 90일 내에 제출해야 하고, 반기보고서는 사업연도 개시일부터 6월간 영업실적 등의 공시로 반기 경과 후 45일 내에 제출해야 하며, 분기보고서는 사업연도 개시일부터 3개월간 및 9개월간 영업실적 등의 공시로 분기 경과 후 45일 내에 제출해야 한다. 정기공시의 주요 기재사항은 회사의 목적, 상호, 사업내용, 임원보수, 재무사항 등이 있다.

2) 수시공시

수시공시(occasional disclosure)는 주요 경영사항을 신고 및 공시하는 것으로 증권시장에서 항시적인 정보형평을 기하기 위해 거래소 등 자율규제기관에서 담당하고 있는 대표적인 자율규제기능 중의 하나라고 할 수 있다. 수시공시로는 주요 경영사항의 신고 및 공시, 조회공시, 자율공시가 있다.

자본시장법은 유통시장에서 수시로 발생하는 기업의 주요 경영정보에 대하여 발생시마다 지체 없이 공시하도록 규정하고 있다. 따라서 상장기업은 주요 경영사항에 해당하는 사실 또는 결정이 있는 경우에는 즉시 그 내용을 거래소에 신고해야 한다.

조회공시(inquired disclosure)는 증권의 공정한 거래와 투자자 보호를 위하여 기업의 주요 경영사항 또는 그에 준하는 사항에 관한 풍문 또는 보도의 사실여부나 당해 기업이 발행한 주권 등의 가격이나 거래량에 현저한 변동이 있는 경우 한국거래소가 상장기업에게 중요한 정보의 유무에 대한 답변을 요구하고 당해 기업은 이에 응하여 공시하도록 하는 제도이다.

자율공시(voluntary disclosure)는 상장기업이 스스로 공시할 내용을 자율적으로 수시로 공시하는 제도이다. 이러한 자율공시는 상장기업의 공시능력을 제고하고자 자진공시 및 일부항목에서 제한적으로 운용되던 자율공시항목을 확대하여 주요 경영사항 이외의 사항에 관하여 상장기업의 자율적인 판단에 의해 당해 기업에 관한 주요 경영상의 정보 등을 공시할 수 있도록 하는 제도이다.

3) 공정공시

공정공시(fair disclosure)는 불공정거래를 예방하기 위해 상장법인이 주요 정보를 특정인에게 선별적으로 제공하고자 하는 경우 모든 시장참가자들이 그 정보를 알 수 있도록 사전에 증권시장을 통해 공시하도록 하는 제도이다. 상장법인의 주요 정보는 장래 사업계획, 매출 및 손익 등에 대한 예측 등이 해당된다.

공시시한은 원칙적으로는 당해 정보가 공정공시의 정보제공대상자에게 제공되기 이전까지 해야 한다. 만약 공정공시의무를 위반한 경우에는 불성실공시법인 지정, 매매거래정지, 불성실공시 사실의 공표, 매매심리 착수 등 현행 수시공시의무 위반과 동일한 제재를 할 수 있다.

Ⅲ. 불성실공시에 대한 제재

1. 불성실공시제도의 의의

불성실공시는 상장법인이 공시규정에 따른 신고의무를 성실히 이행하지 아니하거나 이미 신고한 내용을 번복 또는 변경하여 공시불이행, 공시번복, 공시변경의 유형에 해당하는 위반행위를 하는 것을 말하며, 당해 상장법인은 불성실공시법인으로 지정된다. 이 제도는 자본시장법상 허위공시 등에 대한 제재나 금융위원회의 공시의무위반에 대한 제재 외에 자율규제기관인 거래소의 제재조치로서 상장법인의 성실한 공시의무이행을 위해 두고 있는 제도이다.

2. 불성실공시법인의 지정절차

1) 지정예고

거래소는 주권상장법인이 불성실공시에 해당하면 먼저 당해 법인에 대하여 불성실공시법인 지정 및 벌점의 부과를 예고한다. 거래소가 불성실공시법인 지정 등을 예고한 경우에는 공시매체 등에 게재하고, 당해 법인에 통보한다.

2) 이의신청

지정예고된 법인은 해당 내용에 대하여 이의가 있는 때에는 지정예고를 통보받은 날부터 7일 이내에 이의신청을 할 수 있다.

3) 지 정

불성실공시법인이 이의신청기간의 종료일부터 10일 이내에 별도의 심의기구인 상장공시위원회의 심의를 거쳐 심의일로부터 3일 이내에 당해 법인의 불성실공시 해당 여부를 결정하여 상장법인을 불성실공시법인으로 지정한다.

3. 불성실공시법인의 조치

1) 매매거래 정지

불성실공시법인으로 지정되어 부과받은 벌점이 10점 이상인 경우에는 매매거래일 기준으로 불성실공시법인 지정일 당일 1일 동안 매매거래를 정지시킨다.

2) 지정사실 공표

거래소는 주권상장법인을 불성실공시법인으로 지정하는 경우 공시매체 등에 그 사실을 게재한다.

3) 공시책임자의 교육 및 교체요구

거래소는 불성실공시법인의 공시책임자 및 공시담당자에 대하여 예방교육을 실시하며, 위반행위의 내용 및 횟수 등을 고려하여 교체를 요구할 수 있다.

4) 관리종목 지정

거래소는 불성실공시법인 지정 등으로 인한 벌점부과일로부터 기산하여 과거 1년 이내의 누계벌점이 15점 이상이 되는 경우에는 관리종목으로 지정한다.

5) 상장적격성 실질심사

거래소는 관리종목 지정 후 1년 이내에 불성실공시법인 지정 등으로 인한 누계벌점이 15점 이상이 되거나 기업경영에 중대한 영향을 미칠 수 있는 사항에 대하여 고의나 중과실로 공시의무를 위반하여 불성실공시법인으로 지정된 경우에는 해당 법인에 대하여 상장적격성 실질심사를 실시한다.

6) 개선계획서 및 이행보고서 제출요구

거래소는 불성실공시의 사전예방 및 재발방지를 위한 개선계획서의 제출을 요구할 수 있으며, 그에 대한 이행보고서를 6개월 후 제출하도록 요구할 수 있다.

chapter 11

규제 및 보호 제도

제 1 절 불공정거래

I. 불공정거래의 의의

불공정거래(unfair transaction)는 자본시장법에서 요구하는 각종 의무를 이행하지 않고 유가증권의 매매 또는 파생상품의 거래를 하거나 거래의 상대방을 속여 부당한 이득을 취하는 일체의 증권 또는 파생상품의 거래행위를 의미한다. 즉, 시장원리인 공급과 수요에 의하지 않고 인위적이거나 부정한 방법(거래)으로 왜곡된 가격을 형성하는 행위를 말한다. 대표적인 불공정거래는 미공개정보 이용, 시세조종, 소유주식 및 대량보유보고의무 위반, 단기매매차익취득, 신고 및 공시의무 위반 등이 있다. 이러한 행위는 법적으로 금지되어 있으며, 위반자는 불공정거래로 피해자가 발생했을 경우 손해배상에 대한 의무를 지게 된다.

증권시장은 투자자들이 안심하고 거래할 수 있는 시장이 되기 위해 거래되는 상품들의 가격이 공정하게 형성되도록 불공정거래를 규제해야 한다. 만일, 인위적으로 주가를 조작하여 부당한 이익을 올리는 이른바 작전세력이 아무런 제재도 받지 않고 자유롭게 활동할 수 있다면 증권시장은 신뢰를 잃게 되고, 투자자들의 이탈이 일어날 것이다. 거래소는 증권시장을 상시 감시하여 불공정거래행위의 예방 및 심리를 통해 투자자 보호 및 시장투명성을 제고하고 있다.

Ⅱ. 내부자거래의 규제제도

1. 미공개중요정보의 이용행위금지

내부자거래(insider trading)는 주권상장법인의 임직원 및 주요 주주 등이 그 직무와 관련하여 알게 된 미공개중요정보를 관련증권에 이용하는 행위를 말한다. 상장법인의 내부자는 투자자의 투자판단에 중대한 영향을 미칠 수 있는 정보에 관하여 직접적으로 관여하거나 쉽게 접근할 수 있다. 따라서 내부자가 미공개정보를 이용하여 당해 상장법인의 유가증권을 매매하는 내부자거래를 행하는 경우에 공정거래질서를 저해하게 된다. 이에 자본시장법은 내부자가 미공개중요정보를 이용하여 관련증권의 거래행위를 하는 것을 금지하도록 규정하고 있다.

2. 단기매매차익의 반환

단기매매차익의 반환제도는 미공개정보를 이용할 가능성이 있는 주권상장법인의 내부자가 6개월 이내 단기매매로 이득을 얻은 경우 해당 상장법인이 그 이익금을 반환하도록 청구할 수 있는 제도이다. 이 제도는 내부자의 거래 자체는 허용하되 미공개정보를 이용하였을 개연성이 크기 때문에 단기매매에서 얻은 이익을 법인에 반환하는 간접적인 규제이다.

Ⅲ. 시세조종의 규제제도

시세조종(manipulation)은 일반적으로 주가조작이라는 용어로 사용되는데, 인위적인 조작에 의하여 증권의 가격을 조종하는 행위를 말한다. 자본시장법은 시세조종행위를 금지하는 규정으로서 위장매매, 매매유인행위, 시세의 고정・안정행위, 연계시세조종행위 등을 규제하고 있다.

1. 위장매매의 금지

위장매매(fictitious order)는 통정매매와 가장매매 등을 통한 시세조종행위를 의미하는데, 자본시장법은 이들 매매를 규제하고 있다. 여기서 통정매매(matched orders)

는 매도자와 매수자가 미리 매매가격을 정하고 서로 매도 및 매수를 하는 매매이며, 가장매매(wash sales)는 형식적으로는 권리이전의 거래로 보이지만 실제로는 권리이전을 목적으로 하지 않는 거래를 말한다.

2. 매매유인행위의 금지

매매유인행위는 인위적으로 주가조작을 하여 투자자에게 조작된 시세가 정상적으로 형성된 것처럼 오인시켜 증권의 매매에 끌어들이려는 행위를 말한다. 자본시장법은 ① 매매가 성황을 이루고 있는 듯이 잘못 알게 하거나 그 시세를 변동시키는 행위, ② 시세가 자기 또는 타인의 시장 조작에 의하여 변동한다는 말을 유포하는 행위, ③ 중요한 사실에 관하여 거짓의 표시 또는 오해를 유발시키는 표시를 하는 행위 등을 하지 못하도록 규정하고 있다.

3. 시세조종행위의 금지

시세조종행위는 시세를 고정 및 안정시킬 목적으로 증권이나 장내파생상품을 매매하는 행위로 자본시장법은 안정조작과 시장조성을 규제하고 있다. 여기서 안정조작은 투자매매업자가 증권의 모집 또는 매출의 청약기간의 종료일 전 30일의 범위에서 일정한 날부터 그 청약기간의 종료일까지의 기간 동안 증권의 가격을 안정시킴으로써 증권의 모집 또는 매출이 원활하도록 하기 위한 매매거래를 말한다. 그리고 시장조성은 투자매매업자가 모집 또는 매출한 증권의 수요·공급을 그 증권이 상장된 날부터 6개월의 범위에서 일정기간 동안 조성하는 매매거래를 말한다.

4. 연계시세조종행위의 금지

연계시세조종행위는 어떤 금융자산 매매에서 부당한 이익을 얻거나 제3자에게 부당한 이익을 얻게 할 목적으로 그 금융자산과 연계된 다른 금융자산의 시세를 변동 또는 고정시키는 행위이다. 자본시장법은 ① 장내파상상품(선물)과 그 장내파생상품의 기초자산(현물) 간에, ② 증권(현물)과 그 증권을 기초자산으로 하는 장내파생상품(선물) 간에, ③ 증권(현물)과 그 증권과 연계된 증권(현물) 간에 연계시세조종행위를 규제하고 있다.

Ⅳ. 부정거래행위의 금지제도

1. 부정거래행위 금지

자본시장법은 금융투자상품의 매매와 그 밖의 거래와 관련하여 ① 부정한 수단이나 계획 또는 기교를 사용하는 행위, ② 중요한 관련정보를 부실하게 표시하는 행위, ③ 유인할 목적으로 거짓의 시세를 이용하는 행위 등을 부정거래행위로 규정하고 이들 행위를 금지하도록 규제하고 있다.

2. 풍문유포와 위계사용의 금지

풍문유포는 일반적으로 정확하지 않은 사실을 사실이라고 퍼뜨리는 행위이며, 위계사용은 다른 투자자로 하여금 오인이나 착각에 빠지도록 모든 수단·계획·기교 등을 사용하는 것이다. 자본시장법은 금융투자상품의 거래와 관련하여 풍문의 유포, 위계의 사용, 폭행 또는 협박을 금지하도록 규정하고 있다.

Ⅴ. 시장경보제도

1. 시장경보제도의 의의

한국거래소는 공정거래질서의 유지 및 투자자 보호를 위하여 회원, 주권상장법인 또는 전문투자자 등에게 불공정거래의 예방활동을 하는 시장감시위원회를 둔다. 이 위원회는 투기적이거나 불공정거래 개연성이 있는 종목 또는 주가가 비정상적으로 급등한 종목에 대해 투자자의 주의환기를 통해 불공정거래를 사전에 예방하기 위한 시장경보제도를 시행하고 있다. 시장경보제도는 투자주의종목, 투자경고종목, 투자위험종목의 순서적 단계를 거쳐 이루어지게 된다.

2. 단계별 시장경보

1) 투자주의종목

시장감시위원회는 투기적이거나 불공정거래의 개연성이 있는 종목을 투자주의 종목으로 공표하여 일반투자자들의 뇌동매매 방지 및 잠재적 불공정거래 행위자에 대한 경각심을 고취시키고 있다. 투자주의종목은 소수지점 거래집중종목, 소수계좌 거래집중종목 등에 해당하는 경우에 지정하여 공표한다.

2) 투자경고종목

투자경고종목은 특정종목의 주가가 비정상적으로 급등한 경우 투자자에게 주의를 환기시키고 불공정거래를 사전에 방지하기 위하여 시장경보를 지정하는 제도이다. 투자경고종목으로 지정되면 위탁증거금 100% 납부, 신용융자 금지, 대용증권 불인정 등의 조치를 받는다.

3) 투자위험종목

투자위험종목은 투자경고종목 지정에도 불구하고 투기적인 가수요 및 뇌동매매가 진정되지 않고 주가가 지속적으로 상승할 경우에 시장경보를 지정하는 제도이다. 투자위험종목으로 지정되면 투자경고종목과 같은 조치를 받는 것은 물론 지정일 당일 1일간 매매거래가 정지된다.

Ⅵ. 공매도의 규제

1. 공매도의 의의

공매도(short sale)는 유가증권을 소유하지 않은 상태에서 매도주문을 내는 것을 말한다. 이는 주가가 하락하게 될 것을 예상하고 미리 주식을 차입하여 현재가격에 매도한 후 주가가 하락하게 되면 매수하여 차입한 주식을 갚아 수익을 얻는 구조이다. 여기서 차입여부에 따라 공매도는 무차입 공매도와 차입 공매도로 구분된다. 우리나라에서는 무차입 공매도는 시장혼란을 야기할 수 있다는 우려 때문에 금지하고 있고 차입 공매도만 허용하고 있다.[1)]

1) 유가증권시장에서 신용거래는 신용융자거래와 신용대주거래가 있다. 신용융자거래는 주식매수시 일정한 비율의 필요자금을 빌려주는 거래이며, 신용대주거래는 주식을 보유하지 않아도 증권회사에서 주식을 빌려 매도하는 거래이다. 신용융자의 경우에는 적은 자금으로 상대적으로 많은 주식을 매수할 수 있어 일정기간 수익 발생시 높은 수익률을 얻을 수 있으며, 신용대주의 경우에는 미리 시장에서 주식(신용거래대주)을 팔고 그 주식의 가격하락시 다시 해당 주식을 매입하여 되갚음으로써 수익을 얻을 수 있다. 일반적으로 신용대주거래를 공매도라고 한다.

2. 공매도의 제한

자본시장법에서는 차입여부에 따라 공매도를 무차입 공매도와 차입 공매도로 구분하여 정의하고 있다. 여기서 무차입 공매도는 소유하지 않은 증권의 매도를 의미하며, 차입 공매도는 차입한 증권으로 결제하고자 하는 매도를 의미한다. 우리나라는 원칙적으로 모든 유형의 공매도를 금지하되 일정한 방법 및 가격 등에 따라 차입하여 매도하는 경우(차입 공매도)에만 예외적으로 허용하고 있다.

거래소에서는 신용대주거래 또는 대차거래 등에 의하여 차입한 증권에 대해서만 공매도로 호가할 수 있다. 여기서 신용대주거래는 개인투자자가 회원 또는 증권금융회사가 보유하고 있는 주식을 신용으로 차입하는 거래이며, 대차거래는 기관투자자 등이 한국예탁결제원 및 한국증권금융 등의 중개기관을 통해 거래 당사자간 주식을 대여 또는 차입하는 거래이다.

3. 공매도 호가의 가격제한

공매도는 직전가격 이하의 가격으로 호가할 수 없다. 다만, 직전가격이 그 직전 가격보다 상승하는 경우에는 예외적으로 직전가격으로 호가할 수 있도록 허용한다. 한편 거래소는 비정상적으로 공매도가 급증하고 동시에 가격이 급락하는 종목에 대해, 투자자의 주의를 환기하고 주가하락의 가속화를 방지하기 위하여 공매도 과열종목 지정제도를 도입하여 운영하고 있다.

4. 공매도 거래의 투명성 제고

거래소는 공매도 주문에 대한 확인방법 및 절차 등을 명확히 하여 공매도 거래의 투명성을 제고하고 있다. 우선, 회원이 위탁자로부터 매도주문을 수탁할 때에는 공매도 여부를 확인하고, 공매도일 경우 해당 증권의 차입여부를 확인해야 한다. 회원은 공매도를 별도로 구분 표시하여 호가를 제출해야 하고, 공매도 규정을 위반하는 주문에 대해서는 수탁을 거부해야 한다.

거래소는 공매도 거래의 투명성 제고를 위해 회원에게 공매도를 별도로 구분하여 표시하도록 하고, 공매도로 표시된 거래현황을 집계하여 종목 및 업종별 공매도 거래현황, 종목 및 업종별 공매도 순보유잔고, 그리고 공매도 과열종목 등을 'KRX 데이터정보시스템의 공매도 통계'창에 공표하고 있다.

제 2 절 심리 및 감리 제도

Ⅰ. 심 리

1. 심리의 내용

한국거래소는 거래소 내에 자율규제기구로 시장감시위원회를 두고 있다. 이 위원회는 이상매매에 대하여 심리를 수행한다. 심리란 유가증권의 가격 또는 거래량에 현저한 변동이 있는 거래 또는 유가증권의 가격에 영향을 미칠 수 있는 공시·풍문·보도 등이 있는 거래 등의 혐의가 있는 경우 이를 조사하여 조치하는 것을 말한다. 심리의 절차는 시장감시, 이상매매심리, 조치여부결정 순으로 이루어진다.

2. 시장감시

상장주식 및 선물·옵션의 거래와 관련된 매매 및 호가상황이나 이와 관련된 제보·공시·풍문 및 보도를 감시·조사·분석하고 이상거래가 적출된 종목에 대하여 거래소가 정한 기준에 의하여 일정기간 주시하여 이상거래의 징후가 발견될 경우 심리관련부서에 심리를 의뢰하게 된다.

이상거래의 적출은 가격 또는 거래량이 과거 가격 및 거래량을 기초로 한 통계모형에 의하여 만들어진 매매적출 기준에서 정하는 일정한 기준을 벗어나 상승 및 하락 또는 증가할 경우에 이루어진다.

3. 이상매매심리

시장감시의 결과 불공정거래의 개연성이 높아 심리대상으로 선정된 종목에 대해서는 정밀조사에 들어가게 된다. 매매심리의 대상은 이상거래기간 동안이나 중요 기업내용 공시 전·후 특정회원, 지점, 특정계좌 및 기관투자자 등 거래상 특이점이 인정되는 종목이 된다. 그리고 심리의 내용은 소유주식 현황검색, 내부자 D/B검색, 계좌별 매매정보분석 등이 된다.

Ⅱ. 감 리

1. 감리의 내용

감리(inspection)란 거래소의 업무와 관련된 규정들의 준수여부를 확인하기 위해 필요하다고 인정되는 경우 증권회사나 선물회사의 회원에 대해 당해 매매거래와 관련된 업무·재산상황·장부·서류 또는 그 밖의 물건을 조사하는 것을 말한다.

감리는 실시방법에 따라 정기감리와 수시감리로 구분하고 있다. 정기감리(regular inspection)는 매매거래 또는 호가상황 등을 주기적으로 분석하여 공정거래질서를 저해하는 행위가 많은 증권회사나 지점을 감리하는 것이다. 수시감리(special inspection)는 시장감시 결과 회원의 거래소 업무관련규정의 준수여부를 확인할 필요가 있다고 인정되는 경우 실시하는 감리를 말한다.

또한 감리는 감리방법에 따라 서면감리와 실지감리로 구분한다. 서면감리는 회원으로부터 징구한 자료나 관계자로부터 청취한 증언의 내용을 조사하는 방법이다. 실지감리는 감리요원이 증권회사의 본점, 지점 또는 영업소 등에 실제로 필요한 사항을 직접 조사하는 방법이다.

감리의 절차는 감리대상회원의 선정, 사전분석, 회원감리, 감리결과 보고 및 조치의 단계로 이루어진다.

2. 감리대상회원의 선정

회원의 금지행위, 공정거래질서 저해행위의 금지, 회원의 준수의무 사항 등을 규정하고 있는 시장감리규정과 불공정거래행위와 관련된 금융관련법령 그리고 거래소 업무관련규정 전반을 대상으로 위반여부 등을 고려하여 선정한다.

3. 사전분석

사전분석은 거래소가 보유하고 있는 시장에서의 호가 및 거래체결 자료를 중심으로 회원의 이상거래 관련정도를 분석하는 것을 의미한다. 이 분석에서는 추가적으로 감리의 필요성이 있는 경우 서면감리 또는 실지감리에 착수하게 된다.

4. 회원감리

감리에 착수하는 경우 회원에 대한 감리자료를 요구할 수 있고 실지감리를 수행할 수 있다. 감리자료의 요구는 회원에게 서면으로 사전에 통지하고 필요한 경우 사전에 자료를 요청할 수 있다. 실지감리는 위탁자 및 회원의 자기매매에 대한 거래상황의 확인, 거래소의 업무관련규정의 위반혐의가 있는 거래의 추출, 해당 거래에 대한 정밀조사를 하는 것이다.

감리가 종결되어 회원의 규정위반이 있는 경우 회원 및 그 임직원에 대한 징계를 요청할 수 있다. 무혐의인 경우에는 그 행위가 공정거래질서를 저해할 우려가 있는 사항에 대해서 향후에 재발을 방지하기 위해 주의를 촉구할 수 있다.

Ⅲ. 심리 및 감리 결과의 처리

1. 금융위원회에 통보

거래소는 심리 및 감리 결과를 일반위탁자 또는 회원 및 그 임직원의 시세조정, 내부자거래 등 금융관련법령 위반혐의가 발견되어 금융위원회의 조치 또는 추가조사가 필요하다고 인정하는 경우에는 관련법령 위반혐의를 금융위원회에 통보한다.

2. 거래소에 의한 징계조치

거래소는 심리 또는 감리의 결과 회원의 거래소 업무관련규정 위반행위 등이 발견되었을 경우 자체적으로 당해 회원에 대한 징계조치 및 관련 임직원에 대한 징계조치를 요구할 수 있다.

회원에 대한 징계조치는 제명, 6월 이월내의 회원자격의 전부 또는 일부의 정지, 6월 이월내의 매매거래의 전부 또는 일부 정지, 10억원 이하 1,000만원 이상의 회원제제금 부과, 경고 및 주의, 개선 또는 시정조치 요구 등이 있다. 회원의 임직원에 대한 징계조치 요구는 임원의 해임·직무정지·경고 또는 주의, 직원의 면직·정직·감봉·견책·경고 또는 주의 등이 있다.

제 3 절 투자자 보호제도

Ⅰ. 투자자의 의의

1. 투자자의 의미와 종류

일반적으로 투자자(investor)란 증권발행시장에서 최종적으로 증권을 취득하고, 이것을 다시 증권유통시장에서 매각하고자 하는 자를 말한다. 투자자는 형태에 따라 일반투자자와 전문투자자로 구분된다.

일반투자자(ordinary investor)는 개인 자격으로 증권에 투자하는 투자자이다. 전문투자자(professional investor)는 전문적으로 자산을 운용하는 법인 형태의 투자자를 말하며, 예금 등의 방법으로 만들어진 개인 또는 법인의 자금을 전문지식을 활용해 주로 유가증권에 투자함으로써 수익이 극대화되도록 하는 기관이다. 전문투자자는 은행, 자산운용회사, 증권회사, 보험회사, 종금사, 상호신용금고 등이 해당된다. 전문투자자는 매매주문시 위탁증거금 징수가 면제되며 상장법인으로부터 받은 배당금은 과세대상에서 제외된다. 이러한 투자자의 구분은 투자자 중에서 정보와 능력 면에서 뒤처지는 일반투자자의 보호를 주된 목적으로 하고 있다.

한편 투자자의 집단을 개인투자자, 기관투자자, 외국인투자자로 구분하는 경우도 있다. 이 경우에 외국인투자자는 대부분 외국의 기관투자자에 속하는 투자자들이다.

2. 전문투자자의 기능

일반적으로 전문투자자는 불특정다수인으로부터 거액의 자금을 모아 전문적인 투자전략으로 높은 투자수익률을 얻은 다음 이 수익금액을 소액투자자들에게 배분한다. 따라서 거액의 자금으로 증권시장에 참여하기 때문에 자본시장에 미치는 영향력은 매우 크다. 이러한 전문투자자가 증권시장에 미치는 순기능과 역기능은 다음과 같이 정리할 수 있다.[2)]

---

2) 김석진 등, 『한국자본시장론』을 참고하여 정리하였다.

1) 전문투자자의 순기능

첫째, 기업의 장기자금 조달을 원활하게 하는 기능을 수행한다. 전문투자자는 개인의 소액자금을 모아 대규모 자금을 증권에 투자하기 때문에 증권시장에서 발행되는 다량의 증권을 인수함으로써 증권발행을 원활하게 한다.

둘째, 증권유통시장을 안정화시키는 역할을 수행한다. 전문투자자는 대규모 자금으로 대량매매와 장기적인 투자를 한다. 증권시장의 가격변동이 극심할 경우에 시장에 적극적으로 개입함으로써 증권가격의 조절기능을 수행하여 가격을 안정화시킨다.

셋째, 주식이나 채권을 대중화시키는 기능을 수행한다. 전문투자자는 일반투자자들이 투자의 위험성으로 인하여 회피하는 증권에 대신하여 투자함으로써 위험을 분산시킬 수 있다. 이로 인하여 일반투자자가 증권시장에 참여하도록 하여 투자계층을 확대하는 역할을 수행한다.

넷째, 증권시장과 자금배분의 효율성을 최적화시키는 역할을 수행한다. 전문투자자는 전문적인 투자정보의 수집 및 분석을 통해 정보와 운영의 효율성을 기할 수 있다. 따라서 전문투자자는 증권의 매매과정에서 증권가격에 그 기업의 내재가치를 공정하고 신속하게 반영하여 자원배분의 최적화를 기하고 효율적인 투자활동을 촉진시키는 역할을 수행한다.

2) 전문투자자의 역기능

첫째, 전문투자자가 장기적인 투자보다는 기업지배나 단기적인 매매차익을 위하여 자금을 운영할 경우 대규모 자금력을 바탕으로 증권가격을 인위적으로 왜곡시킬 수 있다.

둘째, 전문투자자가 대형주와 우량주만을 대량으로 매입하여 장기간 보유할 경우 그 증권의 유동성이 저해되어 투자의 위험성이 높아지고 시장균형가격의 형성이 저해될 수 있다.

셋째, 전문투자자와 기업의 주주 간에 이익상충의 문제가 발생할 수 있다. 즉, 은행의 전문투자자가 특정기업의 주식을 보유한 경우 주주일 뿐만 아니라 예금을 통한 채무자일 경우도 있다. 이때 충실한 기업경영의 감시보다는 당해 회사와 거래관계 유지를 위해 다른 주주들의 이익에 반하는 행동을 할 수 있다.

넷째, 정부가 전문투자자의 자산운용에 개입하여 전문투자자의 본래 목적과 다르게 투자를 행하도록 하면 불특정다수인의 자금이 효율적으로 운용되지 않을 수도 있다.

Ⅱ. 투자자 보호제도의 내용

자본시장법은 금융투자업의 업무영역을 확대하고 겸영을 허용하고 있어 금융투자업자가 투자자들에게 새로운 폐해를 가져올 수도 있다. 따라서 자본시장법은 투자자를 일반투자자와 전문투자자로 구분하고,[3] 금융투자에 관한 전문적 지식이 부족한 일반투자자에 대한 보호제도를 대폭 강화하였다. 이러한 제도는 금융투자업의 금융상품에만 적용되던 것을 모든 금융상품(예금성 상품, 대출성 상품, 투자성 상품 및 보장성 상품)에 적용하기 위하여 금융소비자보호법이 2020년 3월에 제정되어 2021년 3월부터 시행되고 있다.

1. 일반투자자 구분 및 고객파악

금융투자업자가 일반투자자를 상대로 하는 투자에 관한 영업행위는 투자자의 정보를 확인하는 것부터 시작한다. 금융투자업자는 상세하게 일반투자자에 대한 정보를 확인해야 한다. 이는 일반투자자에 대한 충분한 정보를 파악하여 이에 적합한 투자권유를 하기 위한 준비과정이다.

2. 투자권유제도

정확한 정보제공을 통해 투자자에 적합한 투자권유를 해야 한다. 금융투자업자는 일반투자자에게 파생결합증권의 투자를 권하는 데 있어서 투자자의 특성에 적합하게 투자를 권유하도록 하는 적합성의 원칙을 준수하고, 상품의 내용과 위험 등을 투자자가 이해하도록 설명해야 할 의무가 있다.

3. 설명의무제도

금융투자상품의 설명내용에 대한 이해여부의 확인을 신중하게 해야 한다. 최근에는 금융공학이 고도화되면서 일반투자자가 이해하기 어려운 다양한 신종 금융상품이 출현하고 있다. 금융투자업자는 일반투자자에게 투자권유를 하는 경우 금융투자상품의 내용 등 제반사항을 일반투자자가 이해할 수 있도록 설명하

3) 자본시장법은 투자자를 일반투자자와 전문투자자로 구분하고 있으나, 금융소비자보호법은 투자자 용어를 금융소비자로 사용하여 일반금융소비자와 전문금융소비자로 구분하고 있다.

고 이를 이해하였음을 확인해야 한다. 이는 투자자가 금융투자상품에 대한 충분한 정보를 확보할 수 있도록 금융투자업자의 설명의무를 부과한 것이다.

4. 손해배상책임제도

금융투자상품에 대한 설명은 중요사항을 거짓 또는 왜곡하거나 중요사항을 누락하지 않아야 한다. 따라서 일반투자자가 금융투자상품에 투자할 때에는 금융투자상품의 내용, 구조, 투자에 따르는 위험 등의 내용을 듣고 궁금한 점을 끝까지 확인해야 하며, 투자자가 설명내용에 대해 이해하였음을 확인할 때에도 신중한 서명과 확인이 필요하다. 만약, 금융투자업자가 설명의무를 위반한 경우 일반투자자는 금융투자업자를 상대로 손해배상을 청구할 수 있다.

5. 파생상품 투자자의 보호장치 강화

파생상품과 같은 금융상품은 위험성이 높기 때문에 더욱 강화된 투자자 보호제도가 적용된다. 금융투자업자는 파악한 정보에 비추어 당해 파생상품 등이 그 일반투자자에게 적정하지 않다고 판단되는 경우 그 사실을 일반투자자에게 알리고 일반투자자로부터 서명, 기명날인, 녹취, 전자우편 등의 방법으로 확인을 받아야 한다.

6. 부당권유금지제도

투자권유를 함에 있어 금융투자업자가 거짓의 내용을 알린다든지, 불확실한 사항에 대해 단정적인 판단이나, 확실하다고 오인하게 할 소지가 있는 내용을 제공하는 등 부당한 권유행위는 금지된다. 또한 투자자의 요청이 없이 위험성이 높은 장외파생상품에 대해서 회사가 방문하거나 전화 등을 이용하여 투자를 권유하는 것도 금지되며, 투자권유를 받은 투자자가 거부의사를 표시했음에도 회사가 투자권유를 계획하는 것도 금지된다.

7. 손실보전금지제도

투자자는 원본손실가능성(투자성)이 있는 금융투자상품 투자시 자신의 판단과 책임 하에 투자해야 하며, 투자경과에 대해서는 본인이 책임지는 것이 원칙이다. 이에 금융투자업자 및 그 임직원은 금융투자상품의 매매, 그 밖의 거래와 관련하여 투자자의 손실을 보전하거나, 투자자의 이익보장 등에 해당하는 행위를 할 수 없다.

8. 포괄적 일임매매의 금지

일임계약의 체결이 없는 포괄적 일임매매는 법상 엄격히 금지된다. 과거에는 고객이 증권회사 임직원에게 금전을 맡기고 투자판단 일체를 위임하는 포괄적 일임이 관행이었다. 투자일임업은 금융위원회에 등록한 투자일임업자가 고객과의 투자일임계약에 따라 영위하도록 하였다. 투자일임계약 외의 포괄적 일임매매는 자본시장법에서 금지하고 있으므로 이를 위반한 금융투자회사 임직원은 처벌받을 수 있다.

9. 투자권유대행인제도

투자권유대행인은 금융투자회사의 위탁을 받아 금융투자상품에 대한 투자권유 업무를 대행하기 위해 투자권유에 필요한 일정한 자격을 갖춘 자로 금융투자업자가 금융위원회에 등록한 자이다. 투자권유대행인을 통해 투자권유를 받을 때에는 그 증표를 반드시 확인해야 하고, 투자권유대행인이 투자권유하는 경우에도 고객숙지의무, 적합성의 원칙, 설명의무 등이 적용됨을 알아두어야 한다.

10. 투자자재산예탁제도

우리나라 자본시장은 금융투자회사와 거래하는 투자자의 재산을 보호하기 위해 투자자재산예탁제도를 운영하고 있다. 이러한 투자자재산예탁제도는 투자자의 재산을 금융투자회사의 재산과 분리하여 금융투자회사의 사외에 별도로 예치(예탁) 또는 신탁하도록 하여 금융투자회사의 청산이나 파산이 있어도 별도로 예치(예탁) 또는 신탁된 투자자의 재산을 안전하게 지급·반환하는 제도이다. 금융투자회사에 예치한 금전은 금융투자회사가 자신의 임의대로 운용하지 못하고 한국증권금융에 별도로 예치해야 한다. 그리고 금융투자회사에 예탁한 증권 등은 한국예탁결제원에 예탁해야 한다.

제 4 절 경영권 보호제도

Ⅰ. 경영권 보호제도의 의의

1. 경영권의 의의

일반적으로 주식회사의 경영권은 소유자인 주주를 대신하여 기업의 집행권을 행사할 수 있는 권리를 의미한다. 이러한 경영권을 행사할 수 있는 경영자는 이사회에서 선임하며, 이사는 주주총회에서 선임한다. 주식회사는 주식을 많이 가지고 있는 주주에 의하여 이사의 선임이 좌우되므로 주로 대주주가 대표이사를 선임하게 된다. 대주주는 자신이 직접 기업경영에 참여하는 경우도 있지만, 현대 기업경영에 있어서는 전문경영인을 선임하여 대주주의 경영권을 대신하여 행사하게 한다.

2. 경영권 보호제도

경영권은 대외적으로는 세계적인 개방경제의 확산으로 자유경쟁의 원리가 지배하게 되어 많은 변화를 가져왔으며, 대내적으로는 기업규모의 대형화와 소유지분의 분산으로 경영권을 가진 대주주와 외부주주인 소액주주 사이에 이해관계의 충돌이 점점 많아지고 있다. 우리나라 대주주의 권익은 1990년대 말 외환위기를 겪으면서 대량주식소유제한, 의무공개매수 제도가 폐지됨에 따라 악화되었고, 반면에 자본시장법의 제정으로 소액주주들의 권익보호가 강화되었다. 그러나 소액주주의 권익이 보호되어야 한다면 대주주의 권익 또한 보호되어야 한다. 따라서 기업들의 건전하고 발전적인 성장을 위해 최소한 대주주로서의 경영권에 대한 안정적인 권익이 보장되어야 한다.

결론적으로 우리나라 경영권 보호제도는 합병·인수제도, 종업원지주제도, 공개매수제도, 대량보유보고제도, 자기주식 매입제도, 의결권대리행사 제한제도 등에 의하여 경영권 보호를 완화하는 측면도 있지만, 적대적인 기업매수자의 행동제한 등을 통해 기존의 경영자에게 경영권을 보호할 수 있는 기회도 부여하고 있는 것이다.

Ⅱ. 합병 · 인수제도

합병 · 인수제도는 일반적으로 M&A(mergers and acquisitions)라고 하는데, 경영환경 변화에 대응하기 위해서 기업의 업무 재구축에 유효한 수단으로 행해지는 제도로 합병과 인수가 있다. 여기서 합병(mergers)은 두 개 이상의 기업이 결합하여 법률적 · 사실적으로 하나의 단일기업이 되는 것이다. 이러한 합병은 ① 한 기업이 다른 기업을 흡수하여 한 개의 회사가 되는 흡수합병, ② 관련 기업이 해산하고 새로운 기업을 설립하여 해산기업의 주주 및 자산을 신설회사에 승계시키는 신설합병이 있다. 그리고 인수(acquisitions)는 하나의 기업이 다른 기업의 주식이나 자산의 일부 또는 전부를 취득함으로써 그 기업의 경영권을 획득하는 것이다.

M&A의 종류는 우호적 인수합병과 적대적 인수합병이 있다. 우호적 인수합병은 인수기업과 피인수기업 간에 사전협의 후, 서로 업무상 협조하면서 인수합병이 이루어진다. 그러나 적대적 인수합병은 기존주주와 대립하여 주식인수를 통하여 인수합병을 시도하는 것이다. M&A방법으로는 일반적으로 주식공개매수, 영업양수, 자산취득, 위임장대결, 합병 등이 있으며, 적대적 M&A는 주로 주식의 공개매수를 통해 이루어진다.

Ⅲ. 종업원지주제도

종업원지주제도(employee stock ownership plan)는 종업원에게 해당 기업의 자사주를 취득, 보유하게 함으로써 종업원으로 하여금 기업이익배분에 참여하게 하는 제도로 우리사주제도라고도 한다. 종업원지주제도는 종업원의 기업에 대한 참여의식을 높이고 노사협조를 원활하게 할 뿐만 아니라 종업원이 주인의식을 갖고 기업의 생산활동에 적극적으로 참여하여 종업원의 재산형성을 촉진시키는 등 긍정적인 기능은 물론 기업의 경영성과 제고와 경영권 안정에도 기여할 수 있다.

자본시장법에 따르면 주권상장법인 또는 주권을 유가증권시장에 상장하려는 법인이 주식을 모집하거나 매출하는 경우 해당 법인의 우리사주조합원은 모집하거나 매출하는 주식총수의 100분의 20의 범위에서 우선적으로 배정받을 권리가 있다. 다만, 우리사주조합원이 소유하는 주식수가 신규로 발행되는 주식과 이미 발행된 주식의 총수의 100분의 20을 초과하는 경우에는 적용하지 아니한다.

Ⅳ. 공개매수제도

공개매수제도(TOB : take over bid)는 불특정다수인에 대하여 주식 등의 매수(다른 증권과의 교환 포함)의 청약을 하거나 매도의 청약을 권유하고 증권시장 밖에서 당해 기업의 주식을 공개적으로 매수하는 제도이다. 이러한 제도는 기업의 경영권이 효율적인 경영자에게 자유롭게 이전될 수 있도록 하기 위하여 경영권이 시장에서 공정하고 경쟁적으로 거래될 수 있도록 하는 제도이다.

자본시장법 제133조 제1항에서 공개매수의 적용대상을 규정하고 있다. 자본시장법의 규정에 따르면 공개매수란 불특정다수인에 대하여 의결권 있는 주식, 그 밖에 증권 등의 매수(다른 증권과의 교환을 포함)의 청약을 하거나 매도(다른 증권과의 교환을 포함)의 청약을 권유하고 증권시장 밖에서 그 주식 등을 매수하는 것을 말한다고 규정하고 있다. 여기서 그 밖에 증권 등은 주권, 신주인수권, 전환사채권, 신주인수권부사채권, 교환사채권, 파생결합증권, 증권예탁증권 등이 해당된다.

Ⅴ. 대량보유보고제도(5% 룰)

대량보유보고제도는 주권상장법인의 주식 등을 대량보유하게 된 자의 보유정보를 공시하도록 하는 제도이다. 대량보유보고제도는 적대적 공개매수에 의해서 공격을 당할지 모르는 기업들을 위한 기업의 M&A와 관련된 것이 주된 목적이지만, 대량거래로 인한 주가의 변동가능성에 대한 일반투자자의 예측가능한 투자판단에 도움을 주기도 한다.

주식 등의 대량보유보고제도는 특정인이 주권상장법인의 주식을 대량보유하게 된 경우 보유상황, 보유목적, 보유주식 등에 관한 주요 계약내용을 보고하도록 의무화시킨 제도로 5% 룰(rule)의 제도라고도 한다. 이러한 제도는 대량소유제한제도가 폐지되면서 주식의 비밀매집을 방지하기 위한 공시제도이다.

5% 룰은 자본시장법 제147조에 의하여 본인과 그 특별관계자가 보유하게 되는 상장법인의 주식 등의 수의 합계가 5% 이상 된 자는 그날부터 5일 이내에 그 보유상황, 보유목적 등을 금융위원회와 한국거래소에 보고하고, 이 이후에 보유주식이 1% 이상 변동하는 경우에도 금융위원회와 한국거래소에 보고하도록 규정되어 있는 제도이다.

Ⅵ. 자기주식 매입제도

상법에서는 채권자의 보호를 위하여 원칙적으로 기업이 자기회사의 주식을 취득하는 것을 금하고 있다. 자기주식의 취득은 기업이 언제나 법정자본금을 유지하고 이에 상당하는 재산도 유지하고 있어야 한다는 자본충실의 원칙에 위배되기 때문이다. 이러한 자기주식의 취득을 제한하고 있음에도 불구하고 적대적 기업매수에 대한 대응수단 및 주식시장의 안정화 수단으로 과거의 증권거래법에서도 상장법인에 일부 자기주식 취득을 허용하였다. 최근에는 자본시장의 개방으로 M&A 시장이 활성화되어 대주주와 경영자는 적대적인 기업매수에 대응하여 경영권을 보호할 수 있는 방어수단으로 자기주식의 활용이 필요하게 되었다.

이러한 배경에 의하여 자본시장법 제165조의3은 자기주식의 취득에 관한 특례조항을 두어 주권상장법인이 해당 법인의 명의와 계산으로 자기주식을 취득할 수 있도록 규정하고 있다. 다만, 주권상장법인은 자기주식을 취득하는 경우에는 ① 증권시장에서 취득하는 방법, ② 공개매수의 방법, ③ 신탁계약에 따라 자기주식을 취득한 신탁업자로부터 신탁계약이 해지되거나 종료된 때 반환받는 방법으로 해야 하며, 취득금액은 이익배당을 할 수 있는 한도 이내이어야 한다. 자기주식을 취득 혹은 처분하기를 원하는 상장법인은 금융위원회와 거래소에 신고와 이사회의 결의를 거치도록 의무화하고 있다.

Ⅶ. 의결권대리행사 제한제도

경영권을 행사하는 경영자의 선임에 대한 의결권은 원칙적으로 주주인 자신이 해야 한다. 그러나 대리인도 위임장을 통하여 주주의 의결권을 행사할 수도 있다. 여기서 위임장은 대리인이 대리권을 증명하는 서면증서이다. 이러한 위임장 경쟁을 통한 경영권의 지배는 주식의 취득 없이 경영권을 지배할 수 있는 방법이다.

기업의 경영지배권에 대한 관심과 위임장 경쟁의 경제적 효용성으로 제도의 보완에 대한 필요성이 제기되어 자본시장법에 이를 반영하였다. 즉, 반기업적이고 비윤리적인 위임장 경쟁을 피하고 주주를 보호하기 위하여 자본시장법은 의결권대리행사의 권유요건을 상세하게 규정하고 있다.

chapter 12 자본시장 투자지표

제 1 절 주식시장의 지표

Ⅰ. 주식시장의 주가지수

1. 주가지수의 산출방식

1) 주가평균식 주가지수

주가평균식 주가지수는 대상종목의 주가합계를 종목수로 나누어 산출하는 단순 주가평균의 지수이다. 다만, 이 주가지수는 권리락 등의 주가 단층요인이 발생하면 연속성을 유지시키기 위하여 종목수 대신 항상제수(constant divisor)[1]로 나누어 산출한다. 주가평균식 주가지수로 산출한 지수는 미국의 DOW30, 일본의 NIKKEI225, 우리나라의 한경지수 등이 있다.

최근에 개발된 지수는 모두 시가총액식 주가지수를 사용하고 있지만, 주가평균식 지수는 산출이 용이하고 이용이 편리하여 시가총액식 지수를 참고하는 지수로 사용된다. 그러나 주가평균식 지수는 일부종목만 편입하여 산출하기 때

1) 항상제수는 주가평균식 주가지수를 계산할 경우에 일반적으로 선택종목의 주가를 합계하여 종목수로 나누어 산출하나, 액면분할 등의 경우에는 주가지수의 단층을 제거하기 위하여 종목수를 수정한 것을 의미한다.

문에 시장 전체의 흐름을 적절히 반영하지 못하고, 가격변동이 심한 종목과 고주가 종목에 의하여 크게 영향을 받는다.

2) 시가총액식 주가지수

시가총액식 주가지수는 기준시점의 시가총액과 현재시점의 시가총액을 대비함으로써 현재의 주가수준을 판단하는 주가지수이다. 이 주가지수는 시가총액의 변동을 통하여 시장 전체의 주가변동을 파악할 수 있도록 하는 지수이다.

따라서 시가총액식 지수는 시가총액이 큰 종목의 영향을 많이 받는다. 시가총액식 주가지수로 산출한 지수는 미국의 NYSE종합 및 S&P500, 일본의 TOPIX, 영국의 FTSE100, 프랑스의 CAC40, 독일의 DAX, 홍콩의 HangSeng, 그리고 우리나라의 코스피 및 코스피200 등이 있다. 최근에는 개별종목의 주가를 단순하게 평균하는 주가평균식 주가지수보다 주식의 총가치를 가중하는 방법으로 산출되는 시가총액식 주가지수가 보편적으로 사용되고 있다.

$$\text{KOSPI} = \frac{\text{비교시점의 시가총액}}{\text{기준시점의 시가총액}} \times 100$$

여기서 시가총액＝상장주식수×주가

3) 유동주식수 시가총액식 주가지수

유동주식수 시가총액식 주가지수는 실제로 매매가 가능한 주식수를 기준으로 산출하는 지수이다. 시가총액식 주가지수는 상장주식수 전체를 이용하여 시가총액을 산출하여 반영한다. 그러나 실제로 상장주식 중에는 대주주가 경영권의 유지를 위하여 보유하는 주식과 같이 매매가 거의 불가능한 지분이 상당히 존재하고 있다. 이와 같은 주식은 시장의 수급에 직접적으로 영향을 주지 않기 때문에 주가지수의 산정에 반영한다면 주가지수가 왜곡될 수 있다. 따라서 시가총액을 계산할 경우에 실제 매매가 가능한 유동주식수만을 기준으로 주가지수를 산출하는 것이 시장상황을 보다 정확히 반영하는 것이다.

한편 주가지수를 기초로 하는 선물과 옵션 시장에서는 시장상황을 보다 정확히 반영하는 지수를 요구하고 있다. 이에 한국거래소는 현재 KRX300지수, KRX300섹터지수, KRX100지수 등 주요 상품지수를 유동주식수 시가총액식으로 발표하고 있다.

2. 한국거래소(KRX)의 주가지수

1) KRX의 대표지수

KRX의 대표지수는 KRX300지수, KRX100지수, KTOP30지수 등이 있다. 먼저 KRX300지수는 유가증권시장과 코스닥시장에 상장된 종목 중에서 섹터별로 우량기업을 선정하여 전체 300종목으로 구성한 대표적인 벤치마크지수로 선물 및 ETF 등 금융상품의 기초지수로 활용된다. KRX300지수는 비교시점의 시가총액을 기준시점의 시가총액으로 나눈 다음 기준지수 1,000을 곱하여 산출한다. 기준시점은 2010년 1월 4일이며, 기준지수는 1,000포인트이다.

KRX100지수는 유가증권시장과 코스닥시장의 대표종목 100종목으로 구성되어 있다. KRX100지수의 구성종목은 기존 지수에서 선정기준으로 사용되는 기업규모나 유동성뿐만 아니라 수익성, 안정성, 건전성 등 다양한 각도의 재무기준을 반영하여 명실상부하게 한국 증권시장을 대표할 수 있는 우량종목이 선정된다. 지수 산출방식은 정확한 시황반영과 지수이용의 편의성을 도모하기 위해 유동주식수 가중시가총액식 및 시가총액비중상한제한(cap limit)[2] 등을 반영하고 있다. 기준시점은 2001년 1월 2일이며, 기준지수는 1,000포인트이다.

KTOP30지수는 우리나라 경제의 성장성을 반영하여 국내 주식시장을 대표할 수 있도록 유가증권시장 및 코스닥시장에 상장된 보통주 중에서 30개의 대표종목으로 구성된 지수이다. KTOP30지수의 구성종목은 시가총액 상위 100위 이내의 주식이고 거래량, 거래대금, 회전율 등을 고려한 60종목 중에서 특정섹터에 편중되지 않도록 섹터별 균형을 반영하여 우리나라 증권시장을 대표할 수 있는 우량종목이 선정된다. 이러한 KTOP30지수는 대상종목의 주가합계를 종목수로 나누어 산출하는 주가평균식의 방식으로 산출하고 있다. 이 지수는 기준시점을 1996년 1월 3일을 889포인트로 하여 발표하고 있다.

2) KRX섹터지수

KRX섹터지수는 섹터투자를 위해 글로벌증시산업분류(GICS : global industry clasification standard)에 기초하여 동일 또는 유사 섹터에 속한 종목으로 산출하는 주가지수로서 유동주식수로 가중하여 산출한다. 이 지수는 유가증권시장과 코스닥시장 상장종목을 17개 산업군으로 구분하고 각 산업군별 대표종목을 구성종목

2) 시가총액비중상한제한은 주가지수에서 특정종목의 과도한 영향을 배제하기 위해 현재 25%로 설정하고 있다.

으로 하여 산출하며, 시장의 테마 또는 특정산업군의 주가흐름을 반영하여 나타내고 있다. 한국거래소는 2025년 1월 기준으로 자동차, 반도체, 건강, 은행, 에너지화학, 철강, 방송통신, 건설경기소비재, 필수소비재 등 총 17개 KRX섹터지수를 개발하여 산출하고 있다. 이 지수들은 ETF, 펀드 등 상품의 추적대상지수로 활용되고 있다.

3. 유가증권시장의 주가지수

1) 유가증권시장의 종합지수

유가증권시장의 종합지수는 시장의 종합적인 지수로 코스피지수와 코스피 벤치마크지수가 있다. 그중에서 코스피지수(KOSPI Index)는 한국 주식시장을 대표하는 주가지수이다. 주가에 상장주식수를 가중한 지수로서 기준시가총액에 대한 비교시가총액의 비율을 표시하고 있는데, 이것은 곧 주식자산가치의 변동을 통하여 시장 전체의 주가변동을 파악할 수 있도록 하는 지표이다. 이 지수는 유가증권시장에 상장된 모든 보통주식으로 산출하고 있으며 1983년 1월 4일부터 거래소가 산출·발표하고 있다. 코스피지수는 기준시점을 1980년 1월 4일로 하고 그날의 시가총액(개별상장주식의 시가총액을 계산해서 모두 합계한 것임)을 100으로 하여 그 후의 시가총액을 지수화하여 산출한다. 다만, 연속성 유지를 위한 수정이 필요하므로 산출식에서 분자인 비교시점의 시가총액은 유상증자, 신규상장, 상장폐지, 합병 등이 발생하면 그만큼 증감하게 된다.

2) 유가증권시장의 대표지수

유가증권시장의 대표지수는 코스피200지수, 코스피100지수, 코스피50지수가 있다. 코스피200지수는 주가지수선물과 주가지수옵션의 거래를 위하여 개발된 지수이다. 이 지수는 유가증권시장에 상장된 전체종목 중에서 시장대표성과 산업대표성 및 유동성을 감안하여 200종목을 선정하여 산출한 지수이다. 코스피200지수는 코스피지수와 같이 시가총액식으로 계산하나 상장주식수 가중방식인 코스피지수와 다르게 유동주식수 가중방식으로 산출하고 있다. 이 지수는 기준시점을 1990년 1월 3일로 하고 그날의 시가총액을 100으로 하여 그 후의 시가총액을 지수화한 것이다. 이 지수의 특징은 지수조작 가능성을 배제하고 시장을 대표하는 지수를 산출하기 위하여 누적시가총액비중이 70% 수준인 200종목으로 구성되어 있다.

코스피100지수는 한국거래소가 국제적인 추세에 맞추어 지수선물 및 지수옵션 거래대상지수인 코스피200지수의 구성종목 중에서 시가총액이 큰 100종목을 구성종목으로 하며, 2000년 1월 4일을 1,000포인트로 하여 2000년 3월 2일부터 산출하여 발표하는 지수이다. 코스피100지수는 유가증권시장에서 시가총액이 큰 우량종목만으로 구성됨에 따라 경기가 후퇴할 경우 부도발생 등에 따른 종목교체가 거의 발생하지 않아 지수의 신뢰성과 연속성이 있다.

코스피50지수는 지수선물 및 지수옵션 시장의 거래대상지수인 코스피200지수의 구성종목 중에서 시가총액이 매우 큰 50종목을 구성종목으로 하며, 코스피100지수와 마찬가지로 2000년 1월 4일을 1,000포인트로 하여 2000년 3월 2일부터 산출하여 발표하고 있다. 코스피50지수는 유가증권시장을 대표하는 초우량기업들을 구성종목으로 함에 따라 지수의 대외인지도와 상품성이 높다.

3) 코스피200섹터지수

코스피200섹터지수는 코스피200 구성종목을 11개 산업군별로 재분류하여 산출하는 주가지수로서 2008년 1월 2일을 1,000포인트로 하여 2011년 4월 1일부터 산출 · 발표하고 있다. 다만, 건강관리, 산업재 지수는 2010년 7월 1일을 1,000포인트로 하여 2015년 7월 13일부터 발표하고 있고 커뮤니케이션서비스지수는 2018년 10월 22일부터 발표하고 있다.

4) 유가증권시장의 규모별 및 산업별 주가지수

규모별 주가지수는 한국거래소에서 유가증권시장 상장종목을 기업규모에 따라 대형주, 중형주, 소형주로 분류하여 산출 · 발표하는 지수이다. 규모별 지수는 2000년 1월 4일을 1,000포인트로 하는 시가총액규모별 주가지수를 산출하여 2003년부터 발표하고 있다. 기업규모 분류기준은 정기변경일 이전 3개월간의 일평균 시가총액을 기준으로 하며, 시가총액 상위 100위까지를 대형주로 하고 상위 101위부터 300위까지를 중형주로, 나머지 종목을 소형주로 분류한다.

산업별 주가지수는 전체 성장종목을 산업별로 분류하고 해당 산업에 속한 종목을 구성종목으로 하여 산출 · 발표하는 지수이다. 산업별 지수는 산업별 주가동향에 대한 필요성에 의해 1974년 7월 14일부터 한국종합주가지수 채용종목만을 대상으로 지수를 산출하여 발표하기 시작하였다. 1983년에는 KOSPI와 같이 1980년 1월 4일을 100포인트로 하는 시가총액식으로 개편되었으며, 2000년 11월 6일부터 22개 산업별로 지수를 산출하여 발표하고 있다.

4. 코스닥시장의 주가지수

1) 코스닥시장의 종합지수

코스닥시장의 종합지수는 코스닥지수이다. 코스닥지수는 코스닥시장 상장기업의 주가에 주식수를 가중한 시가총액식 주가지수로 기준일 1996년 7월 1일을 100포인트로 하여 1997년 1월 3일부터 산출·발표하고 있다. 이 지수는 시가총액(=기준시점의 시가총액)을 분모로 하고, 산출시점의 시가총액(=비교시점의 시가총액)을 분자로 하여 지수화한 것이다. 코스닥지수는 다른 지수와의 비교가능성을 높이기 위하여 2004년 1월 26일부터 기준지수를 100포인트에서 1,000포인트로 조정하여 산출하고 있다.

2) 코스닥시장의 대표지수

코스닥시장의 대표지수는 코스닥150지수이다. 코스닥150지수는 코스닥시장의 새로운 대표지수로서 기술주섹터에 중점을 두면서 코스닥 종합지수의 흐름을 잘 따라가도록 설계된 지수이다. 이 지수는 크게 기술주섹터(IT, BT, CT)와 4개의 비기술주섹터(소재, 산업재, 자유소비재, 필수소비재)로 나누어지며, 코스닥시장 보통주 중 시장대표성, 섹터대표성, 유동성 등의 기준으로 선정된 150종목으로 이루어져 있다. 코스닥150지수는 향후 ETF, 인덱스펀드 등 다양한 금융상품의 기초지수로 폭넓게 활용된다. 코스닥150지수는 유동시가총액 가중방식으로 산출하며, 기준일 2010년 1월 4일을 1,000포인트로 하여 2015년 7월 13일부터 발표하고 있다.

3) 코스닥150섹터지수

코스피150섹터지수는 코스닥150 구성종목을 7개 산업군별로 재분류하여 산출하는 주가지수로서 2010년 1월 4일을 1,000포인트로 하여 2016년 7월 11일부터 산출·발표하고 있다.

4) 코스닥시장의 규모별 및 산업별 주가지수

시가총액규모별 지수는 코스닥시장 상장종목을 기업규모에 따라 코스닥100지수(대형주), 코스닥 Mid 300지수(중형주), 코스닥 Small지수(소형주)로 분류하여 산출하는 지수이다. 대형주는 시가총액 1위부터 100위까지 코스닥100지수로, 중형주는 101위부터 400위까지 코스닥 Mid 300지수로, 소형주는 나머지 종목으로 산출하고 있다. 시가총액규모별 지수는 기준일 2001년 1월 2일을 1,000포인트로 하여 2002년 7월 29일부터 발표하고 있는 지수이다.

코스닥 산업별 지수는 코스닥시장 상장종목을 34개 산업군으로 분류하고 해당 산업에 속하는 종목을 구성종목으로 하여 시가총액가중방식으로 산출하는 지수이다. 산업별 지수는 개별종목을 산업별로 분류하여 지수의 성과를 파악함으로써 산업의 흐름을 파악하는 투자지표로 유용하게 활용될 수 있다. 일반업종의 산업별 지수는 기준일 1996년 7월 1일을 1,000포인트로 하여 1997년 1월 3일부터 발표하고 있는 지수이다. 운송의 산업별 지수는 기준일 2000년 6월 4일을 1,000포인트로 하여 2001년 10월 29일부터 발표하고 있는 지수이다. 제약의 산업별 지수는 기준일 2001년 1월 2일을 1,000포인트로 하여 2001년 10월 29일부터 발표하고 있는 지수이다. 오락문화의 산업별 지수는 기준일 2003년 1월 2일을 1,000포인트로 하여 2004년 1월 26일부터 발표하고 있는 지수이다.

5) 소속부 주가지수

코스닥시장은 상장기업의 특성 및 규모 등을 감안하여 우량기업부, 벤처기업부, 중견기업부, 기술성장기업부 등 4개 소속부 제도를 운영하고 있다. 거래소는 각각의 소속부에 포함된 종목을 대상으로 시가총액식을 적용하여 코스닥 소속부 지수를 2011년 4월 29일을 1,000포인트로 하여 2011년 5월 2일부터 산출・발표하고 있다.

5. 테마지수

1) 배당테마지수

배당테마지수는 코스피 고배당50지수, KRX 고배당50지수, 코스피 배당성장50 지수 등이 있다. 코스피 고배당50지수는 우량 중소형 종목 중심으로 높은 배당수익률을 추구하며, 개인투자자의 투자목적에 부합하는 지수로서, 유가증권시장 상장종목 중에서 배당수익률이 높은 50종목을 선정하여 발표하는 지수이다.

KRX 고배당50지수는 우량 중소형 종목 중심으로 높은 배당수익률을 추구하며, 개인투자자의 투자목적에 부합하는 지수로서, 유가증권시장 및 코스닥시장 상장종목 중에서 배당수익률이 높은 50종목을 선정하여 발표하는 지수이다.

코스피 배당성장50지수는 중대형 배당성장주 중심으로 장기 자본이득과 배당수익을 동시에 추구하며, 기관투자자의 투자목적에 부합하는 지수로서, 유가증권시장 상장종목 중에서 배당성장성이 높은 50종목을 구성종목으로 하여 발표하는 지수이다.

이들 배당테마지수들의 지수산출은 공통적으로 배당수익률이 높은 순서로 편입비중이 결정되는 배당수익률 가중방식을 채택하고 있으며, 기준일 2009년 7월 1일을 1,000포인트로 하여 2014년 10월 27일부터 산출하여 발표하고 있다.

2) 코스피 우선주 지수

코스피 우선주 지수는 우량 우선주 중심으로 안정적인 배당수익과 자본이득을 동시에 추구하는 코스피 우선주 대표지수로서, 유가증권시장에 상장된 우선주 중에서 시가총액이 큰 20종목을 선정하여 발표하는 지수이다. 지수산출은 유동시가총액이 큰 순서로 편입비중이 결정되는 유동시가총액 가중방식을 채택하고 있다. 이 지수도 배당테마지수와 같이 기준일 2009년 7월 1일을 1,000포인트로 하여 2014년 10월 27일부터 산출하여 발표하고 있다.

3) KRX/S&P 탄소효율 그린뉴딜지수

KRX/S&P 탄소효율 그린뉴딜지수는 S&P Korea BMI 구성종목을 대상으로 산출하는 지수로서, 매출액 대비 탄소배출량 수준에 따라 산업군 내 비교를 통해 비중을 조정하는 방식의 지수이다. 이 지수는 유동시가총액방식으로 산출하고, 기준일 2015년 3월 20일을 1,000포인트로 하여 2020년 11월 16일부터 발표하고 있다.

4) ESG평가지수

ESG평가지수는 KRX ESG Leaders 150지수, KRX Governance Leaders 100지수, KRX Eco Leaders 100지수 등이 있다. KRX ESG Leaders 150지수는 유가증권 및 코스닥시장 상장종목 중에서 한국ESG기준원이 평가한 ESG평가가 우수한 150종목을 구성종목으로 하여 발표하는 지수이다. 지수산출은 ESG통합점수가 높은 순서로 편입비중이 결정되는 ESG통합점수 가중방식을 채택하고 있다. 여기서 ESG는 기업의 비재무적 요소인 환경(environmental), 사회(social), 지배구조(governance)를 의미한다.

KRX Governance Leaders 100지수는 유가증권 및 코스닥시장 상장종목 중에서 한국ESG기준원이 평가한 ESG평가 3요소(환경, 사회, 지배구조)의 지배구조점수가 개선되거나 우수한 100종목을 구성종목으로 하여 발표하는 지수이다. 지수산출은 지배구조점수가 높은 순서로 편입비중이 결정되는 지배구조점수 가중방식을 채택하고 있다.

KRX Eco Leaders 100지수는 유가증권 및 코스닥시장 상장종목 중에서 한국ESG기준원이 평가한 ESG평가 3요소(환경, 사회, 지배구조)의 환경점수가 개선되거나 우수한 100종목을 구성종목으로 하여 발표하는 지수이다. 지수산출은 환경점수가 높은 순서로 편입비중이 결정되는 환경점수 가중방식을 채택하고 있다. 이 세 가지의 지수는 기준일 2010년 1월 4일을 1,000포인트로 하여 2015년 12월 21일부터 산출하여 발표하고 있다.

또한 ESG평가지수는 KRX ESG 사회책임경영(S)지수와 코스피200 ESG지수도 있다. KRX ESG 사회책임경영(S)지수는 ESG평가항목 중 사회책임(S)분야 상위 기업의 최소 130종목으로 구성하며 대기업, 중견기업, 중소기업으로 구분하여 선정된 유동시가총액가중방식의 지수이다. 이 지수는 기준일 2012년 1월 2일을 1,000포인트로 하여 2017년 12월 18일부터 발표하고 있다. 코스피200 ESG지수는 코스피200지수와의 추적오차를 줄여 상품성을 강화한 지수로 코스피20 구성종목 중 ESG평가가 우수한 종목을 구성종목으로 하여 개별종목의 유동시가총액으로 가중하는 방식의 지수이다. 이 지수는 기준일 2012년 1월 2일을 238.78포인트로 하여 2018년 12월 24일부터 발표하고 있다.

5) KRX-IHS Markit 코스피200 배당 예측지수

KRX-IHS Markit 코스피200 배당 예측지수는 KRX와 IHS Markit이 공동개발한 지수로, IHS Markit의 예측배당정보를 활용하여 코스피200 구성종목 중 배당 관련 수익률이 높은 30종목을 선정하여 산출한 지수이다. 이 배당 예측지수는 고배당 30, 배당성장 30, 고배당 30 TR, 배당성장 30 TR 등의 유형도 있으며, 기준일 2012년 1월 2일을 1,000포인트로 하여 2017년 10월 30일부터 발표하고 있다.

6) KRX BBIG K-뉴딜지수

KRX BBIG K-뉴딜지수는 유가증권시장 및 코스닥시장 상장종목 중 우리나라 주식시장을 선도하는 주도산업인 2차전지(secondary battery), 바이오(bio), 인터넷(internet), 게임(game) 등 4개 산업군 내 대표기업 3종목씩 총 12종목을 구성종목으로 하는 지수이다. 이 지수는 동일가중방식으로 산출하고, 기준일 2015년 1월 2일을 1,000포인트로 하여 2020년 9월 7일부터 발표하고 있다.

Ⅱ. 주식시장의 유동성지표

1. 유동성지표의 의의

유동성지표는 주식시장의 활동성을 보여주는 지표로서, 생명체인 주식시장이 고정되어 있지 않고 살아 움직이는 정도와 활기찬 정도를 나타내는 지표이다. 유동성지표가 중요한 이유는 이 지표를 통하여 주식시장의 활력을 알 수 있을 뿐만 아니라 앞으로 전개될 주식시장의 방향을 대략적으로 파악할 수 있기 때문이다. 따라서 유동성지표는 주식시장의 가격변화를 예측할 수 있는 중요한 투자지표 중 하나이다.

2. 거래실적 지표

1) 거래량과 거래대금

거래량과 거래대금은 주식시장의 대표적인 유동성지표이다. 이 지표는 주식시장의 장세를 나타내는 지표로서 주가지수와 함께 주식시장의 시황을 판단하는 중요한 지표로 활용된다. 일반적으로 주식의 거래량과 주가는 서로 밀접한 관계를 가지고 변동한다.

거래량은 일정기간 동안 매매된 개별종목의 주식수량 또는 시장 전체의 합계수량으로, 거래소 안에서 매매된 주식수를 말하며 일방계산으로 산출된다. 즉, 매도 100주, 매입 100주인 경우 거래량은 100주로 계산된다. 거래대금은 개별종목 매매가격에 매매주식수를 곱하여 합계한 것으로 개별종목 또는 전체의 거래량을 금액으로 표시한 것이다.

2) 회전율(상장주식회전율, 시가총액회전율)

회전율(turnover rate)은 일정기간 동안에 주식거래가 얼마나 활발하게 이루어졌는지를 측정하는 지표로서 거래주식수를 기준으로 하는 상장주식회전율과 거래대금을 기준으로 하는 시가총액회전율이 있다. 상장주식회전율은 일정기간 동안 상장된 주식수 중에서 매매된 주식수가 얼마나 되는지를 나타내는 지표이다. 시가총액회전율은 일정기간 동안 시가총액 중 거래된 거래대금이 어느 정도 되는가를 나타내는 지표이다.

시가총액회전율과 상장주식회전율을 상호비교하면 다음과 같은 성격을 나타낸다. 즉, '시가총액회전율 > 상장주식회전율'이면 고가주 매매가 활발하고, '시가총액회전율 < 상장주식회전율'이면 저가주 매매가 활발하다. 국제간 유통정보를 비교할 경우에는 각 국가간에 주당 주가수준 차이 때문에 일반적으로 시가총액회전율을 사용한다. 이러한 회전율지표는 거래실적지표의 맹점을 보완해 주는 지표로 활용된다.

- $\text{상장주식회전율} = \dfrac{\text{거래량}}{\text{평균상장주식수}} \times 100$

  여기서, 평균상장주식수=(기초상장주식수+기말상장주식수) / 2

- $\text{시가총액회전율} = \dfrac{\text{거래대금}}{\text{평균시가총액}} \times 100$

  여기서, 평균시가총액=(기초시가총액+기말시가총액) / 2

3. 기타 유동성지표

1) 스프레드

스프레드(spread)는 우선호가의 차이로 최우선매도호가와 최우선매수호가의 차이를 의미한다. 이 지표는 거래가 활발하고 유동성이 풍부할 경우에는 적게 나타나고, 거래가 부진하고 유동성이 적은 경우에는 크게 나타나기 때문에 유동성지표로 활용된다. 또한 스프레드는 투자자가 원하는 시점에 즉시 거래를 체결시키고자 할 때 소요되는 거래비용을 나타낸다. 한국거래소는 각 종목별로 일별 종가기준으로 최우선매도호가와 최우선매수호가의 차이인 스프레드를 '원단위기준'과 '백분율(%)기준'으로 산출한다. 그리고 각 종목별 스프레드를 이용하여 시장 전체와 코스피200 구성종목에 대한 평균스프레드도 발표한다.

2) 거래체결률

거래체결률은 주문량 중에서 거래가 체결된 비율을 나타내는 지표이다. 즉, 시장에 제시된 주문들이 얼마나 원활하게 거래가 체결되는가를 측정하는 지표이다. 이 지표비율은 하루 중 거래기간을 5분 간격으로 구분하여 매 시간대에서의 거래량을 당해 시간대에 신규로 유입된 주문량으로 나눈 비율을 말한다.

Ⅲ. 주식시장의 투자지표

1. 규모지표

1) 상장주식 시가총액

상장주식 시가총액은 상장주식을 일정시점에서 현재의 시가로 평가하였을 때 어느 정도의 금액이 되는가를 나타내 주는 것이다. 상장주식 시가총액의 산출방법은 개별종목의 주가에 상장주식수를 곱하여 개별종목의 시가총액을 계산한 후 시장에 상장된 개별종목의 시가총액을 모두 합하여 계산한다.

상장주식 시가총액은 주식시장의 규모를 나타내는 대표적인 지표이며, 한 나라의 경제규모를 측정할 수 있는 중요한 경제지표로 이용할 수 있고, 국가별 증권시장의 유동성과 매우 관련성이 크다. 그리고 종목별 시가총액은 당해 상장기업에 대한 현재가치를 측정하는 지표이며 종목별 회전율의 산출에도 이용된다.

2) 상장회사수와 상장종목수

상장회사수는 유가증권시장에 상장된 기업의 수를 의미한다. 그리고 상장종목수는 유가증권시장에 상장된 개별종목의 수이다. 1개의 상장회사에서 구주와 신주가 상장되어 있다면 상장회사수는 1개이지만 상장종목수는 2개가 될 수 있다.

2. 이익과 장부가치의 지표

1) 주가이익비율(PER)

주가이익비율(PER : price earning ratio)은 현재주가를 주당순이익으로 나눈 비율인데, 주가가 1주당 순이익의 몇 배가 되는가를 나타내는 지표로서 주가의 상대적 수준을 평가할 수 있는 투자지표이다. 시장의 PER은 대상종목의 단순주가합계를 대상종목의 주당순이익평균으로 나누어 산출한다. 주가의 상대적 수준을 측정하는 데 주주에게 분배된 배당금뿐만 아니라 내부유보되어 있는 부분까지도 포함하는 순이익을 사용하고 있다. 이는 기업의 경영성과가 배당보다 순이익에 의해서 보다 잘 나타난다는 데 기초하고 있다.

A기업의 주가가 6만원이고 EPS가 1만원이면 PER은 6이 된다. 동일업종 내 상대적 주가수준을 비교하여 PER이 높다는 것은 주당순이익에 비해 주식가격이 높다는 것을 의미하고, PER이 낮다는 것은 이익에 비해 주가수준이 낮게 평

가되고 있다는 것을 의미한다. 그러므로 PER이 낮은 주식은 앞으로 주식가격이 상승할 가능성도 있다.

2) 주가순자산비율(PBR)

주가순자산비율(PBR : price book-value ratio)은 현재의 주가를 1주당 순자산으로 나눈 비율로 주가가 1주당 순자산의 몇 배가 되는가를 나타내는 지표이다. 시장의 PBR은 대상종목의 단순주가평균을 대상종목의 주당순자산 단순평균으로 나누어 산출한다. PBR은 기업의 자산이 계속 축적됨으로써 주식을 수익성뿐만 아니라 자산가치로 평가하고자 하는 의도에서 만들어진 지표이다. 이 지표는 기업의 장부가치를 기준으로 주가수준을 판단할 수 있는 지표이다.

1주당 순자산은 장부상 총자산에서 총부채를 차감한 후 발행주식수로 나눈 금액이다. 그리고 PBR은 주가를 장부상 순자산으로 나눈 배수이다. 따라서 PBR이 낮을수록 그 기업의 주가는 장부상 순자산에 비해 낮게 평가되어 있다는 것을 의미하고, 높을수록 기업의 주가는 높게 평가되어 있다는 것을 의미한다. 이와 같이 PBR은 기업의 재무상태면에서 주가를 판단하는 지표로 활용되고 있다. 그러나 현실적으로 자산평가시점이 기업마다 다르고 회계처리방법의 차이 등으로 인해 투자지표로서의 효용성에는 한계가 있다.

3. 배당지표

1) 배당수익률

개별기업의 배당수익률(dividend yield)은 1주당 배당금을 현재주가로 나눈 비율로 산출한 지표이다. 시장의 배당수익률은 상장주식수를 가중했는지 여부에 따라 단순평균배당수익률과 가중평균배당수익률로 구분된다.

- 단순평균배당수익률 $= \dfrac{\text{대상종목의 1주당 배당금합계}}{\text{대상종목의 주가합계}} \times 100$
- 가중평균배당수익률 $= \dfrac{\text{대상종목의 배당금총액}}{\text{대상종목의 시가총액}} \times 100$

여기서 배당금은 현금배당금만을 대상으로 하고 주식배당금은 포함되지 않으며, 전기에 지급된 보통주 배당금을 사용한다. 대형주가 소형주보다 주가가 낮거나 배당금이 많은 경우 단순평균배당수익률보다 가중평균배당수익률이 높아지는 경향이 있다.

2) 배당률

배당률(dividend payout)은 배당금지급액을 주식의 액면가로 나눈 비율로서 투자결정에 중요한 지표이다. 배당금이 어떤 형태로 지급되느냐에 따라 배당금은 현금배당과 주식배당으로 나누어진다. 그리고 대주주와 소액주주를 구분하여 1주당 배당금을 달리 지급할 수도 있는데, 양자에게 동일한 배당률로 지급이 되는 경우에는 균등배당이라 하고, 차이가 있는 경우에는 차등배당이라고 한다. 여기서 차등배당은 대주주가 소액주주보다 배당률이 낮은 경우만 가능하다.

$$\text{배당률} = \frac{\text{주당 배당금}}{\text{액면금액}} \times 100$$

3) 배당성향

배당성향(dividend payout ratio)은 당기순이익 중 현금으로 지급된 배당금총액의 비율이다. 이 지표는 기업이 당기순이익 중에서 주주에게 배당금으로 지급한 배당금총액이 어느 정도나 되는가를 나타내 준다. 따라서 배당성향은 투자자 입장에서는 기업이 당기순이익 중에서 어느 정도나 배당금으로 지급할 것인가를 미리 예측해 볼 수 있는 지표로서 기업의 배당률만으로는 배당금의 규모를 알 수 없기 때문에 배당률과 함께 중요한 지표로 이용된다.

$$\text{배당성향} = \frac{\text{현금배당총액}}{\text{당기순이익}} \times 100$$

배당성향은 기업의 재무구조에 영향을 미칠 수 있다. 배당성향이 높은 기업은 당기순이익 중에서 배당금이 차지하는 비율이 높아 재무적 구조를 약화시킬 수 있다. 반면에 배당성향이 낮은 기업은 사내유보를 높여 재무구조가 건전하게 되고, 미래 배당과 무상증자의 재원을 확보할 수 있게 된다.

제 2 절 채권시장의 지표

Ⅰ. 채권지수

1. 채권지수의 의의

채권지수(bond index)는 거래소에 상장되어 있는 전체 채권에 투자하였을 때 기간이 경과함에 따라 발생하는 전 채권의 기간별 투자수익률, 또는 일정시점에서의 가격수준 및 수익률수준을 지수화한 지표이다. 이러한 지수는 채권시장 동향파악 및 포트폴리오 운용성과 분석의 기준으로 이용되고 있다. 우리나라에서는 증권거래소가 1986년 1월부터 채권지수를 산출하여 발표하고 있다.

채권지수는 자본수익, 경과이자, 실현이자, 콜금리연동의 재투자수익, 만기수익률의 재투자수익 등을 반영하여 산출한다. 이들 채권수익들의 반영에 따라 채권지수는 총수익지수, 콜재투자지수, 제로재투자지수, 시장가격지수 및 순가격지수 등 다섯 가지 유형으로 분류된다.

〈표 12-1〉 채권지수의 종류 및 수익 항목

채권지수	수익 항목
순가격지수	자본수익
시장가격지수	자본수익+경과이자
제로재투자지수	자본수익+경과이자+실현이자
콜재투자지수	자본수익+경과이자+실현이자+콜금리연동의 재투자수익
총수익지수	자본수익+경과이자+실현이자+만기수익률의 재투자수익

2. 한국거래소의 채권지수

1) KRX채권지수

KRX채권지수는 한국거래소의 상장채권 전체 움직임을 나타내는 지수로, 주식시장의 코스피와 같이 채권시장의 동향파악 및 성과평가를 위한 핵심 시장지수이다. 이 채권지수는 2006년 3월 1일을 기준시점으로 하고 100포인트를 기준지수로 하여 산출하여, 매 영업일 09:00부터 16:00 사이에 1분 간격으로 발표되는 지수이다.

KRX채권지수는 총수익지수, 콜재투자지수, 제로재투자지수, 시장가격지수 및 순가격지수 등 다섯 가지 유형으로 발표되며, 총수익지수가 가장 일반적으로 사용되는 지수이다.

2) 국고채프라임지수

국고채프라임지수는 채권시장을 대표하는 무위험채권인 국고채권의 변동을 반영하는 지표이다. 이 지수는 국고채 포트폴리오에 대한 기준가로서 자산가치의 변동을 누적하고 계량화한 지표로서 채권시장의 동향을 파악하는 데 이용된다. 국고채프라임지수는 2006년 3월 1일을 100포인트 기준으로 산출하여, 매 영업일 09:05부터 15:35 사이에 5분 간격으로 발표되는 지수이다. 편입종목은 3년, 5년, 10년 만기 국고채 지표종목과 직전 지표종목으로 전체 여섯 종목이 포함되며, 총수익지수와 순가격지수 등 2개 유형으로 발표된다.

3) KTB지수

KTB지수(KRX-Korea treasury bond index)는 3년국채선물을 기초자산으로 산출한 지수이며, 발표하는 지수유형은 총수익지수, 순가격지수, 시장가격지수 등 3개 유형이다. 이 지수는 2009년 6월 1일을 기준시점으로 하여 10,000포인트를 기준지수로 하며, 매 영업일 09:00부터 16:00 사이에 1분 간격으로 발표되는 실시간 지수이다. KTB지수는 국채ETE의 벤치마크지수로 설계된 지수이며, 실시간 순자산가치와 추적오차율 산출 등에도 활용된다.

3. 기타 채권지수

1) 채권평가회사의 채권지수

우리나라에는 KIS채권평가(주), 한국자산평가(주), 그리고 NICE P&I(주) 등 3개 채권평가회사가 있다. KIS채권평가(주)에서는 채권시장 전체를 반영하는 종합채권지수, 단기자금시장을 반영하는 유동성지수, 인덱스펀드를 위한 특수목적지수 등을 산출하여 발표하고 있다.

한국자산평가(주)에서는 채권시장 전체의 움직임을 나타내는 매경BP종합채권지수와 투기등급 채권을 반영하기 위한 신용지수를 산출하여 발표하고 있다. 그리고 NICE P&I(주)에서는 채권평가가격을 기준으로 종합채권지수와 사용자의 포트폴리오 구성에 맞추어 산출하는 사용자 맞춤형 지수를 산출하여 발표하고 있다.

2) 기타 기관의 채권지수

금투협–블룸버그 지수는 금융투자협회와 블룸버그에서 산정하여 1998년 9월 5일을 기준지수 100포인트로 하여 매일 1회 발표하고 있다. MKF국고채지수는 금융투자협회, FN가이드, 매일경제신문 등이 3년국채선물 최종결제 기준채권 세 가지 종목을 대상으로 채권지수를 산정하여 2009년 6월부터 공동으로 발표하는 지수이다.

Ⅱ. 채권의 위험지표와 유동성지표

1. 채권의 위험지표

1) 듀레이션

듀레이션(duration)은 채권으로부터 발생하는 현금흐름을 회수하는 데 걸리는 기간을 일정한 가중치로 평균한 기간으로 산출한다. 여기서 가중치는 기간별로 발생하는 현금흐름의 현재가치가 채권가격에서 차지하는 비율이다. 예를 들어 액면가 10,000원, 액면이자율 6%, 만기 3년인 채권에 할인율 8%를 적용하면 채권가격은 9,485원이다. 이러한 채권의 듀레이션을 〈표 12-2〉와 같이 계산하면 2.829가 산출된다.

〈표 12-2〉 듀레이션 산출 예시

구 분	현 재	1년말	2년말	3년말
기간(a)	0	1	2	3
현금흐름	−9,485	600	600	10,600
현금흐름의 현재가치(b)	−9,485	556	514	8,415
가중치(b/채권가격9,485)(c)		0.059	0.054	0.887
가중기간(a×c)		0.059	0.108	2.662
듀레이션(가중평균기간)	0.059+0.108+2.662=2.829			

듀레이션 2.829는 채권을 현재 9,485원에 매입하면 현재가치 기준으로 이를 회수하는 데 평균적으로 2.829년이 걸린다는 의미이다. 그리고 3년 중 나머지 0.171년 동안은 투자한 채권가치에 대한 추가적인 수익이 창출된다는 것을 의미한다. 일반적으로 동일한 잔존만기를 갖는 채권 중에서 듀레이션이 짧은 채권이 투자자에게 보다 매력적인 채권이다.

듀레이션과 잔존만기의 관계는 액면이자율과 할인율의 차이와 관련이 있다. 위의 예에서 할인율이 7%, 6%, 5%로 변화한다면 듀레이션은 2.907년, 3년, 3.071년이 된다. 즉, 액면이자율과 할인율이 동일하면 듀레이션과 잔존만기가 동일하게 된다.

듀레이션은 원래 채권만기의 대용치로 개발되었다. 하지만 오늘날에는 듀레이션이 채권수익률이 변할 때 채권가격이 변하는 정도를 측정하는 지표로 이용되고 있다.

$$\text{채권가격 변동분} = (-)\text{듀레이션} \times \text{채권의 현재가격} \times \frac{\text{수익률 변동분}}{(1+\text{수익률})}$$

위 식의 의미는 채권가격과 수익률의 관계에서 듀레이션 배수로 반비례 관계가 성립한다는 것이다.

2) 볼록성

듀레이션을 이용하여 측정한 채권가격의 변동은 수익률이 크게 변동하면 실제 채권의 가격변동분과 큰 오차가 발생한다. 그 이유는 수익률과 채권가격은 실제로는 볼록한 2차함수의 관계를 갖는데, 듀레이션을 이용한 채권가격 변동의 측정은 선형관계인 1차함수로 가정하기 때문이다. 따라서 수익률과 채권가격 간의 관계는 그 볼록한 정도에 따라 채권가격 변동의 크기가 달라지므로 볼록성 측정이 필요하다.

볼록성(convexity)은 채권가격－수익률곡선의 볼록한 정도를 나타내는 지표로 그 기울기의 변화정도를 의미한다. 일반적으로 볼록성이 크면 좋은 채권으로 평가된다. 이러한 볼록성은 다음과 같은 세 가지 특성을 가지고 있다.

첫째, 표면이율과 잔존기간이 일정할 경우 만기수익률이 낮을수록 볼록성이 커진다.

둘째, 만기수익률과 잔존기간이 일정한 경우 표면이율이 낮아질수록 볼록성이 커진다.

셋째, 만기수익률과 표면이율이 일정한 경우 잔존기간이 길어질수록 볼록성이 커진다.

3) 신용등급

신용등급(credit grade)은 채권의 신용위험(credit risk)을 나타내는 지표이다. 이러한 신용등급은 발행시장에서 채권의 발행금리에 영향을 미치고 유통시장에서 채권가격에 영향을 미치는 중요한 요인이다. 신용등급은 투자적격등급과 투기등급으로 분류된다. 투자적격등급은 AAA등급에서 BBB등급까지의 채권이며, 투기등급은 BB+등급 이하의 채권이다. 신용등급이 높은 채권은 채권가격이 높고 수익률이 낮게 형성된다. 반면에 신용등급이 낮은 채권은 채권가격이 낮고 수익률이 높게 형성된다.

2. 채권의 유동성지표

1) 거래량과 거래대금

채권시장의 거래량과 거래대금은 채권시장의 유동성을 나타내는 대표적인 지표로 시장의 자금수급동향을 나타낸다. 채권시장의 거래량(trading volume)은 채권 유통시장에서 매매된 수량을 액면금액으로 나타낸 지표이고, 채권시장의 거래대금(trading value)은 실제 거래된 채권가격으로 나타낸 지표이다.

채권의 액면금액은 10,000원이며, 채권가격은 시가로 표시된다. 따라서 액면금액으로 표시한 거래량과 채권가격으로 표시한 거래대금은 차이가 있다. 채권시장의 거래량과 거래대금은 금융시장의 환경에 따라 민감하게 증감한다. 금융시장의 완화기에는 채권수요가 증가하면서 거래량과 거래대금이 증가하지만, 금융시장의 긴축기에는 반대로 채권수요가 감소하면서 거래량과 거래대금이 감소하는 경향이 있다.

2) 채권시장 회전율

채권시장 회전율은 거래량을 발행잔액으로 나누어 산출한 지표로 채권시장의 유동성을 나타낸다. 일반적으로 회전율이 높을수록 유동성이 높은 것으로 판단할 수 있다.

제 3 절 파생상품시장의 지표

Ⅰ. 선물시장의 지표

1. 선물의 가격지표

1) 선물이론가격

선물이론가격은 특정시점에 현물을 매입하여 만기까지 보유할 경우에 발생하는 비용의 합계금액이다. 이 경우에 발생비용은 자본조달비용(이자), 현물의 보관비용 등이 해당된다. 다만 현물의 보유에 따른 배당소득과 이자소득 등의 중간소득은 선물가격에서 차감된다.

선물이론가격＝현물가격＋자본조달비용＋보관비용－중간소득

선물이론가격은 만기일이 다가올수록 현물가격과 같아지는데, 이는 이자비용과 보관비용이 만기일이 될수록 0이 되기 때문이다.

2) 베이시스

베이시스(basis)는 선물가격과 현물가격의 차이를 의미한다. 베이시스가 양(+)의 값인 경우는 선물가격이 현물가격보다 높게 형성되는 것으로 이를 정상적인 시장으로 보고 콘탱고(contango)라고 한다. 반대로 베이시스가 음(−)의 값인 경우는 선물가격이 현물가격보다 저평가되어 있는 시장으로 백워데이션(backwardation)이라 한다.

베이시스는 시장 베이시스와 이론 베이시스로 분류된다. 시장 베이시스는 시장 선물가격과 현물가격의 차이이며, 이론 베이시스는 이론 선물가격과 현물가격의 차이이다. 이러한 베이시스는 중요한 투자지표로 활용된다. 예를 들어, 베이시스가 양(+)의 값으로 확대되고 있다면 선물은 고평가되고 현물은 저평가되었다고 판단되어 현물에 대한 프로그램매수 유입으로 현물지수가 상승할 확률이 높게 되는 것이다.

3) 괴리율

괴리율(disparate ratio)은 선물이론가격 기준으로 선물이론가격과 선물시장가격의 차이를 백분율로 나타낸 지표이다. 괴리율은 선물이론가격 대비 선물가격이 고평가 혹은 저평가되었는지 여부를 파악하는 지표이다. 만약 현물보다 선물의 수요가 많아 괴리율이 0을 넘으면 선물이 현물보다 고평가되었다는 의미이다.

$$\text{괴리율} = \frac{(\text{선물시장가격} - \text{선물이론가격})}{\text{선물이론가격}} \times 100$$

2. 선물의 거래지표

1) 약정수량 및 약정금액

약정수량(trading volume)은 선물시장에서 일정기간 동안에 거래된 계약수를 의미하며, 단위는 계약으로 표시된다. 이는 주식시장의 거래량이라는 용어와 같은 개념이다. 약정금액(trading value)은 현물시장의 거래대금과 같은 개념으로 거래가 체결된 약정가격에 약정수량을 곱하여 산출한다.

2) 미결제약정

미결제약정(open interest)은 선물의 매도포지션과 매수포지션을 취한 상태에서 청산되지 않고 남아 있는 계약수를 의미한다. 이 지표는 선물시장의 시장상황을 판단하는 중요한 지표로 새로운 선물계약이 늘어나면 미결제약정은 증가하고 기존 포지션에 대한 청산계약이 증가하면 미결제약정은 감소하게 된다.

미결제약정 산출방법의 예를 들면 다음과 같다. 6월 1일에 A의 선물매수자와 B의 선물매도자가 주가지수선물 1계약을 체결하였다면 약정수량은 1계약이고 미결제약정도 1계약이 된다. 6월 2일에 A의 선물매수자가 자신이 매수한 선물계약을 또 다른 C의 선물매수자에 전매하였다면 약정수량은 1계약 추가되어 누적약정수량은 2계약이 되지만 미결제약정은 전일과 동일하게 1계약이 된다. 즉, A의 계약은 종결되었고 B의 선물매도자와 C의 선물매수자만 남아 있기 때문이다. 6월 3일에 새로 C의 선물매수자와 D의 선물매도자가 1계약을 체결하면 약정수량은 1계약 추가되어 누적약정수량은 3계약이 되고 미결제약정도 1계약이 추가되어 미결제약정이 2계약이 된다.

Ⅱ. 옵션시장의 지표

1. 옵션의 가격지표

1) 옵션가격의 결정요인과 이론가격

옵션가격(option price)은 행사가치와 시간가치로 구성되어 있다. 그리고 행사가치는 기초자산의 가격과 행사가격에 의해 결정되며, 시간가치는 무위험이자율, 기초자산가격의 변동성, 잔존만기 등에 의하여 영향을 받는다. 이러한 옵션가격의 다섯 가지 결정요인 중에서 기초자산의 가격, 행사가격, 무위험이자율은 콜옵션과 풋옵션에 서로 상반되게 영향을 미치고, 기초자산가격의 변동성과 잔존만기는 서로 양(+)의 비례로 영향을 미친다. 옵션가격과 가격결정요인의 관계는 〈표 12-3〉과 같이 요약할 수 있다.

〈표 12-3〉 옵션가격과 가격결정요인의 관계

가격결정요인		콜옵션	풋옵션
행사가치	기초자산가격	+	−
	행사가격	−	+
시간가치	무위험이자율	+	−
	기초자산가격의 변동성	+	+
	잔존만기	+	+

옵션의 이론가격은 위와 같은 옵션가격결정요인을 이용하여 계산되는데, 대표적인 모형으로 블랙숄즈모형(Black-Scholes model)과 이항모형이 있다. 한국거래소는 이항모형으로 코스피200옵션과 주식옵션, 블랙숄즈모형으로 미국달러옵션의 이론가격을 산출하여 발표하고 있다. 이러한 옵션의 이론가격은 각 종목의 최초 거래시 기준가격으로 사용되어 옵션의 증거금과 상한가 및 하한가를 계산하는 데 활용된다.

2) 옵션의 민감도지표

옵션의 민감도는 옵션거래에서 기초자산가격, 변동성, 잔존기간, 이자율 등 옵션가격결정요인이 1단위 변화하였을 경우 옵션가치가 얼마만큼 변동하는가를 나타내는 지표이다. 옵션의 민감도는 기초자산이 1단위 변화할 때 옵션가격의 변화정도를 나타내는 델타(Δ), 기초자산이 1단위 변화할 때 델타 값의 변화정도를 나타내는 감마(Γ), 시간경과에 따른 옵션가격의 변화정도를 나타내는 세타(θ), 기초자산의 변동성이 1% 변화할 때 옵션가격의 변화정도를 나타내는 베가(υ), 그리고 이자율 변화에 대한 옵션가격의 변화정도를 나타내는 로(ρ) 등이 있다.

2. 옵션의 거래지표

1) 거래량과 거래대금

옵션거래는 옵션매수자와 옵션매도자 간에 옵션프리미엄을 주고받는 1차적 거래와 옵션매수자의 권리행사로 성립되는 2차적 거래의 이중적 구조를 가지고 있다. 옵션의 거래량은 투자자 사이에서 사고파는 1차적 거래만을 거래량으로 계산한다. 거래량은 1계약의 매수주문과 1계약의 매도주문이 체결되면 매수와 매도 쌍방의 합의에 의해 이루어지기 때문에 거래량은 1계약이 된다.

옵션의 거래대금은 '체결된 옵션가격×체결된 수량×옵션의 거래승수'로 계산된다. 예를 들면 코스피200옵션 2014년 9월물 중 행사가격이 300포인트인 종목의 경우에 체결 당시 옵션가격이 3.00포인트, 체결수량이 5계약이라 하면 옵션의 거래승수는 10만원이기 때문에 거래대금은 150만원(=3.00포인트×5계약×10만원)이 된다.

2) 미결제약정

미결제약정(open interest)은 옵션 만기일 전에 반대매매로 청산되지 않은 계약수를 의미한다. 만약 새로운 옵션계약이 체결되면 거래량과 미결제약정이 모두 증가한다. 그러나 기존의 옵션계약을 청산하는 옵션계약이 이루어지면 거래량은 증가하지만 미결제약정은 감소한다.

3) 풋/콜 비율

풋/콜 비율(put call ratio)은 풋옵션의 거래량(거래대금 또는 미결제약정)을 콜옵션의 거래량으로 나누어 나타내는 지표이다. 이 지표는 콜옵션과 풋옵션의 시장유동성을 상대적으로 비교하는 지표로 옵션시장의 방향성을 예측할 수 있는 지표이다. 거래량 기준의 풋/콜 비율이 1보다 크면 풋옵션의 거래량이 콜옵션의 거래량보다 많은 것으로 기초자산의 가격하락이 예상된다.

제4절 증권상품의 투자지표

Ⅰ. ETF의 투자지표

1. 순자산가치

순자산가치(NAV : net asset value)는 ETF를 구성하고 있는 주식의 시장가치, 보유현금, 주식보유로 얻게 되는 배당금 등의 수익합계에서 부채 및 관련비용을 차감하여 계산한다. 여기서 주당순자산가치는 순자산가치를 ETF 총발행주식수로 나누어 계산한다.

$$\text{순자산가치} = \text{ETF 자산가치} - \text{부채 및 관련비용}$$

$$\text{주당순자산가치} = \frac{\text{순자산가치}}{\text{총발행주식수}}$$

ETF의 순자산가치는 주식시장의 종료 후 사무관리회사가 순자산가치를 산출하고 기준가격을 지정참가회사 또는 판매회사의 영업점포 등에 공시하거나 거래소에 공시한다. 장중에 게시되는 추정 순자산가치는 투자자들의 의사결정에 도움을 주기 위해 전일 공표된 자산구성내역(PDF) 등을 기초로 실시간으로 산출하여 발표하고 있다. 이러한 ETF의 순자산가치에 대한 실시간 공시는 ETF의 매수와 매도에 의해 시장가격이 순자산가치와 차이가 발생할 수 있기 때문에 시장가격과 순자산가치에 접근하도록 지원하고 있다.

2. 추적대상지수

ETF는 기본적으로 지수연동형 상품이기 때문에 특정지수의 수익률을 운영목표로 하며, 코스피200과 같은 추적대상지수가 있다. 이러한 ETF의 추적대상지수는 거래소시장에서 결정된다. 일반적으로 추적대상지수는 코스피200, KRX100과 같은 시장대표지수를 대상으로 ETF가 상장되어 지수가 먼저 개발되고 ETF

가 상장된다. 최근에는 ETF 상품에 맞추어 지수가 개발되고 있어 지수와 상품이 동시에 발표되는 경우도 있다.

3. 괴리율

괴리율은 ETF의 시장가격과 순자산가치 간의 차이를 의미한다. 괴리율은 ETF 지수복제의 전략에서 완전복제보다 부분복제가 크게 발생하고, ETF를 구성하기 위한 주식매입 등에 수반되는 비용이 높을수록 괴리율이 커지며, 시장의 유동성이 부족할수록 ETF의 가치를 제대로 평가받지 못하여 괴리율이 커진다.

$$\text{괴리율} = \frac{\text{ETF 시장가치} - \text{순자산가치}}{\text{순자산가치}} \times 100$$

ETF의 시장가격과 순자산가치가 어느 정도 차이가 있는지를 점검해 보는 것도 투자자 입장에서는 중요하다. ETF 시장은 유동성이 풍부할수록 괴리율도 작아지고, ETF의 가치가 제대로 평가받는 것이다. 괴리율이 심한 상태가 지속되는 종목은 수급상 문제가 있으며 적정가격을 찾아가지 못하고 있는 종목이다. ETF는 특성상 괴리율이 발생할 수는 있지만 괴리율이 작을수록 좋은 상품이다. 따라서 지정참가회사는 ETF 설정과 환매를 통해 ETF가 원활하게 거래되도록 시장가격과 순자산가치의 차이인 괴리율이 축소될 수 있도록 유동성공급자(LP)로서의 역할을 해야 한다.

거래소는 괴리율이 3%를 벗어나 상당기간 지속되거나 분기에 일정날짜를 초과한 종목에 대해서는 해당 유동성공급자의 교체를 발행사에 요구하며, 1개월 이내에 교체하지 않으면 해당 종목은 투자자 보호를 위해 상장을 폐지할 수 있다.

[그림 12-1] 괴리율과 추적오차율

4. 추적오차율

추적오차율(%p)은 추적대상지수의 변동률에서 순자산가치의 변동률을 차감하여 계산한다. 이 지표는 ETF의 시장가격이 추적대상지수를 얼마나 잘 추적하는지를 보여주는 것이다. 추적오차율이 낮을수록 집합투자업자의 자산운용능력이 뛰어나고 그 ETF는 우수하다고 평가할 수 있다.

추적오차율=(추적대상지수의 변동률－순자산가치의 변동률)×100

추적오차율이 발생하는 이유는 집합투자업자가 ETF를 운용할 때 지수구성의 전체 종목을 편입하지 않고 부분편입하는 부분복제를 사용하기 때문이다. 편입되지 않는 종목이 급등락이 심한 경우에 추적오차율이 커질 수 있다. 또한 추적오차율은 운용자산 편입종목의 현금배당금 수령, 종목교체를 위한 거래비용, 분배금 지급 등에 의하여 발생하기도 한다.

5. 시장가격과 스프레드 비율

ETF는 상장되어 거래되는 상품이므로 매수투자자와 매도투자자가 각각 제시한 호가에 의해 시장가격이 형성된다. 시장에 제시된 최우선매도호가와 최우선매수호가의 차이를 스프레드 비율이라고 한다. ETF는 스프레드 비율이 작을수록 거래비용이 절감되고 매매가 쉽게 체결되어 투자자들에게 유리하다.

모든 ETF에는 거래가 원활히 되도록 예외 없이 유동성을 공급하는 유동성공급자(LP)가 하나 이상 있어야 한다. 어떤 ETF 종목이든 호가의 스프레드 비율이 2%(해외 3%)를 초과하면, 유동성공급자는 5분 이내에 호가의 스프레드 비율을 2% 이내로 축소하는 호가를 100좌 이상 제시해야 한다. 이에 따라 ETF 매수와 매도 호가의 스프레드는 일정범위 내에서 유지하게 된다. 유동성공급자가 매수와 매도 중 일방향의 유동성공급 호가를 제시할 경우에는 순자산가치를 감안해 적정한 가격으로 제시해야 한다. 유동성공급자가 이 의무를 충실히 적극적으로 수행하면 우선 스프레드가 축소되고, 간접적으로 시장가격과 순자산가치의 차이인 괴리율도 축소되는 효과가 있다.

Ⅱ. ETN의 투자지표

1. 지표가치

지표가치(IV : indicative value)는 원칙적으로 발행시점으로부터 기초지수의 변화율을 누적하여 산출한다. 이 가치는 일할 계산된 발행자 운용비용 등 제비용과 분배금이 있는 경우 해당 금액을 차감하여 증권당 실질적인 보유가치를 계산한다. 여기서 제비용은 운용보수와 비슷한 개념으로 ETN 투자에서 발생하는 제반 비용이다. 비용이 비싼 상품은 투자수익에 부정적인 영향을 미칠 수밖에 없으므로 투자자는 반드시 제비용의 수준을 확인할 필요가 있다. 지표가치는 투자자가 발행자에게 중도상환을 요청할 경우 중도상환기준가(당일 지표가치－중도상환수수료(증권사 자율))로 활용되며, 당일시장가격과의 괴리율((ETN 종가－지표가치)/지표가치)에 대한 판단기준으로도 활용되고 있는 핵심 투자지표이다.

T일 지표가치

$$=\text{T}-1\text{일 지표가치 괴리율}\times\frac{\text{T일 최종 인덱스가격}}{\text{T}-1\text{일 최종 인덱스가격}}-\text{제비용}\pm\text{분배금}$$

ETN 지표가치는 정보의 적시성 및 중도상환기준가 등으로의 활용도와 편의성을 고려하여 매일 산출한다. 산출기관은 발행자로부터의 독립성, 기관의 공신력, 동종 지표의 산출 경험 및 관련 시스템 보유 등을 고려하여 한국예탁결제원 등 일반 사무관리회사에서 산출하도록 하고 있다. 실무적으로 지표가치는 일반 사무관리회사가 정규시장 종료 후 산출하여 익일 새벽에 확정된 지표가치를 코스콤을 통해 거래소 및 증권사 HTS 등에서 공표한다.

2. 실시간 지표가치

실시간 지표가치는 전일 지표가치에 당일의 기초지수 변화율을 반영하여 산출하는 가치이다. 다만 이 가치에는 운용보수, 배당금 등의 세부적인 변동은 반영하지 않는다. 실시간 지표가치의 산출주기는 기초지수가 실시간으로 변동하는 부분을 반영하고 투자자간의 정보 불균형을 최소화하기 위해 기초지수 산출주기와 동일하게 설정하고 있다. 해외시장을 대상으로 하는 ETN으로서 환율변동에 노출되는 ETN은 환율변동을 적시에 반영할 수 있도록 산출주기를 15초 이하로 제한하여 투자자들은 실시간 지표가치를 모니터링하면서 ETN의 적정가치를 판단할 수 있다.

이와 같은 실시간 지표가치는 투자자가 장중 ETN을 매매할 때 시장가격의 고평가 · 저평가 여부를 판단하는 기준으로 활용할 수 있다. ETN은 발행회사가 지수수익률을 지급하는 상품이기 때문에 ETN의 가격은 지수의 움직임을 동일하게 따라가야 한다. 이렇게 지수 움직임이 반영된 지표가치는 ETN이 가지는 본질적 가치로서 투자자는 시장에서 ETN을 지표가치보다 비싸게 사거나 싸게 팔 이유가 없다.

만일 시장가격이 실시간 지표가치보다 낮으면 매수세 증가로 시장가격이 상승하게 되어 결국 실시간 지표가치와의 괴리가 줄어들게 되고, 반대로 시장가격이 실시간 지표가치보다 높으면 매도세의 증가로 시장가격은 하락하고 실시간 지표가치와 시장가격이 거의 비슷해지게 된다. 균형가격을 찾아가는 이러한 과정을 통해 시장가격은 실시간 지표가치와 큰 차이 없이 유지된다. 투자자는 ETN에 투자할 때에는 시장가격과 지표가치가 어느 정도 차이가 있는지를 체크해 보는 것도 중요한 부분이며 ETN의 특성상 일시적으로 괴리가 발생할 수는 있지만 그 상태가 오래 지속되는 종목은 투자에 주의해야 한다.

3. 괴리율

괴리율은 ETN의 시장가격과 지표가치의 차이를 나타내는 지표이다. 이 지표는 시장가격이 고평가되거나 저평가되는 정도에 따라 괴리율이 커지거나 작아진다. ETN은 기초지수를 추적하고 그 수익률을 지급받는 상품이기 때문에 이론적으로는 괴리율이 크게 발생하지 않아야 하지만, 발행회사의 신용위험이 부각되거나 유동성 공급이 원활하지 않을 때에는 괴리율이 커질 수 있다.

$$\text{괴리율} = \frac{\text{시장가격} - \text{지표가치}}{\text{지표가치}} \times 100$$

괴리율이 기준을 벗어나 상당기간 지속되거나 분기에 일정일자를 초과한 종목에 대해서는 거래소가 유동성공급자 교체를 발행사에 요구하고 1개월 이내에 교체하지 않으면 투자자 보호를 위해 해당 종목에 대해 상장을 폐지한다. 또한 거래소는 투자자의 주의환기를 위해 괴리율이 일정기준 이상 초과하는 경우 발행회사에 이를 신고하도록 의무를 부과하고 있다. 괴리율이 큰 상태가 지속되는 종목은 ETN의 수급에서 문제가 있으며 적정가격을 찾아가지 못하고 있는 종목이기 때문에 주의가 필요하다.

4. 시장가격과 스프레드

ETN은 거래소에 상장되어 거래되는 상품이므로 그 추적대상지수와 실시간 지표가치가 공표된다. 그리고 이들을 참고하여 매수투자자와 매도투자자가 각각 제시한 주문의 경쟁에 의해 시장가격이 형성된다. ETN을 매수하고자 하는 투자자는 시장에 제출되어 있는 매도주문 중 가장 낮은 가격에 사거나, 그보다 더 싼 가격으로 사고자 할 때에는 더 낮은 가격의 매도주문이 제출될 때까지 기다려야 한다. 원하는 시간에 즉시 매수하기 위해서는 충분히 낮은 가격의 매도주문이 존재해야 하며, 그렇지 않은 경우 희망가격보다 높더라도 제시된 매도가격에 살 수밖에 없다. 이처럼 시장에 제시된 최우선 매도호가와 최우선 매수호가의 차이, 즉 최우선호가스프레드가 작을수록 투자의 비용이 절감되고 매매가 쉽게 체결될 수 있다.

ETN의 유동성공급자는 호가스프레드가 좁은 수준에서 유지될 수 있도록 매도와 매수 양방향의 호가를 제시해야 한다. 거래가 활발한 종목은 유동성공급호가 외에도 일반투자자의 호가간의 경쟁으로 스프레드가 좁게 유지될 수 있다. ETN의 가격이 지표가치에 가깝게 형성되면서도 호가스프레드가 좁은 종목이 거래가 원활하여 투자에 유리한 상품이라고 할 수 있다.

Ⅲ. ELW의 투자지표

1. 민감도지표

ELW시장의 민감도지표는 옵션의 지표와 유사하다. 델타(Δ)는 기초자산의 변화에 대한 ELW의 변화를 나타내는 지표이며, 세타(θ)는 시간의 변화에 대한 가격의 변화를 나타내는 지표이다. 그리고 감마(Γ)는 기초자산의 변화에 대한 ELW 델타의 변화를 나타내는 지표이며, 베가(υ)는 기초자산의 변동성에 대한 ELW 가격의 민감도를 나타내는 지표이다.

2. 전환비율

전환비율(conversion ratio)은 ELW와 기초자산의 교환비율로 만기에 하나의 ELW를 행사하여 얻을 수 있는 기초자산의 수를 말한다. 전환비율이 0.2인 콜 삼성전자 ELW를 보유한 경우에 ELW 5주의 권리를 행사해야 삼성전자 1주를 살 수 있게 된다는 것이다.

3. 프리미엄

프리미엄(premium)은 ELW의 시간가치를 나타내는 지표로 ELW의 시간가치를 현재 기초자산가격 대비 백분율로 산출한다.

$$\text{프리미엄} = \frac{\text{ELW 가격} - \text{내재가치}}{\text{기초자산가격}} \times 100$$

콜 ELW의 내재가치＝(기초자산가격－권리행사가격)×전환비율

풋 ELW의 내재가치＝(권리행사가격－기초자산가격)×전환비율

권리행사가격은 발행시 결정되어 있으며, 내재가치는 기초자산의 가격변화에 따라 변화하고, 프리미엄은 투자자들의 미래 기대치에 의해 변화하게 된다.

4. 패리티

패리티(parity)는 기초자산의 가격과 행사가격의 비율로 현재시점에서 ELW의 권리를 행사했을 때에 행사가치의 크기를 나타내는 지표이다. 여기서 패리티가 100이면 ELW는 등가격의 상태이고, 100보다 크면 내가격의 상태이며, 100보다 작으면 외가격의 상태이다.

$$\text{콜 ELW의 패리티} = \frac{\text{기초자산가격}}{\text{행사가격}} \times 100$$

$$\text{풋 ELW의 패리티} = \frac{\text{행사가격}}{\text{기초자산가격}} \times 100$$

5. 기어링

기어링(gearing)은 기초자산을 대신하여 ELW를 매입했을 경우 ELW의 레버리지 효과를 나타내는 지표이다. 그러나 기어링은 기초자산의 가격상승에 따른 ELW 가격의 상승효과가 다르기 때문에 실제로 기초자산과 ELW 가격의 변화가 정확히 일치하지 않는다.

$$\text{기어링} = \frac{\text{기초자산가격}}{\text{ELW 가격}} \times \text{전환비율}$$

기어링에 비해 유용한 지표로 사용되는 유효기어링은 기초자산의 가격변화에 대한 ELW의 가격민감도를 나타내는 지표로 ELW의 가격변화율을 기초자산의 가격변화율로 나누어 산출한다.

$$\text{유효기어링} = \frac{\text{ELW 가격변화율}}{\text{기초자산 가격변화율}} = \text{기어링} \times \text{델타}(\Delta)$$

6. 손익분기율

손익분기율(break-even ratio)은 ELW의 투자수익이 음(−)에서 양(+)으로 전환되는 기준을 의미한다. 콜 ELW의 손익분기율이 +6.3이라면 기초자산의 가격이 만기까지 6.3% 상승해야 콜 ELW의 투자수익이 0이 되어 콜 ELW 포지션이 손익분기점이 된다. 반면에 풋 ELW의 손익분기율이 −4.5라면 기초자산의 가격이 만기까지 4.5% 하락해야 풋 ELW의 투자수익이 0이라는 것이다.

$$\text{콜 ELW 손익분기율} = \frac{\frac{\text{ELW 가격}}{\text{전환비율}}}{\text{행사가격}}$$

$$\text{풋 ELW 손익분기율} = \frac{\frac{-\text{ELW 가격}}{\text{전환비율}}}{\text{행사가격}}$$

7. 자본지지점

자본지지점(capital support point)은 기초자산과 ELW의 수익률이 같아지는 시점까지 도달하기 위해 필요한 기초자산의 연간 기대상승률을 의미한다. 즉, 동일한 원금을 투자하였을 경우에 기초자산과 ELW 중 어느 것을 보유하더라도 만기일의 최종 실현수익이 같게 되는 기초자산의 연간 기대상승률을 의미한다.

$$t = \left[\left(\frac{\text{행사가격}}{\text{기초자산가격} - \text{ELW 가격}}\right)^{\frac{1}{y}} - 1\right] \times 100$$

(y년 동안 t의 주식수익률로 매년 상승한다고 가정)

PART V

금융투자업 및 관련기관

제13장 금융투자업

제14장 금융투자업 관련기관

chapter

13 금융투자업

제 1 절 금융투자업의 개요

Ⅰ. 금융투자업의 의의

금융투자업(financial investment business)은 금융투자상품을 통해 이익을 얻을 목적으로 계속적이거나 반복적인 방법으로 투자매매업, 투자중개업 등의 업무를 수행하는 영업행위를 말한다. 자본시장법은 금융기관간에 시장에서의 경쟁을 촉진시키고 금융혁신을 도모하기 위하여 금융투자업의 범위를 대폭 확대하였고, 특히 금융투자업자가 원할 경우에 여러 가지 금융투자업을 겸영할 수 있도록 허용하고 있다.

따라서 우리나라 금융시장에서도 금융기관간에 업무의 장벽이 거의 제거되었고 겸영의 제한이 폐지되어 여러 종류의 금융기관들이 다양한 상품과 서비스를 제공할 수 있게 되었다. 이에 금융투자업은 다양한 금융상품의 매매·운용·중개·자문·신탁 등 복합적인 기능을 수행할 수 있지만, 투자자 보호와 시장질서 유지를 위한 엄격한 규제가 적용되고 있다.

자본시장법 제6조는 금융투자업에 대하여 이익을 얻을 목적으로 계속적이거나 반복적인 방법으로 행하는 행위임을 전제로 투자매매업, 투자중개업, 집합투자업, 투자자문업, 투자일임업, 신탁업 등 6개 분야로 분류하고 있다.

Ⅱ. 금융투자업의 종류

1. 투자매매업

투자매매업(investment trading business)은 누구의 명의로 하든지 자기의 계산으로 금융투자상품의 매도·매수, 증권의 발행·인수 또는 그 청약의 권유, 청약, 청약의 승낙 등을 영업으로 하는 것을 말한다. 투자매매업은 과거 증권회사의 매매업, 인수업, 매출업, 종합금융회사의 매매업과 인수업, 그리고 간접투자증권의 판매업을 의미하는 것이다.

투자매매업은 누구의 명의로 하든지 자기의 계산으로 매매가 이루어진다는 점에서 타인의 계산으로 매매가 이루어지는 투자중개업과 차이가 있다. 자본시장법은 신종증권이나 수익증권 등을 발행하는 업무도 투자매매업으로 포함하여 규정하고 있다. 그러나 비상장기업의 증권발행 업무는 투자매매업에서 제외된다. 투자매매업을 영위하기 위해서는 금융위원회로부터 금융투자업의 인가를 받아야 한다.

투자매매업의 본질적인 업무는 ① 매매업과 관련된 계약의 체결 및 해지 업무, ② 금융투자상품의 매매호가 제시 업무, ③ 매매주문의 접수, 전달, 집행 및 확인 업무, ④ 증권인수 및 인수대상 증권의 가치분석 업무, ⑤ 인수증권의 가격결정, 청약사무수행 및 배정 업무 등이 있다.

2. 투자중개업

투자중개업(investment brokerage business)은 누구의 명의로 하든지 타인의 계산으로 금융투자상품의 매도·매수, 그 청약의 권유, 청약, 청약의 승낙 또는 증권의 발행·인수에 대한 청약의 권유, 청약, 청약의 승낙 등을 영업으로 하는 것을 말한다. 과거의 증권거래법상 증권회사의 위탁매매업, 중개업, 대리업, 매매위탁의 모집·매출 주선업, 선물거래법상 선물회사의 선물거래, 종합금융회사의 중개업 등이 자본시장법의 투자중개업에 해당된다. 투자중개업을 영위하기 위해서는 금융위원회로부터 금융투자업의 인가를 받아야 한다.

투자중개업의 본질적인 업무는 ① 중개업과 관련된 계약의 체결 및 해지 업무, ② 장내파생상품의 일일정산, 증거금 관리 및 거래종결 업무, ③ 매매주문의 접수, 전달, 집행 및 확인 업무 등이 있다.

3. 집합투자업

집합투자업(collective investment business)은 집합투자를 영업으로 하는 것을 말한다. 여기서 집합투자란 2인 이상에게 투자권유를 하여 모은 금전 등(또는 국가재정법 제81조에 따른 여유자금)을 투자자(또는 각 기금관리주체)로부터 일상적인 운용지시를 받지 아니하면서 재산적 가치가 있는 투자대상자산을 취득·처분, 그 밖의 방법으로 운용하고 그 결과를 투자자(또는 각 기금관리주체)에게 배분하여 귀속시키는 것을 말한다. 다만, ① 사모(私募)의 방법으로 금전 등을 모아 운용·배분하는 것으로서 투자자의 총수가 49인 이하인 경우, ② 자산유동화에 관한 법률 제3조의 자산유동화계획에 따라 금전 등을 모아 운용·배분하는 경우 등에 해당하는 경우를 제외한다. 우리들에게 널리 알려진 펀드가 집합투자기구이다. 그리고 펀드의 자산을 운용하는 업을 집합투자업이라 하고, 펀드의 자산을 운용하는 주체를 집합투자업자 또는 펀드매니저라고 한다. 집합투자업을 영위하기 위해서는 금융위원회로부터 금융투자업의 인가를 받아야 한다.

4. 투자자문업

투자자문업(investment advisory business)은 금융투자상품의 가치 또는 금융투자상품에 대한 투자판단에 관한 자문에 응하는 행위를 영업으로 하는 것을 말한다. 여기서 투자판단은 금융투자상품의 종류, 종목, 취득·처분, 취득·처분의 방법·수량·가격 및 시기 등에 대한 판단을 의미한다. 투자자문업은 투자자들로부터 수수료를 받고서 고객의 유가증권에 대해 정보를 제공하거나 포트폴리오 구성과 운용에 대해 정보를 제공하는 업무의 영업행위이다. 투자자문업을 영위하기 위해서는 금융위원회에 금융투자업의 등록을 해야 한다.

투자자문업은 투자조언업무로 투자일임업과 구분된다. 투자자문업은 일정한 계약에 의거해 보수를 받고 고객의 투자판단에 필요한 자료를 제공하는 것이다. 그러나 투자일임업은 고객의 재산을 일임받아 유가증권 투자를 대행하는 업무를 말한다. 투자자문업은 금융자산의 축적과 투자기법이 다양하고 복잡하게 변함에 따라 등장한 것으로 미국과 일본 등에서는 증권회사의 고유업무이며, 투자신탁업과는 별도로 급격히 성장하고 있는 증권업의 한 분야이다. 우리나라에서는 1987년의 증권거래법 개정으로 투자자문업이 도입되었으며, 현재는 투자자문업의 정의를 자본시장법 제6조 제7항에서 규정하고 있다.

5. 투자일임업

투자일임업(discretional investment business)은 투자자로부터 금융투자상품에 대한 투자판단의 전부 또는 일부를 일임받아 투자자별로 구분하여 금융투자상품을 취득·처분, 그 밖의 방법으로 운용하는 것을 영업으로 하는 것을 말한다. 투자일임업을 영위하기 위해서는 금융위원회에 금융투자업의 등록을 해야 한다.

투자자문업이나 투자일임업은 증권시장의 투자자와 금융투자상품을 발행하는 기업을 매개로 하여 금융투자상품에 관한 투자정보를 생산 및 판매하는 역할을 수행하는 영업행위이다. 여기서 투자정보의 생산이란 정보의 획득, 분석, 평가, 가공, 그리고 재구성 등의 과정을 통하여 정보이용자에게 유용한 판매가치가 있는 정보를 창출하는 것이다.

따라서 투자자문업자와 투자일임업자는 금융 및 투자와 관련된 정보의 생산과 판매를 업으로 하는 자라는 측면에서 공통성이 있다. 다만, 투자자문업자는 계약에 의거하여 보수를 받고 고객의 투자판단에 필요한 자료를 제공하는 자이며, 투자일임업자는 고객의 재산을 일임받아 유가증권 투자를 대행하는 자를 말한다.

투자자문업자와 투자일임업자는 단순히 기업정보의 획득, 평가, 분석을 수행하는 신용평가회사나 채권평가회사와 다르다. 그리고 자기계산으로 금융투자상품을 운용하기 위해 집합투자재산을 재구성하는 집합투자업자나 신탁업자와도 다르다.

6. 신탁업

신탁업(trust business)은 신탁을 영업으로 하는 것을 말한다. 여기서 신탁은 금전, 부동산, 유가증권 등을 소유한 사람이 자산운용을 신탁회사에 맡기고 그 운용수익을 받는 제도이다. 신탁회사는 신탁 대가로 수수료를 받게 된다. 우리나라에서는 신탁업무를 전업으로 하는 신탁회사가 없으며 시중은행, 지방은행 및 외국은행의 국내지점에서 신탁업무가 허용되고 있다. 신탁업을 영위하기 위해서는 금융위원회로부터 금융투자업의 인가를 받아야 한다.

투자신탁회사의 경우 신탁의 일종인 증권투자 신탁업무를 맡고 있다. 은행이 취급하고 있는 각종 신탁업무를 통틀어 은행신탁계정이라 한다. 은행신탁은 돈을 맡기고 운용수익도 돈으로 받는 금전신탁이 대부분이다.

제2절 금융투자업의 인가 및 등록

Ⅰ. 금융투자업의 기능별 규제

1. 기능별 규제의 의의

자본시장법은 금융기능을 투자자를 상대로 하는 금융투자상품의 금융투자업으로 정의한 후, '투자자-금융투자상품-금융투자업'의 다양한 조합들의 금융기능에 대해 인가를 받거나 등록을 하는 단위로 하고 있어 기능별 규제(functional regulation)를 채택하고 있다. 여기에서 투자자는 일반투자자와 전문투자자로 구분하고, 금융투자상품은 증권, 장내파생상품, 장외파생상품으로 구분하며, 금융투자업은 투자매매업, 투자중개업, 집합투자업, 투자자문업, 투자일임업, 신탁업으로 구분하고 있다. 이러한 기능별 규제는 금융투자업자가 기능별로 요건을 갖추면 그 기능을 수행하는 주체에 관계없이 영업할 수 있도록 하고 있다. 그리고 금융투자업자는 금융기능의 추가방식으로 필요한 업무단위를 추가하고 업무영역을 확장하여 금융투자업 고유업무와 겸영업무, 부수업무를 할 수 있도록 하고 있다.

자본시장법은 금융기능별로 투자자에게 노출되는 위험의 크기에 따라 인가를 받거나 등록을 하도록 차별적으로 적용하고 있다.[1] 즉, 고객과 채권・채무관계에 있거나 고객의 자산을 수탁하는 금융기능의 경우에는 금융위원회의 인가를 받아야 하며, 그렇지 않은 금융기능인 경우에는 금융위원회에 등록만으로 영업할 수 있도록 하고 있다. 자본시장법은 투자매매업, 투자중개업, 집합투자업, 그리고 신탁업에 대해서는 금융위원회의 인가를 받아야만 영업을 할 수 있고, 투자자문업자와 투자일임업자는 일정한 자격조건을 갖추고 금융위원회의 등록만으로 영업을 할 수 있도록 규정하고 있다.

---

1) 허가는 일반적으로 금지되어 있는 행위를 특정의 경우 특정인에 대하여 해제하는 행정처분을 말하고, 인가는 당사자의 법률행위가 국가의 동의를 얻지 못하면 유효하게 성립되지 못할 경우 이것에 동의를 부여하여 그 효과를 완성시키는 행정행위를 말하며, 승인은 일정한 사실을 인정하는 것이다. 등록은 일정한 법률사실이나 법률관계를 특정한 등록기관에 마련해둔 장부에 기재하는 일이고, 신고는 일정한 행위를 하고자 할 때에 그 행위를 한다고 알리는 기능을 말한다. 따라서 법적 효력은 허가>인가>승인>등록>신고의 순서로 보다 더 강함을 나타낸다.

2. 기능별 규제의 특징

금융기능별 규제는 금융투자업에 대한 인가와 등록의 요건을 금융기능별로 차등화에 따라 과거의 금융기관별 규제에 비해 다음과 같은 특징이 있다.

첫째, 금융투자업의 인가요건은 금융투자업의 등록요건에 비해 엄격하게 설정하고 있다. 금융투자업의 등록요건은 객관적인 요건만을 요구하지만, 인가요건은 객관적인 요건은 물론 사업계획의 타당성과 같은 금융당국의 재량적인 판단을 허용하는 요건도 추가되어 있다. 특히, 인가요건 중에서도 고객과 채권·채무관계를 가지는 금융투자업의 요건이 고객의 자산을 수탁하는 금융투자업의 요건에 비해 강화되어 있다. 이에 따라 금융투자업은 ① 투자매매업, ② 투자중개업·집합투자업·신탁업, ③ 투자자문업·투자일임업의 순으로 더욱더 강화된 요건이 적용되고 있다.

둘째, 금융투자상품의 특성에 따라 인가와 등록의 요건을 차등적으로 반영하여 적용하고 있다. 즉, 취급대상 금융투자상품의 위험이 크면 클수록 보다 더 강화된 요건을 설정하고 있다. 이에 따라 ① 장외파생상품, ② 장내파생상품, ③ 증권의 순으로 강화된 요건이 적용된다.

셋째, 금융투자업자의 고객이며 금융투자상품에 투자하는 투자자별로 인가와 등록의 요건을 다르게 적용하고 있다. 즉, 투자자의 위험감수능력에 따라 일반투자자를 상대로 하는 금융투자업의 경우에는 전문투자자를 상대로 하는 경우보다 강화된 요건을 설정하고 있다.

넷째, 전반적인 자기자본수준을 종전보다 낮추어 규제장벽을 완화하였으며, 추가방식에 입각하여 일부 금융투자업만을 영위하는 금융투자업자에 비해 모든 금융투자업을 영위하는 금융투자회사(투자은행 등)는 높은 자기자본요건을 설정하고 있다.

이와 같은 관점에 의거하면 일반투자자를 상대로 하는 장외파생상품의 투자매매업의 요건이 가장 강하고 전문투자자를 상대로 하는 증권의 투자자문업의 진입요건이 가장 약하게 적용된다고 말할 수 있다.

한편 위에서 설명한 금융투자업의 인가와 등록에 대한 주요 요건은 금융투자업의 영업활동기간 중에도 계속적으로 충족해야 하는 유지요건에도 해당된다.[2)]

---

2) 본 내용은 송재영, 『자본시장(금융투자와 금융투자업)』, 청목출판사, 2009, pp. 524~525에서 일부 인용하여 정리하였다.

Ⅱ. 금융투자업의 인가

자본시장법은 투자매매업, 투자중개업, 집합투자업, 신탁업의 네 가지 금융투자업을 영위하려면 업무단위를 선택하여 금융위원회의 인가를 받도록 규정하고 있다. 만약에 무허가로 영업행위를 할 경우에는 징역이나 벌금과 같은 형사처벌을 받도록 하여 무인가 영업행위를 금지하고 있다.

1. 인가업무단위

인가업무단위는 투자자, 금융투자상품, 금융투자업이라는 세 가지 사항을 구성요소로 결합하여 정해진다. 금융투자업을 영위하려는 자는 ① 금융투자업의 종류, ② 금융투자상품의 범위, ③ 투자자의 유형을 조합한 1단위의 금융기능을 인가업무단위로 설정하고 그 전부 또는 일부를 선택하여 금융위원회의 금융투자인가를 받아야 한다.

2. 인가업무단위의 세분화

금융투자업을 영위하려는 자는 ① 금융투자업의 종류, ② 금융투자상품의 범위, ③ 투자자의 유형을 조합하여 설정되는 1단위의 금융기능을 '인가업무단위'로 하여 이러한 인가업무단위들의 전부나 일부를 선택하여 금융위원회로부터 1개의 금융투자업 인가를 받아야 한다. 여기서 인가업무단위의 전제로서 인정되는 금융투자업의 종류는 투자매매업, 투자중개업, 집합투자업, 그리고 신탁업이 있다. 금융투자상품의 범위는 증권, 장내파생상품 그리고 장외파생상품으로 구분된다. 그리고 인가업무단위 결정시 반영되는 투자자의 유형은 일반투자자와 전문투자자로 구분된다. 따라서 인가업무단위는 금융투자업 네 가지, 금융투자상품 세 가지, 투자자 두 가지를 조합하면 24가지(=4×3×2)가 될 수 있다.

예를 들어 일반투자자(투자자)를 상대로 하여 장내파생상품(금융투자상품)의 투자매매업(금융투자업)을 영위하는 업무단위를 조합할 수 있으며, 전문투자자(투자자)를 상대로 하여 장외파생상품(금융투자상품)의 투자중개업(금융투자업)을 영위하는 업무단위를 조합할 수 있다. 따라서 금융투자업의 단위는 업종 24개에 2개 상품을 조합하여 총 48종으로 분류할 수 있다. 이러한 인가업무단위의 세분화는 특정분야에 전문성 있는 기업이 적은 자본으로 진입을 가능하게 한다.

3. 인가요건

금융투자업을 영위하려는 자는 자본시장법에서 정하는 인가요건을 모두 갖추어야만 한다. 자본시장법은 전반적으로 인가요건을 완화하였고 금융기능의 특성에 따라 인가요건의 수준을 달리하고 있다. 자본시장법 제12조 제2항은 금융투자업의 인가요건으로 금융투자업자의 자격요건, 최저자기자본의 요건, 사업계획서의 타당성 요건, 인적 및 물적 설비요건, 임원의 자격요건, 대주주의 요건, 이해상충방지체계의 구축요건 등을 갖추도록 규정하고 있다.

첫째, 금융투자업자의 자격요건으로 상법에 따른 주식회사이거나 대통령령으로 정하는 금융기관이나 외국 금융투자업자로서 외국에서 영위하고 있는 영업에 상당하는 금융투자업 수행에 필요한 지점 또는 영업소를 설치한 자이어야 한다. 다만, 투자중개업 중 전자증권중개업무를 하고자 하는 자의 경우에는 상법에 따른 주식회사로서 거래소의 회원으로 제한하고 있다. 여기서 외국 금융투자업자는 외국 법령에 따라 외국에서 금융투자업에 상당하는 영업을 영위하는 자를 말한다. 또한 외국 금융투자업자가 금융투자업을 경영하기 위하여 국내에 지점 또는 영업소를 두는 경우에는 그 지점 등의 전부를 하나의 금융투자업자로 본다.

둘째, 최저자기자본의 요건으로 인가업무 단위별로 5억원 이상으로서 대통령령으로 정하는 금액 이상의 자기자본을 갖추어야 한다.

셋째, 사업계획서의 타당성 요건으로 사업계획이 타당하고 건전해야 한다. 다른 요건들은 계량화된 객관적인 기준에 해당하지만, 이 요건은 감독당국의 재량권에 의하여 요건의 충족여부가 결정될 수 있다.

넷째, 인적 및 물적 설비요건으로 투자자의 보호가 가능하고 그 영위하고자 하는 금융투자업을 수행하기에 충분한 인력과 전산설비, 그 밖의 물적 설비를 갖추어야 한다.

다섯째, 임원의 자격요건으로 임원이 미성년자, 금치산자 또는 한정치산자, 파산선고를 받은 자로서 복권되지 아니한 자, 기타 형의 선고를 받은 자에 해당하지 아니해야 한다.

여섯째, 대주주의 요건으로 대주주와 외국 금융투자업자가 충분한 출자능력과 건전한 재무상태 및 사회적 신용을 갖추어야 한다.

일곱째, 이해상충방지체계의 구축요건으로 금융투자업자와 투자자 간, 특정투자자와 다른 투자자 간의 이해상충을 방지하기 위한 체계를 갖추어야 한다.

4. 인가절차

자본시장법은 금융투자업의 인가와 관련하여 금융위원회의 적정한 권한행사를 확보하기 위한 절차적 장치로 다음 [그림 13-1]과 같은 인가절차를 마련해 두고 있다.

[그림 13-1] (예비)인가절차 흐름도

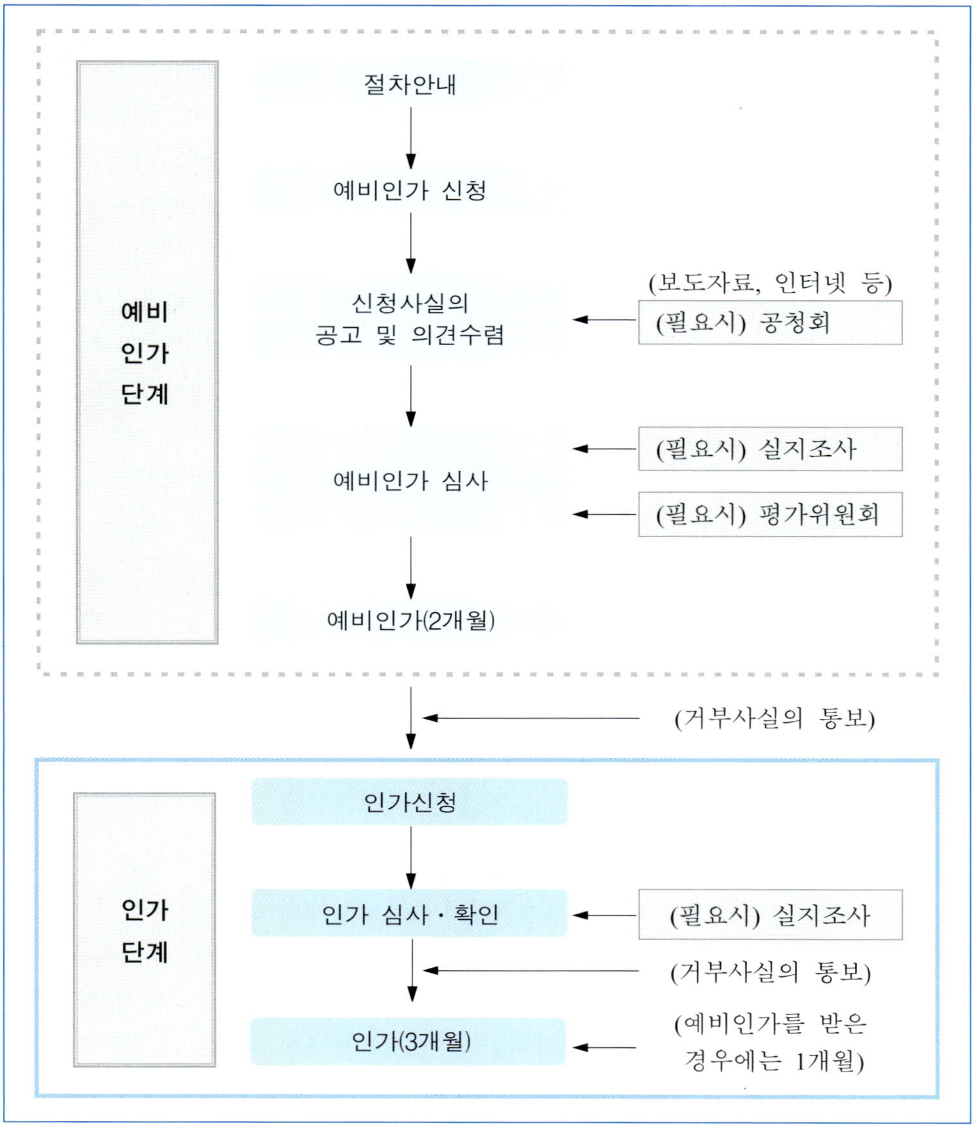

Ⅲ. 금융투자업의 등록

자본시장법은 투자자문업과 투자일임업의 금융투자업을 영위하려면 업무단위를 선택하여 금융위원회에 등록해야 한다고 규정하고 있다.

1. 등록요건

투자자문업과 투자일임업의 등록요건은 금융투자업자의 자격요건, 최저자기자본의 요건, 인적 요건, 임원의 자격요건, 대주주의 요건, 재무적 건전성과 신용, 이해상충방지체계의 구축요건 등을 갖추도록 규정하고 있다.

여기서 금융투자업자의 자격요건은 상법에 따른 주식회사이거나 외국 투자자문업자로서 투자자문업의 수행에 필요한 지점, 그 밖의 영업소를 설치한 자 또는 외국 투자일임업자로서 투자일임업의 수행에 필요한 지점, 그 밖의 영업소를 설치한 자를 의미한다. 다만, 외국 투자자문업자(외국 법령에 따라 외국에서 투자자문업에 상당하는 영업을 영위하는 자) 또는 외국 투자일임업자(외국 법령에 따라 외국에서 투자일임업에 상당하는 영업을 영위하는 자)가 외국에서 국내 거주자를 상대로 직접 영업을 하거나 통신수단을 이용하여 투자자문업 또는 투자일임업을 영위하는 경우에는 적용하지 아니한다. 그리고 최저자기자본의 요건은 등록업무 단위별로 1억원 이상으로서 대통령령으로 정하는 금액 이상의 자기자본을 갖추어야 한다. 또한 인적 요건으로 투자자문업은 상근 임직원인 투자권유자문인력 1인 이상, 투자일임업은 상근 임직원인 투자운용인력 2인 이상의 전문인력을 갖추어야 한다.

2. 등록절차

금융투자업의 등록을 하려는 자는 등록신청서를 금융위원회에 제출해야 한다. 금융위원회는 등록신청서를 접수한 경우에 그 내용을 검토하여 2개월 이내에 금융투자업 등록여부를 결정하고, 그 결과와 이유를 지체 없이 신청인에게 문서로 통지해야 한다. 금융위원회는 금융투자업 등록여부를 결정함에 있어서 ① 금융투자업 등록요건을 갖추지 아니한 경우, ② 등록신청서를 거짓으로 작성한 경우, ③ 보완요구를 이행하지 아니한 경우 등의 어느 하나에 해당하는 사유가 없는 한 등록을 허용하여 투자자문업과 투자일임업의 설립을 용이하게 하였다.

제3절 건전경영의 유지

Ⅰ. 경영건전성의 감독

1. 재무건전성

금융투자업자(겸영금융투자업자는 제외)는 영업용 순자본을 총위험액 이상으로 재무건전성(financial soundness)을 유지해야 한다. 여기서 영업용 순자본은 자본금과 준비금 그 밖에 자본금과 유사한 기능을 하는 자산에 해당하는 금액에서 고정자산과 그 밖에 유동화가 어려운 고정자산에 해당하는 금액을 차감한 금액을 의미한다. 이러한 영업용 순자본의 기준은 금융투자업자의 재무건전성을 확보하여 유동성 부족이나 기업도산의 위험에 대처함으로써 투자자를 보호하고자 하는데 목적을 두고 있다. 총위험액은 자산 및 부채에 내재하거나 업무를 수행하는데 발생할 수 있는 위험을 금액으로 환산하여 이를 합계한 금액을 의미한다.

2. 경영건전성

금융투자업자는 기업의 경영건전성(soundness in business management)을 유지하기 위하여 자기자본비율의 적정성, 자산의 건전성, 유동성, 그리고 위험관리에 대하여 금융위원회가 설정한 기준을 유지해야 한다. 금융위원회가 설정한 경영건전성의 기준은 금융투자업자별로 다르게 설정된다. 만약, 금융투자업자가 경영건전성의 기준을 충족하지 못하거나 영업용 순자본을 일정수준으로 유지하지 못하면 금융위원회는 금융투자업자에 대하여 경영건전성을 확보하도록 조치를 취할 수 있다.

3. 경영정보의 보고 및 공시

금융투자업자는 분기별 업무보고서를 작성하여 금융위원회에 제출해야 한다. 또한 금융투자업자는 기업경영 상황에 중대한 영향을 미칠 사실이 발생한 경우에도 그 내용을 금융위원회에 보고해야 한다.

한편 금융투자업자는 금융이용자가 합리적인 판단에 따라 선택할 수 있도록 정기경영공시와 수시경영공시를 통하여 기업정보를 제공해야 한다. 자본시장법은 금융투자업자가 거액의 금융사고 또는 부실채권의 발생 등 금융투자업자의 경영상황에 중대한 영향을 미칠 사항이 발생한 경우에는 금융위원회에 보고하고, 인터넷 홈페이지 등을 이용하여 공시하도록 규정하고 있다.

Ⅱ. 대주주와의 거래제한

1. 거래제한

모든 금융투자업자에게는 자신의 대주주가 발행한 채무증권, 지분증권, 수익증권, 투자계약증권, 파생결합증권, 증권예탁증권 등을 소유하는 행위를 제한하고 있다. 그리고 금융투자업자는 자신과 특수관계인 관계회사가 사업에 필요한 자금을 조달하기 위하여 발행한 주식, 채권 및 약속어음을 금융투자업자의 자기자본 100분의 8을 초과하여 소유하는 것도 원칙적으로 제한하고 있다.

또한 금융투자업자는 대주주 또는 계열회사와의 거래에서 다른 거래자의 경우보다 불리한 조건으로 거래하여 금융투자업자의 건전한 자산운용을 해할 우려가 있는 행위를 제한하고 있다. 금융투자업자는 대주주나 계열회사에 대하여 금전·증권 등 경제적 가치가 있는 재산의 대여, 채무이행의 보증 등의 신용공여를 하여서는 아니 되며, 대주주는 그 금융투자업자로부터 신용공여를 받아서는 아니 된다. 이러한 신용공여제한은 금융투자업자가 대주주의 사금고가 되거나 대주주의 위험이 금융투자업자로 전이되어 금융투자업자의 건전성을 해할 위험이 있기 때문이다.

2. 부당한 영향력 행사의 금지

모든 금융투자업자의 대주주나 계열회사는 금융투자업자의 이익에 반하여 대주주 자신의 이익을 얻을 목적으로 부당한 영향력을 행사하여서는 안 된다. 금융위원회는 금융투자업자의 대주주가 부당한 영향력 행사의 금지를 위반한 혐의가 있다고 인정될 경우에는 금융투자업자 또는 그의 대주주에게 필요한 자료의 제출을 명할 수 있다.

제4절 영업행위의 규칙

Ⅰ. 영업행위의 공통규칙

1. 일반적 영업행위의 원칙

1) 신의성실의 원칙

금융투자업자는 신의성실의 원칙(principle of good faith)에 따라 공정하게 금융투자업을 영위해야 한다. 이러한 영업행위의 규칙은 금융투자업자가 투자자 보호를 영업행위의 가장 근본으로 하는 고객보호 최우선의 원칙을 준수하고, 항상 고객의 이익을 최우선으로 해야 한다는 고객이익전념의 원칙을 준수하도록 하는 데 그 목적이 있다.

2) 자기거래와 쌍방대리의 금지

금융투자업자는 금융투자업을 영위함에 있어서 정당한 사유 없이 투자자의 이익을 해하면서 자기가 이익을 얻게 하는 자기거래의 영업행위를 할 수 없으며, 제3자가 이익을 얻도록 하는 쌍방대리의 영업행위도 할 수 없다.

3) 상호사용의 원칙

금융투자업의 상호(trade name)는 금융투자업자가 영업상 자기를 표시하기 위하여 사용하는 명칭이다. 이러한 상호는 투자자를 보호하고 상호진실주의에 입각하여 금융투자업 중 세부 업무영역을 영위하지 않는 경우에는 당해 사업명칭을 상호에 사용할 수 없도록 규제할 필요가 있다. 이러한 필요성에 의하여 자본시장법 제38조는 금융투자업자가 아닌 자가 그 상호 중에 '금융투자'라는 문자 또는 이와 같은 의미를 가지는 외국어 문자를 사용하는 것을 금지하고 있다.

따라서 금융투자업별로 상호사용은 해당 금융상품이나 금융투자업을 영위하는 자만이 증권, 파생, 선물, 집합투자, 투자신탁, 자산운용, 투자자문, 투자일임, 신탁 등의 문자를 사용하는 것을 원칙으로 하고 있다. 이러한 상호사용의 원칙은 같은 의미를 가지는 외국어 문자에도 적용된다. 다만, 증권집합투자기구는 증권 또는 신탁이라는 문자를 사용할 수도 있으며, 투자신탁인 집합투자기구는 투자신탁이라는 문자도 사용할 수 있다.

4) 명의대여의 금지

금융투자업자는 상법과 다르게 자기의 명의를 대여하여 타인에게 금융투자업을 영위하는 명의대여(lending of names)를 할 수 없다. 만약, 상법과 같이 일부 명의대여를 허용한다면, 단지 명의대여자인 금융투자업자로 하여금 외관상의 책임을 지도록 할 경우 자본시장법 제11조를 위반한 무인가 영업행위를 허용하는 것이 된다. 그리고 자본시장법 제445조 제3호는 자기의 명의로 타인에게 금융투자업을 영위하게 한 자에 대하여 실형이나 벌금형에 처하도록 규정하고 있다.

5) 겸영금융투자업자의 금융업무 확대

자본시장법은 금융투자업자가 광범위한 자본시장관련업을 영위할 수 있도록 과거의 인가 겸영업무인 선물업, 장외파생금융상품업무, 투자자문업과 투자일임업, 신탁업 등을 자본시장법의 고유업무로 규정하여 법정 겸영업무로 인정하고 있다.

우리나라 자본시장법과 동 시행령에 따라 겸영금융투자업자는 보험대리점업무, 보험중개사업무, 집합투자기구에서의 일반사무관리회사업무, 외국환업무, 전자자금이체업무, 퇴직연금사업자업무, 담보부사채신탁업무, 기업구조조정회사업무, 중소기업창업투자회사업무, 신기술사업금융업 등을 겸영할 수 있다. 다만, 투자자문업과 투자일임업만을 영위하는 금융투자업자는 이들의 겸영을 금지하고 있다. 이러한 이유는 투자자문업자와 투자일임업자에게는 다른 금융투자업자와 다르게 설립시 최저자본요건이 완화되었고 금융위원회에 등록만으로 업무를 영위할 수 있기 때문이다.

6) 금융투자업자의 부수업무 확대

금융투자업자의 부수업무는 금융투자업이 아닌 업무로서 그 업무를 영위하기 시작한 날부터 2주 이내에 이를 금융위원회에 보고하여 영업행위를 영위할 수 있다. 다만, 금융위원회는 금융투자업자가 ① 금융투자업자의 경영건전성을 저해하는 경우, ② 인가를 받거나 등록한 금융투자업의 영위에 따른 투자자 보호에 지장을 초래하는 경우, ③ 금융시장의 안정성을 저해하는 경우에만 그 부수업무의 영위를 제한하거나 시정할 것을 명할 수 있다. 이러한 체제는 원칙적으로 금융투자업자에게 모든 부수업무의 영업행위를 허용하되 예외적으로 제한함으로써 금융투자업자가 금융환경 변화에 따라 탄력적으로 부수업무를 할 수 있도록 부수업무영역을 확대한 것이다.

7) 금융투자업자의 위탁업무

금융투자업자는 앞에서 설명한 금융투자업자의 고유업무, 겸영업무 및 부수업무에 대하여 그 업무의 일부를 제3자에게 업무위탁(entrustment of affairs)을 할 수 있다. 다만, 투자자 보호나 건전한 거래질서를 해할 위험성이 있거나 금융투자업자에게 요구하는 최소한의 선관주의의 의무를 저해될 위험이 있을 수 있는 업무위탁은 금지하고 있다.

위탁받는 업무가 해당 금융투자업자가 인가를 받거나 등록을 한 업무와 직접적으로 관련된 필수업무로서 본질적 업무인 경우 그 본질적 업무를 위탁받는 자는 그 업무수행에 필요한 인가를 받거나 등록을 한 자이어야 한다. 그리고 업무를 위탁받은 자는 위탁받은 업무를 제3자에게 재위탁하여서는 아니 된다. 또한 금융투자업자는 업무위탁을 하고자 하는 경우 투자자정보 보호 및 위험관리·평가 등에 관한 업무위탁 운영기준을 정해야 하고, 금융투자업자는 업무위탁을 한 내용을 계약서류 및 투자설명서에 기재해야 하며, 투자자와 계약을 체결한 후에 업무위탁을 하거나 그 내용을 변경한 경우에는 이를 투자자에게 통보해야 한다.

8) 이해상충의 관리

이해상충(conflicts of interest)은 주로 동일회사에서 복수의 금융투자업을 겸영할 우에 많이 발생하는 것으로 금융투자업의 영업행위와 관련하여 금융투자업자와 투자자 간 또는 특정 투자자와 다른 투자자 간에 이해가 상충되는 것을 의미한다. 즉, 특정 투자자의 이익을 해치면서 금융투자업자나 다른 투자자의 이익을 추구하는 행위이다. 이에 대하여 금융투자업자는 이해상충이 발생할 가능성을 파악·평가하고, 내부통제기준이 정하는 방법과 절차에 따라 이 행위를 적절히 관리해야 한다.

9) 정보교류의 차단

금융투자업자는 금융투자업을 영위하는 경우 내부통제기준이 정하는 방법 및 절차에 따라 미공개중요정보 등 정보의 교류를 적절히 차단해야 한다. 금융투자업자는 계열회사를 포함한 제3자에게 정보를 제공할 때에는 내부통제기준이 정하는 방법 및 절차에 따라 미공개중요정보 등 정보의 교류를 적절히 차단해야 한다. 그리고 금융투자업자는 정보교류 차단을 위하여 정보교류 차단을 위한 내부통제기준의 적정성에 대한 정기적 점검, 정보교류 차단과 관련되는 법령 및 내부통제기준에 대한 임직원 교육 등을 준수해야 한다.

2. 투자권유의 영업행위[3)]

1) 적합성의 원칙

금융투자상품은 수익성도 있지만 취득에 따른 투자위험성이 존재한다. 이러한 투자위험성은 투자자 자신이 책임을 지는 것이 기본적인 원칙이다. 그러나 일반투자자는 전문투자자와 다르게 투자정보의 취득과 분석에 있어서 한계가 있기 때문에 금융투자업자에게 투자자의 보호를 위한 고객조사의무와 적합한 투자권유의 의무를 부과하는 적합성의 원칙(principle of suitability)이 적용된다.

금융투자업자는 투자자가 일반투자자인지 전문투자자인지의 여부를 확인해야 하고, 일반투자자에게 투자권유 전에 면담·질문 등을 통하여 일반투자자의 투자목적·재산상황 및 투자경험 등의 정보를 파악한 후 일반투자자로부터 서명, 기명날인 등의 방법으로 확인을 받아 이를 유지·관리해야 하며, 확인받은 내용을 투자자에게 지체 없이 제공해야 하는 고객조사의무가 있다.

또한 금융투자업자는 일반투자자에게 투자권유를 하는 경우에는 일반투자자의 투자목적·재산상황 및 투자경험 등에 비추어 그 일반투자자에게 적합하지 아니하다고 인정되는 투자권유를 하여서는 아니 되는 적합성의 원칙을 준수해야 한다.

2) 적정성의 원칙

파생상품은 일반적인 다른 금융상품에 비하여 위험성이 매우 크다. 따라서 금융투자업자가 파생상품에 대한 투자권유를 할 때에는 앞에서 설명한 적합성의 원칙은 물론 추가적으로 적정성의 원칙(principle of adequacy)에 따라 실행해야 한다. 즉, 금융투자업자는 일반투자자에게 투자권유를 하지 아니하고 파생상품 등을 판매하려는 경우에는 면담·질문 등을 통하여 그 일반투자자의 투자목적·

3) 금융투자상품에 적용하였던 설명의무 및 공정행위를 모든 금융상품에 적용하도록 금융소비자보호법(금융소비자 보호에 관한 법률)이 2020년 3월에 제정되어 2021년 3월부터 시행되었다. 따라서 자본시장법에서 규정하였던 금융투자상품의 6대 판매규제에 대한 조항은 삭제되었다.

재산상황 및 투자경험 등의 정보를 파악해야 하고, 이러한 정보에 비추어 해당 파생상품 등이 일반투자자에게 적정하지 아니하다고 판단되는 경우에는 그 사실을 일반투자자에게 알리며, 일반투자자로부터 서명, 기명날인, 녹취, 그 밖의 방법으로 확인을 받아야 한다.

3) 설명의 의무

일반투자자는 금융투자상품에 관한 전문적인 지식이 없다. 따라서 일반투자자와 금융투자업자 간에는 금융투자상품의 정보에 비대칭성이 존재하게 된다. 그러므로 금융투자업자는 투자자가 자기책임하에 합리적인 투자판단을 할 수 있도록 투자상품의 정보를 적극적으로 제공해야 하는 설명의무(duty to explain)가 있다. 즉, 금융투자업자는 일반투자자를 상대로 투자권유를 하는 경우에는 금융투자상품의 내용, 투자에 따르는 위험 등의 사항을 일반투자자가 이해할 수 있도록 설명해야 하며, 투자자의 합리적인 투자판단 또는 중요사항을 거짓 또는 왜곡하여 설명하거나 중요사항을 누락하여서는 아니 된다.

4) 불공정영업행위의 금지

금융상품판매업자등은 우월적 지위를 이용하여 금융소비자의 권익을 침해하는 불공정영업행위를 해서는 아니 된다. 즉, 금융상품판매업자등은 금융소비자보호법 제20조에 따라 ① 금융상품에 관한 계약체결과 관련하여 금융소비자의 의사에 반하여 다른 금융상품의 계약체결을 강요하는 행위, ② 금융상품에 관한 계약체결과 관련하여 부당하게 담보를 요구하거나 보증을 요구하는 행위, ③ 금융상품판매업자등 또는 그 임직원이 업무와 관련하여 편익을 요구하거나 제공받는 행위, ④ 연계·제휴서비스 등이 있는 경우 연계·제휴서비스 등을 부당하게 축소하거나 변경하는 행위 등을 금지하여야 한다.

5) 부당권유의 금지

부당권유(undue recommendation)는 금융투자업자가 부당하게 투자권유를 하는 행위로 투자자의 건전한 투자판단을 저해한다. 금융투자업자는 자산의 수수료수입을 증대할 목적으로 부당하게 투자권유를 할 수 있고, 투자자는 금융투자업자를 전문가로 믿고 부당한 투자권유에 따라 금융투자상품을 거래할 수 있다. 이러한 금융투자업자의 부당권유로 발생할 수 있는 투자자의 손해를 방지하고 건전한 거래질서를 확립하기 위하여 금융투자업자는 투자자 보호 및 건전한 거래질서를 해할 우려가 있는 행위 등을 할 수 없다.

또한 금융투자업자는 자율적인 투자권유에 관한 준칙을 마련하여 다양한 형태의 부당한 투자권유에 대하여 능동적으로 자신을 규제해야 한다. 이에 금융투자업자는 투자권유를 함에 있어서 금융투자업자의 임직원이 준수해야 할 구체적인 기준 및 절차를 정해야 한다. 특히 고위험성이 있는 파생상품 등에 대하여는 일반투자자의 투자목적·재산상황 및 투자경험 등을 고려하여 투자자 등급별로 차등화된 투자권유준칙을 마련해야 한다.

6) 투자권유대행인의 등록

금융투자상품을 주로 취급하는 금융회사는 금융투자회사이다. 그러나 금융투자회사는 은행이나 보험회사에 비하여 전국적인 지점이나 점포망이 적은 편이다. 이러한 여건 때문에 투자자의 금융투자회사에 대한 접근성이 떨어짐에 따라 금융투자회사의 경쟁력 제고에 문제점이 있었다. 자본시장법은 투자자가 금융투자회사의 점포를 방문하지 않더라도 투자권유대행인(investment solicitor)을 통하여 금융투자상품을 거래할 수 있게 하였다. 다만, 투자권유대행인은 파생상품에 대해서는 투자권유를 할 수 없으며, 방문판매도 불가능하다.

3. 직무관련 정보의 이용금지[4)]

1) 직무관련 정보의 이용금지

금융투자업자는 업무의 수행과정에서 비공개된 고객의 중요한 정보를 이용하여 자기 자신의 이익이나 제3자의 이익을 위하여 부당하게 사용하지 못한다. 그리고 금융투자업자 및 그 임직원은 정보교류 차단의 대상이 되는 정보를 정당한 사유 없이 본인이 이용하거나 제3자에게 이용하게 하여서는 아니 된다.

2) 손실보전의 금지

금융투자업자는 투자자의 금융투자상품에 관한 손실보전(compensation for loss) 또는 이익보장(guarantee for return)의 행위를 하여서는 아니 된다. 이는 위험관리에 대한 자본시장의 본질을 훼손할 뿐만 아니라, 투자자의 무책임한 투자행위를 야기시켜 증권의 공정한 가격형성을 저해하게 한다.

---

4) 금융투자상품에 적용하였던 투자광고 및 금융투자 계약에 관한 조항은 모든 금융상품에 적용하도록 금융소비자보호법에서 새로 규정하고 있다.

따라서 자본시장법 제55조는 금융투자업자 또는 그 임직원은 금융투자상품의 매매, 그 밖의 거래와 관련하여 손실의 보전 또는 이익의 보장을 하는 행위를 하여서는 아니 된다고 규정하고 있다. 이러한 규정은 공정한 거래질서의 확보를 위하여 제정된 강행법규이다. 따라서 투자자와 금융투자업자 간 계약에 따른 손실보전이나 이익보장도 무효이다.

3) 약관의 제정

약관(standardized contract form)은 계약의 일방 당사자가 다수의 상대방과 계약을 체결할 경우 계약에 편입시킬 목적으로 일정한 형식에 의하여 미리 마련한 계약내용 및 계약조건을 의미한다. 우리나라는 금융투자업자가 금융투자업의 영위와 관련하여 약관을 제정 또는 변경하고자 하는 경우에는 미리 금융위원회에 신고해야 하는 사전신고제를 의무화하고 있으며, 약관의 제정 또는 변경 후 7일 이내에 금융위원회 및 협회에 보고하는 사후보고제를 채택하고 있다.

4) 투자광고

금융투자상품의 투자광고(advertisements soliciting investment)는 전문적인 지식과 정보가 부족한 일반투자자로 하여금 잘못된 투자의사결정을 하게 만들 가능성이 매우 크다. 투자권유와 투자광고는 다르다. 투자권유(investment recommendation)는 특정 투자자를 상대로 금융투자상품의 매매 등을 권유하는 영업행위이지만, 투자광고는 불특정다수인을 상대로 하는 것이다. 또한 투자권유는 금융투자상품의 매매계약의 체결을 목적으로 하지만, 투자광고는 특정계약의 체결이 아닌 일반적인 정보제공을 내용으로 한다는 점에서 차이가 있다. 우리나라는 금융투자업자만이 자신의 업무와 취급상품에 대하여 광고할 수 있도록 하고, 금융투자업자가 아닌 자는 금융투자업자의 영위업무 또는 금융투자상품에 관한 광고인 투자광고를 하지 못하도록 하고 있다.

5) 수수료

금융투자업자는 투자자의 증권에 대하여 매매에 관한 업무를 수행한 대가로 일정한 수수료(fee)를 받는다. 수수료의 차별적인 적용을 금지하기 위하여 금융투자업자는 투자자로부터 받는 수수료의 부과기준 및 절차에 관한 사항을 정하고, 인터넷 홈페이지 등을 이용하여 공시해야 하며, 수수료 부과기준을 정함에 있어서 투자자를 정당한 사유 없이 차별하여서는 아니 된다.

6) 계약서류의 제공의무

금융상품직접판매업자 및 금융상품자문업자는 금융소비자보호법 제23조 제1항에 따라 금융소비자와 금융상품 또는 금융상품자문에 관한 계약을 체결하는 경우 금융상품의 유형별로 계약서, 약관, 설명서 등의 계약서류를 금융소비자에게 지체 없이 제공해야 한다. 다만, 계약내용 등이 금융소비자 보호를 해칠 우려가 없는 경우에는 계약서류를 제공하지 아니할 수 있다.

7) 자료의 기록 및 유지

금융투자업자는 금융투자업 영위와 관련한 자료(record)를 자료의 종류별로 일정기간 동안 기록・유지해야 하며, 기록・유지해야 하는 자료가 멸실되거나 위조 또는 변조가 되지 아니하도록 적절한 대책을 수립・시행해야 한다.

8) 소유증권의 예탁

금융투자업자(겸영금융투자업자를 제외)는 그 고유재산을 운용함에 따라 소유하게 되는 증권을 예탁결제원에 지체 없이 예탁(deposit)해야 한다. 다만, 외화증권을 소유하는 경우에는 예탁결제원에 예탁하지 아니할 수 있다.

9) 금융투자업의 폐지공고

금융투자업자는 금융투자업 또는 지점, 그 밖의 영업소의 영업을 폐지하고자 하는 경우에 그 뜻을 폐지 30일 전에 전국을 보급지역으로 하는 둘 이상의 일간신문에 폐지공고(public announcement of discontinuance)해야 하며, 알고 있는 채권자에게는 각각 통지해야 한다.

10) 임직원의 금융투자상품매매

과거의 증권거래법에서는 증권회사의 임직원 등은 증권이나 선물의 직접 투자가 금지되었고, 증권저축만을 허용하였다. 그러나 현행 자본시장법은 금융투자업자의 임직원 등에게 직접 투자를 원칙적으로 허용하고 있다. 다만, 불공정행위와 이해상충행위를 방지하기 위하여 내부통제장치를 강화하였다.

11) 손해배상책임

금융투자업자가 법령・약관 등에 위반하는 행위를 하거나 그 업무를 소홀히 하여 투자자에게 손해를 발생시킨 경우에는 손해배상책임을 지는 것이 원칙이다.

금융투자업자가 손해배상책임을 지는 경우로서 그 손해와 관련되는 임원에게도 귀책사유가 있는 경우에는 그 금융투자업자와 관련되는 임원이 연대하여 그 손해를 배상할 책임을 진다.

12) 외국 금융투자업자의 특례

외국 금융투자업자의 국내지점은 영업기금을 자본금으로 보고, 자본금·적립금 및 이월이익잉여금의 합계액은 이를 자기자본으로 보며, 영업기금과 부채의 합계액에 상당하는 자산을 국내에 두어야 한다. 외국 금융투자업자 국내지점은 대표자의 직무를 일시적으로 대행할 필요가 있을 경우에는 직무대행자를 지정해야 하며, 그 사실을 소재지에서 등기해야 한다. 그리고 외국 금융투자업자의 국내지점은 결산에 관한 사항을 국내지점만 별도로 제출하고 공시해야 한다. 만약, 외국 금융투자업자의 국내지점이 청산 또는 파산하는 경우에는 국내에 두는 자산은 국내에 주소 또는 거소가 있는 자에 대한 채무의 변제에 우선 충당해야 한다.

Ⅱ. 금융투자업자별 영업행위 규칙

1. 투자매매업자 및 투자중개업자

1) 매매형태의 명시

투자매매업자 또는 투자중개업자의 매매형태의 명시(explicit indication of trading form)는 투자자로부터 금융투자상품의 매매에 관한 주문을 받는 경우에는 사전에 그 투자자에게 자기가 투자매매업자인지 투자중개업자인지를 밝혀야 한다는 것을 의미한다. 투자매매업자는 자기계산으로 거래행위를 하여 투자자와 대립되는 지위에 서고, 투자중개업자는 타인계산으로 중개행위를 하여 위탁관계의 지위에 있기 때문에 투자자 입장에서 이는 매우 중요하다.

2) 자기계약의 금지

투자매매업자 또는 투자중개업자의 자기계약 금지(prohibition of self-contracting)는 금융투자상품에 관한 동일한 매매에서 거래의 상대방이 되면서 동시에 위탁매매인, 중개인, 대리인 등이 될 수 없다는 것을 의미한다.

3) 시장매매의무

투자중개업자의 시장매매의무(duty to trade in market)는 투자자로부터 증권시장 또는 파생상품시장에서의 매매의 위탁을 받은 경우에는 반드시 증권시장 또는 파생상품시장을 통하여 매매가 이루어지도록 해야 한다는 것을 의미한다. 다만, 투자매매업자는 투자자로부터 그 투자매매업자가 발행한 자기주식으로서 증권시장의 매매수량단위 미만의 주식에 대하여 매도주문을 받은 경우에는 이를 증권시장 밖에서 취득할 수 있다.

4) 임의매매의 금지

투자매매업자 또는 투자중개업자의 임의매매 금지(prohibition on discretionary trading)는 투자자나 그 대리인으로부터 금융투자상품의 매매주문을 받지 아니하고는 투자자로부터 예탁받은 재산으로 금융투자상품의 임의적 매매를 금지하는 것을 의미한다.

5) 불건전 영업행위의 금지

불건전 영업행위(unsound business conduct)는 투자자 보호와 건전한 거래질서 유지를 위해 특정행위를 법적으로 제한하는 제도로, 투자매매업자 또는 투자중개업자에게는 ① 선행매매, ② 조사분석자료 공표 전 매매거래, ③ 조사분석자료 담당자에 대한 성과보수 지급, ④ 증권의 인수업무와 관련한 조사분석자료의 공표, ⑤ 부적격자에 대한 투자권유, ⑥ 일임매매 등이 금지되어 있다.

6) 신용공여

신용공여(credit grant)는 투자매매업자나 투자중개업자가 투자자의 증권 매수시에는 금전을 융자해 주고, 증권 매도시에는 증권을 대여해 주는 것을 말한다. 원칙적으로 투자매매업자 또는 투자중개업자는 증권과 관련하여 금전의 융자 또는 증권의 대여의 방법으로 투자자에게 신용을 공여할 수 있다. 다만, 투자매매업자는 증권의 인수일부터 3개월 이내에 투자자에게 그 증권을 매수하게 하기 위하여 그 투자자에게 금전융자나 신용공여를 하여서는 아니 된다.

7) 매매명세의 통지

투자매매업자 또는 투자중개업자는 투자자가 의뢰한 금융투자상품의 매매가 체결된 경우 투자자에게 매매명세(details of trading)의 내용을 통지해야 한다.

8) 투자자예탁금의 별도예치

투자매매업자 또는 투자중개업자는 금융투자상품의 매매, 그 밖의 거래에 따라 보관하게 되는 투자자 소유의 증권을 예탁결제원에 지체 없이 별도예치(separate depositing)를 해야 한다. 다만, 투자자가 소유한 증권이 외화증권인 경우로서 대통령령으로 정하는 경우에는 예탁결제원에 예탁하지 아니할 수 있다.

2. 집합투자업자

집합투자업자의 영업행위 규칙은 투자자 보호를 위해 자본시장법과 관련 규정에 따라 엄격히 제한되는 행위기준이다. 집합투자업자의 영업행위 규칙은 투자자 신뢰와 시장공정성 확보를 위한 핵심기준으로 자산운용시 다음과 같은 영업행위 제한을 반드시 준수해야 한다.

1) 선관주의 및 충실의무

집합투자업자는 투자자에 대하여 선량한 관리자의 주의로써 집합투자재산을 운용해야 한다. 그리고 집합투자업자는 투자자의 이익을 보호하기 위하여 해당 업무를 충실하게 수행해야 한다.

2) 자산운용의 지시 및 실행 규칙

집합투자업자는 투자신탁재산을 보관・관리하는 신탁업자에 대하여 투자신탁재산별로 투자대상자산의 취득・처분 등에 관하여 필요한 지시를 해야 한다.

3) 자산운용의 제한

집합투자업자는 집합투자기구의 안정적 자산운용을 위하여 자산총액의 10% 초과 투자제한, 집합투자업자의 20% 초과 투자제한, 지분증권 총수의 10% 초과 투자제한 분산투자규제를 규정하고 있다.

그 밖의 영업행위 규칙에는 ① 자기집합투자증권의 취득 제한, ② 금전차입 등의 제한, ③ 이해관계인과의 거래 제한, ④ 불건전 영업행위 금지, ⑤ 성과보수의 제한, ⑥ 의결권 행사의 제한, ⑦ 자산운용보고서의 교부, ⑧ 수시공시, ⑨ 집합투자재산에 관한 보고, ⑩ 장부와 서류의 열람 및 공시, ⑪ 환매연기 등의 통지, ⑫ 파생상품 및 부동산 운용의 특례, ⑬ 청산 등이 있다.

3. 투자자문업자 및 투자일임업자

1) 선관의무 및 충실의무

투자자문업자는 투자자에 대하여 선량한 관리자의 주의로써 투자자문에 응해야 하며, 투자일임업자는 투자자에 대하여 선량한 관리자의 주의로써 투자일임재산을 운용해야 하는 선관의무(duty of due care)가 있다. 그리고 투자자문업자 및 투자일임업자는 투자자의 이익을 보호하기 위하여 해당 업무를 충실하게 수행해야 하는 충실의무(duty of good faith)가 있다.

2) 서면계약의 체결

투자자문업자 또는 투자일임업자는 일반투자자와 투자자문계약 또는 투자일임계약을 체결하고자 하는 경우에 투자자가 계약체결 여부를 결정하는 데에 중요한 판단기준이 되는 사항들을 기재한 서면자료를 미리 일반투자자에게 교부해야 한다.

3) 불건전 영업행위의 금지

투자자문업자 또는 투자일임업자는 투자자 보호 및 건전한 거래질서를 유지하기 위하여 투자자문업자 또는 투자일임업자와 고객의 관계에서 거래가 이루어지는 자기거래가 금지되어 있다. 그리고 투자일임업자는 투자일임재산을 운용함에 있어서 고객의 이익과 상반되는 행위 등의 불건전 영업행위를 하여서는 아니 된다.

4) 성과보수의 제한

투자자문업자 또는 투자일임업자는 투자자문과 관련한 투자결과 또는 투자일임재산의 운용실적과 연동된 성과보수를 받아서는 아니 된다. 다만, 투자자 보호 및 건전한 거래질서를 해할 우려가 없는 경우에는 성과보수를 받을 수 있으나 그 성과보수의 산정방식 등의 사항을 해당 투자자문 또는 투자일임의 계약서류에 기재해야 한다.

5) 투자일임보고서의 교부

투자일임업자는 ① 투자일임재산의 운용현황, ② 투자일임재산 중 특정자산을 그 투자일임업자의 고유재산과 거래한 실적이 있는 경우 그 거래시기·거래실적 및 잔액을 포함한 투자일임보고서(discretionary investment report)를 작성하여 투자일임계약을 체결한 일반투자자에게 교부해야 한다.

6) 유사투자자문업의 신고

유사투자자문업을 영위하는 자는 금융위원회에 신고해야 한다. 여기서 유사투자자문업(quasi-investment advisory business)은 불특정다수인을 대상으로 하여 발행되는 간행물, 전자우편 등에 의하여 금융투자상품에 대한 투자판단 또는 금융투자상품의 가치에 관해 조언하는 것을 업으로 영위하고자 하는 자이다.

4. 신탁업자

1) 선관의무 및 충실의무

신탁업자는 신탁업과 관련하여 투자자에게 선관의무(duty of due care) 및 충실의무(duty of good faith)를 진다. 즉, 신탁업자는 수익자에 대하여 선량한 관리자의 주의로써 신탁재산을 운용해야 하며, 수익자의 이익을 보호하기 위하여 해당 업무를 충실하게 수행해야 한다.

2) 신탁재산의 제한

신탁업자가 수탁할 수 있는 신탁재산(trust property)에는 제한이 있다. 즉, 신탁업자는 ① 금전, ② 증권, ③ 금전채권, ④ 동산, ⑤ 부동산, ⑥ 지상권, 전세권, 부동산임차권, 부동산소유권 이전 등기청구권, 그 밖의 부동산 관련 권리, ⑦ 무체재산권(지적재산권을 포함) 등의 신탁재산만을 수탁할 수 있다.

3) 신탁재산과 고유재산의 구분

신탁법 제31조 제1항의 단서에서 수탁자는 누구의 명의로 하든지 신탁재산을 고유재산(proprietary property)으로 하거나 이에 관하여 권리를 취득하지 못한다고 규정하여 신탁재산과 고유재산을 엄격히 구분하도록 하고 있다. 그러나 자본시장법은 신탁업자가 금전신탁의 운용상 필요한 경우와 수익자 보호를 위하여 불가피한 경우에는 고유재산으로 신탁재산을 취득할 수 있도록 허용하고 있다.

4) 신탁재산 운영의 제한

신탁업자는 신탁재산의 운영에 제한을 받는다. 즉, 신탁업자는 채무증권, 지분증권, 수익증권, 파생결합증권, 증권예탁증권, 부동산 및 부동산 관련 권리, 실물자산, 무체재산권 등을 매수하거나 개발의 방법으로 운용해야 한다.

5) 불건전 영업행위의 금지

신탁업자는 수익자 보호와 건전한 거래질서를 위하여 불건전 영업행위(unsound business conduct)가 금지된다. 즉, 신탁업자는 신탁재산을 운용함에 있어서 금융투자상품 등의 가격에 중대한 영향을 미칠 수 있는 매수 또는 매도 의사를 결정한 후 이를 실행하기 전에 그 금융투자상품 등을 자기의 계산으로 매수 또는 매도하거나 제3자에게 매수 또는 매도를 권유하는 행위를 하지 못한다. 그리고 신탁업자는 자기 또는 관계인수인이 인수한 증권을 신탁재산으로 매수하는 행위도 할 수 없다.

6) 신탁계약서류의 교부

신탁업자는 위탁자와 신탁계약(trust contract)을 체결하여 계약서류를 교부해야 한다. 즉, 신탁업자는 위탁자와 신탁계약을 체결하는 경우 위탁자에게 교부하는 계약서류에 수익자 보호 또는 건전한 거래질서를 위하여 필요한 사항들을 기재하여 작성하고 이를 위탁자에게 교부해야 한다.

7) 수익증권의 발행 및 매수

신탁업자는 수익증권(beneficiary certificate)을 발행하거나 매수할 수 있다. 즉, 신탁업자는 금전신탁계약에 의한 수익권이 표시된 무기명식 수익증권을 발행할 수 있으며, 수익증권을 그 고유재산으로 매수할 수도 있다.

8) 신탁재산의 의결권

신탁업자는 원칙적으로 신탁재산으로 취득한 주식에 대한 권리로 의결권을 행사한다. 다만, 신탁업자는 신탁재산에 속하는 주식의 의결권을 행사함에 있어서 신탁재산에 속하는 주식을 발행한 법인이 신탁업자와 특수한 관계가 있는 경우에는 신탁재산에 속하는 주식을 발행한 법인의 주주총회의 참석 주식수에서 신탁재산에 속하는 주식수를 뺀 주식수의 결의내용에 영향을 미치지 아니하도록 의결권을 행사해야 한다. 그러나 신탁재산에 속하는 주식을 발행한 법인의 합병, 영업의 양도·양수, 임원의 선임 등으로 신탁재산에 손실을 초래할 것이 명백하게 예상되는 경우에는 전체의 의결권을 행사할 수 있다.

chapter 14

금융투자업 관련기관

제 1 절 금융투자업의 감독기관

Ⅰ. 금융위원회

1. 금융위원회의 설립목적

금융위원회(Financial Services Commission)는 금융산업의 선진화와 금융시장의 안정을 도모하고 건전한 신용질서와 공정한 금융거래관행을 확립하며 예금자 및 투자자 등 금융수요자를 보호함으로써 국민경제의 발전에 기여함을 목적으로 설립된 정부기관이다. 이러한 목적으로 설립된 금융위원회는 업무를 수행함에 있어 공정성을 유지하고 투명성을 확보하며 금융기관의 자율성을 보장하려는 노력이 필요하다.

금융위원회는 1998년에 제정된 '금융위원회의 설치 등에 관한 법률'에 의해 설립된 의사결정기구이며, 금융정책, 외국환업무취급기관의 건전성 감독 및 금융감독에 관한 업무를 수행하기 위한 국무총리소속의 중앙행정기관으로서 그 권한에 속하는 사무를 독립적으로 수행한다. 이러한 금융위원회는 기본적으로 국내 모든 금융회사와 공공금융기관에 대한 정책을 추진하며, 금융감독원을 감독하는 기관이다.

2. 금융위원회의 구성

금융위원회 위원은 위원장, 부위원장과 상임위원, 기획재정부차관, 한국은행 부총재, 예금보험공사 사장, 금융위원회 위원장이 추천하는 금융전문가 2인, 대한상공회의소 회장이 추천하는 경제계 대표 1인 등 총 9명으로 구성된다.

3. 금융위원회의 소관사무

금융위원회는 ① 금융에 관한 정책 및 제도에 관한 사항, ② 금융기관 감독 및 검사·제재에 관한 사항, ③ 금융기관의 설립, 합병, 전환, 영업의 양수·양도 및 경영 등의 인가와 허가에 관한 사항, ④ 자본시장의 관리·감독 및 감시 등에 관한 사항, ⑤ 금융소비자의 보호와 배상 등 피해구제에 관한 사항, ⑥ 금융중심지의 조성·발전에 관한 사항, ⑦ 제1호부터 제6호까지의 사항에 관련된 법령 및 규정의 제·개정 및 폐지에 관한 사항, ⑧ 금융 및 외국환업무취급기관의 건전성 감독에 관한 양자·다자간 협상 및 국제협력에 관한 사항, ⑨ 외국환업무취급기관의 건전성 감독에 관한 사항, ⑩ 그 밖에 다른 법령에서 금융위원회의 소관으로 규정된 사항을 심의·의결한다.

4. 금융위원회의 감독업무[1)]

1) 금융감독원에 대한 감독

금융위원회 위원장은 금융감독원의 정관변경 승인, 예산 및 결산 승인권 등을 가지고 있으며, 업무 및 운영·관리에 대한 지도 감독권을 행사할 수 있다.

2) 자본시장에 관한 감독

금융위원회는 금융투자업자에 대한 명령권에 근거한 한정적인 준입법적 권한 및 증권시장 질서를 유지하기 위한 한정적인 준입법적 권한을 가지고 있다. 즉 금융위원회는 자본시장법의 규정에 따라 주식시장, 채권시장, 증권상품시장, 파생상품시장 등 자본시장과 관련하여 ① 증권의 발행·관리, ② 공정거래질서유지, ③ 상장법인의 관리 등의 많은 권한을 가지고 있다.

1) 본 내용은 김석진 외 4인, 『한국자본시장론』, 삼영사, 2011, pp. 461~462에서 일부 인용하여 정리하였다.

3) 자본시장관계기관에 대한 감독

금융위원회는 한국거래소, 한국예탁결제원, 증권금융회사, 금융투자협회 등의 관계기관에 대해 제반 규정의 승인권 및 기타 감독권을 가지고 있다.

4) 금융투자업자 등에 대한 감독

금융위원회는 금융투자업자에 대해 건전한 경영지도, 투자자 보호 및 건전한 거래질서유지, 법규의 위반 등에 대한 포괄적인 감독과 조치명령권을 가지고 있다.

Ⅱ. 금융감독원

1. 금융감독원의 설립목적

금융감독원(Financial Supervisory Service)은 금융기관에 대한 검사와 감독 업무 등의 수행을 통하여 건전한 신용질서와 공정한 금융거래관행을 확립하고 예금자 및 투자자 등 금융수요자를 보호함으로써 국민경제의 발전에 기여할 목적으로 설립되었다. 금융감독원은 '금융감독기구의 설치 등에 관한 법률'에 따라 과거의 은행감독원, 증권감독원, 보험감독원, 신용관리기금 등 4개 감독기관이 통합되어 1999년에 설립되었고 2008년에 제정된 '금융위원회의 설치 등에 관한 법률'에 따라 현재의 금융감독원으로 탄생하였다.

2. 금융감독원의 조직

금융감독원은 원장 1명, 부원장 4명 이내, 부원장보 9명 이내와 감사 1명을 두도록 되어 있다. 금융감독원의 원장은 금융위원회의 의결을 거쳐 금융위원회 위원장의 제청으로 대통령이 임명한다. 금융감독원의 부원장은 원장의 제청으로 금융위원회가 임명하고, 금융감독원의 부원장보는 원장이 임명한다. 또한 감사는 금융위원회의 의결을 거쳐 금융위원회 위원장의 제청으로 대통령이 임명한다. 원장·부원장·부원장보 및 감사의 임기는 3년으로 하며, 1차에 한하여 연임할 수 있다. 만약 원장·부원장·부원장보와 감사에 결원이 생겼을 때에는 새로 임명하되, 그 임기는 임명된 날부터 기산한다.

3. 금융감독원의 업무

금융감독원은 금융기관의 업무 및 재산상황에 대한 검사, 금융위원회 또는 증권선물위원회의 위탁에 의한 금융감독의 업무, 검사결과에 따른 법과 다른 법령의 규정에 따른 제재, 금융위원회 및 그 소속기관에 대한 업무지원, 기타 법과 다른 법령에서 금융감독원이 수행하도록 하는 업무 등을 담당하고 있다. 금융감독원은 은행, 보험, 증권 등 금융과 관련된 전반적인 지도·감독의 업무를 수행하지만 자본시장과 관련하여 ① 분쟁조정, ② 기업공시업무, ③ 기업공시제도업무, ④ 자본시장조사, ⑤ 금융감독, ⑥ 소비자보호감독, ⑦ 제재심의, ⑧ 금융서비스의 개선업무, ⑨ 금융투자감독, ⑩ 자산운용감독, ⑪ 복합금융감독, ⑫ 금융투자검사, ⑬ 자산운용검사 등의 업무를 수행한다.

Ⅲ. 금융위원회와 금융감독원의 관계

1. 금융위원회와 금융감독원의 차이

금융위원회는 금융감독을 위한 각종 법령 등 규정을 만들어 금융감독원이 금융기관을 감독할 수 있는 근거를 제공하고, 금융감독원의 검사결과를 받아 실제로 행정조치를 취하는 정부기관이다. 그리고 금융위원회는 감독시스템의 효율적 운영을 위하여 금융감독원의 감독업무를 총괄한다. 하지만 금융감독원은 금융기관에 대한 검사 및 감독 업무 등을 주 업무로 하며, 이를 통해 건전한 신용질서와 공정한 금융거래관행을 확립하는 것을 목적으로 설립된 무자본특수법인이다. 금융감독원은 한국은행과 마찬가지로 국가에는 소속되어 있으나 정부에서 독립된 기관이며, 공공기관이 아닌 민간기관이다.

2. 금융위원회와 금융감독원의 분리이유

정부기관인 금융위원회가 직접 감독업무를 수행하게 된다면 정부에 의해 금융회사들의 자율적 운영을 저해할 수 있다. 또한 금융감독원은 금융회사들로부터 감독에 따른 대가로 분담금을 받아서 운영되는데, 정부기관이 민간기관인 금융회사들로부터 분담금을 받아 운영하기는 현실적으로 힘들다. 그리고 감독업무를 능률적으로 담당할 수 있는 고도의 전문화된 인력이 필요하기 때문에 법인화된 조직으로 금융감독원을 운영하는 것이 바람직하다.

3. 금융위원회와 금융감독원의 연계관계

감독업무에는 금융회사가 법률 등 각종 규정을 위반한 행위를 하였을 때에 대한 처벌 등 행정조치가 수반된다. 하지만 금융감독원은 정부기관도 아니므로 직접적으로 이러한 감독업무를 수행할 수 없다. 따라서 금융감독원은 감독에 대한 결과를 금융위원회에 보고하고, 정부기구인 금융위원회에서 직접적인 행정조치를 취하게 된다. 또한 감독업무를 위해 법령 등 규정을 제정하기 위해 정부기구인 금융위원회가 존재해야 하는 이유가 된다. 그리고 금융위원회는 경제부처가 금융감독권한을 남용하는 것을 방지하기 위해 별도의 조직으로 금융감독원을 두고 있다. 금융위원회는 자본시장법에 따른 권한의 일부를 금융감독원장에게 위탁하고, 금융감독원의 업무・운영・관리에 대한 지도・감독을 하며, 위탁한 업무의 처리내용을 6개월마다 금융감독원으로부터 보고받고 있다.

Ⅳ. 증권선물위원회

1. 증권선물위원회의 설립목적

증권선물위원회(Securities & Futures Commission)는 증권・선물시장의 불공정거래 조사와 금융위원회가 수행하는 주요 사항을 사전에 심의하는 기관이다. 이 위원회는 1998년 4월 금융감독위원회 설립과 동시에 발족한 금융감독위원회 내부기구로 시작하였다. 그리고 2008년에 제정된 '금융위원회의 설치 등에 관한 법률'에 의하여 금융감독위원회가 금융위원회로 통합・변경됨에 따라 금융위원회에 증권선물위원회를 설치・운영하고 있다.

증권선물위원회는 자본시장의 불공정거래 조사, 기업회계의 기준 및 회계감리에 관한 업무, 금융위원회 소관사무 중 자본시장의 관리・감독 및 감시 등과 관련된 주요 사항에 대한 사전심의, 자본시장의 관리・감독 및 감시 등을 위하여 금융위원회로부터 위임받은 업무, 그 밖의 다른 법령에서 증권선물위원회에 부여된 업무 등을 관장하고 있다.

2. 증권선물위원회의 구성

증권선물위원회는 위원장 1명을 포함한 5명의 위원으로 구성되고, 위원장을 제외한 위원 중 1명은 상임으로 하도록 되어 있으며, 증권선물위원회 위원장은 금융위원회 부위원장이 겸임하도록 하고 있다. 증권선물위원회 위원은 금융, 증권, 파생상품 또는 회계분야에 관한 경험이 있는 2급 이상의 공무원 또는 고위공무원단에 속하는 일반직공무원이었던 사람, 대학에서 법률학·경제학·경영학 또는 회계학을 전공하고, 대학이나 공인된 연구기관에서 부교수 이상 또는 이에 상당하는 직에 15년 이상 있었던 사람, 그 밖에 금융, 증권, 파생상품 또는 회계분야에 관한 학식과 경험이 풍부한 사람 중에서 금융위원회 위원장의 추천으로 대통령이 임명하도록 하고 있다. 증권선물위원회 위원장의 법정 임기는 3년이고, 위원장이 아닌 증권선물위원회 위원의 임기는 3년으로 하며, 1차에 한하여 연임할 수 있다.

3. 증권선물위원회의 업무

증권선물위원회는 ① 자본시장의 불공정거래 조사, ② 기업회계의 기준 및 회계감리에 관한 업무, ③ 금융위원회 소관사무 중 자본시장의 관리·감독 및 감시 등과 관련된 주요 사항에 대한 사전심의, ④ 자본시장의 관리·감독 및 감시 등을 위하여 금융위원회로부터 위임받은 업무, ⑤ 기타 다른 법령에서 증권선물위원회에 부여된 업무 등을 수행한다.

4. 증권선물위원회와 금융감독원의 상호관계

증권선물위원회는 금융감독원에 대한 지도·감독권을 가지고 있다. 즉, 증권선물위원회는 관련업무에 관하여 금융감독원을 지도·감독하며 그에 필요한 명령을 할 수 있다. 증권선물위원회는 자본시장법에 따른 권한의 일부를 금융감독원장에게 위탁할 수 있으며, 금융감독원장은 위탁받은 업무의 처리내용을 6개월마다 증권선물위원회에 보고해야 한다. 증권선물위원회는 자본시장법에 의한 권한을 행사하는 데에 필요하다고 인정되는 경우에는 금융감독원장에 대하여 지시·감독 및 업무집행방법의 변경, 그 밖에 감독상 필요한 조치를 명령할 수 있다.

제 2 절 금융투자업의 거래기관

Ⅰ. 한국거래소

1. 한국거래소의 설립과 목적

우리나라는 2005년에 종전의 증권거래소, 선물거래소, 코스닥위원회, 코스닥증권시장 등 기존 4개 기관을 통합하여 한국증권선물거래소를 설립하였다. 그리고 2009년 자본시장법의 제정에 따라 한국증권선물거래소를 한국거래소(KRX : Korea exchange)라는 간단한 명칭으로 개칭하였다. 한국거래소의 설립목적은 증권 및 장내파생상품의 공정한 가격형성과 매매, 거래의 안정성 및 효율성을 도모하고자 하는 데 있다.

2. 한국거래소의 특성

한국거래소는 ① 계속적이고 상설로 개설되는 시간적 특성, ② 일정한 장소에 시장이 집중되는 공간적 특성, ③ 회원인 금융투자업자와 투자자들이 자유롭게 매도거래와 매수거래를 할 수 있는 거래주체상의 특성, ④ 완전한 대체성이 보장되는 증권과 장내파생상품을 거래한다는 거래대상의 특성, ⑤ 공개적으로 경쟁매매가 이루어지고 거래방법이 정형화되어 있으며 기술적으로 전문화되어 있다는 거래행위상의 특성을 가지고 있다.[2)]

3. 한국거래소의 회원

한국거래소는 자본시장법에 따라 투자매매업 또는 투자중개업의 인가를 받은 자가 회원으로 가입할 수 있다. 자본시장법에 따르면 한국거래소는 주식회사의 형태이므로 회원들이 주주이므로 한국거래소의 의사결정기관은 주주총회가 된다.

회원은 증권시장 및 파생상품시장에서의 증권 또는 장내파생상품의 매매거

---

2) 이장우 외 2인, 『글로벌시대의 증권시장론』, 도서출판 오래, 2010, p. 48 참조.

래의 권리가 있으며, 증권 및 파생상품시장에서의 증권 또는 장내파생상품의 매매거래에 대한 결제 및 결제위탁계약을 체결할 수 있는 권리도 있다. 한편 회원은 공동기금의 적립, 거래 수수료의 납부, 보증금의 예탁, 자본시장법과 회원관리규정 등 법규의 준수 등의 의무가 있다.

4. 한국거래소의 업무

한국거래소는 ① 유가증권시장 · 코스닥시장 · 코넥스시장 및 파생상품시장의 개설 · 운영에 관한 업무, ② 증권 및 장내파생상품의 매매에 관한 업무, ③ 증권의 매매거래 및 파생상품거래에 따른 청산 및 결제에 관한 업무, ④ 장외파생상품거래의 확인, 청산 및 결제에 관한 업무, ⑤ 장외파생상품 거래정보의 수집 · 보관 및 관리에 관한 업무, ⑥ 증권의 상장에 관한 업무, ⑦ 장내파생상품 매매의 유형 및 품목의 결정에 관한 업무, ⑧ 상장법인의 신고 · 공시에 관한 업무, ⑨ 시장감시와 이상거래의 심리 및 회원의 감리에 관한 업무, ⑩ 증권의 경매업무, ⑪ 유가증권시장 · 코스닥시장 및 파생상품시장 등에서의 매매거래와 관련된 분쟁의 자율조정에 관한 업무 등을 수행하고 있다.

Ⅱ. 넥스트레이드

넥스트레이드(NXT : nextrade)는 한국 최초의 대체증권거래소(ATS : alternative trading system)로 2022년 11월에 창립되었고, 2025년 3월에 공식 출범하였다. 넥스트레이드는 70여 년 동안 한국거래소(KRX)의 독점체제를 깨고 제2의 주식거래 플랫폼으로 국내 주요 증권사, 금융지주, IT기업 등 총 34개사가 공동으로 출자해 설립하였다. 미국, 유럽, 일본 등 해외에는 이미 거래소가 여러 개이고, 특히 미국에는 대체거래소가 무려 32곳이나 있는 것에 비하면 우리나라는 도입시점이 상당히 늦었다.

2025년 9월 현재 거래참여증권사는 19개이며 일부참여증권사는 10개이다. 넥스트레이드는 메인마켓 전후로 프리마켓과 애프터마켓을 추가 운영하여 기존 한국거래소의 거래시간보다 5시 30분 더 늘어난 하루 12시간 동안 주식을 거래할 수 있다. 또한 넥스트레이드는 한국거래소 대비 20∼40% 저렴한 수수료율을 적용하고, 새로운 주문유형인 중간가호가와 스톱지정가호가를 제공하고 있다.

Ⅲ. 한국예탁결제원

1. 예탁의 의의

일반투자자가 증권회사 등 금융기관(예탁자)에 증권을 맡기면, 한국예탁결제원(Korea Securities Depository)은 그 금융기관들이 가지고 있는 증권을 보관하고, 매매거래에 따른 결제와 보관 중에 발생하는 권리행사 등의 업무를 처리한다. 여기서 증권의 보관과 권리행사를 위임하는 행위를 예탁(entrust)이라 한다. 증권을 예탁하면 예탁증권의 소유권 등 권리의 이전이 증권의 이동 없이 법적 장부인 계좌부의 작성에 의해 이루어지게 되며, 한국예탁결제원은 일반투자자를 대신하여 예탁증권의 권리를 행사하고 이에 따른 배당금 · 원리금 · 무상주식 · 유상주식 등의 투자자 과실을 일괄 수령하여 예탁자를 통하여 일반투자자에게 지급하게 된다. 이러한 예탁제도는 사회적 비용이 절감되고 투자고객의 권익과 편의를 제고하게 된다.[3)]

2. 한국예탁결제원의 성격

한국예탁결제원은 증권예탁결제시스템이라는 기간구조로서 증권의 발행 및 유통과 금융거래의 효율성을 높이고, 국민경제적인 측면에서는 사회적 물류비용을 절감시키는 역할을 수행하는 유일한 금융투자상품의 중앙예탁결제기관이다. 한국예탁결제원은 일반투자자, 기관투자가, 법인 등이 보유하고 있는 증권의 대부분을 예탁받아 관리하는 최대의 국민재산관리기관으로서의 역할을 수행하고 있다.

한편 한국예탁결제원은 증권시장에서 발생하는 증권관리사무와 금융 · 증권시장의 가교역할을 담당함으로써 증권결제의 안정성을 확보하고 금융산업의 효율성을 높여 국민경제발전에 기여하는 기간산업역할을 수행한다. 그리고 증권회사, 은행, 보험, 펀드, 선물회사 등 국내 금융기관에 증권의 예탁결제를 비롯한 금융연계 및 선물, 파생상품 등에 대한 다양한 서비스를 제공하고 있다. 이는 증권의 발행과 유통이 원활하게 이루어지는 데 필요한 증권종합관리서비스를 제공하여 자본시장이 안정적 · 효율적으로 운영되도록 기여하고 있다.

---

3) 한국예탁결제원 홈페이지에서 인용하였다.

Ⅳ. 한국증권금융

1. 한국증권금융의 의의

한국증권금융(Korea Securities Financial Corporation)은 증권거래소에 등록되어 있는 증권회사에 대해 증권투자에 필요한 증권금융업무와 유가증권시장에서의 매매거래에 필요한 자금이나 유가증권을 빌려주는 업무를 담당하는 회사이다. 한국증권금융은 증권금융의 전입기관으로 국내의 유일한 증권금융회사이다.

2. 한국증권금융의 업무

한국증권금융은 ① 증권시장에 자금과 증권을 공급하는 고유업무(증권인수금융, 증권유통금융, 증권담보금융), ② 증권투자자를 보호하기 위한 투자자예탁금 관리, 근로자의 재산형성과 회사에 대한 주인의식 고취를 지원하는 우리사주제도 지원, ③ 일반고객의 재테크를 돕는 예금 및 대출 업무를 취급하고 있다.

Ⅴ. 종합금융회사

1. 종합금융회사의 의의

종합금융회사(merchant bank)는 규모가 작지만 금융분야의 전문성을 가지고 국내금융업무보다 국제금융 및 주선업무를 수행하는 기관으로 종금사라고도 불린다. 1970년대 중반에 한국종합금융 등 6개 회사의 종합금융회사가 설립되었으나, 1997년 외환위기의 주범으로 지목되어 퇴출되는 수난을 겪었다. 2025년 현재 종합금융회사의 면허를 갖고 있는 회사는 우리투자증권이 유일하다.

2. 종합금융회사의 업무

종합금융회사는 ① 1년 이내에서 기간 이내에 만기가 도래하는 어음관련 업무, ② 설비 또는 운전자금의 투융자 업무, ③ 증권의 인수·매출 또는 모집·매출의 중개·주선·대리의 업무 등을 수행한다.

제 3 절 금융투자업의 관련협회

Ⅰ. 한국금융투자협회

1. 금융투자협회의 설립목적

한국금융투자협회(KOFIA : Korea financial investment association)는 자본시장법 제283조에 의하여 설립된 회원 조직으로서, 금융투자 관련회사들 상호간의 업무질서 유지 및 공정한 거래를 확립하고 투자자를 보호하며 금융투자업의 건전한 발전에 기여할 목적으로 설립된 기관이다. 자본시장법에 의해 기존의 증권업협회, 자산운용협회, 그리고 선물협회를 통합하여 금융투자협회가 재탄생하였다. 협회의 회원은 회원의 금융투자업 인가·등록 여부에 따라 정회원과 준회원으로 구분하고, 기타 금융투자업 관련업무 수행자를 특별회원으로 구분하고 있다.

2. 금융투자협회의 주요 업무

1) 회원 서비스 및 금융투자업 발전 지원

금융투자협회는 협회 회원에게 다양한 서비스를 제공하고 금융투자업의 건전한 발전을 위하여 ① 금융투자업 발전을 위한 정책건의 및 제도개선, ② 법무·회계·세무 등 회원의 업무지원 및 공동이익 증진, ③ 장기투자문화 캠페인 등 업계 공동 홍보 및 사회공헌 활동, ④ 회원사 해외 업무 및 진출 지원, ⑤ 금융투자업 관련제도의 조사·연구, ⑥ 자본시장 관련 통계정보 제공, ⑦ 금융투자업 관련 정기간행물 발간 및 도서관 운영 등을 지원하고 있다.

2) 업무질서 유지 및 투자자 보호(자율규제)

금융투자협회는 회원들의 업무질서를 유지하고 자율적 규제를 통한 투자자 보호를 위하여 ① 회원간의 건전한 영업질서 유지 및 투자자 보호에 관한 업무, ② 회원의 영업행위와 관련된 분쟁의 자율조정, ③ 금융투자회사의 약관 검토 및 투자광고의 자율심의, ④ 회원사의 내부통제시스템 선진화 지원, ⑤ 금융감독원장으로부터 위탁받은 검사 및 회원 조사 등을 수행하고 있다.

3) 교육 및 전문인력 관리

금융투자협회는 ① 회원사 임직원의 직무 관련 교육 및 교육시설 운영, ② 금융투자업 직무종사자의 등록・관리, ③ 금융투자전문인력 자격시험 운영 및 관리, ④ 대국민 금융투자교육 및 관련단체 운영 지원 등을 관리하고 있다.

4) 채권 및 비상장주권 등의 장외시장 관리

금융투자협회는 ① 수익률・채권지수 발표 및 장외거래 호가집중 등 채권장외시장의 관리, ② 채권거래전용시스템(K-BOND) 및 소액채권 판매정보집중시스템(채권몰) 운영, ③ 비상장주권 장외매매시장인 K-OTC 개설 및 운영, ④ 회원사의 장외파생상품 관련업무 지원 등을 관리하고 있다.

Ⅱ. 한국상장회사협의회

상장회사협의회(Korea listed companies association)는 한국거래소 유가증권시장에 주권이 상장된 주권상장법인을 회원으로 하여 상장기업의 권익을 보호하는 이익단체로 투자자 보호 및 건전한 거래질서를 위하여 기획재정부장관의 허가를 받아 설립되었다. 상장회사협의회는 회원사의 권익옹호, 정책당국의 가교역할, 회원사의 실무지원, 전문인력의 양성지원, 상장회사의 정보관리 등의 사업을 수행하고 있다. 협의회의 주요 업무는 ① 회원사 공시제도에 관한 사업, ② 배당정책에 관한 사업, ③ 회원사 관련업무의 교육 및 연수에 관한 사업 등이 있다.

Ⅲ. 코스닥협회

코스닥협회(KOSDAQ listed companies association)는 코스닥시장의 건전한 육성과 투자자 보호 및 협회 회원사의 권익옹호 및 친선도모를 목적으로 설립되었다. 이 협회는 1999년 6월에 코스닥상장법인협의회로 출범하여 오늘날 코스닥협회의 명칭은 2009년 6월부터 사용하고 있다. 코스닥협회는 회원사의 실무지원 사업으로 주식 및 공시업무 및 법률관련 질의에 대해 상담은 물론 필요시 관계당국에 유권해석을 의뢰하여 회원사에 안내하고 정보 및 자료를 제공한다. 협회는 회원사들의 해외시장 진출을 위한 해외사업 개척활동도 지원한다.

제4절 금융투자업의 평가회사

Ⅰ. 신용평가회사

1. 신용평가회사의 의의

신용평가회사(CRAs : credit rating agencies)는 증권을 발행하는 기업이나 금융기관의 재무적 상황과 경제적 환경 등의 요소를 고려하여 주로 채권발행자의 신용도를 등급으로 부여하는 회사이다. 이러한 회사들의 신용평가는 기본적으로 투자자와 증권발행사 간에 신용정보의 비대칭성을 완화하여 채무증권의 거래를 활성화한다는 것에 의의가 있다. 일반투자자들은 주식과 채권의 위험과 그 위험에 따른 기대수익률에 대하여 증권발행회사에 비해 정보가 열악하다. 신용평가회사들은 증권발행기관을 직접 실사하면서 이들에 대한 신용을 지수로 평가하고, 투자자들을 대신하여 여러 증권발행회사의 신용을 집중관리하는 서비스를 제공한다. 신용평가 결과는 투자자에게 투자의 기초자료를 제공하고, 재무건전성 감독의 수단으로 활용되고 있다.

2. 세계 3대 신용평가회사

세계 3대 신용평가회사는 Moodys사, Standard and Poors사(S&P), Fitch IBCA가 있다. 이들 미국의 3대 신용평가회사가 전 세계 신용평가의 95% 이상을 차지하고 있다.

3. 우리나라 신용평가회사

현재 우리나라 금융투자협회에는 NICE신용평가, 서울신용평가정보, Fitch Ratings 계열사인 한국기업평가, 그리고 Moody's 계열사인 한국신용평가 등의 신용평가회사가 등록되어 있다. 이 중 NICE신용평가, 한국기업평가, 한국신용평가 등 3사가 약 99% 정도의 시장점유율을 차지하고 있다. 한편 개인의 신용도를 평가해 제공하는 개인신용평가회사로 코리아크레디트뷰로가 있다.

Ⅱ. 집합투자기구평가회사

1. 집합투자기구평가회사의 개관

집합투자기구평가회사(collective investment vehicle assessment agency)는 펀드평가회사로 집합투자기구를 평가하고 이를 투자자에게 제공하는 업무를 수행하는 회사로 금융위원회에 등록한 회사이다. 이러한 평가회사는 펀드시장이 발달함에 따라 펀드가입자가 증가하고 집합투자기구의 투자대상이 다양해지며 종류와 형태가 점점 복잡하여 간접투자자의 보호가 필요하기 때문에 탄생한 기구이다. 이러한 전문적인 평가회사가 집합투자기구에 대한 상세한 분석정보의 내용을 일반 펀드투자자에게 적시에 이해하기 쉽게 제공해야 투자자가 보호되고 펀드시장이 활성화될 수 있다. 2025년 9월 기준으로 모닝스타코리아, 에프앤가이드, 케이지제로인, 한국펀드평가 등이 집합투자기구평가회사로 등록하여 집합투자기구평가업을 영위하고 있다.

2. 영업행위준칙

집합투자기구평가회사는 집합투자기구평가를 위하여 집합투자업자로부터 집합투자기구재산내역을 제공받을 수 있으나 제공받은 정보를 목적 외에 사용하는 것이 금지되고, 집합투자기구평가 세부기준을 공시하며, 영업행위준칙을 제정해야 하는 의무 등을 이행해야 한다.

Ⅲ. 채권평가회사

채권평가제도는 금융투자업자가 보유하고 있는 국채, 공채, 회사채 등 채권의 가치를 적절한 가격으로 평가하는 제도이다. 자본시장법에 따르면 채권평가회사(bond rating agency)는 집합투자재산에 속하는 채권 등 자산의 가격을 평가하고 이를 집합투자기구에 제공하는 업무를 수행하는 회사로 규정하고 있다. 우리나라의 채권평가회사는 2025년 9월 기준으로 나이스피앤아이, 에프앤자산평가, 이지자산평가, 키스채권평가, 한국자산평가 등이 평가회사로 등록하여 채권평가업을 영위하고 있다.

제 5 절 금융투자업의 관련회사

Ⅰ. 금융투자업의 관련회사

자본시장법 제283조 제2항에 따라 한국금융투자협회는 금융투자인가업자인 정회원, 금융투자등록업자인 준회원, 그리고 특별회원을 두고 있다. 2025년 9월 기준으로 정회원은 투자매매업, 투자중개업, 집합투자업, 그리고 신탁업을 영위할 수 있는 회사로 399개가 있으며, 준회원은 투자일임업, 투자자문업, 겸영금융투자업을 영위할 수 있는 회사로 152개가 있다. 그리고 특별회원은 29개의 관련회사 및 기관이 있다.

〈표 14-1〉 금융투자업의 관련회사 종류

구 분	금융투자업 종류	회원수	관련회사
인가업자 (정회원)	투자매매업, 투자중개업, 집합투자업, 신탁업	399	증권회사(60), 자산운용회사(322), 선물회사(3), 신탁회사(14)
등록업자 (준회원)	투자일임업, 투자자문업, 겸영금융투자업	152	자문사(105), 은행(27), 보험(8), 조합(6), 체신관서(1), 온라인소액투자중개업(2), 증권금융(1), 외국환중개회사(2)
특별회원		29	사무관리회사(9), 집합투자기구평가회사(4), 채권평가회사(5), 신용평가회사(4), 기타(7)

Ⅱ. 증권회사와 금융투자회사

종전의 증권회사(securities company)는 영업의 종류별로 금융위원회의 인가를 받아 금융투자업을 영위할 수 있는 주식회사로 증권시장과 투자자 사이에서 증권을 매매시키는 업무를 주로 담당하여 증권시장을 형성하는 중추적 기관이다. 증권회사는 일반적으로 기업이 증권시장에서 증권발행을 통해 자금을 조달할 경우 이를 도와주는 업무와 투자자들이 증권시장에서 증권을 매수하거나 매도를 원할 경우 이를 대신해서 매매해 주는 업무 및 증권회사 고유의 자본금으로 증권을 사고파는 업무 등을 수행한다. 이러한 증권회사가 인가를 받아야만 증권업을 영위할 수 있는 것은 유가증권이 금융상품으로 거래방법이 고도의 기술과 전문적인 지식을 요구하기 때문이다. 2025년 9월 현재 60개의 증권회사가 있다.

우리나라는 자본시장법 시행 이후 많은 증권회사들이 다양한 영역으로 금융업무를 확대하는 추세 속에서 금융투자회사로 이름을 변경하였다. 금융투자회사(financial investment company)는 투자자를 상대로 금융투자상품을 매매하는 투자매매업이나 매매를 중개하는 투자중개업은 물론 투자자문업, 투자일임업, 신탁업 등의 금융투자업을 겸영할 수 있다.

Ⅲ. 자산운용회사

자산운용회사(asset management company)는 일반적으로 펀드라고 불리는 집합투자기구를 운용하는 회사로 집합투자업자이다. 집합투자업자인 자산운용회사는 일반적으로 펀드를 운용하고, 펀드의 판매는 판매계약에 의하여 판매회사에 판매업무를 위탁하여 수행한다. 그리고 자산운용회사가 운영하는 투자신탁재산이나 투자익명조합재산에 속하는 주식의 의결권은 자산운용회사가 행사하게 된다. 집합투자업자인 자산운용회사들은 펀드매니저에게 특정펀드를 운용하는 업무를 수행하게 하고 있다. 자산운용회사는 2017년 4월에는 153개의 회사가 있었으나 자본시장법의 개정으로 설립요건이 완화되어 2025년 9월 현재 322개의 회사로 크게 증가하였다.

Ⅳ. 일반사무관리회사

회사형 펀드인 투자회사는 펀드의 운용, 신탁, 일반사무를 집합투자업자, 신탁회사, 일반사무관리회사에 맡긴다. 따라서 일반사무관리회사(general administration company)는 투자회사로부터 일반사무에 관한 업무를 위탁받은 회사이다. 일반사무관리회사는 투자회사의 주식발행, 명의개서, 투자회사의 재산계산, 이사회 및 주주총회의 업무 등 투자회사에 필요한 일반사무업무를 수행한다. 우리나라 일반사무관리회사는 2025년 9월 현재 삼정케이피엠지에이에이에스, 스카이펀드서비스, 신한펀드파트너스, 우리펀드서비스, 케이비펀드파트너스, 코스콤펀드서비스, 하나펀드서비스, 한국펀드서비스, 한국펀드파트너스 등 9개의 회사가 있다.

Ⅴ. 투자자문회사

투자자문회사(investment advisory company)는 투자자문업이나 투자일임업을 영위하는 회사로서 자기자본, 전문인력 확보 등 일정한 요건을 갖추어 금융위원회에 등록해야 한다. 여기서 투자자문업은 금융투자상품의 가치 또는 금융투자상품에 대한 투자판단(종류, 종목, 취득·처분, 취득·처분의 방법, 수량, 가격 및 시기 등에 대한 판단)에 관한 자문에 응하는 것을 영업으로 하는 것을 의미한다. 그리고 투자일임업은 투자자로부터 금융투자상품에 대한 투자판단의 전부 또는 일부를 일임받아 투자자별로 구분하여 금융투자상품을 취득·처분 등의 방법으로 운용하는 영업을 의미한다. 금융투자상품의 범위는 증권 및 장내·외 파생상품을 포함한다.

외국에서 국내 거주자를 상대로 직접 투자자문업·투자일임업을 영위하거나 통신수단을 이용하여 영업을 하는 자를 역외투자자문업자라고 하며, 이 경우에도 금융위원회에 등록해야 한다. 투자자문회사는 투자자문업과 투자일임업을 모두 영업할 경우 등록요건으로 자본금 20억원(투자자문업 5억원, 투자일임업 15억원) 이상, 전문인력 3명(투자자문업 1명, 투자일임업 2명) 이상을 갖추어야 한다. 투자자문회사는 특정고객별로 분리하여 고객의 재산을 운용한다는 점에서 불특정고객을 상대로 운용하는 집합투자업자와 차이가 있다. 우리나라에는 최근에 크게 증가하여 2025년 9월 현재 105개의 투자자문회사가 있다.

Ⅵ. 신탁회사

신탁회사(trust company)는 신탁의 인수를 영업목적으로 하는 회사를 말한다. 신탁회사는 은행신탁계좌 중 금전신탁, 재산신탁, 종합재산신탁 등의 업무를 수행하는 단독 운영회사가 있으며, 투자신탁과 투자회사의 수탁자로서 투자신탁재산의 보관, 관리의 업무를 하는 수탁회사가 있다. 이러한 신탁업무 이외에도 신탁회사는 유언집행자, 유산관리인, 주식사채등록기관, 명의개서대리인, 재산후견인 등으로서도 행동할 수 있고 은행업무의 겸영도 가능하다. 우리나라에서는 일반적으로 시중은행, 지방은행 및 외국은행의 국내지점에서 신탁의 업무를 수행하고 있다. 2025년 9월 현재 금융위원회의 인가를 받은 신탁회사는 KB부동산신탁, 국제자산신탁 등 14개사가 있다.

Ⅶ. 선물회사

선물회사(futures company)는 선물거래의 중개업을 영위하는 회사이다. 선물거래는 밀, 금속, 채권, 외화자산, 원유 등 여러 가지 많은 상품을 조직화된 장소에서 거래할 수 있는데, 이를 선물거래소라고 한다. 우리나라 선물거래소는 한국거래소이다. 우리나라에는 2025년 9월 현재 NH선물, 삼성선물, 유진투자선물 등 3개의 선물회사가 있다.

Ⅷ. 온라인소액투자중개회사

온라인소액투자중개(크라우드 펀딩)는 기업이 온라인 플랫폼 등을 통해 불특정다수 대중에게 자금을 모으는 자금조달방식이다. 이 제도는 2016년 1월 25일에 자본시장법 개정을 통해 도입되었다. 자본시장법은 온라인소액투자중개업을 온라인 펀딩포털 등을 통해 창업기업 등이 발행하는 채무증권, 지분증권 및 투자계약증권의 모집 또는 사모에 관한 중개를 영업으로 하는 것으로 규정하고 있다. 온라인소액투자중개회사는 자신의 홈페이지나 온라인 매체 등을 통해 온라인소액증권발행인의 게재사항을 제공하며, 이러한 게재사항에 대하여 투자자와 발행인 간의 의견교환이 이루어질 수 있도록 하는 방법으로 중개업을 영위한다. 우리나라에는 2025년 9월 현재 오마이컴퍼니, 펜더풀 등 2개의 온라인소액투자중개회사가 있다.

Ⅸ. 금융투자업의 기타 관련회사

금융투자업의 기타 관련회사로 금융투자상품거래청산회사, 자금중개회사, 단기금융회사, 명의개서대행회사 등이 있다. 금융투자상품거래청산회사는 자본시장법 제323조의3에 따라 장외파생상품 채권·채무 거래에서 발생하는 청산업을 영위하고, 자금중개회사는 자본시장법 제355조에 따라 금융기관 등 간 자금거래의 중개업무를 영위하며, 단기금융회사는 자본시장법 제360조에 따라 1년 이내의 기간에 만기가 도래하는 어음의 발행·할인·매매·중개·인수 및 보증업무와 그 부대업무 등을 영위하고, 명의개서대행회사는 자본시장법 제365조에 따라 증권의 명의개서를 대행하는 업무를 영위한다.

부록

자본시장법[발췌]

부록 자본시장법

(자본시장과 금융투자업에 관한 법률)

제정 2007. 8. 3 법률 제8635호
시행 2025. 7. 22 법률 제20718호

제 1 편 총 칙

제 1 조(목적) 이 법은 자본시장에서의 금융혁신과 공정한 경쟁을 촉진하고 투자자를 보호하며 금융투자업을 건전하게 육성함으로써 자본시장의 공정성·신뢰성 및 효율성을 높여 국민경제의 발전에 이바지함을 목적으로 한다.

제 3 조(금융투자상품) ① 이 법에서 "금융투자상품"이란 이익을 얻거나 손실을 회피할 목적으로 현재 또는 장래의 특정(特定) 시점에 금전, 그 밖의 재산적 가치가 있는 것(이하 "금전등"이라 한다)을 지급하기로 약정함으로써 취득하는 권리로서, 그 권리를 취득하기 위하여 지급하였거나 지급하여야 할 금전등의 총액(판매수수료 등 대통령령으로 정하는 금액을 제외한다)이 그 권리로부터 회수하였거나 회수할 수 있는 금전등의 총액(해지수수료 등 대통령령으로 정하는 금액을 포함한다)을 초과하게 될 위험(이하 "투자성"이라 한다)이 있는 것을 말한다. 다만, 다음 각 호의 어느 하나에 해당하는 것을 제외한다.

1. 원화로 표시된 양도성 예금증서
2. 「신탁법」 제78조 제1항에 따른 수익증권발행신탁이 아닌 신탁으로서 다음 각 목의 어느 하나에 해당하는 신탁(이하 "관리형신탁"이라 한다)의 수익권
   가. 위탁자(신탁계약에 따라 처분권한을 가지고 있는 수익자를 포함한다)의 지시에 따라서만 신탁재산의 처분이 이루어지는 신탁
   나. 신탁계약에 따라 신탁재산에 대하여 보존행위 또는 그 신탁재산의 성질을 변경하지 아니하는 범위에서 이용·개량 행위만을 하는 신탁
3. 그 밖에 해당 금융투자상품의 특성 등을 고려하여 금융투자상품에서 제외하더라도 투자자 보호 및 건전한 거래질서를 해할 우려가 없는 것으로서 대통령령으로 정하는 금융투자상품

② 제1항의 금융투자상품은 다음 각 호와 같이 구분한다.

1. 증권
2. 파생상품
   가. 장내파생상품
   나. 장외파생상품

제 4 조(증권) ① 이 법에서 "증권"이란 내국인 또는 외국인이 발행한 금융투자상품으로서 투자자가 취득과 동시에 지급한 금전등 외에 어떠한 명목으로든지 추가로 지급의무(투자자가 기초자산에 대한 매매를 성립시킬 수 있는 권리를 행사하게 됨으로써 부담하게 되는 지급의무를 제외한다)를 부담하지 아니하는 것을 말한다. 다만, 다음 각 호의 어느 하나에 해당하는 증권은 제2편 제5장, 제3편 제1장(제8편부터 제10편까지의 규정 중 제2편 제5장, 제3편 제1장의 규정에 따른 의무 위반행위에 대한 부분을 포함한다) 및 제178조 · 제179조를 적용하는 경우에만 증권으로 본다.

1. 투자계약증권
2. 지분증권, 수익증권 또는 증권예탁증권 중 해당 증권의 유통 가능성, 이 법 또는 금융관련 법령에서의 규제 여부 등을 종합적으로 고려하여 대통령령으로 정하는 증권

② 제1항의 증권은 다음 각 호와 같이 구분한다.

1. 채무증권
2. 지분증권
3. 수익증권
4. 투자계약증권
5. 파생결합증권
6. 증권예탁증권

③ 이 법에서 "채무증권"이란 국채증권, 지방채증권, 특수채증권(법률에 의하여 직접 설립된 법인이 발행한 채권을 말한다. 이하 같다), 사채권(「상법」 제469조 제2항 제3호에 따른 사채의 경우에는 제7항 제1호에 해당하는 것으로 한정한다. 이하 같다), 기업어음증권(기업이 사업에 필요한 자금을 조달하기 위하여 발행한 약속어음으로서 대통령령으로 정하는 요건을 갖춘 것을 말한다. 이하 같다), 그 밖에 이와 유사(類似)한 것으로서 지급청구권이 표시된 것을 말한다.

④ 이 법에서 "지분증권"이란 주권, 신주인수권이 표시된 것, 법률에 의하여 직접 설립된 법인이 발행한 출자증권, 「상법」에 따른 합자회사 · 유한책임회사 · 유한회사 · 합자조합 · 익명조합의 출자지분, 그 밖에 이와 유사한 것으로서 출자지분 또는 출자지분을 취득할 권리가 표시된 것을 말한다.

⑤ 이 법에서 "수익증권"이란 제110조의 수익증권, 제189조의 수익증권, 그 밖에 이와 유사한 것으로서 신탁의 수익권이 표시된 것을 말한다.

⑥ 이 법에서 "투자계약증권"이란 특정 투자자가 그 투자자와 타인(다른 투자자를 포함

한다. 이하 이 항에서 같다) 간의 공동사업에 금전등을 투자하고 주로 타인이 수행한 공동사업의 결과에 따른 손익을 귀속받는 계약상의 권리가 표시된 것을 말한다.

⑦ 이 법에서 “파생결합증권”이란 기초자산의 가격・이자율・지표・단위 또는 이를 기초로 하는 지수 등의 변동과 연계하여 미리 정하여진 방법에 따라 지급하거나 회수하는 금전등이 결정되는 권리가 표시된 것을 말한다. 다만, 다음 각 호의 어느 하나에 해당하는 것은 제외한다.

1. 발행과 동시에 투자자가 지급한 금전등에 대한 이자, 그 밖의 과실(果實)에 대하여만 해당 기초자산의 가격・이자율・지표・단위 또는 이를 기초로 하는 지수 등의 변동과 연계된 증권
2. 제5조 제1항 제2호에 따른 계약상의 권리(제5조 제1항 각 호 외의 부분 단서에서 정하는 금융투자상품은 제외한다)
3. 해당 사채의 발행 당시 객관적이고 합리적인 기준에 따라 미리 정하는 사유가 발생하는 경우 주식으로 전환되거나 그 사채의 상환과 이자지급 의무가 감면된다는 조건이 붙은 것으로서 제165조의11 제1항에 따라 주권상장법인이 발행하는 사채

3의2. 「은행법」 제33조 제1항 제2호부터 제4호까지의 규정에 따른 상각형 조건부자본증권, 은행주식 전환형 조건부자본증권 및 은행지주회사주식 전환형 조건부자본증권

3의3. 「금융지주회사법」 제15조의2 제1항 제2호 또는 제3호에 따른 상각형 조건부자본증권 또는 전환형 조건부자본증권

3의4. 「보험업법」 제114조의2 제1항 제1호에서 제3호까지의 규정에 따른 상각형 조건부자본증권, 보험회사주식 전환형 조건부자본증권 및 금융지주회사주식 전환형 조건부자본증권

4. 「상법」 제469조 제2항 제2호, 제513조 및 제516조의2에 따른 사채
5. 그 밖에 제1호부터 제3호까지, 제3호의2부터 제3호의4까지 및 제4호에 따른 금융투자상품과 유사한 것으로서 대통령령으로 정하는 금융투자상품

⑧ 이 법에서 “증권예탁증권”이란 제2항 제1호부터 제5호까지의 증권을 예탁받은 자가 그 증권이 발행된 국가 외의 국가에서 발행한 것으로서 그 예탁받은 증권에 관련된 권리가 표시된 것을 말한다.

⑨ 제2항 각 호의 어느 하나에 해당하는 증권에 표시될 수 있거나 표시되어야 할 권리는 그 증권이 발행되지 아니한 경우에도 그 증권으로 본다.

⑩ 이 법에서 “기초자산”이란 다음 각 호의 어느 하나에 해당하는 것을 말한다.

1. 금융투자상품
2. 통화(외국의 통화를 포함한다)
3. 일반상품(농산물・축산물・수산물・임산물・광산물・에너지에 속하는 물품 및 이 물품을 원료로 하여 제조하거나 가공한 물품, 그 밖에 이와 유사한 것을 말한다)
4. 신용위험(당사자 또는 제삼자의 신용등급의 변동, 파산 또는 채무재조정 등으로 인한 신용의 변동을 말한다)

5. 그 밖에 자연적 · 환경적 · 경제적 현상 등에 속하는 위험으로서 합리적이고 적정한 방법에 의하여 가격 · 이자율 · 지표 · 단위의 산출이나 평가가 가능한 것

제 5 조(파생상품) ① 이 법에서 "파생상품"이란 다음 각 호의 어느 하나에 해당하는 계약상의 권리를 말한다. 다만, 해당 금융투자상품의 유통 가능성, 계약당사자, 발행사유 등을 고려하여 증권으로 규제하는 것이 타당한 것으로서 대통령령으로 정하는 금융투자상품은 그러하지 아니하다.

1. 기초자산이나 기초자산의 가격 · 이자율 · 지표 · 단위 또는 이를 기초로 하는 지수 등에 의하여 산출된 금전등을 장래의 특정 시점에 인도할 것을 약정하는 계약
2. 당사자 어느 한쪽의 의사표시에 의하여 기초자산이나 기초자산의 가격 · 이자율 · 지표 · 단위 또는 이를 기초로 하는 지수 등에 의하여 산출된 금전등을 수수하는 거래를 성립시킬 수 있는 권리를 부여하는 것을 약정하는 계약
3. 장래의 일정기간 동안 미리 정한 가격으로 기초자산이나 기초자산의 가격 · 이자율 · 지표 · 단위 또는 이를 기초로 하는 지수 등에 의하여 산출된 금전등을 교환할 것을 약정하는 계약
4. 제1호부터 제3호까지의 규정에 따른 계약과 유사한 것으로서 대통령령으로 정하는 계약

② 이 법에서 "장내파생상품"이란 다음 각 호의 어느 하나에 해당하는 것을 말한다.

1. 파생상품시장에서 거래되는 파생상품
2. 해외 파생상품시장(파생상품시장과 유사한 시장으로서 해외에 있는 시장과 대통령령으로 정하는 해외 파생상품거래가 이루어지는 시장을 말한다)에서 거래되는 파생상품
3. 그 밖에 금융투자상품시장을 개설하여 운영하는 자가 정하는 기준과 방법에 따라 금융투자상품시장에서 거래되는 파생상품

③ 이 법에서 "장외파생상품"이란 파생상품으로서 장내파생상품이 아닌 것을 말한다.

④ 제1항 각 호의 어느 하나에 해당하는 계약 중 매매계약이 아닌 계약의 체결은 이 법을 적용함에 있어서 매매계약의 체결로 본다.

제 6 조(금융투자업) ① 이 법에서 "금융투자업"이란 이익을 얻을 목적으로 계속적이거나 반복적인 방법으로 행하는 행위로서 다음 각 호의 어느 하나에 해당하는 업(業)을 말한다.

1. 투자매매업
2. 투자중개업
3. 집합투자업
4. 투자자문업
5. 투자일임업
6. 신탁업

② 이 법에서 "투자매매업"이란 누구의 명의로 하든지 자기의 계산으로 금융투자상품의 매도·매수, 증권의 발행·인수 또는 그 청약의 권유, 청약, 청약의 승낙을 영업으로 하는 것을 말한다.

③ 이 법에서 "투자중개업"이란 누구의 명의로 하든지 타인의 계산으로 금융투자상품의 매도·매수, 그 중개나 청약의 권유, 청약, 청약의 승낙 또는 증권의 발행·인수에 대한 청약의 권유, 청약, 청약의 승낙을 영업으로 하는 것을 말한다.

④ 이 법에서 "집합투자업"이란 집합투자를 영업으로 하는 것을 말한다.

⑤ 제4항에서 "집합투자"란 2인 이상의 투자자로부터 모은 금전등을 투자자로부터 일상적인 운용지시를 받지 아니하면서 재산적 가치가 있는 투자대상자산을 취득·처분, 그 밖의 방법으로 운용하고 그 결과를 투자자에게 배분하여 귀속시키는 것을 말한다. 다만, 다음 각 호의 어느 하나에 해당하는 경우를 제외한다.

1. 대통령령으로 정하는 법률에 따라 사모(私募)의 방법으로 금전등을 모아 운용·배분하는 것으로서 대통령령으로 정하는 투자자의 총수가 대통령령으로 정하는 수 이하인 경우
2. 「자산유동화에 관한 법률」 제3조의 자산유동화계획에 따라 금전등을 모아 운용·배분하는 경우
3. 그 밖에 행위의 성격 및 투자자 보호의 필요성 등을 고려하여 대통령령으로 정하는 경우

⑥ 제5항 각 호 외의 부분 본문에도 불구하고 다음 각 호의 어느 하나에 해당하는 자로부터 위탁받은 금전등을 그 자로부터 일상적인 운용지시를 받지 아니하면서 재산적 가치가 있는 투자대상자산을 취득·처분, 그 밖의 방법으로 운용하고 그 결과를 그 자에게 귀속시키는 행위는 집합투자로 본다.

1. 「국가재정법」 제9조 제4항에 따른 기금관리주체(이에 준하는 외국기관으로서 대통령령으로 정하는 자를 포함한다)
2. 「농업협동조합법」에 따른 농업협동조합중앙회
3. 「수산업협동조합법」에 따른 수산업협동조합중앙회
4. 「신용협동조합법」에 따른 신용협동조합중앙회
5. 「상호저축은행법」에 따른 상호저축은행중앙회
6. 「산림조합법」에 따른 산림조합
7. 「새마을금고법」에 따른 새마을금고중앙회
8. 「우체국예금·보험에 관한 법률」에 따른 체신관서
9. 제251조 제1항 전단에 따라 보험회사가 설정한 투자신탁
10. 법률에 따라 설립된 법인 또는 단체로서 다음 각 목의 어느 하나에 해당하는 자 중에서 대통령령으로 정하는 자
    가. 공제조합
    나. 공제회

다. 그 밖에 이와 비슷한 법인 또는 단체로서 같은 직장·직종에 종사하거나 같은 지역에 거주하는 구성원의 상호부조, 복리증진 등을 목적으로 구성되어 공제사업을 하는 법인 또는 단체

11. 그 밖에 제7항에 따른 금융투자상품등에 대한 투자를 목적으로 2인 이상의 자로부터 금전등을 모아 설립한 기구 또는 법인 등으로서 효율적이고 투명한 투자구조, 관리주체 등 대통령령으로 정하는 요건을 갖춘 자

⑦ 이 법에서 "투자자문업"이란 금융투자상품, 그 밖에 대통령령으로 정하는 투자대상자산(이하 "금융투자상품등"이라 한다)의 가치 또는 금융투자상품등에 대한 투자판단(종류, 종목, 취득·처분, 취득·처분의 방법·수량·가격 및 시기 등에 대한 판단을 말한다. 이하 같다)에 관한 자문에 응하는 것을 영업으로 하는 것을 말한다.

⑧ 이 법에서 "투자일임업"이란 투자자로부터 금융투자상품등에 대한 투자판단의 전부 또는 일부를 일임받아 투자자별로 구분하여 그 투자자의 재산상태나 투자목적 등을 고려하여 금융투자상품등을 취득·처분, 그 밖의 방법으로 운용하는 것을 영업으로 하는 것을 말한다.

⑨ 이 법에서 "신탁업"이란 신탁을 영업으로 하는 것을 말한다.

⑩ 이 법에서 "전담중개업무"란 제9조 제19항 제2호에 따른 일반 사모집합투자기구, 그 밖에 대통령령으로 정하는 투자자(이하 이 조 및 제77조의3에서 "일반 사모집합투자기구등"이라 한다)에 대하여 다음 각 호의 어느 하나에 해당하는 업무를 효율적인 신용공여와 담보관리 등을 위하여 대통령령으로 정하는 방법에 따라 연계하여 제공하는 업무를 말한다.

1. 증권의 대여 또는 그 중개·주선이나 대리업무
2. 금전의 융자, 그 밖의 신용공여
3. 일반 사모집합투자기구등의 재산의 보관 및 관리
4. 그 밖에 일반 사모집합투자기구등의 효율적인 업무 수행을 지원하기 위하여 필요한 업무로서 대통령령으로 정하는 업무

제 7 조(금융투자업의 적용배제) ① 자기가 증권을 발행하는 경우에는 투자매매업으로 보지 아니한다. 다만, 다음 각 호의 어느 하나에 해당하는 증권은 그러하지 아니하다.

1. 투자신탁의 수익증권
2. 대통령령으로 정하는 파생결합증권
3. 제77조 제1항에서 정하는 투자성 있는 예금계약, 그 밖에 이에 준하는 것으로서 대통령령으로 정하는 계약에 따른 증권
4. 제77조 제2항에서 정하는 투자성 있는 보험계약에 따른 증권

② 제51조 제9항의 투자권유대행인이 투자권유를 대행하는 경우에는 투자중개업으로 보지 아니한다.

③ 간행물·출판물·통신물 또는 방송 등을 통하여 개별성 없는 조언(개별 투자자를 상

정하지 아니하고 다수인을 대상으로 일방적으로 이루어지는 투자에 관한 조언을 말한다. 이하 같다)을 하는 경우에는 투자자문업으로 보지 아니한다. 다만, 본문의 조언과 관련하여 온라인상에서 일정한 대가를 지급한 고객과 의견을 교환할 수 있는 경우에는 그러하지 아니하다.

④ 투자중개업자가 투자자의 매매주문을 받아 이를 처리하는 과정에서 금융투자상품에 대한 투자판단의 전부 또는 일부를 일임받을 필요가 있는 경우로서 대통령령으로 정하는 경우에는 투자일임업으로 보지 아니한다.

⑤ 「담보부사채신탁법」에 따른 담보부사채에 관한 신탁업, 「저작권법」에 따른 저작권신탁관리업의 경우에는 신탁업으로 보지 아니한다.

⑥ 제1항부터 제5항까지 규정된 것 외에 다음 각 호의 어느 하나에 해당하는 경우에는 대통령령으로 정하는 바에 따라 제6조 제1항 각 호의 금융투자업으로 보지 아니한다.

1. 제8조의2 제2항에 따른 거래소가 증권시장 또는 파생상품시장을 개설·운영하는 경우
2. 투자매매업자를 상대방으로 하거나 투자중개업자를 통하여 금융투자상품을 매매하는 경우
3. 제9조 제29항에 따른 일반 사모집합투자업자가 자신이 운용하는 제9조 제19항 제2호에 따른 일반 사모집합투자기구의 집합투자증권을 판매하는 경우
4. 그 밖에 해당 행위의 성격 및 투자자 보호의 필요성 등을 고려하여 금융투자업의 적용에서 제외할 필요가 있는 것으로서 대통령령으로 정하는 경우

제 8 조(금융투자업자) ① 이 법에서 "금융투자업자"란 제6조 제1항 각 호의 금융투자업에 대하여 금융위원회의 인가를 받거나 금융위원회에 등록하여 이를 영위하는 자를 말한다.

② 이 법에서 "투자매매업자"란 금융투자업자 중 투자매매업을 영위하는 자를 말한다.

③ 이 법에서 "투자중개업자"란 금융투자업자 중 투자중개업을 영위하는 자를 말한다.

④ 이 법에서 "집합투자업자"란 금융투자업자 중 집합투자업을 영위하는 자를 말한다.

⑤ 이 법에서 "투자자문업자"란 금융투자업자 중 투자자문업을 영위하는 자를 말한다.

⑥ 이 법에서 "투자일임업자"란 금융투자업자 중 투자일임업을 영위하는 자를 말한다.

⑦ 이 법에서 "신탁업자"란 금융투자업자 중 신탁업을 영위하는 자를 말한다.

⑧ 이 법에서 "종합금융투자사업자"란 투자매매업자 또는 투자중개업자 중 제77조의2에 따라 금융위원회의 지정을 받은 자를 말한다.

⑨ 이 법에서 "겸영금융투자업자"란 다음 각 호의 어느 하나에 해당하는 자로서 금융투자업을 겸영(兼營)하는 자를 말한다.

1. 「은행법」 제2조의 은행(이하 "은행"이라 한다)
2. 「보험업법」 제2조의 보험회사(이하 "보험회사"라 한다)
3. 그 밖에 대통령령으로 정하는 금융기관 등

제 8 조의2(금융투자상품시장 등) ① 이 법에서 "금융투자상품시장"이란 증권 또는 장내파

생상품의 매매를 하는 시장을 말한다.

② 이 법에서 "거래소"란 증권 및 장내파생상품의 공정한 가격 형성과 그 매매, 그 밖의 거래의 안정성 및 효율성을 도모하기 위하여 제373조의2에 따른 금융위원회의 허가를 받아 금융투자상품시장을 개설하는 자를 말한다.

③ 이 법에서 "거래소시장"이란 거래소가 개설하는 금융투자상품시장을 말한다.

④ 거래소시장은 다음 각 호와 같이 구분한다.

1. 증권시장 : 증권의 매매를 위하여 거래소가 개설하는 시장
2. 파생상품시장 : 장내파생상품의 매매를 위하여 거래소가 개설하는 시장

⑤ 이 법에서 "다자간매매체결회사"란 정보통신망이나 전자정보처리장치를 이용하여 동시에 다수의 자를 거래상대방 또는 각 당사자로 하여 다음 각 호의 어느 하나에 해당하는 매매가격의 결정방법으로 증권시장에 상장된 주권, 그 밖에 대통령령으로 정하는 증권(이하 "매매체결대상상품"이라 한다)의 매매 또는 그 중개・주선이나 대리 업무(이하 "다자간매매체결업무"라 한다)를 하는 투자매매업자 또는 투자중개업자를 말한다.

1. 경쟁매매의 방법(매매체결대상상품의 거래량이 대통령령으로 정하는 기준을 넘지 아니하는 경우로 한정한다)
2. 매매체결대상상품이 상장증권인 경우 해당 거래소가 개설하는 증권시장에서 형성된 매매가격을 이용하는 방법
3. 그 밖에 공정한 매매가격 형성과 매매체결의 안정성 및 효율성 등을 확보할 수 있는 방법으로서 대통령령으로 정하는 방법

제 9 조(그 밖의 용어의 정의) ① 이 법에서 "대주주"란 「금융회사의 지배구조에 관한 법률」 제2조 제6호에 따른 주주를 말한다. 이 경우 "금융회사"는 "법인"으로 본다.

② 이 법에서 "임원"이란 이사 및 감사를 말한다.

③ 이 법에서 "사외이사"란 상시적인 업무에 종사하지 아니하는 사람으로서 「금융회사의 지배구조에 관한 법률」 제17조에 따라 선임되는 이사를 말한다.

④ 이 법에서 "투자권유"란 특정 투자자를 상대로 금융투자상품의 매매 또는 투자자문계약・투자일임계약・신탁계약(관리형신탁계약 및 투자성 없는 신탁계약을 제외한다)의 체결을 권유하는 것을 말한다.

⑤ 이 법에서 "전문투자자"란 금융투자상품에 관한 전문성 구비 여부, 소유자산규모 등에 비추어 투자에 따른 위험감수능력이 있는 투자자로서 다음 각 호의 어느 하나에 해당하는 자를 말한다. 다만, 전문투자자 중 대통령령으로 정하는 자가 일반투자자와 같은 대우를 받겠다는 의사를 금융투자업자에게 서면으로 통지하는 경우 금융투자업자는 정당한 사유가 있는 경우를 제외하고는 이에 동의하여야 하며, 금융투자업자가 동의한 경우에는 해당 투자자는 일반투자자로 본다.

1. 국가
2. 한국은행

3. 대통령령으로 정하는 금융기관
4. 주권상장법인. 다만, 금융투자업자와 장외파생상품 거래를 하는 경우에는 전문투자자와 같은 대우를 받겠다는 의사를 금융투자업자에게 서면으로 통지하는 경우에 한한다.
5. 그 밖에 대통령령으로 정하는 자

⑥ 이 법에서 "일반투자자"란 전문투자자가 아닌 투자자를 말한다.

⑦ 이 법에서 "모집"이란 대통령령으로 정하는 방법에 따라 산출한 50인 이상의 투자자에게 새로 발행되는 증권의 취득의 청약을 권유하는 것을 말한다.

⑧ 이 법에서 "사모"란 새로 발행되는 증권의 취득의 청약을 권유하는 것으로서 모집에 해당하지 아니하는 것을 말한다.

⑨ 이 법에서 "매출"이란 대통령령으로 정하는 방법에 따라 산출한 50인 이상의 투자자에게 이미 발행된 증권의 매도의 청약을 하거나 매수의 청약을 권유하는 것을 말한다.

⑩ 이 법에서 "발행인"이란 증권을 발행하였거나 발행하고자 하는 자를 말한다. 다만, 증권예탁증권을 발행함에 있어서는 그 기초가 되는 증권을 발행하였거나 발행하고자 하는 자를 말한다.

⑪ 이 법에서 "인수"란 제삼자에게 증권을 취득시킬 목적으로 다음 각 호의 어느 하나에 해당하는 행위를 하거나 그 행위를 전제로 발행인 또는 매출인을 위하여 증권의 모집·사모·매출을 하는 것을 말한다.

1. 그 증권의 전부 또는 일부를 취득하거나 취득하는 것을 내용으로 하는 계약을 체결하는 것
2. 그 증권의 전부 또는 일부에 대하여 이를 취득하는 자가 없는 때에 그 나머지를 취득하는 것을 내용으로 하는 계약을 체결하는 것

⑫ 이 법에서 "인수인"이란 증권을 모집·사모·매출하는 경우 인수를 하는 자를 말한다.

⑬ 이 법에서 "주선인"이란 제11항에 따른 행위 외에 발행인 또는 매출인을 위하여 해당 증권의 모집·사모·매출을 하거나 그 밖에 직접 또는 간접으로 증권의 모집·사모·매출을 분담하는 자를 말한다.

⑭ 이 법에서 "매출인"이란 증권의 소유자로서 스스로 또는 인수인이나 주선인을 통하여 그 증권을 매출하였거나 매출하려는 자를 말한다.

⑮ 이 법에서 "상장법인", "비상장법인", "주권상장법인" 및 "주권비상장법인"이란 각각 다음 각 호의 자를 말한다.

1. 상장법인 : 증권시장에 상장된 증권(이하 "상장증권"이라 한다)을 발행한 법인
2. 비상장법인 : 상장법인을 제외한 법인
3. 주권상장법인 : 다음 각 목의 어느 하나에 해당하는 법인
   가. 증권시장에 상장된 주권을 발행한 법인
   나. 주권과 관련된 증권예탁증권이 증권시장에 상장된 경우에는 그 주권을 발행한

법인
4. 주권비상장법인 : 주권상장법인을 제외한 법인
⑯ 이 법에서 "외국법인등"이란 다음 각 호의 어느 하나에 해당하는 자를 말한다.
1. 외국 정부
2. 외국 지방자치단체
3. 외국 공공단체
4. 외국 법령에 따라 설립된 외국 기업
5. 대통령령으로 정하는 국제기구
6. 그 밖에 외국에 있는 법인 등으로서 대통령령으로 정하는 자
⑰ 이 법에서 "금융투자업관계기관"이란 다음 각 호의 자를 말한다.
1. 제283조에 따라 설립된 한국금융투자협회(이하 "협회"라 한다)
2. 제294조에 따라 설립된 한국예탁결제원(이하 "예탁결제원"이라 한다)
2의2. 제323조의3에 따라 인가를 받은 자(이하 "금융투자상품거래청산회사"라 한다)
3. 제324조 제1항에 따라 인가를 받은 자(이하 "증권금융회사"라 한다)
3의2. 제335조의3에 따라 인가를 받은 자(이하 "신용평가회사"라 한다)
4. 제336조에 따른 종합금융회사
5. 제355조 제1항에 따라 인가를 받은 자(이하 "자금중개회사"라 한다)
6. 제360조 제1항에 따라 인가를 받은 자(이하 "단기금융회사"라 한다)
7. 제365조 제1항에 따라 등록한 자(이하 "명의개서대행회사"라 한다)
8. 제370조에 따라 설립된 금융투자 관계 단체
⑱ 이 법에서 "집합투자기구"란 집합투자를 수행하기 위한 기구로서 다음 각 호의 것을 말한다.
1. 집합투자업자인 위탁자가 신탁업자에게 신탁한 재산을 신탁업자로 하여금 그 집합투자업자의 지시에 따라 투자·운용하게 하는 신탁 형태의 집합투자기구(이하 "투자신탁"이라 한다)
2. 「상법」에 따른 주식회사 형태의 집합투자기구(이하 "투자회사"라 한다)
3. 「상법」에 따른 유한회사 형태의 집합투자기구(이하 "투자유한회사"라 한다)
4. 「상법」에 따른 합자회사 형태의 집합투자기구(이하 "투자합자회사"라 한다)
4의2. 「상법」에 따른 유한책임회사 형태의 집합투자기구(이하 "투자유한책임회사"라 한다)
5. 「상법」에 따른 합자조합 형태의 집합투자기구(이하 "투자합자조합"이라 한다)
6. 「상법」에 따른 익명조합 형태의 집합투자기구(이하 "투자익명조합"이라 한다)
⑲ 이 법에서 "사모집합투자기구"란 집합투자증권을 사모로만 발행하는 집합투자기구로서 대통령령으로 정하는 투자자의 총수가 대통령령으로 정하는 방법에 따라 산출한 100인 이하인 것을 말하며, 다음 각 호와 같이 구분한다.
1. 제249조의11 제6항에 해당하는 자만을 사원으로 하는 투자합자회사인 사모집합투자

기구(이하 "기관전용 사모집합투자기구"라 한다)

2. 기관전용 사모집합투자기구를 제외한 사모집합투자기구(이하 "일반 사모집합투자기구"라 한다)

⑳ 이 법에서 "집합투자재산"이란 집합투자기구의 재산으로서 투자신탁재산, 투자회사재산, 투자유한회사재산, 투자합자회사재산, 투자유한책임회사재산, 투자합자조합재산 및 투자익명조합재산을 말한다.

㉑ 이 법에서 "집합투자증권"이란 집합투자기구에 대한 출자지분(투자신탁의 경우에는 수익권을 말한다)이 표시된 것을 말한다.

㉒ 이 법에서 "집합투자규약"이란 집합투자기구의 조직, 운영 및 투자자의 권리·의무를 정한 것으로서 투자신탁의 신탁계약, 투자회사·투자유한회사·투자합자회사·투자유한책임회사의 정관 및 투자합자조합·투자익명조합의 조합계약을 말한다.

㉓ 이 법에서 "집합투자자총회"란 집합투자기구의 투자자 전원으로 구성된 의사결정기관으로서 수익자총회, 주주총회, 사원총회, 조합원총회 및 익명조합원총회를 말한다.

㉔ 이 법에서 "신탁"이란 「신탁법」 제2조의 신탁을 말한다.

㉕ 이 법에서 "금융투자상품거래청산업"이란 금융투자업자 및 대통령령으로 정하는 자(이하 "청산대상업자"라 한다)를 상대방으로 하여 청산대상업자가 대통령령으로 정하는 금융투자상품의 거래(이하 "청산대상거래"라 한다)를 함에 따라 발생하는 채무를 채무인수, 경개(更改), 그 밖의 방법으로 부담하는 것을 영업으로 하는 것을 말한다.

㉖ 이 법에서 "신용평가업"이란 다음 각 호의 어느 하나에 해당하는 것에 대한 신용상태를 평가(이하 "신용평가"라 한다)하여 그 결과에 대하여 기호, 숫자 등을 사용하여 표시한 등급(이하 "신용등급"이라 한다)을 부여하고 그 신용등급을 발행인, 인수인, 투자자, 그 밖의 이해관계자에게 제공하거나 열람하게 하는 행위를 영업으로 하는 것을 말한다.

1. 금융투자상품

2. 기업·집합투자기구, 그 밖에 대통령령으로 정하는 자

㉗ 이 법에서 "온라인소액투자중개업자"란 온라인상에서 누구의 명의로 하든지 타인의 계산으로 다음 각 호의 자가, 대통령령으로 정하는 방법으로 발행하는 채무증권, 지분증권, 투자계약증권의 모집 또는 사모에 관한 중개(이하 "온라인소액투자중개"라 한다)를 영업으로 하는 투자중개업자를 말한다.

1. 「중소기업창업 지원법」 제2조 제3호에 따른 창업기업 중 대통령령으로 정하는 자

2. 그 밖에 대통령령으로 정하는 요건에 부합하는 자

㉘ 이 법에서 "일반 사모집합투자업"이란 집합투자업 중 일반 사모집합투자기구를 통한 집합투자를 영업으로 하는 것을 말한다.

㉙ 이 법에서 "일반 사모집합투자업자"란 집합투자업자 중 일반 사모집합투자업을 영위하는 자를 말한다.

제 2 편 금융투자업

제 1 장 금융투자업의 인가 및 등록

제 1 절 인가요건 및 절차

제12조(금융투자업의 인가) ① 금융투자업을 영위하려는 자는 다음 각 호의 사항을 구성요소로 하여 대통령령으로 정하는 업무 단위(이하 "인가업무 단위"라 한다)의 전부나 일부를 선택하여 금융위원회로부터 하나의 금융투자업인가를 받아야 한다.

1. 금융투자업의 종류(투자매매업, 투자중개업, 집합투자업 및 신탁업을 말하되, 투자매매업 중 인수업을 포함한다)
2. 금융투자상품(집합투자업의 경우에는 제229조에 따른 집합투자기구의 종류를 말하며, 신탁업의 경우에는 제103조 제1항 각 호의 신탁재산을 말한다)의 범위(증권, 장내파생상품 및 장외파생상품을 말하되, 증권 중 국채증권, 사채권, 그 밖에 대통령령으로 정하는 것을 포함하고 파생상품 중 주권을 기초자산으로 하는 파생상품·그 밖에 대통령령으로 정하는 것을 포함한다)
3. 투자자의 유형(전문투자자 및 일반투자자를 말한다. 이하 같다)

② 제1항에 따라 금융투자업인가를 받으려는 자는 다음 각 호의 요건을 모두 갖추어야 한다.

1. 다음 각 목의 어느 하나에 해당하는 자일 것
   가. 「상법」에 따른 주식회사이거나 대통령령으로 정하는 금융기관
   나. 외국 금융투자업자(외국 법령에 따라 외국에서 금융투자업에 상당하는 영업을 영위하는 자를 말한다. 이하 같다)로서 외국에서 영위하고 있는 영업에 상당하는 금융투자업 수행에 필요한 지점, 그 밖의 영업소를 설치한 자
2. 인가업무 단위별로 5억원 이상으로서 대통령령으로 정하는 금액 이상의 자기자본을 갖출 것
3. 사업계획이 타당하고 건전할 것
4. 투자자의 보호가 가능하고 그 영위하고자 하는 금융투자업을 수행하기에 충분한 인력과 전산설비, 그 밖의 물적 설비를 갖출 것
5. 임원이 「금융회사의 지배구조에 관한 법률」 제5조에 적합할 것
6. 대주주나 외국 금융투자업자가 다음 각 목의 구분에 따른 요건을 갖출 것
   가. 제1호 가목의 경우 대주주가 충분한 출자능력, 건전한 재무상태 및 사회적 신용을 갖출 것
   나. 제1호 나목의 경우 외국 금융투자업자가 충분한 출자능력, 건전한 재무상태 및 사회적 신용을 갖출 것

6의2. 대통령령으로 정하는 건전한 재무상태와 사회적 신용을 갖출 것

7. 금융투자업자와 투자자 간, 특정 투자자와 다른 투자자 간의 이해상충(利害相衝)을 방지하기 위한 체계를 갖출 것

제2절 등록요건 및 절차

제18조(투자자문업 또는 투자일임업의 등록) ① 투자자문업 또는 투자일임업을 영위하려는 자는 다음 각 호의 사항을 구성요소로 하여 대통령령으로 정하는 업무 단위(이하 "등록업무 단위"라 한다)의 전부나 일부를 선택하여 금융위원회에 하나의 금융투자업등록을 하여야 한다.

1. 투자자문업 또는 투자일임업
2. 금융투자상품등의 범위(증권, 장내파생상품, 장외파생상품 및 그 밖에 대통령령으로 정하는 투자대상자산을 말한다)
3. 투자자의 유형

② 제1항에 따라 금융투자업등록을 하려는 자는 다음 각 호의 요건을 모두 갖추어야 한다.

1. 다음 각 목의 어느 하나에 해당하는 자일 것. 다만, 외국 투자자문업자(외국 법령에 따라 외국에서 투자자문업에 상당하는 영업을 영위하는 자를 말한다. 이하 같다) 또는 외국 투자일임업자(외국 법령에 따라 외국에서 투자일임업에 상당하는 영업을 영위하는 자를 말한다. 이하 같다)가 외국에서 국내 거주자를 상대로 직접 영업을 하거나 통신수단을 이용하여 투자자문업 또는 투자일임업을 영위하는 경우에는 적용하지 아니한다.
   가. 「상법」에 따른 주식회사이거나 대통령령으로 정하는 금융기관
   나. 외국 투자자문업자로서 투자자문업의 수행에 필요한 지점, 그 밖의 영업소를 설치한 자
   다. 외국 투자일임업자로서 투자일임업의 수행에 필요한 지점, 그 밖의 영업소를 설치한 자
2. 등록업무 단위별로 1억원 이상으로서 대통령령으로 정하는 금액 이상의 자기자본을 갖출 것
3. 다음 각 목의 구분에 따른 투자권유자문인력(제286조 제1항 제3호 가목에 따른 투자권유자문인력을 말한다. 이하 같다) 또는 투자운용인력(제286조 제1항 제3호 다목에 따른 투자운용인력을 말한다. 이하 같다)을 갖출 것. 이 경우 제1호 각 목 외의 부분 단서에 규정된 자가 해당 국가에서 투자권유자문인력 또는 투자운용인력에 상당하는 자를 다음 각 목의 수 이상 확보하고 있는 때에는 해당 요건을 갖춘 것으로 본다.
   가. 투자자문업의 경우에는 투자권유자문인력을 대통령령으로 정하는 수 이상 갖출 것
   나. 투자일임업의 경우에는 투자운용인력을 대통령령으로 정하는 수 이상 갖출 것
4. 임원이 「금융회사의 지배구조에 관한 법률」 제5조에 적합할 것

5. 대주주나 외국 투자자문업자 또는 외국 투자일임업자가 다음 각 목의 구분에 따른 요건을 갖출 것
   가. 제1호 가목의 경우 대주주(제12조 제2항 제6호 가목의 대주주를 말한다)가 대통령령으로 정하는 사회적 신용을 갖출 것
   나. 제1호 각 목 외의 부분 단서 및 같은 호 나목·다목의 경우 외국 투자자문업자 또는 외국 투자일임업자가 대통령령으로 정하는 사회적 신용을 갖출 것

5의2. 대통령령으로 정하는 건전한 재무상태와 사회적 신용을 갖출 것

6. 금융투자업자와 투자자 간, 특정 투자자와 다른 투자자 간의 이해상충을 방지하기 위한 체계로서 대통령령으로 정하는 요건을 갖출 것

제 4 장　영업행위 규칙

제 1 절　공통 영업행위 규칙

제 1 관　신의성실의무 등

제37조(신의성실의무 등) ① 금융투자업자는 신의성실의 원칙에 따라 공정하게 금융투자업을 영위하여야 한다.
② 금융투자업자는 금융투자업을 영위함에 있어서 정당한 사유 없이 투자자의 이익을 해하면서 자기가 이익을 얻거나 제삼자가 이익을 얻도록 하여서는 아니 된다.

제40조(금융투자업자의 다른 금융업무 영위) ① 금융투자업자(겸영금융투자업자, 그 밖에 대통령령으로 정하는 금융투자업자를 제외한다. 이하 이 조에서 같다)는 투자자 보호 및 건전한 거래질서를 해할 우려가 없는 금융업무로서 다음 각 호의 금융업무를 영위할 수 있다. 이 경우 금융투자업자는 제2호부터 제5호까지의 업무를 영위하고자 하는 때에는 그 업무를 영위하기 시작한 날부터 2주 이내에 이를 금융위원회에 보고하여야 한다.

1. 이 법 또는 대통령령으로 정하는 금융관련 법령에서 인가·허가·등록 등을 요하는 금융업무 중 「보험업법」 제91조에 따른 보험대리점의 업무 또는 보험중개사의 업무, 그 밖에 대통령령으로 정하는 금융업무
2. 이 법 또는 대통령령으로 정하는 금융관련 법령에서 정하고 있는 금융업무로서 해당 법령에서 금융투자업자가 영위할 수 있도록 한 업무
3. 국가 또는 공공단체 업무의 대리
4. 투자자를 위하여 그 투자자가 예탁한 투자자예탁금(제74조 제1항의 투자자예탁금을 말한다)으로 수행하는 자금이체업무
5. 그 밖에 그 금융업무를 영위하여도 투자자 보호 및 건전한 거래질서를 해할 우려가 없는 업무로서 대통령령으로 정하는 금융업무

제41조(금융투자업자의 부수업무 영위) ① 금융투자업자는 금융투자업에 부수하는 업무를 영위하고자 하는 경우에는 그 업무를 영위하기 시작한 날부터 2주 이내에 이를 금융위원회에 보고하여야 한다.

② 금융위원회는 제1항에 따른 부수업무 보고내용이 다음 각 호의 어느 하나에 해당하는 경우에는 그 부수업무의 영위를 제한하거나 시정할 것을 명할 수 있다.

1. 금융투자업자의 경영건전성을 저해하는 경우
2. 인가를 받거나 등록한 금융투자업의 영위에 따른 투자자 보호에 지장을 초래하는 경우
3. 금융시장의 안정성을 저해하는 경우

③ 제2항에 따른 제한명령 또는 시정명령은 제1항에 따라 보고를 받은 날부터 30일 이내에 그 내용 및 사유가 구체적으로 기재된 문서로 하여야 한다.

④ 금융위원회는 제1항에 따라 보고받은 부수업무 및 제2항에 따라 제한명령 또는 시정명령을 한 부수업무를 대통령령으로 정하는 방법 및 절차에 따라 인터넷 홈페이지 등에 공고하여야 한다.

제44조(이해상충의 관리) ① 금융투자업자는 금융투자업의 영위와 관련하여 금융투자업자와 투자자 간, 특정 투자자와 다른 투자자 간의 이해상충을 방지하기 위하여 이해상충이 발생할 가능성을 파악·평가하고, 「금융회사의 지배구조에 관한 법률」 제24조에 따른 내부통제기준(이하 "내부통제기준"이라 한다)이 정하는 방법 및 절차에 따라 이를 적절히 관리하여야 한다.

② 금융투자업자는 제1항에 따라 이해상충이 발생할 가능성을 파악·평가한 결과 이해상충이 발생할 가능성이 있다고 인정되는 경우에는 그 사실을 미리 해당 투자자에게 알려야 하며, 그 이해상충이 발생할 가능성을 내부통제기준이 정하는 방법 및 절차에 따라 투자자 보호에 문제가 없는 수준으로 낮춘 후 매매, 그 밖의 거래를 하여야 한다.

③ 금융투자업자는 제2항에 따라 그 이해상충이 발생할 가능성을 낮추는 것이 곤란하다고 판단되는 경우에는 매매, 그 밖의 거래를 하여서는 아니 된다.

제45조(정보교류의 차단) ① 금융투자업자는 금융투자업, 제40조 제1항 각 호의 업무, 제41조 제1항에 따른 부수업무 및 제77조의3에서 종합금융투자사업자에 허용된 업무(이하 이 조에서 "금융투자업등"이라 한다)를 영위하는 경우 내부통제기준이 정하는 방법 및 절차에 따라 제174조 제1항 각 호 외의 부분에 따른 미공개중요정보 등 대통령령으로 정하는 정보의 교류를 적절히 차단하여야 한다.

② 금융투자업자는 금융투자업등을 영위하는 경우 계열회사를 포함한 제삼자에게 정보를 제공할 때에는 내부통제기준이 정하는 방법 및 절차에 따라 제174조 제1항 각 호 외의 부분에 따른 미공개중요정보 등 대통령령으로 정하는 정보의 교류를 적절히 차단하여야 한다.

③ 제1항 및 제2항의 내부통제기준은 다음 각 호의 사항을 반드시 포함하여야 한다.

1. 정보교류 차단을 위해 필요한 기준 및 절차
2. 정보교류 차단의 대상이 되는 정보의 예외적 교류를 위한 요건 및 절차
3. 그 밖에 정보교류 차단의 대상이 되는 정보를 활용한 이해상충 발생을 방지하기 위하여 대통령령으로 정하는 사항

④ 금융투자업자는 제1항 및 제2항에 따른 정보교류 차단을 위하여 다음 각 호의 사항을 준수하여야 한다.

1. 정보교류 차단을 위한 내부통제기준의 적정성에 대한 정기적 점검
2. 정보교류 차단과 관련되는 법령 및 내부통제기준에 대한 임직원 교육
3. 그 밖에 정보교류 차단을 위하여 대통령령으로 정하는 사항

제2관 투자권유 등

제48조(손해배상책임) ① 금융투자업자는 「금융소비자 보호에 관한 법률」 제19조 제1항 또는 제3항을 위반한 경우 이로 인하여 발생한 일반투자자의 손해를 배상할 책임이 있다.

② 금융투자상품의 취득으로 인하여 일반투자자가 지급하였거나 지급하여야 할 금전등의 총액에서 그 금융투자상품의 처분, 그 밖의 방법으로 그 일반투자자가 회수하였거나 회수할 수 있는 금전등의 총액을 뺀 금액은 제1항에 따른 손해액으로 추정한다.

제50조(투자권유준칙) ① 금융투자업자는 투자권유를 함에 있어서 금융투자업자의 임직원이 준수하여야 할 구체적인 기준 및 절차(이하 "투자권유준칙"이라 한다)를 정하여야 한다. 다만, 파생상품등에 대하여는 일반투자자의 투자목적·재산상황 및 투자경험 등을 고려하여 투자자 등급별로 차등화된 투자권유준칙을 마련하여야 한다.

② 금융투자업자는 투자권유준칙을 정한 경우 이를 인터넷 홈페이지 등을 이용하여 공시하여야 한다. 투자권유준칙을 변경한 경우에도 또한 같다.

③ 협회는 투자권유준칙과 관련하여 금융투자업자가 공통으로 사용할 수 있는 표준투자권유준칙을 제정할 수 있다.

제51조(투자권유대행인의 등록 등) ① 금융투자업자는 다음 각 호의 요건을 모두 갖춘 자(개인에 한한다)에게 투자권유(파생상품등에 대한 투자권유를 제외한다)를 위탁할 수 있다. 이 경우 제42조를 적용하지 아니한다.

1. 제3항에 따라 금융위원회에 등록된 자가 아닐 것
2. 금융투자상품에 관한 전문 지식이 있는 자로서 대통령령으로 정하는 자격을 갖출 것
3. 제53조 제2항에 따라 등록이 취소된 경우 그 등록이 취소된 날부터 3년이 경과하였을 것

② 제1항에 따라 투자권유를 위탁받은 자는 제3항에 따른 등록 전에는 투자권유를 하여

서는 아니 된다.

③ 금융투자업자는 제1항에 따라 투자권유를 위탁한 경우에는 위탁받은 자를 금융위원회에 등록하여야 한다. 이 경우 금융위원회는 그 등록업무를 대통령령으로 정하는 바에 따라 협회에 위탁할 수 있다.

④ 금융투자업자는 제3항에 따라 투자권유를 위탁받은 자를 등록하고자 하는 경우에는 금융위원회(제3항 후단에 따라 협회에 위탁한 경우에는 협회를 말한다. 이하 이 조에서 같다)에 등록신청서를 제출하여야 한다.

제52조(투자권유대행인의 금지행위 등) ① 금융투자업자는 투자권유대행인 외의 자에게 투자권유를 대행하게 하여서는 아니 된다.

④ 금융투자업자는 투자권유대행인이 투자권유를 대행함에 있어서 법령을 준수하고 건전한 거래질서를 해하는 일이 없도록 성실히 관리하여야 하며, 이를 위한 투자권유대행 기준을 정하여야 한다.

제 3 관 직무관련 정보의 이용 금지 등

제54조(직무관련 정보의 이용 금지) ① 금융투자업자는 직무상 알게 된 정보로서 외부에 공개되지 아니한 정보를 정당한 사유 없이 자기 또는 제삼자의 이익을 위하여 이용하여서는 아니 된다.

② 금융투자업자 및 그 임직원은 제45조 제1항 또는 제2항에 따라 정보교류 차단의 대상이 되는 정보를 정당한 사유 없이 본인이 이용하거나 제삼자에게 이용하게 하여서는 아니 된다.

제55조(손실보전 등의 금지) 금융투자업자는 금융투자상품의 매매, 그 밖의 거래와 관련하여 제103조 제3항에 따라 손실의 보전 또는 이익의 보장을 하는 경우, 그 밖에 건전한 거래질서를 해할 우려가 없는 경우로서 정당한 사유가 있는 경우를 제외하고는 다음 각 호의 어느 하나에 해당하는 행위를 하여서는 아니 된다. 금융투자업자의 임직원이 자기의 계산으로 하는 경우에도 또한 같다.

1. 투자자가 입을 손실의 전부 또는 일부를 보전하여 줄 것을 사전에 약속하는 행위
2. 투자자가 입은 손실의 전부 또는 일부를 사후에 보전하여 주는 행위
3. 투자자에게 일정한 이익을 보장할 것을 사전에 약속하는 행위
4. 투자자에게 일정한 이익을 사후에 제공하는 행위

제56조(약관) ① 금융투자업자는 금융투자업의 영위와 관련하여 약관을 제정 또는 변경하는 경우에는 약관의 제정 또는 변경 후 7일 이내에 금융위원회 및 협회에 보고하여야 한다. 다만, 투자자의 권리나 의무에 중대한 영향을 미칠 우려가 있는 경우로서 대통령령으

로 정하는 경우에는 약관의 제정 또는 변경 전에 미리 금융위원회에 신고하여야 한다.
② 금융투자업자는 약관을 제정 또는 변경한 경우에는 인터넷 홈페이지 등을 이용하여 공시하여야 한다.
③ 협회는 건전한 거래질서를 확립하고 불공정한 내용의 약관이 통용되는 것을 방지하기 위하여 금융투자업 영위와 관련하여 표준이 되는 약관(이하 이 조에서 "표준약관"이라 한다)을 제정할 수 있다.
④ 협회는 표준약관을 제정 또는 변경하고자 하는 경우에는 미리 금융위원회에 신고하여야 한다. 다만, 전문투자자만을 대상으로 하는 표준약관을 제정 또는 변경하는 경우에는 그 표준약관을 제정 또는 변경한 후 7일 이내에 금융위원회에 보고하여야 한다.

제58조(수수료) ① 금융투자업자는 투자자로부터 받는 수수료의 부과기준 및 절차에 관한 사항을 정하고, 인터넷 홈페이지 등을 이용하여 공시하여야 한다.
② 금융투자업자는 제1항에 따른 수수료 부과기준을 정함에 있어서 투자자를 정당한 사유 없이 차별하여서는 아니 된다.
③ 금융투자업자는 제1항에 따른 수수료 부과기준 및 절차에 관한 사항을 협회에 통보하여야 한다.
④ 협회는 제3항에 따라 통보받은 사항을 금융투자업자별로 비교하여 공시하여야 한다.

제63조(임직원의 금융투자상품 매매) ① 금융투자업자의 임직원(겸영금융투자업자 중 대통령령으로 정하는 금융투자업자의 경우에는 금융투자업의 직무를 수행하는 임직원에 한한다. 이하 이 조에서 같다)은 자기의 계산으로 대통령령으로 정하는 금융투자상품을 매매하는 경우에는 다음 각 호의 방법에 따라야 한다.

1. 자기의 명의로 매매할 것
2. 투자중개업자 중 하나의 회사(투자중개업자의 임직원의 경우에는 그가 소속된 투자중개업자에 한하되, 그 투자중개업자가 그 임직원이 매매하려는 금융투자상품을 취급하지 아니하는 경우에는 다른 투자중개업자를 이용할 수 있다)를 선택하여 하나의 계좌를 통하여 매매할 것. 다만, 금융투자상품의 종류, 계좌의 성격 등을 고려하여 대통령령으로 정하는 경우에는 둘 이상의 회사 또는 둘 이상의 계좌를 통하여 매매할 수 있다.
3. 매매명세를 분기별(투자권유자문인력, 제286조 제1항 제3호 나목의 조사분석인력 및 투자운용인력의 경우에는 월별로 한다. 이하 이 조에서 같다)로 소속 금융투자업자에게 통지할 것
4. 그 밖에 불공정행위의 방지 또는 투자자와의 이해상충의 방지를 위하여 대통령령으로 정하는 방법 및 절차를 준수할 것

② 금융투자업자는 그 임직원의 자기계산에 의한 금융투자상품 매매와 관련하여 불공정행위의 방지 또는 투자자와의 이해상충의 방지를 위하여 그 금융투자업자의 임직원이 따

라야 할 적절한 기준 및 절차를 정하여야 한다.

③ 금융투자업자는 분기별로 임직원의 금융투자상품의 매매명세를 제2항의 기준 및 절차에 따라 확인하여야 한다.

제64조(손해배상책임) ① 금융투자업자는 법령·약관·집합투자규약·투자설명서(제123조 제1항에 따른 투자설명서를 말한다)에 위반하는 행위를 하거나 그 업무를 소홀히 하여 투자자에게 손해를 발생시킨 경우에는 그 손해를 배상할 책임이 있다. 다만, 배상의 책임을 질 금융투자업자가 제37조 제2항, 제44조, 제45조, 제71조 또는 제85조를 위반한 경우(투자매매업 또는 투자중개업과 집합투자업을 함께 영위함에 따라 발생하는 이해상충과 관련된 경우에 한한다)로서 그 금융투자업자가 상당한 주의를 하였음을 증명하거나 투자자가 금융투자상품의 매매, 그 밖의 거래를 할 때에 그 사실을 안 경우에는 배상의 책임을 지지 아니한다.

② 금융투자업자가 제1항에 따른 손해배상책임을 지는 경우로서 관련되는 임원에게도 귀책사유(歸責事由)가 있는 경우에는 그 금융투자업자와 관련되는 임원이 연대하여 그 손해를 배상할 책임이 있다.

제2절 금융투자업자별 영업행위 규칙

제1관 투자매매업자 및 투자중개업자의 영업행위 규칙

제71조(불건전 영업행위의 금지) 투자매매업자 또는 투자중개업자는 다음 각 호의 어느 하나에 해당하는 행위를 하여서는 아니 된다. 다만, 투자자 보호 및 건전한 거래질서를 해할 우려가 없는 경우로서 대통령령으로 정하는 경우에는 이를 할 수 있다.

1. 투자자로부터 금융투자상품의 가격에 중대한 영향을 미칠 수 있는 매수 또는 매도의 청약이나 주문을 받거나 받게 될 가능성이 큰 경우 이를 체결시키기 전에 그 금융투자상품을 자기의 계산으로 매수 또는 매도하거나 제삼자에게 매수 또는 매도를 권유하는 행위
2. 특정 금융투자상품의 가치에 대한 주장이나 예측을 담고 있는 자료(이하 "조사분석자료"라 한다)를 투자자에게 공표함에 있어서 그 조사분석자료의 내용이 사실상 확정된 때부터 공표 후 24시간이 경과하기 전까지 그 조사분석자료의 대상이 된 금융투자상품을 자기의 계산으로 매매하는 행위
3. 조사분석자료 작성을 담당하는 자에 대하여 대통령령으로 정하는 기업금융업무와 연동된 성과보수를 지급하는 행위
4. 다음 각 목의 어느 하나에 해당하는 증권의 모집 또는 매출과 관련한 계약을 체결한 날부터 그 증권이 증권시장에 최초로 상장된 후 대통령령으로 정하는 기간 이내에 그 증권에 대한 조사분석자료를 공표하거나 특정인에게 제공하는 행위

가. 주권
나. 대통령령으로 정하는 주권 관련 사채권
다. 가목 또는 나목과 관련된 증권예탁증권
5. 투자권유대행인 및 투자권유자문인력이 아닌 자에게 투자권유를 하게 하는 행위
6. 투자자로부터 금융투자상품에 대한 투자판단의 전부 또는 일부를 일임받아 투자자별로 구분하여 금융투자상품을 취득·처분, 그 밖의 방법으로 운용하는 행위. 다만, 투자일임업으로서 행하는 경우와 제7조 제4항에 해당하는 경우에는 이를 할 수 있다.

제74조(투자자예탁금의 별도예치) ① 투자매매업자 또는 투자중개업자는 투자자예탁금(투자자로부터 금융투자상품의 매매, 그 밖의 거래와 관련하여 예탁받은 금전을 말한다. 이하 같다)을 고유재산과 구분하여 증권금융회사에 예치(預置) 또는 신탁하여야 한다.

제 2 관 집합투자업자의 영업행위 규칙

제79조(선관의무 및 충실의무) ① 집합투자업자는 투자자에 대하여 선량한 관리자의 주의로써 집합투자재산을 운용하여야 한다.
② 집합투자업자는 투자자의 이익을 보호하기 위하여 해당 업무를 충실하게 수행하여야 한다.

제82조(자기집합투자증권의 취득 제한) 투자신탁이나 투자익명조합의 집합투자업자는 집합투자기구의 계산으로 그 집합투자기구의 집합투자증권을 취득하거나 질권의 목적으로 받지 못한다. 다만, 다음 각 호의 어느 하나에 해당하는 경우에는 집합투자기구의 계산으로 그 집합투자기구의 집합투자증권을 취득할 수 있다.
1. 담보권의 실행 등 권리 행사에 필요한 경우. 이 경우 취득한 집합투자증권은 대통령령으로 정하는 방법에 따라 처분하여야 한다.
2. 제191조에 따라 수익증권을 매수하는 경우

제83조(금전차입 등의 제한) ④ 집합투자업자는 집합투자재산을 운용함에 있어서 집합투자재산 중 금전을 대여(대통령령으로 정하는 금융기관에 대한 30일 이내의 단기대출을 제외한다)하여서는 아니 된다.

제85조(불건전 영업행위의 금지) 집합투자업자는 다음 각 호의 어느 하나에 해당하는 행위를 하여서는 아니 된다. 다만, 투자자 보호 및 건전한 거래질서를 해할 우려가 없는 경우로서 대통령령으로 정하는 경우에는 이를 할 수 있다.
1. 집합투자재산을 운용함에 있어서 금융투자상품, 그 밖의 투자대상자산의 가격에 중대한 영향을 미칠 수 있는 매수 또는 매도 의사를 결정한 후 이를 실행하기 전에 그 금

융투자상품, 그 밖의 투자대상자산을 집합투자업자 자기의 계산으로 매수 또는 매도하거나 제삼자에게 매수 또는 매도를 권유하는 행위

2. 자기 또는 대통령령으로 정하는 관계인수인(이하 이 절에서 "관계인수인"이라 한다)이 인수한 증권을 집합투자재산으로 매수하는 행위
3. 자기 또는 관계인수인이 대통령령으로 정하는 인수업무를 담당한 법인의 특정증권등(제172조 제1항의 특정증권등을 말한다. 이하 이 호에서 같다)에 대하여 인위적인 시세(제176조 제2항 제1호의 시세를 말한다)를 형성하기 위하여 집합투자재산으로 그 특정증권등을 매매하는 행위
4. 특정 집합투자기구의 이익을 해하면서 자기 또는 제삼자의 이익을 도모하는 행위
5. 특정 집합투자재산을 집합투자업자의 고유재산 또는 그 집합투자업자가 운용하는 다른 집합투자재산, 투자일임재산(투자자로부터 투자판단을 일임받아 운용하는 재산을 말한다. 이하 같다) 또는 신탁재산과 거래하는 행위
6. 제삼자와의 계약 또는 담합 등에 의하여 집합투자재산으로 특정 자산에 교차하여 투자하는 행위
7. 투자운용인력이 아닌 자에게 집합투자재산을 운용하게 하는 행위

제86조(성과보수의 제한) ① 집합투자업자는 집합투자기구의 운용실적에 연동하여 미리 정하여진 산정방식에 따른 보수(이하 "성과보수"라 한다)를 받아서는 아니 된다. 다만, 다음 각 호의 어느 하나에 해당하는 경우에는 성과보수를 받을 수 있다.

1. 집합투자기구가 사모집합투자기구인 경우
2. 사모집합투자기구 외의 집합투자기구 중 운용보수의 산정방식, 투자자의 구성 등을 고려하여 투자자 보호 및 건전한 거래질서를 해할 우려가 없는 경우로서 대통령령으로 정하는 경우

② 집합투자업자는 제1항 단서에 따라 성과보수를 받고자 하는 경우에는 그 성과보수의 산정방식, 그 밖에 대통령령으로 정하는 사항을 해당 투자설명서(제123조 제1항에 따른 투자설명서를 말한다) 및 집합투자규약에 기재하여야 한다.

제88조(자산운용보고서의 교부) ① 집합투자업자는 자산운용보고서를 작성하여 해당 집합투자재산을 보관·관리하는 신탁업자의 확인을 받아 3개월마다 1회 이상 해당 집합투자기구의 투자자에게 교부하여야 한다. 다만, 투자자가 수시로 변동되는 등 투자자의 이익을 해할 우려가 없는 경우로서 대통령령으로 정하는 경우에는 자산운용보고서를 투자자에게 교부하지 아니할 수 있다.

제89조(수시공시) ① 투자신탁이나 투자익명조합의 집합투자업자는 다음 각 호의 어느 하나에 해당하는 사항이 발생한 경우 대통령령으로 정하는 바에 따라 이를 지체 없이 공시하여야 한다.

1. 투자운용인력의 변경이 있는 경우 그 사실과 변경된 투자운용인력의 운용경력(운용한 집합투자기구의 명칭, 집합투자재산의 규모와 수익률을 말한다)
2. 환매연기 또는 환매재개의 결정 및 그 사유(제230조에 따른 환매금지형집합투자기구의 만기를 변경하거나 만기상환을 거부하는 결정 및 그 사유를 포함한다)
3. 대통령령으로 정하는 부실자산이 발생한 경우 그 명세 및 상각률
4. 집합투자자총회의 결의내용

제92조(환매연기 등의 통지) ① 집합투자업자(투자신탁이나 투자익명조합의 집합투자업자에 한한다. 이하 이 조에서 같다)는 다음 각 호의 어느 하나에 해당하는 사유가 발생한 경우 해당 집합투자증권을 판매한 투자매매업자 또는 투자중개업자에게 이를 즉시 통지하여야 한다.

1. 제237조 제1항에 따라 집합투자증권의 환매를 연기한 경우(제230조에 따른 환매금지형집합투자기구의 만기를 변경하거나 만기상환을 거부하기로 결정한 경우를 포함한다)
2. 제240조 제3항에 따른 집합투자기구에 대한 회계감사인의 감사의견이 적정의견이 아닌 경우
3. 그 밖에 투자자에게 미치는 영향이 중대한 사유로서 대통령령으로 정하는 경우

② 집합투자업자는 제1항의 사유가 해소된 경우에는 해당 집합투자증권을 판매한 투자매매업자 또는 투자중개업자에게 이를 즉시 통지하여야 한다.

제 3 관 투자자문업자 및 투자일임업자의 영업행위 규칙

제96조(선관의무 및 충실의무) ① 투자자문업자는 투자자에 대하여 선량한 관리자의 주의로써 투자자문에 응하여야 하며, 투자일임업자는 투자자에 대하여 선량한 관리자의 주의로써 투자일임재산을 운용하여야 한다.

② 투자자문업자 및 투자일임업자는 투자자의 이익을 보호하기 위하여 해당 업무를 충실하게 수행하여야 한다.

제 4 관 신탁업자의 영업행위 규칙

제104조(신탁재산과 고유재산의 구분) ①「신탁법」제34조 제2항은 신탁업자에게는 적용하지 아니한다.

② 신탁업자는 다음 각 호의 어느 하나에 해당하는 경우 신탁계약이 정하는 바에 따라 신탁재산을 고유재산으로 취득할 수 있다.

1. 신탁행위에 따라 수익자에 대하여 부담하는 채무를 이행하기 위하여 필요한 경우
2. 신탁계약의 해지, 그 밖에 수익자 보호를 위하여 불가피한 경우로서 대통령령으로 정

하는 경우

제110조(수익증권) ① 신탁업자는 금전신탁계약에 의한 수익권이 표시된 수익증권을 발행할 수 있다.
② 신탁업자는 제1항에 따라 수익증권을 발행하고자 하는 경우에는 대통령령으로 정하는 서류를 첨부하여 금융위원회에 미리 신고하여야 한다.
③ 수익증권은 무기명식으로 한다. 다만, 수익자의 청구가 있는 경우에는 기명식으로 할 수 있다.
④ 기명식 수익증권은 수익자의 청구에 의하여 무기명식으로 할 수 있다.

제115조(회계감사인의 손해배상책임) ① 회계감사인은 제114조 제3항에 따른 회계감사의 결과 회계감사보고서 중 중요사항에 관하여 거짓의 기재 또는 표시가 있거나 중요사항이 기재 또는 표시되지 아니함으로써 이를 이용한 수익자에게 손해를 끼친 경우에는 그 수익자에 대하여 손해를 배상할 책임을 진다. 이 경우 「주식회사등의 외부감사에 관한 법률」 제2조 제7호 나목에 따른 감사반이 회계감사인인 때에는 그 신탁재산에 대한 감사에 참여한 자가 연대하여 손해를 배상할 책임을 진다.
② 회계감사인이 수익자에 대하여 손해를 배상할 책임이 있는 경우로서 그 신탁업자의 이사·감사(감사위원회가 설치된 경우에는 감사위원회의 위원을 말한다. 이하 이 항에서 같다)에게도 귀책사유가 있는 경우에는 그 회계감사인과 신탁업자의 이사·감사는 연대하여 손해를 배상할 책임을 진다. 다만, 손해를 배상할 책임이 있는 자가 고의가 없는 경우에 그 자는 법원이 귀책사유에 따라 정하는 책임비율에 따라 손해를 배상할 책임이 있다.

제 3 편 증권의 발행 및 유통

제 1 장 증권신고서

제118조(적용범위) 이 장은 국채증권, 지방채증권, 대통령령으로 정하는 법률에 따라 직접 설립된 법인이 발행한 채권, 그 밖에 다른 법률에 따라 충분한 공시가 행하여지는 등 투자자 보호가 이루어지고 있다고 인정되는 증권으로서 대통령령으로 정하는 증권에 관하여는 적용하지 아니한다.

제119조(모집 또는 매출의 신고) ⑤ 증권신고서를 제출하는 경우 신고 당시 해당 발행인의 대표이사(집행임원 설치회사의 경우 대표집행임원을 말한다. 이하 이 조에서 같다) 및 신고업무를 담당하는 이사(대표이사 및 신고업무를 담당하는 이사가 없는 경우 이에 준하

는 자를 말한다)는 그 증권신고서의 기재사항 중 중요사항에 관하여 거짓의 기재 또는 표시가 있거나 중요사항의 기재 또는 표시가 누락되어 있지 아니하다는 사실 등 대통령령으로 정하는 사항을 확인·검토하고 이에 각각 서명하여야 한다.

제120조(신고의 효력발생시기 등) ① 제119조 제1항 및 제2항에 따른 증권의 신고(이하 "증권신고"라 한다)는 그 증권신고서가 금융위원회에 제출되어 수리된 날부터 증권의 종류 또는 거래의 특성 등을 고려하여 총리령으로 정하는 기간이 경과한 날에 그 효력이 발생한다.

② 금융위원회는 증권신고서의 형식을 제대로 갖추지 아니한 경우 또는 그 증권신고서 중 중요사항에 관하여 거짓의 기재 또는 표시가 있거나 중요사항이 기재 또는 표시되지 아니한 경우를 제외하고는 그 수리를 거부하여서는 아니 된다.

제122조(정정신고서) ① 금융위원회는 증권신고서의 형식을 제대로 갖추지 아니한 경우 또는 그 증권신고서 중 중요사항에 관하여 거짓의 기재 또는 표시가 있거나 중요사항이 기재 또는 표시되지 아니한 경우와 중요사항의 기재나 표시내용이 불분명하여 투자자의 합리적인 투자판단을 저해하거나 투자자에게 중대한 오해를 일으킬 수 있는 경우에는 그 증권신고서에 기재된 증권의 취득 또는 매수의 청약일 전일까지 그 이유를 제시하고 그 증권신고서의 기재내용을 정정한 신고서(이하 이 장에서 "정정신고서"라 한다)의 제출을 요구할 수 있다.

② 제1항에 따른 요구가 있는 경우 그 증권신고서는 그 요구를 한 날부터 수리되지 아니한 것으로 본다.

제123조(투자설명서의 작성·공시) ① 제119조에 따라 증권을 모집하거나 매출하는 경우 그 발행인은 대통령령으로 정하는 방법에 따라 작성한 투자설명서(이하 "투자설명서"라 한다) 및 제124조 제2항 제3호에 따른 간이투자설명서(모집 또는 매출하는 증권이 집합투자증권인 경우로 한정한다. 이하 이 조에서 같다)를 그 증권신고의 효력이 발생하는 날(제119조 제2항에 따라 일괄신고추가서류를 제출하여야 하는 경우에는 그 일괄신고추가서류를 제출하는 날로 한다)에 금융위원회에 제출하여야 하며, 이를 총리령으로 정하는 장소에 비치하고 일반인이 열람할 수 있도록 하여야 한다.

② 투자설명서에는 증권신고서(제119조 제2항의 일괄신고추가서류를 포함한다. 이하 이 장에서 같다)에 기재된 내용과 다른 내용을 표시하거나 그 기재사항을 누락하여서는 아니 된다. 다만, 기업경영 등 비밀유지와 투자자 보호와의 형평 등을 고려하여 기재를 생략할 필요가 있는 사항으로서 대통령령으로 정하는 사항에 대하여는 그 기재를 생략할 수 있다.

③ 대통령령으로 정하는 집합투자증권 및 파생결합증권의 발행인은 제1항 외에 다음 각 호의 구분에 따라 투자설명서 및 간이투자설명서를 금융위원회에 추가로 제출하여야 하

며, 이를 총리령으로 정하는 장소에 비치하고 일반인이 열람할 수 있도록 하여야 한다. 다만, 그 집합투자증권 및 파생결합증권의 모집 또는 매출을 중지한 경우에는 제출·비치 및 공시를 하지 아니할 수 있다.

1. 제1항에 따라 투자설명서 및 간이투자설명서를 제출한 후 총리령으로 정하는 기간마다 1회 이상 다시 고친 투자설명서 및 간이투자설명서를 제출할 것
2. 제182조 제8항에 따라 변경등록을 한 경우 변경등록의 통지를 받은 날부터 5일 이내에 그 내용을 반영한 투자설명서 및 간이투자설명서를 제출할 것

제 2 장 기업의 인수 · 합병 관련제도

제 2 절 주식등의 대량보유상황의 보고

제147조(주식등의 대량보유 등의 보고) ① 주권상장법인의 주식등(제234조 제1항에 따른 상장지수집합투자기구인 투자회사의 주식은 제외한다. 이하 이 절에서 같다)을 대량보유(본인과 그 특별관계자가 보유하게 되는 주식등의 수의 합계가 그 주식등의 총수의 100분의 5 이상인 경우를 말한다)하게 된 자는 그 날부터 5일(대통령령으로 정하는 날은 산입하지 아니한다. 이하 이 절에서 같다) 이내에 그 보유상황, 보유 목적(발행인의 경영권에 영향을 주기 위한 목적 여부를 말한다), 그 보유 주식등에 관한 주요계약내용, 그 밖에 대통령령으로 정하는 사항을 대통령령으로 정하는 방법에 따라 금융위원회와 거래소에 보고하여야 하며, 그 보유 주식등의 수의 합계가 그 주식등의 총수의 100분의 1 이상 변동된 경우(그 보유 주식등의 수가 변동되지 아니한 경우, 그 밖에 대통령령으로 정하는 경우를 제외한다)에는 그 변동된 날부터 5일 이내에 그 변동내용을 대통령령으로 정하는 방법에 따라 금융위원회와 거래소에 보고하여야 한다. 이 경우 그 보유 목적이 발행인의 경영권에 영향을 주기 위한 것(임원의 선임·해임 또는 직무의 정지, 이사회 등 회사의 기관과 관련된 정관의 변경 등 대통령령으로 정하는 것을 말한다)이 아닌 경우와 전문투자자 중 대통령령으로 정하는 자의 경우에는 그 보고내용 및 보고시기 등을 대통령령으로 달리 정할 수 있다.

② 제1항에 따른 주식등의 수 및 주식등의 총수는 총리령으로 정하는 방법에 따라 산정한 수로 한다.

제 3 장 상장법인의 사업보고서 등

제161조(주요사항보고서의 제출) ① 사업보고서 제출대상법인은 다음 각 호의 어느 하나에 해당하는 사실이 발생한 경우에는 그 사실이 발생한 날의 다음 날까지(제6호의 경우에는 그 사실이 발생한 날부터 3일 이내에) 그 내용을 기재한 보고서(이하 "주요사항보고서"라 한다)를 금융위원회에 제출하여야 한다. 이 경우 제159조 제6항 및 제7항을 준용한다.

1. 발행한 어음 또는 수표가 부도로 되거나 은행과의 당좌거래가 정지 또는 금지된 때
2. 영업활동의 전부 또는 중요한 일부가 정지되거나 그 정지에 관한 이사회 등의 결정이 있은 때
3. 「채무자 회생 및 파산에 관한 법률」에 따른 회생절차개시 또는 간이회생절차개시의 신청이 있은 때
4. 이 법, 「상법」, 그 밖의 법률에 따른 해산사유가 발생한 때
5. 대통령령으로 정하는 경우에 해당하는 자본 또는 부채의 변동에 관한 이사회 등의 결정이 있은 때
6. 「상법」 제360조의2, 제360조의15, 제522조 및 제530조의2에 규정된 사실이 발생한 때
7. 대통령령으로 정하는 중요한 영업 또는 자산을 양수하거나 양도할 것을 결의한 때
8. 자기주식을 취득(자기주식의 취득을 목적으로 하는 신탁계약의 체결을 포함한다) 또는 처분(자기주식의 취득을 목적으로 하는 신탁계약의 해지를 포함한다)할 것을 결의한 때
9. 전환사채, 교환사채 또는 신주인수권부사채의 발행에 관한 결정이 있은 때. 다만, 해당 주권 관련 사채권의 발행이 증권의 모집 또는 매출에 따른 것으로서 제119조 제1항에 따라 신고서를 제출하는 경우는 제외한다.
10. 그 밖에 그 법인의 경영·재산 등에 관하여 중대한 영향을 미치는 사항으로서 대통령령으로 정하는 사실이 발생한 때

제 3 장의 2 주권상장법인에 대한 특례

제165조의15(의결권이 없거나 제한되는 주식의 특례) ① 「상법」 제344조의3 제1항에 따른 의결권이 없거나 제한되는 주식의 총수에 관한 한도를 적용할 때 주권상장법인(주권을 신규로 상장하기 위하여 주권을 모집하거나 매출하는 법인을 포함한다. 이하 이 조에서 같다)이 다음 각 호의 어느 하나에 해당하는 경우에 발행하는 의결권 없는 주식은 그 한도를 계산할 때 산입하지 아니한다.

1. 대통령령으로 정하는 방법에 따라 외국에서 주식을 발행하거나, 외국에서 발행한 주권 관련 사채권, 그 밖에 주식과 관련된 증권의 권리행사로 주식을 발행하는 경우
2. 국가기간산업 등 국민경제상 중요한 산업을 경영하는 법인 중 대통령령으로 정하는 기준에 해당하는 법인으로서 금융위원회가 의결권 없는 주식의 발행이 필요하다고 인정하는 법인이 주식을 발행하는 경우

② 제1항 각 호의 어느 하나에 해당하는 의결권 없는 주식과 「상법」 제344조의3 제1항에 따른 의결권이 없거나 제한되는 주식을 합한 의결권 없는 주식의 총수는 발행주식총수의 2분의 1을 초과하여서는 아니 된다.

제 4 편 불공정거래의 규제

제 1 장 내부자 거래 등

제172조(내부자의 단기매매차익 반환) ① 주권상장법인의 임원(「상법」 제401조의2 제1항 각 호의 자를 포함한다. 이하 이 장에서 같다), 직원(직무상 제174조 제1항의 미공개중요정보를 알 수 있는 자로서 대통령령으로 정하는 자에 한한다. 이하 이 조에서 같다) 또는 주요주주가 다음 각 호의 어느 하나에 해당하는 금융투자상품(이하 "특정증권등"이라 한다)을 매수(권리 행사의 상대방이 되는 경우로서 매수자의 지위를 가지게 되는 특정증권등의 매도를 포함한다. 이하 이 조에서 같다)한 후 6개월 이내에 매도(권리를 행사할 수 있는 경우로서 매도자의 지위를 가지게 되는 특정증권등의 매수를 포함한다. 이하 이 조에서 같다)하거나 특정증권등을 매도한 후 6개월 이내에 매수하여 이익을 얻은 경우에는 그 법인은 그 임직원 또는 주요주주에게 그 이익(이하 "단기매매차익"이라 한다)을 그 법인에게 반환할 것을 청구할 수 있다. 이 경우 이익의 산정기준·반환절차 등에 관하여 필요한 사항은 대통령령으로 정한다.

1. 그 법인이 발행한 증권(대통령령으로 정하는 증권을 제외한다)
2. 제1호의 증권과 관련된 증권예탁증권
3. 그 법인 외의 자가 발행한 것으로서 제1호 또는 제2호의 증권과 교환을 청구할 수 있는 교환사채권
4. 제1호부터 제3호까지의 증권만을 기초자산으로 하는 금융투자상품

② 해당 법인의 주주(주권 외의 지분증권 또는 증권예탁증권을 소유한 자를 포함한다. 이하 이 조에서 같다)는 그 법인으로 하여금 제1항에 따른 단기매매차익을 얻은 자에게 단기매매차익의 반환청구를 하도록 요구할 수 있으며, 그 법인이 그 요구를 받은 날부터 2개월 이내에 그 청구를 하지 아니하는 경우에는 그 주주는 그 법인을 대위(代位)하여 그 청구를 할 수 있다.

제174조(미공개중요정보 이용행위 금지) ① 다음 각 호의 어느 하나에 해당하는 자(제1호부터 제5호까지의 어느 하나의 자에 해당하지 아니하게 된 날부터 1년이 경과하지 아니한 자를 포함한다)는 상장법인[6개월 이내에 상장하는 법인 또는 6개월 이내에 상장법인과의 합병, 주식의 포괄적 교환, 그 밖에 대통령령으로 정하는 기업결합 방법에 따라 상장되는 효과가 있는 비상장법인(이하 이 항에서 "상장예정법인등"이라 한다)을 포함한다. 이하 이 항 및 제443조 제1항 제1호에서 같다]의 업무 등과 관련된 미공개중요정보(투자자의 투자판단에 중대한 영향을 미칠 수 있는 정보로서 대통령령으로 정하는 방법에 따라 불특정 다수인이 알 수 있도록 공개되기 전의 것을 말한다. 이하 이 항에서 같다)를 특정증권등(상장예정법인등이 발행한 해당 특정증권등을 포함한다. 이하 제443조 제1항 제1호에서 같다)의 매매, 그 밖의 거래에 이용하거나 타인에게 이용하게 하여서는 아니

된다.

1. 그 법인(그 계열회사를 포함한다. 이하 이 호 및 제2호에서 같다) 및 그 법인의 임직원·대리인으로서 그 직무와 관련하여 미공개중요정보를 알게 된 자
2. 그 법인의 주요주주로서 그 권리를 행사하는 과정에서 미공개중요정보를 알게 된 자
3. 그 법인에 대하여 법령에 따른 허가·인가·지도·감독, 그 밖의 권한을 가지는 자로서 그 권한을 행사하는 과정에서 미공개중요정보를 알게 된 자
4. 그 법인과 계약을 체결하고 있거나 체결을 교섭하고 있는 자로서 그 계약을 체결·교섭 또는 이행하는 과정에서 미공개중요정보를 알게 된 자
5. 제2호부터 제4호까지의 어느 하나에 해당하는 자의 대리인(이에 해당하는 자가 법인인 경우에는 그 임직원 및 대리인을 포함한다)·사용인, 그 밖의 종업원(제2호부터 제4호까지의 어느 하나에 해당하는 자가 법인인 경우에는 그 임직원 및 대리인)으로서 그 직무와 관련하여 미공개중요정보를 알게 된 자
6. 제1호부터 제5호까지의 어느 하나에 해당하는 자(제1호부터 제5호까지의 어느 하나의 자에 해당하지 아니하게 된 날부터 1년이 경과하지 아니한 자를 포함한다)로부터 미공개중요정보를 받은 자

② 다음 각 호의 어느 하나에 해당하는 자(제1호부터 제5호까지의 어느 하나의 자에 해당하지 아니하게 된 날부터 1년이 경과하지 아니한 자를 포함한다)는 주식등에 대한 공개매수(제133조 제1항의 공개매수를 말한다. 이하 이 항에서 같다)의 실시 또는 중지에 관한 미공개정보(대통령령으로 정하는 방법에 따라 불특정 다수인이 알 수 있도록 공개되기 전의 것을 말한다. 이하 이 항에서 같다)를 그 주식등과 관련된 특정증권등의 매매, 그 밖의 거래에 이용하거나 타인에게 이용하게 하여서는 아니 된다. 다만, 공개매수를 하려는 자(이하 이 조에서 "공개매수예정자"라 한다)가 공개매수공고 이후에도 상당한 기간 동안 주식등을 보유하는 등 주식등에 대한 공개매수의 실시 또는 중지에 관한 미공개정보를 그 주식등과 관련된 특정증권등의 매매, 그 밖의 거래에 이용할 의사가 없다고 인정되는 경우에는 그러하지 아니하다.

1. 공개매수예정자(그 계열회사를 포함한다. 이하 이 호 및 제2호에서 같다) 및 공개매수예정자의 임직원·대리인으로서 그 직무와 관련하여 공개매수의 실시 또는 중지에 관한 미공개정보를 알게 된 자
2. 공개매수예정자의 주요주주로서 그 권리를 행사하는 과정에서 공개매수의 실시 또는 중지에 관한 미공개정보를 알게 된 자
3. 공개매수예정자에 대하여 법령에 따른 허가·인가·지도·감독, 그 밖의 권한을 가지는 자로서 그 권한을 행사하는 과정에서 공개매수의 실시 또는 중지에 관한 미공개정보를 알게 된 자
4. 공개매수예정자와 계약을 체결하고 있거나 체결을 교섭하고 있는 자로서 그 계약을 체결·교섭 또는 이행하는 과정에서 공개매수의 실시 또는 중지에 관한 미공개정보를 알게 된 자

5. 제2호부터 제4호까지의 어느 하나에 해당하는 자의 대리인(이에 해당하는 자가 법인인 경우에는 그 임직원 및 대리인을 포함한다)·사용인, 그 밖의 종업원(제2호부터 제4호까지의 어느 하나에 해당하는 자가 법인인 경우에는 그 임직원 및 대리인)으로서 그 직무와 관련하여 공개매수의 실시 또는 중지에 관한 미공개정보를 알게 된 자
6. 공개매수예정자 또는 제1호부터 제5호까지의 어느 하나에 해당하는 자(제1호부터 제5호까지의 어느 하나의 자에 해당하지 아니하게 된 날부터 1년이 경과하지 아니한 자를 포함한다)로부터 공개매수의 실시 또는 중지에 관한 미공개정보를 받은 자

③ 다음 각 호의 어느 하나에 해당하는 자는 주식등의 대량취득·처분의 실시 또는 중지에 관한 미공개정보를 그 주식등과 관련된 특정증권등의 매매, 그 밖의 거래에 이용하거나 타인에게 이용하게 하여서는 아니 된다. 다만, 대량취득·처분을 하려는 자가 제149조에 따른 공시 이후에도 상당한 기간 동안 주식등을 보유하는 등 주식등에 대한 대량취득·처분의 실시 또는 중지에 관한 미공개정보를 그 주식등과 관련된 특정증권등의 매매, 그 밖의 거래에 이용할 의사가 없다고 인정되는 경우에는 그러하지 아니하다.

1. 대량취득·처분을 하려는 자(그 계열회사를 포함한다. 이하 이 호 및 제2호에서 같다) 및 대량취득·처분을 하려는 자의 임직원·대리인으로서 그 직무와 관련하여 대량취득·처분의 실시 또는 중지에 관한 미공개정보를 알게 된 자
2. 대량취득·처분을 하려는 자의 주요주주로서 그 권리를 행사하는 과정에서 대량취득·처분의 실시 또는 중지에 관한 미공개정보를 알게 된 자
3. 대량취득·처분을 하려는 자에 대하여 법령에 따른 허가·인가·지도·감독, 그 밖의 권한을 가지는 자로서 그 권한을 행사하는 과정에서 대량취득·처분의 실시 또는 중지에 관한 미공개정보를 알게 된 자
4. 대량취득·처분을 하려는 자와 계약을 체결하고 있거나 체결을 교섭하고 있는 자로서 그 계약을 체결·교섭 또는 이행하는 과정에서 대량취득·처분의 실시 또는 중지에 관한 미공개정보를 알게 된 자
5. 제2호부터 제4호까지의 어느 하나에 해당하는 자의 대리인(이에 해당하는 자가 법인인 경우에는 그 임직원 및 대리인을 포함한다)·사용인, 그 밖의 종업원으로서 그 직무와 관련하여 대량취득·처분의 실시 또는 중지에 관한 미공개정보를 알게 된 자
6. 대량취득·처분을 하려는 자 또는 제1호부터 제5호까지의 어느 하나에 해당하는 자(제1호부터 제5호까지의 어느 하나의 자에 해당하지 아니하게 된 날부터 1년이 경과하지 아니한 자를 포함한다)로부터 대량취득·처분의 실시 또는 중지에 관한 미공개정보를 알게 된 자

제2장 시세조종 등

제176조(시세조종행위 등의 금지) ① 누구든지 상장증권 또는 장내파생상품의 매매에 관하여 그 매매가 성황을 이루고 있는 듯이 잘못 알게 하거나, 그 밖에 타인에게 그릇된 판단

을 하게 할 목적으로 다음 각 호의 어느 하나에 해당하는 행위를 하여서는 아니 된다.

1. 자기가 매도하는 것과 같은 시기에 그와 같은 가격 또는 약정수치로 타인이 그 증권 또는 장내파생상품을 매수할 것을 사전에 그 자와 서로 짠 후 매도하는 행위
2. 자기가 매수하는 것과 같은 시기에 그와 같은 가격 또는 약정수치로 타인이 그 증권 또는 장내파생상품을 매도할 것을 사전에 그 자와 서로 짠 후 매수하는 행위
3. 그 증권 또는 장내파생상품의 매매를 함에 있어서 그 권리의 이전을 목적으로 하지 아니하는 거짓으로 꾸민 매매를 하는 행위
4. 제1호부터 제3호까지의 행위를 위탁하거나 수탁하는 행위

② 누구든지 상장증권 또는 장내파생상품의 매매를 유인할 목적으로 다음 각 호의 어느 하나에 해당하는 행위를 하여서는 아니 된다.

1. 그 증권 또는 장내파생상품의 매매가 성황을 이루고 있는 듯이 잘못 알게 하거나 그 시세(증권시장 또는 파생상품시장에서 형성된 시세, 다자간매매체결회사가 상장주권의 매매를 중개함에 있어서 형성된 시세, 그 밖에 대통령령으로 정하는 시세를 말한다. 이하 같다)를 변동시키는 매매 또는 그 위탁이나 수탁을 하는 행위
2. 그 증권 또는 장내파생상품의 시세가 자기 또는 타인의 시장 조작에 의하여 변동한다는 말을 유포하는 행위
3. 그 증권 또는 장내파생상품의 매매를 함에 있어서 중요한 사실에 관하여 거짓의 표시 또는 오해를 유발시키는 표시를 하는 행위

③ 누구든지 상장증권 또는 장내파생상품의 시세를 고정시키거나 안정시킬 목적으로 그 증권 또는 장내파생상품에 관한 일련의 매매 또는 그 위탁이나 수탁을 하는 행위를 하여서는 아니 된다. 다만, 다음 각 호의 어느 하나에 해당하는 경우에는 그러하지 아니하다.

1. 투자매매업자(모집 또는 매출되는 증권의 발행인 또는 소유자와 인수계약을 체결한 투자매매업자로서 대통령령으로 정하는 자에 한한다. 이하 이 조에서 같다)가 대통령령으로 정하는 방법에 따라 그 증권의 모집 또는 매출의 청약기간의 종료일 전 30일의 범위에서 대통령령으로 정하는 날부터 그 청약기간의 종료일까지의 기간 동안 증권의 가격을 안정시킴으로써 증권의 모집 또는 매출을 원활하도록 하기 위한 매매거래(이하 이 항에서 "안정조작"이라 한다)를 하는 경우
2. 투자매매업자가 대통령령으로 정하는 방법에 따라 모집 또는 매출한 증권의 수요·공급을 그 증권이 상장된 날부터 6개월의 범위에서 대통령령으로 정하는 기간 동안 조성하는 매매거래(이하 이 항에서 "시장조성"이라 한다)를 하는 경우
3. 모집 또는 매출되는 증권 발행인의 임원 등 대통령령으로 정하는 자가 투자매매업자에게 안정조작을 위탁하는 경우
4. 투자매매업자가 제3호에 따라 안정조작을 수탁하는 경우
5. 모집 또는 매출되는 증권의 인수인이 투자매매업자에게 시장조성을 위탁하는 경우
6. 투자매매업자가 제5호에 따라 시장조성을 수탁하는 경우

④ 누구든지 증권, 파생상품 또는 그 증권·파생상품의 기초자산 중 어느 하나가 거래소

에 상장되거나 그 밖에 이에 준하는 경우로서 대통령령으로 정하는 경우에는 그 증권 또는 파생상품에 관한 매매, 그 밖의 거래(이하 이 항, 제177조 및 제443조 제1항 제7호에서 "매매등"이라 한다)와 관련하여 다음 각 호의 어느 하나에 해당하는 행위를 하여서는 아니 된다.

1. 파생상품의 매매등에서 부당한 이익을 얻거나 제삼자에게 부당한 이익을 얻게 할 목적으로 그 파생상품의 기초자산의 시세를 변동 또는 고정시키는 행위
2. 파생상품의 기초자산의 매매등에서 부당한 이익을 얻거나 제삼자에게 부당한 이익을 얻게 할 목적으로 그 파생상품의 시세를 변동 또는 고정시키는 행위
3. 증권의 매매등에서 부당한 이익을 얻거나 제삼자에게 부당한 이익을 얻게 할 목적으로 그 증권과 연계된 증권으로서 대통령령으로 정하는 증권 또는 그 증권의 기초자산의 시세를 변동 또는 고정시키는 행위
4. 증권의 기초자산의 매매등에서 부당한 이익을 얻거나 제삼자에게 부당한 이익을 얻게 할 목적으로 그 증권의 시세를 변동 또는 고정시키는 행위
5. 파생상품의 매매등에서 부당한 이익을 얻거나 제삼자에게 부당한 이익을 얻게 할 목적으로 그 파생상품과 기초자산이 동일하거나 유사한 파생상품의 시세를 변동 또는 고정시키는 행위

제 5 편 집합투자기구

제1장 총 칙

제182조(집합투자기구의 등록) ① 투자신탁이나 투자익명조합의 집합투자업자 또는 투자회사·투자유한회사·투자합자회사·투자유한책임회사 및 투자합자조합(이하 이 편에서 "투자회사등"이라 한다)은 집합투자기구가 설정·설립된 경우 그 집합투자기구를 금융위원회에 등록하여야 한다.

제183조(집합투자기구의 명칭) ① 집합투자기구는 그 상호 또는 명칭 중에 제229조 각 호의 집합투자기구의 종류를 표시하는 문자(증권·부동산·특별자산·혼합자산 및 단기금융을 말한다)를 사용하여야 한다.

제184조(집합투자기구의 업무수행 등) ① 투자신탁재산 또는 투자익명조합재산에 속하는 지분증권(그 지분증권과 관련된 증권예탁증권을 포함한다. 이하 이 조에서 같다)의 의결권 행사는 그 투자신탁 또는 투자익명조합의 집합투자업자가 수행하여야 하며, 투자회사등의 집합투자재산에 속하는 지분증권의 의결권 행사는 그 투자회사등이 수행하여야 한다. 다만, 투자회사등은 그 투자회사등의 집합투자업자에게 그 투자회사등의 집합투자재

산에 속하는 지분증권의 의결권 행사를 위탁할 수 있다.

② 투자신탁재산 또는 투자익명조합재산의 운용업무는 그 투자신탁 또는 투자익명조합의 집합투자업자가 이를 수행하며, 투자회사등의 집합투자재산 운용업무는 그 투자회사등의 법인이사·업무집행사원·업무집행자 또는 업무집행조합원인 집합투자업자가 이를 수행한다.

③ 투자신탁이나 투자익명조합의 집합투자업자 또는 투자회사등은 집합투자재산의 보관·관리업무를 신탁업자에게 위탁하여야 한다.

⑤ 투자신탁이나 투자익명조합의 집합투자업자 또는 투자회사등은 집합투자기구의 집합투자증권을 판매하고자 하는 경우 투자매매업자와 판매계약을 체결하거나 투자중개업자와 위탁판매계약을 체결하여야 한다.

⑥ 투자회사는 다음 각 호의 업무를 일반사무관리회사에 위탁하여야 한다.

1. 투자회사 주식의 발행 및 명의개서(名義改書)
2. 투자회사재산의 계산
3. 법령 또는 정관에 의한 통지 및 공고
4. 이사회 및 주주총회의 소집·개최·의사록 작성 등에 관한 업무
5. 그 밖에 투자회사의 사무를 처리하기 위하여 필요한 업무로서 대통령령으로 정하는 업무

제 2 장 집합투자기구의 구성 등

제 1 절 투자신탁

제188조(신탁계약의 체결 등) ① 투자신탁을 설정하고자 하는 집합투자업자는 다음 각 호의 사항이 기재된 신탁계약서에 의하여 신탁업자와 신탁계약을 체결하여야 한다.

1. 집합투자업자 및 신탁업자의 상호
2. 신탁원본의 가액 및 제189조 제1항 및 제3항에 따라 발행하는 투자신탁의 수익권(이하 "수익증권"이라 한다)의 총좌수에 관한 사항
3. 투자신탁재산의 운용 및 관리에 관한 사항
4. 이익분배 및 환매에 관한 사항
5. 집합투자업자·신탁업자 등이 받는 보수, 그 밖의 수수료의 계산방법과 지급시기·방법에 관한 사항. 다만, 집합투자업자가 기준가격 산정업무를 위탁하는 경우에는 그 수수료는 해당 투자신탁재산에서 부담한다는 내용을 포함하여야 한다.
6. 수익자총회에 관한 사항
7. 공시 및 보고서에 관한 사항
8. 그 밖에 수익자 보호를 위하여 필요한 사항으로서 대통령령으로 정하는 사항

제189조(투자신탁의 수익권 등) ① 투자신탁을 설정한 집합투자업자는 투자신탁의 수익권을 균등하게 분할하여 수익증권을 발행한다.

② 수익자는 신탁원본의 상환 및 이익의 분배 등에 관하여 수익증권의 좌수에 따라 균등한 권리를 가진다.

제190조(수익자총회) ① 투자신탁에는 전체 수익자로 구성되는 수익자총회를 두며, 수익자총회는 이 법 또는 신탁계약에서 정한 사항에 대하여만 결의할 수 있다.

② 수익자총회는 투자신탁을 설정한 집합투자업자가 소집한다.

제191조(반대수익자의 수익증권매수청구권) ① 투자신탁의 수익자는 다음 각 호의 어느 하나에 해당하는 경우 집합투자업자에게 수익증권의 수를 기재한 서면으로 자기가 소유하고 있는 수익증권의 매수를 청구할 수 있다.

1. 제188조 제2항 각 호 외의 부분 후단에 따른 신탁계약의 변경 또는 제193조 제2항에 따른 투자신탁의 합병에 대한 수익자총회의 결의에 반대하는 수익자가 그 수익자총회의 결의일부터 20일 이내에 수익증권의 매수를 청구하는 경우
2. 제193조 제2항 각 호 외의 부분 단서에 따른 투자신탁의 합병에 반대하는 수익자가 대통령령으로 정하는 방법에 따라 수익증권의 매수를 청구하는 경우

② 투자신탁을 설정한 집합투자업자는 제1항에 따른 청구가 있는 경우 해당 수익자에게 수익증권의 매수에 따른 수수료, 그 밖의 비용을 부담시켜서는 아니 된다.

제192조(투자신탁의 해지) ① 투자신탁을 설정한 집합투자업자는 금융위원회의 승인을 받아 투자신탁을 해지할 수 있다. 다만, 수익자의 이익을 해할 우려가 없는 경우로서 대통령령으로 정하는 경우에는 금융위원회의 승인을 받지 아니하고 투자신탁을 해지할 수 있으며, 이 경우 집합투자업자는 그 해지사실을 지체 없이 금융위원회에 보고하여야 한다.

② 투자신탁을 설정한 집합투자업자는 다음 각 호의 어느 하나에 해당하는 경우에는 지체 없이 투자신탁을 해지하여야 한다. 이 경우 집합투자업자는 그 해지사실을 지체 없이 금융위원회에 보고하여야 한다.

1. 신탁계약에서 정한 신탁계약기간의 종료
2. 수익자총회의 투자신탁 해지 결의
3. 투자신탁의 피흡수합병
4. 투자신탁의 등록 취소
5. 수익자의 총수가 1인이 되는 경우. 다만, 제6조 제6항에 따라 인정되거나 건전한 거래질서를 해할 우려가 없는 경우로서 대통령령으로 정하는 경우는 제외한다.
6. 제249조의9 제1항에 따라 투자신탁인 일반 사모집합투자기구의 해지 명령을 받은 경우

제 3 장 집합투자기구의 종류 등

제 1 절 집합투자기구의 종류

제229조(집합투자기구의 종류) 집합투자기구는 집합투자재산의 운용대상에 따라 다음 각 호와 같이 구분한다.

1. 증권집합투자기구 : 집합투자재산의 100분의 40 이상으로서 대통령령으로 정하는 비율을 초과하여 증권(대통령령으로 정하는 증권을 제외하며, 대통령령으로 정하는 증권 외의 증권을 기초자산으로 한 파생상품을 포함한다. 이하 이 조에서 같다)에 투자하는 집합투자기구로서 제2호 및 제3호에 해당하지 아니하는 집합투자기구
2. 부동산집합투자기구 : 집합투자재산의 100분의 40 이상으로서 대통령령으로 정하는 비율을 초과하여 부동산에 투자하는 집합투자기구
3. 특별자산집합투자기구 : 집합투자재산의 100분의 40 이상으로서 대통령령으로 정하는 비율을 초과하여 특별자산에 투자하는 집합투자기구
4. 혼합자산집합투자기구 : 집합투자재산을 운용함에 있어서 제1호부터 제3호까지의 규정의 제한을 받지 아니하는 집합투자기구
5. 단기금융집합투자기구 : 집합투자재산 전부를 대통령령으로 정하는 단기금융상품에 투자하는 집합투자기구로서 대통령령으로 정하는 방법으로 운용되는 집합투자기구

제 2 절 특수한 형태의 집합투자기구

제230조(환매금지형집합투자기구) ① 투자신탁·투자유한회사·투자합자회사·투자유한책임회사·투자합자조합 및 투자익명조합을 설정·설립하고자 하는 집합투자업자 또는 투자회사의 발기인(이하 이 절에서 "집합투자업자등"이라 한다)은 제235조 제1항에 불구하고 존속기간을 정한 집합투자기구에 대하여만 집합투자증권의 환매를 청구할 수 없는 집합투자기구(이하 이 조에서 "환매금지형집합투자기구"라 한다)를 설정·설립할 수 있다.

② 투자신탁이나 투자익명조합의 집합투자업자 또는 투자회사등은 기존 투자자의 이익을 해할 우려가 없는 등 대통령령으로 정하는 때에만 환매금지형집합투자기구의 집합투자증권을 추가로 발행할 수 있다.

③ 투자신탁의 집합투자업자 또는 투자회사는 신탁계약 또는 정관에 투자자의 환금성 보장 등을 위한 별도의 방법을 정하지 아니한 경우에는 환매금지형집합투자기구의 집합투자증권을 최초로 발행한 날부터 90일 이내에 그 집합투자증권을 증권시장에 상장하여야 한다.

제231조(종류형집합투자기구) ① 집합투자업자등은 제189조 제2항, 제196조 제5항 및 제208조 제1항(제216조 제2항, 제222조 제2항 및 제227조 제2항에서 준용하는 경우를 포함한다)

에 불구하고 같은 집합투자기구에서 제76조 제4항에 따른 판매보수의 차이로 인하여 기준가격이 다르거나 판매수수료가 다른 여러 종류의 집합투자증권을 발행하는 집합투자기구(이하 이 조에서 "종류형집합투자기구"라 한다)를 설정·설립할 수 있다.

② 종류형집합투자기구는 집합투자자총회의 결의가 필요한 경우로서 특정 종류의 집합투자증권의 투자자에 대하여만 이해관계가 있는 경우에는 그 종류의 투자자만으로 종류집합투자자총회를 개최할 수 있다.

③ 종류형집합투자기구의 설정·설립, 집합투자증권의 발행·판매·환매, 그 밖에 종류형집합투자기구에 관하여 필요한 사항은 대통령령으로 정한다.

제232조(전환형집합투자기구) ① 집합투자업자등은 복수의 집합투자기구 간에 각 집합투자기구의 투자자가 소유하고 있는 집합투자증권을 다른 집합투자기구의 집합투자증권으로 전환할 수 있는 권리를 투자자에게 부여하는 구조의 집합투자기구(이하 이 조에서 "전환형집합투자기구"라 한다)를 설정·설립하는 경우에는 다음 각 호의 요건을 모두 충족하여야 한다.

1. 복수의 집합투자기구 간에 공통으로 적용되는 집합투자규약이 있을 것
2. 집합투자규약에 제9조 제18항 제1호부터 제4호까지, 제4호의2, 제5호, 제6호 및 같은 조 제19항 제1호의 규정에 따른 집합투자기구 간의 전환이 금지되어 있을 것

제233조(모자형집합투자기구) ① 집합투자업자등은 다른 집합투자기구(이하 이 조에서 "모집합투자기구"라 한다)가 발행하는 집합투자증권을 취득하는 구조의 집합투자기구(이하 이 조에서 "자집합투자기구"라 한다)를 설정·설립하는 경우에는 다음 각 호의 요건을 모두 충족하여야 한다.

1. 자집합투자기구가 모집합투자기구의 집합투자증권 외의 다른 집합투자증권을 취득하는 것이 허용되지 아니할 것
2. 자집합투자기구 외의 자가 모집합투자기구의 집합투자증권을 취득하는 것이 허용되지 아니할 것
3. 자집합투자기구와 모집합투자기구의 집합투자재산을 운용하는 집합투자업자가 동일할 것

② 제81조 제1항 제3호(라목을 제외한다)는 자집합투자기구가 모집합투자기구의 집합투자증권을 취득하는 경우에는 적용하지 아니한다.

③ 모집합투자기구 및 자집합투자기구(이하 이 조에서 "모자형집합투자기구"라 한다)의 설정·설립, 집합투자증권의 판매·환매, 그 밖에 모자형집합투자기구에 관하여 필요한 사항은 대통령령으로 정한다.

제234조(상장지수집합투자기구) ① 제34조 제1항 제1호·제2호, 제87조 제3항(제186조 제2항에서 준용하는 경우를 포함한다), 제88조, 제147조, 제172조, 제173조 및 제235조부터

제237조까지의 규정은 다음 각 호의 요건을 모두 갖춘 집합투자기구(이하 이 조에서 "상장지수집합투자기구"라 한다)에는 적용하지 아니한다.

1. 기초자산의 가격 또는 기초자산의 종류에 따라 다수 종목의 가격수준을 종합적으로 표시하는 지수의 변화에 연동하여 운용하는 것을 목표로 할 것. 이 경우 기초자산의 가격 또는 지수는 대통령령으로 정하는 요건을 갖추어야 한다.
2. 수익증권 또는 투자회사 주식의 환매가 허용될 것
3. 수익증권 또는 투자회사 주식이 해당 투자신탁의 설정일 또는 투자회사의 설립일부터 30일 이내에 증권시장에 상장될 것

② 투자매매업자 또는 투자중개업자 중 대통령령으로 정하는 자가 상장지수집합투자기구의 설정·설립을 위하여 자기 또는 타인의 계산으로 증권을 매매하는 경우에는 투자일임업을 영위하는 것으로 보지 아니한다.

③ 상장지수집합투자기구를 설정·추가설정 또는 설립·신주발행하는 경우 제188조 제4항 및 제194조 제7항(제196조 제6항에서 준용하는 경우를 포함한다)에 불구하고 금전 외의 자산으로 납입할 수 있다.

제 6 장 집합투자재산의 보관 및 관리

제247조(운용행위감시 등) ① 집합투자재산을 보관·관리하는 신탁업자는 그 집합투자재산을 운용하는 집합투자업자의 운용지시 또는 운용행위가 법령, 집합투자규약 또는 투자설명서 등을 위반하는지 여부에 대하여 대통령령으로 정하는 기준 및 방법에 따라 확인하고 위반사항이 있는 경우에는 그 집합투자업자에 대하여 그 운용지시 또는 운용행위의 철회·변경 또는 시정을 요구하여야 한다.

② 투자회사재산을 보관·관리하는 신탁업자는 그 투자회사재산을 운용하는 집합투자업자의 운용행위가 법령, 정관 또는 투자설명서 등을 위반하는지의 여부에 대하여 대통령령으로 정하는 기준 및 방법에 따라 확인하고 위반이 있는 경우에는 그 투자회사의 감독이사에게 보고하여야 하며, 보고를 받은 투자회사의 감독이사는 그 투자회사재산을 운용하는 집합투자업자에 대하여 그 운용행위의 시정을 요구하여야 한다.

④ 집합투자업자는 제1항 또는 제2항의 요구에 대하여 금융위원회에 이의를 신청할 수 있다. 이 경우 관련 당사자는 대통령령으로 정하는 기준에 따라 행하는 금융위원회의 결정에 따라야 한다.

제 7 장 사모집합투자기구 등에 대한 특례

제 1 절 일반 사모집합투자기구

제249조(미등록 영업행위의 금지) 누구든지 이 법에 따른 일반 사모집합투자업 등록을 하

지 아니하고는 일반 사모집합투자업을 영위해서는 아니 된다.

제249조의2(일반 사모집합투자기구의 투자자) 일반 사모집합투자기구인 투자신탁이나 투자익명조합의 일반 사모집합투자업자 또는 일반 사모집합투자기구인 투자회사등은 다음 각 호의 어느 하나에 해당하는 투자자(이하 이 장에서 "적격투자자"라 한다)에 한정하여 집합투자증권을 발행할 수 있다.

1. 전문투자자로서 대통령령으로 정하는 투자자
2. 1억원 이상으로서 대통령령으로 정하는 금액 이상을 투자하는 개인 또는 법인, 그 밖의 단체(「국가재정법」 별표 2에서 정한 법률에 따른 기금과 집합투자기구를 포함한다)

제249조의4(일반 사모집합투자기구의 투자권유 등) ① 일반 사모집합투자기구의 집합투자증권을 판매하는 금융투자업자는 투자자가 적격투자자인지를 확인하여야 한다.

제249조의5(일반 사모집합투자기구의 투자광고) ① 일반 사모집합투자기구의 집합투자증권을 판매하는 금융투자업자가 그 사모집합투자기구의 투자광고를 하는 경우에는 전문투자자 또는 투자광고를 하는 날 전날의 금융투자상품 잔고(투자자예탁금 잔액을 포함한다)가 1억원 이상으로서 대통령령으로 정하는 금액 이상인 일반투자자만을 대상으로 하여야 한다.

② 제1항에 따른 투자광고를 하는 경우에는 서면, 전화, 전자우편, 그 밖에 금융위원회가 고시하는 매체를 통하여 전문투자자 또는 제1항에 따른 투자자에게 개별적으로 알려야 한다.

제 2 절 기관전용 사모집합투자기구 등

제249조의11(사원 및 출자) ① 기관전용 사모집합투자기구의 사원은 1인 이상의 무한책임사원과 1인 이상의 유한책임사원으로 하되, 사원의 총수는 100인 이하로 한다.

② 제1항의 사원 총수를 계산할 때 다른 집합투자기구가 그 기관전용 사모집합투자기구의 지분을 100분의 10 이상 취득하는 경우 등 대통령령으로 정하는 경우에는 그 다른 집합투자기구의 투자자 수를 합하여 계산하여야 한다.

③ 전문투자자 중 대통령령으로 정하는 자는 제1항에 따른 사원의 총수 계산에서 제외한다.

④ 유한책임사원은 기관전용 사모집합투자기구의 집합투자재산인 주식 또는 지분의 의결권 행사 및 대통령령으로 정하는 업무집행사원의 업무에 관여해서는 아니 된다.

⑤ 기관전용 사모집합투자기구 사원의 출자의 방법은 금전에 한정한다. 다만, 객관적인 가치평가가 가능하고 사원의 이익을 해칠 우려가 없는 경우로서 다른 모든 사원의 동의가 있는 경우에는 증권으로 출자할 수 있다.

⑥ 유한책임사원은 개인(제168조 제1항에 따른 외국인, 해당 기관전용 사모집합투자기구의 업무집행사원의 임원 또는 운용인력을 제외한다)이 아닌 자로서 다음 각 호에 해당하는 자여야 한다.

1. 전문투자자로서 대통령령으로 정하는 투자자
2. 그 밖에 전문성 또는 위험감수능력 등을 갖춘 자로서 대통령령으로 정하는 투자자

제249조의13(투자목적회사) ① 사모집합투자기구는 다음 각 호의 요건을 모두 충족하는 투자목적회사의 지분증권에 투자할 수 있다.

1. 「상법」에 따른 주식회사 또는 유한회사일 것
2. 특정 법인 또는 특정 자산 등에 대한 효율적인 투자를 목적으로 할 것
3. 그 주주 또는 사원이 다음 각 목의 어느 하나에 해당하되, 가목에 해당하는 주주 또는 사원의 출자비율이 대통령령으로 정하는 비율 이상일 것
   가. 사모집합투자기구 또는 그 사모집합투자기구가 투자한 투자목적회사
   나. 투자목적회사가 투자하는 회사의 임원 또는 대주주
   다. 그 밖에 투자목적회사의 효율적 운영을 위하여 투자목적회사의 주주 또는 사원이 될 필요가 있는 자로서 대통령령으로 정하는 자
4. 그 주주 또는 사원인 사모집합투자기구의 투자자 수와 사모집합투자기구가 아닌 주주 또는 사원의 수를 합산한 수가 100인 이내일 것
5. 상근임원을 두거나 직원을 고용하지 아니하고, 본점 외에 영업소를 설치하지 아니할 것

제249조의14(업무집행사원 등) ① 기관전용 사모집합투자기구는 정관으로 무한책임사원 중 1인 이상을 업무집행사원으로 정하여야 한다. 이 경우 그 업무집행사원이 회사의 업무를 집행할 권리와 의무를 가진다.

③ 기관전용 사모집합투자기구는 정관으로 업무집행사원에 대한 손익의 배분 또는 손익의 순위 등에 관한 사항을 정할 수 있다.

제3절 은행 및 보험회사에 대한 특칙

제250조(은행에 대한 특칙) ① 은행으로서 제12조에 따라 집합투자업에 관한 금융투자업인가를 받은 자(이하 이 조에서 "집합투자업겸영은행"이라 한다)는 인가받은 범위에서 투자신탁의 설정·해지 및 투자신탁재산의 운용업무를 영위할 수 있다.

② 집합투자업겸영은행은 집합투자재산 운용업무와 관련한 의사결정을 위하여 제7항 제1호·제3호·제4호의 업무를 수행하지 아니하는 임원 3인(사외이사 2인을 포함한다)으로 구성된 집합투자재산운용위원회를 설치하여야 한다. 이 경우 집합투자재산운용위원회의 운영 등에 관하여 필요한 사항은 대통령령으로 정한다.

⑦ 은행이 이 법에 따라 집합투자업, 신탁업(집합투자재산의 보관·관리업무를 포함한다. 이하 이 항에서 같다) 또는 일반사무관리회사의 업무를 영위하는 경우에는 임원(사실상 임원과 동등한 지위에 있는 자로서 대통령령으로 정하는 자를 포함한다. 이하 이 항에서 같다)을 두어야 하고, 임직원에게 다음 각 호의 업무를 겸직하게 하여서는 아니 되며, 전산설비 또는 사무실 등의 공동사용 금지 및 다른 업무를 영위하는 임직원 간의 정보교류 제한 등 대통령령으로 정하는 이해상충방지체계를 갖추어야 한다. 다만, 임원의 경우 제1호의 업무 중 제2호부터 제4호까지의 업무와 이해상충이 적은 업무로서 대통령령으로 정하는 업무와 제2호부터 제4호까지의 업무를 겸직할 수 있으며, 제3호 및 제4호의 업무 간에는 겸직할 수 있다.

1. 「은행법」에 따른 업무(제2호부터 제4호까지의 업무 및 대통령령으로 정하는 업무는 제외한다)
2. 집합투자업
3. 신탁업
4. 일반사무관리회사의 업무

제251조(보험회사에 대한 특칙) ① 보험회사로서 제12조에 따라 집합투자업에 관한 금융투자업인가를 받은 자(이하 이 조에서 "집합투자업겸영보험회사"라 한다)는 인가받은 범위에서 투자신탁의 설정·해지 및 투자신탁재산의 운용업무를 영위할 수 있다. 이 경우 투자신탁의 설정·해지 및 투자신탁재산의 운용업무는 「보험업법」 제108조 제1항 제3호에 따른 특별계정(특별계정 내에 각각의 신탁계약에 의하여 설정된 다수의 투자신탁이 있는 경우 각각의 투자신탁을 말한다. 이하 이 항에서 같다)에 한하며, 그 특별계정은 이 법에 따른 투자신탁으로 본다.

③ 보험회사는 이 법에 따라 집합투자업, 신탁업 또는 일반사무관리회사의 업무를 영위하는 경우에는 임원을 두어야 하고, 임직원에게 다음 각 호의 업무를 겸직하게 하여서는 아니 되며, 전산설비 또는 사무실 등의 공동사용 금지 및 다른 업무를 영위하는 임직원 간의 정보교류 제한 등 대통령령으로 정하는 이해상충방지체계를 갖추어야 한다. 다만, 임원의 경우 제1호의 업무 중 제2호부터 제4호까지의 업무와 이해상충이 적은 업무로서 대통령령으로 정하는 업무와 제2호부터 제4호까지의 업무를 겸직할 수 있으며, 제3호 및 제4호의 업무 간에는 겸직할 수 있다.

1. 「보험업법」에 따른 업무(제2호부터 제4호까지의 업무 및 대통령령으로 정하는 업무는 제외한다)
2. 집합투자업
3. 신탁업
4. 일반사무관리회사의 업무

제 8 장 감독 · 검사

제252조(투자회사등에 대한 감독 · 검사) ① 금융위원회는 투자자를 보호하고 건전한 거래질서를 유지하기 위하여 투자회사등(기관전용 사모집합투자기구는 제외한다. 이하 이 조에서 같다)에 대하여 다음 각 호의 사항에 관하여 필요한 조치를 명할 수 있다.

1. 집합투자재산의 운용에 관한 사항
2. 집합투자재산의 공시에 관한 사항
3. 그 밖에 투자자 보호 또는 건전한 거래질서를 위하여 필요한 사항으로서 대통령령으로 정하는 사항

제 9 장 집합투자기구의 관계회사

제254조(일반사무관리회사) ① 제184조 제6항에 따라 투자회사의 위탁을 받아 같은 조 제6항 각 호의 업무를 영위하거나, 투자신탁이나 투자익명조합의 집합투자업자 또는 투자회사등의 위탁을 받아 제238조 제6항에 따른 집합투자증권의 기준가격 산정 및 그 밖에 이와 관련된 업무로서 대통령령으로 정하는 업무를 영위하려는 자는 금융위원회에 등록하여야 한다.

② 제1항에 따른 등록을 하려는 자는 다음 각 호의 요건을 모두 갖추어야 한다.

1. 다음 각 목의 어느 하나에 해당할 것
   가. 「상법」에 따른 주식회사
   나. 명의개서대행회사(예탁결제원을 포함한다)
   다. 그 밖에 대통령령으로 정하는 금융기관
2. 5억원 이상으로서 대통령령으로 정하는 금액 이상의 자기자본을 갖출 것
3. 상근 임직원 중 대통령령으로 정하는 기준의 전문인력을 보유할 것
4. 전산설비 등 대통령령으로 정하는 물적 설비를 갖출 것
5. 임원이 「금융회사의 지배구조에 관한 법률」 제5조에 적합할 것
6. 대통령령으로 정하는 이해상충방지체계를 구축하고 있을 것

제258조(집합투자기구평가회사) ① 집합투자기구를 평가하고 이를 투자자에게 제공하는 업무를 영위하려는 자는 금융위원회에 등록하여야 한다.

② 제1항에 따른 등록을 하려는 자는 다음 각 호의 요건을 모두 갖추어야 한다.

1. 「상법」에 따른 주식회사일 것
2. 투자매매업자 · 투자중개업자 또는 집합투자업자와 그 계열회사가 아닐 것
3. 1억원 이상으로서 대통령령으로 정하는 금액 이상의 자기자본을 갖출 것
4. 상근 임직원 중 대통령령으로 정하는 기준의 전문인력을 보유할 것
5. 전산설비 등 대통령령으로 정하는 물적 설비를 갖출 것

6. 임원이 「금융회사의 지배구조에 관한 법률」 제5조에 적합할 것
7. 대통령령으로 정하는 집합투자기구평가체계를 갖출 것
8. 대통령령으로 정하는 이해상충방지체계를 구축하고 있을 것(대통령령으로 정하는 금융업을 영위하고 있는 경우에 한한다)

제263조(채권평가회사) ① 집합투자재산에 속하는 채권 등 자산의 가격을 평가하고 이를 집합투자기구에게 제공하는 업무를 영위하려는 자는 금융위원회에 등록하여야 한다.

② 제1항에 따른 등록을 하려는 자는 다음 각 호의 요건을 모두 갖추어야 한다.

1. 「상법」에 따른 주식회사일 것
2. 20억원 이상으로서 대통령령으로 정하는 금액 이상의 자기자본을 갖출 것
3. 상호출자제한기업집단의 출자액 또는 대통령령으로 정하는 금융기관의 출자액이 각각 100분의 10 이하일 것
4. 상근 임직원 중 대통령령으로 정하는 기준의 전문인력을 보유할 것
5. 전산설비 등 대통령령으로 정하는 물적 설비를 갖출 것
6. 임원이 「금융회사의 지배구조에 관한 법률」 제5조에 적합할 것
7. 대통령령으로 정하는 채권 등의 가격평가체계를 갖출 것
8. 대통령령으로 정하는 이해상충방지체계를 구축하고 있을 것

제 6 편 금융투자업관계기관

제 1 장 한국금융투자협회

제283조(설립) ① 회원 상호 간의 업무질서 유지 및 공정한 거래를 확립하고 투자자를 보호하며 금융투자업의 건전한 발전을 위하여 한국금융투자협회를 설립한다.

② 협회는 회원조직으로서의 법인으로 한다.

③ 협회는 대통령령으로 정하는 바에 따라 주된 사무소의 소재지에서 설립등기를 함으로써 성립한다.

제 2 장 한국예탁결제원

제298조(예탁업무 영위 등의 금지) ① 예탁결제원이 아닌 자는 증권등을 예탁받아 그 증권등의 수수를 갈음하여 계좌 간의 대체로 결제하는 업무를 영위하여서는 아니 된다.

② 전자등록기관이 아닌 자는 국내에서 증권예탁증권을 발행하는 업무를 영위하여서는 아니 된다.

제 3 장 증권금융회사

제324조(인가) ① 제326조 제1항 제2호의 업무를 포함하는 증권금융업무(이하 "증권금융업무"라 한다)를 영위하려는 자는 금융위원회의 인가를 받아야 한다.

② 제1항에 따른 인가를 받으려는 자는 다음 각 호의 요건을 모두 갖추어야 한다.

1. 「상법」에 따른 주식회사일 것
2. 20억원 이상으로서 대통령령으로 정하는 금액 이상의 자기자본을 갖출 것
3. 사업계획이 타당하고 건전할 것
4. 투자자를 보호하고 영위하고자 하는 업무를 수행하기에 충분한 인력 및 전산설비, 그 밖의 물적 설비를 갖출 것
5. 임원이 「금융회사의 지배구조에 관한 법률」 제5조에 적합할 것
6. 대주주(제12조 제2항 제6호 가목의 대주주를 말한다)가 충분한 출자능력, 건전한 재무상태 및 사회적 신용을 갖출 것
7. 이해상충방지체계를 구축하고 있을 것

제325조(유사명칭 사용 금지) 증권금융회사가 아닌 자는 "증권금융" 또는 이와 유사한 명칭을 사용하여서는 아니 된다.

제 3 장의 2 신용평가회사

제335조의2(무인가 신용평가 금지) 누구든지 이 법에 따른 신용평가업인가를 받지 아니하고는 신용평가업을 영위하여서는 아니 된다. 다만, 투자자 보호 및 건전한 거래질서를 해할 우려가 없는 경우로서 대통령령으로 정하는 경우는 제외한다.

제335조의3(인가) ① 신용평가업을 영위하려는 자는 금융위원회로부터 신용평가업인가를 받아야 한다.

제 4 장 종합금융회사

제336조(종합금융회사의 업무) ① 종합금융회사(종전의 「종합금융회사에 관한 법률」 제3조에 따라 금융위원회의 인가를 받은 자를 말한다. 이하 같다)의 업무는 다음 각 호와 같다.

1. 1년 이내에서 대통령령으로 정하는 기간 이내에 만기가 도래하는 어음의 발행·할인·매매·중개·인수 및 보증
2. 설비 또는 운전자금의 투융자
3. 증권의 인수·매출 또는 모집·매출의 중개·주선·대리

4. 외자도입, 해외 투자, 그 밖의 국제금융의 주선과 외자의 차입 및 전대
5. 채권의 발행
6. 기업의 경영 상담과 기업인수 또는 합병 등에 관한 용역
7. 지급보증
8. 제1호부터 제7호까지의 업무에 부수되는 업무로서 대통령령으로 정하는 업무

제 5 장 자금중개회사

제355조(자금중개회사의 인가) ① 대통령령으로 정하는 금융기관 등 간 자금거래의 중개업무를 영위하려는 자는 금융위원회의 인가를 받아야 한다.

② 제1항에 따른 인가를 받으려는 자는 다음 각 호의 요건을 모두 갖추어야 한다.

1. 「상법」에 따른 주식회사일 것
2. 10억원 이상으로서 대통령령으로 정하는 금액 이상의 자기자본을 갖출 것
3. 사업계획이 타당하고 건전할 것
4. 투자자를 보호하고 영위하고자 하는 업을 수행하기에 충분한 인력 및 전산설비, 그 밖의 물적 설비를 갖출 것
5. 임원이 「금융회사의 지배구조에 관한 법률」 제5조에 적합할 것
6. 대주주(제12조 제2항 제6호 가목의 대주주를 말한다)가 충분한 출자능력, 건전한 재무상태 및 사회적 신용을 갖출 것

제 6 장 단기금융회사

제360조(금융기관의 단기금융업무) ① 1년 이내에서 대통령령으로 정하는 기간 이내에 만기가 도래하는 어음의 발행·할인·매매·중개·인수 및 보증업무와 그 부대업무(附帶業務)로서 대통령령으로 정하는 업무(이하 "단기금융업무"라 한다)를 영위하려는 자는 금융위원회의 인가를 받아야 한다.

② 제1항에 따른 인가를 받으려는 자는 다음 각 호의 요건을 모두 갖추어야 한다.

1. 은행, 그 밖에 대통령령으로 정하는 금융기관일 것
2. 200억원 이상으로서 대통령령으로 정하는 금액 이상의 자기자본을 갖출 것
3. 사업계획이 타당하고 건전할 것
4. 투자자를 보호하고 영위하고자 하는 업을 수행하기에 충분한 인력 및 전산설비, 그 밖의 물적 시설을 갖출 것
5. 대주주(제12조 제2항 제6호 가목의 대주주를 말한다)가 충분한 출자능력, 건전한 재무상태 및 사회적 신용을 갖출 것
6. 대통령령으로 정하는 건전한 재무상태와 사회적 신용을 갖출 것

제 7 편 거래소

제 1 장 총 칙

제373조(무허가 시장개설행위 금지) 누구든지 이 법에 따른 거래소허가를 받지 아니하고는 금융투자상품시장을 개설하거나 운영하여서는 아니 된다. 다만, 다음 각 호의 어느 하나에 해당하는 경우에는 그러하지 아니하다.

1. 다자간매매체결회사가 제78조에 따라 다자간매매체결업무를 하는 경우
2. 협회가 제286조 제1항 제5호에 따라 증권시장에 상장되지 아니한 주권의 장외매매거래에 관한 업무를 하는 경우
3. 그 밖에 거래소 외의 자가 금융투자상품의 매매체결에 관한 업무를 수행하더라도 공정한 가격 형성, 매매 그 밖의 거래의 안정성 및 효율성의 도모 및 투자자의 보호에 우려가 없는 경우로서 대통령령으로 정하는 경우

제 2 장 조직 등

제377조(업무) ① 거래소는 정관으로 정하는 바에 따라 다음 각 호의 업무를 행한다. 다만, 제3호 및 제4호의 업무는 제378조에 따라 금융위원회로부터 청산기관 또는 결제기관으로 지정된 거래소로 한정한다.

1. 거래소시장의 개설 · 운영에 관한 업무
2. 증권 및 장내파생상품의 매매에 관한 업무
3. 증권 및 장내파생상품의 거래(다자간매매체결회사에서의 거래를 포함한다)에 따른 매매확인, 채무인수, 차감, 결제증권 · 결제품목 · 결제금액의 확정, 결제이행보증, 결제불이행에 따른 처리 및 결제지시에 관한 업무
4. 장내파생상품의 매매거래에 따른 품목인도 및 대금지급에 관한 업무
5. 증권의 상장에 관한 업무
6. 장내파생상품 매매의 유형 및 품목의 결정에 관한 업무
7. 상장법인의 신고 · 공시에 관한 업무
8. 증권 또는 장내파생상품 매매 품목의 가격이나 거래량이 비정상적으로 변동하는 거래 등 대통령령으로 정하는 이상거래(이하 "이상거래"라 한다)의 심리 및 회원의 감리에 관한 업무
9. 증권의 경매업무
10. 거래소시장 등에서의 매매와 관련된 분쟁의 자율조정에 관한 업무
11. 거래소시장의 개설에 수반되는 부대업무
12. 금융위원회의 승인을 받은 업무
13. 그 밖에 정관에서 정하는 업무

제3장 시 장

제386조(시장의 개설 · 운영) 거래소는 시장을 효율적으로 관리하기 위하여 증권시장 또는 파생상품시장별로 둘 이상의 금융투자상품시장을 개설하여 운영할 수 있다.

제390조(상장규정) ② 상장규정에는 다음 각 호의 사항이 포함되어야 한다.

1. 증권의 상장기준 및 상장심사에 관한 사항
2. 증권의 상장폐지기준 및 상장폐지에 관한 사항
3. 증권의 매매거래정지와 그 해제에 관한 사항
4. 그 밖에 상장법인 및 상장증권의 관리에 관하여 필요한 사항

제391조(공시규정) ① 거래소는 주권, 그 밖에 대통령령으로 정하는 증권을 상장한 법인(이하 이 조 및 제392조에서 "주권등상장법인"이라 한다)의 기업내용 등의 신고 · 공시 및 관리를 위하여 주권등상장법인 공시규정(이하 "공시규정"이라 한다)을 정하여야 한다. 이 경우 거래소가 개설 · 운영하는 둘 이상의 증권시장에 대하여 별도의 공시규정으로 정할 수 있다.

② 공시규정에는 다음 각 호의 사항이 포함되어야 한다.

1. 주권등상장법인이 신고하여야 하는 내용에 관한 사항
2. 주권등상장법인이 신고함에 있어서 준수하여야 할 방법 및 절차에 관한 사항
3. 주권등상장법인에 관한 풍문이나 보도 등의 사실 여부 및 그 법인이 발행한 증권의 가격이나 거래량의 현저한 변동의 원인 등에 대한 거래소의 신고 또는 확인 요구에 관한 사항
4. 주권등상장법인의 경영상 비밀유지와 투자자 보호와의 형평 등을 고려하여 신고 · 공시하지 아니할 사항
5. 주권등상장법인이 신고한 내용의 공시에 관한 사항
6. 주권등상장법인의 제1호부터 제4호까지의 위반유형, 위반 여부 결정기준 및 조치 등에 관한 사항
7. 매매거래의 정지 등 주권등상장법인의 관리에 관한 사항
8. 주권등상장법인의 신고의무 이행실태의 점검에 관한 사항
9. 그 밖에 주권등상장법인의 신고 또는 공시와 관련하여 필요한 사항

제393조(업무규정) ① 증권시장에서의 매매거래에 관하여 다음 각 호의 사항은 거래소의 증권시장업무규정으로 정한다. 이 경우 거래소가 개설 · 운영하는 둘 이상의 증권시장에 대하여 별도의 증권시장업무규정으로 정할 수 있다.

1. 매매거래의 종류 및 수탁에 관한 사항
2. 증권시장의 개폐 · 정지 또는 휴장에 관한 사항

3. 매매거래계약의 체결 및 결제의 방법. 다만, 증권인도와 대금지급에 관한 것을 제외한다.
4. 증거금(證據金)의 납부 등 매매거래의 규제에 관한 사항
5. 그 밖에 매매거래에 관하여 필요한 사항

② 파생상품시장에서의 매매에 관하여 다음 각 호의 사항은 거래소의 파생상품시장업무규정으로 정한다.
1. 장내파생상품 매매의 수탁에 관한 사항
2. 취급하는 장내파생상품 매매의 유형 및 품목
3. 장내파생상품 매매의 결제월
4. 파생상품시장의 개폐·정지 또는 휴장에 관한 사항
5. 장내파생상품 매매에 관한 계약의 체결 및 제한에 관한 사항
6. 위탁증거금 및 거래증거금에 관한 사항
7. 결제의 방법

제 8 편 감독 및 처분

제 1 장 명령 및 승인 등

제415조(감독) 금융위원회는 투자자를 보호하고 건전한 거래질서를 유지하기 위하여 금융투자업자가 이 법 또는 이 법에 따른 명령이나 처분을 적절히 준수하는지 여부를 감독하여야 한다.

제416조(금융위원회의 조치명령권) ① 금융위원회는 투자자를 보호하고 건전한 거래질서를 유지하기 위하여 긴급한 조치가 필요하다고 명백히 인정되는 경우에는 금융투자업자 및 그 임원(「상법」 제401조의2 제1항 각 호의 자를 포함한다. 이하 이 조에서 같다)에 대하여 다음 각 호의 사항에 관하여 필요한 조치를 명할 수 있다. 다만, 제7호의 장내파생상품의 거래규모의 제한에 관한 사항에 관하여는 위탁자에게도 필요한 조치를 명할 수 있다.
1. 금융투자업자의 고유재산 운용에 관한 사항
2. 투자자 재산의 보관·관리에 관한 사항
3. 금융투자업자의 경영 및 업무개선에 관한 사항
4. 각종 공시에 관한 사항
5. 영업의 질서유지에 관한 사항
6. 영업방법에 관한 사항
7. 장내파생상품 및 장외파생상품의 거래규모의 제한에 관한 사항

8. 그 밖에 투자자 보호 또는 건전한 거래질서를 위하여 필요한 사항으로서 대통령령으로 정하는 사항

② 제1항에서 정하는 필요한 조치란 다음 각 호에 해당하는 조치를 말한다.

1. 채무불이행 또는 가격변동 등의 위험이 높은 자산의 취득금지 또는 비정상적으로 높은 금리에 의한 수신(受信)의 제한
2. 영업의 양도나 예금·대출 등 금융거래와 관련된 계약의 이전
3. 채무변제행위의 금지
4. 계열회사 등 제3자에 대한 송금·자산이전 등 거래 금지
5. 투자자예탁금 등의 전부 또는 일부의 반환명령이나 지급정지
6. 투자자예탁금 등의 수탁금지 또는 다른 금융투자업자로의 이전
7. 임원의 직무정지나 임원의 직무를 대행하는 관리인의 선임
8. 보유자산의 처분이나 점포·조직의 축소
9. 합병 또는 제3자에 의한 해당 금융기관의 인수
10. 보고 또는 자료의 제출과 제출한 보고서 또는 자료의 공시
11. 영업의 전부 또는 일부 정지
12. 증권 및 파생상품의 매매제한
13. 파생상품의 거래규모 제한
14. 그 밖에 제1호부터 제13호까지에 준하는 조치로서 대통령령으로 정하는 조치

제417조(승인사항 등) ① 금융투자업자는 다음 각 호의 어느 하나에 해당하는 행위(겸영금융투자업자의 경우에는 제4호부터 제7호까지에 한한다)를 하고자 하는 경우에는 금융위원회의 승인을 받아야 한다. 다만, 역외투자자문업자 및 역외투자일임업자의 경우에는 제1호부터 제5호까지 및 제8호에 해당하는 행위를 한 날부터 7일 이내에 금융위원회에 보고하여야 한다.

1. 합병, 분할 또는 분할합병
2. 주식의 포괄적 교환 또는 이전
3. 해산
4. 제6조 제1항 제1호부터 제3호까지 및 제6호의 어느 하나에 해당하는 금융투자업 전부의 양도 또는 양수
5. 제6조 제1항 제4호 및 제5호의 어느 하나에 해당하는 금융투자업 전부의 양도 또는 양수
6. 제6조 제1항 제1호부터 제3호까지 및 제6호의 어느 하나에 해당하는 금융투자업 전부의 폐지
7. 제6조 제1항 제4호 및 제5호의 어느 하나에 해당하는 금융투자업 전부의 폐지
8. 그 밖에 투자자 보호 또는 채권자 보호 등을 위하여 필요한 사항으로서 대통령령으로 정하는 행위

제2장 검사 및 조치

제419조(금융투자업자에 대한 검사) ① 금융투자업자는 그 업무와 재산상황에 관하여 금융감독원장의 검사를 받아야 한다.

제420조(금융투자업자에 대한 조치) ① 금융위원회는 금융투자업자가 다음 각 호의 어느 하나에 해당하는 경우에는 제12조에 따른 금융투자업인가, 제16조의2에 따른 업무 단위 추가등록 또는 제18조 · 제117조의4 및 제249조의3에 따른 금융투자업등록을 취소할 수 있다.

1. 거짓, 그 밖의 부정한 방법으로 금융투자업의 인가를 받거나 등록한 경우
2. 인가조건 또는 업무 단위 추가등록조건을 위반한 경우
3. 제15조 제1항에 따른 인가요건, 같은 조 제2항에 따른 업무 단위 추가등록요건 또는 제20조 · 제117조의4 제8항 및 제249조의3 제8항에 따른 등록요건의 유지의무를 위반한 경우
4. 업무의 정지기간 중에 업무를 한 경우
5. 금융위원회의 시정명령 또는 중지명령을 이행하지 아니한 경우
6. 별표 1 각 호의 어느 하나에 해당하는 경우로서 대통령령으로 정하는 경우
7. 대통령령으로 정하는 금융관련 법령 등을 위반한 경우로서 대통령령으로 정하는 경우
8. 「금융소비자 보호에 관한 법률」 제51조 제1항 제4호 또는 제5호에 해당하는 경우
9. 그 밖에 투자자의 이익을 현저히 해할 우려가 있거나 해당 금융투자업을 영위하기 곤란하다고 인정되는 경우로서 대통령령으로 정하는 경우

찾아보기

ㄱ

가격안정화제도 110
가격우선의 원칙 99
가격제한폭 98, 136
가중평균배당수익률 345
가치주 281
가치주형 278
간사단 72
간접금융 18
간접금융시장 21
간접발행 75, 157
간접투자 259
감리 322
개방형 집합투자기구 261
개별경쟁매매 101
개별주식상품 239
개별주식선물 239
개별주식워런트 207, 209
개인투자자 189
거래대금 342
거래량 342
거래소시장 159
거래체결률 343
결제 90, 107, 231
결제기관 108
결제의 절차 90
겸영금융투자업자의 금융업무 확대 380
겸영의 허용 39
경매 101
경매매 132
경매매제도 132
경영건전성 377
경영건전성의 감독 377
경영권 329
경영권 보호제도 329
경쟁대량매매 106
경쟁대량매매주문 96
경쟁매매 101
경제개발펀드 290
계약형 집합투자기구 261
계좌개설 90
계좌설정 91
고배당 ETF 186
고속 알고리즘 관리제도 122
고정채무형 289
공개매수제도 331
공매도 319
공매도의 규제 319
공매도의 제한 320
공매도 호가의 가격제한 320
공모 74
공모발행 74, 157
공모상장 295
공모입찰발행 157
공모형 집합투자기구 262
공시불이행에 대한 조치 146
공시제도 309
공시제도의 기본적 요건 310
공시제도의 유형 311
공정공시 313

관리종목 128
관리종목지정제도 118
괴리율 175, 353, 357, 360
교차헤지 217
교환사채 58, 177
구조화채권 170
구주매출 85
구주주 배정 80
국고채프라임지수 348
국내외동시공모상장 295
국부펀드 289
국제통화시장 213
국채 55
국채전문딜러 160
국채전문딜러기관 160
국채전문유통시장 160
국채전문유통시장의 매매제도 164
국채·지방채·특수채의 발행시장 158
권리락 120
권리락 관리제도 120
규모별 주가지수 337
규모지표 344
금리스왑 62
금리연동부채권 57
금리옵션 250
금선물 245
금융 17
금융감독원 395
금융거래 18
금융기관 25
금융선물 64
금융스왑 62
금융시장 18
금융옵션 64
금융위원회 393
금융위원회와 금융감독원의 관계 396
금융위원회의 감독업무 394
금융위원회의 구성 394
금융위원회의 소관사무 394
금융적 순환 18
금융채 55
금융투자상품 36, 41, 43
금융투자상품거래청산회사 410
금융투자상품의 기능적 분류 38
금융투자업 367
금융투자업의 관련회사 407
금융투자업의 기능적 분류 38
금융투자업의 등록 376
금융투자업의 인가 373
금융투자업의 종류 368
금융투자업의 폐지공고 386
금융투자업자별 영업행위 규칙 387
금융투자업자의 부수업무 확대 380
금융투자업자의 위탁업무 381
금융투자협회의 설립목적 403
금융투자협회의 주요 업무 403
금융투자회사 408
금융파생상품 63
금전 차입 및 대여의 제한 276
금전차입의 제한 275
금투협-블룸버그 지수 349
기관별 규제 37
기관전용 사모집합투자기구 261, 272, 287
기관전용 사모펀드 284, 287
기능별 규제 37, 371
기능별 규제의 특징 372
기능별 규제체제 37
기명주 50

기본구조 ELW 207
기세제도 98
기어링 363
기업공개 84
기업공개시 발행 73
기업공개의 방법 85
기업공개의 요건 85
기업어음시장 22
기업인수목적회사 305
기준가격 98, 136, 143
기초자산 45
기초자산조기인수도부거래 229
기한부증권 53

ㄴ

내가격 252
내부자거래 316
내부자거래의 규제제도 316
넥스트레이드 29, 78, 153, 400
넥스트레이드의 시장구조 153
녹색채권 169
누적적 우선주 48
뉴욕상업거래소 214
뉴욕증권거래소 214

ㄷ

단계별 시장경보 318
단기과열완화제도 117
단기금융시장 21
단기금융시장의 종류 22
단기금융집합투자기구 263
단기금융회사 410
단기매매차익의 반환제도 316
단기채 57
단기펀드상품 277
단순평균배당수익률 345
단위형 집합투자기구 262
단위호가 126
단일가격경쟁방식 157
단일가격에 의한 개별경쟁매매 101
단일가매매 101, 102
단일가매매 임의연장제도 111
담보부채 56
당일 순매수금액 251
대고객 상대매매시장 161
대규모 착오매매 구제제도 121
대량·바스켓매매시장 154
대량보유보고제도 331
대용증권 92
대주주와의 거래제한 378
대표주관회사 72
도지마쌀거래소 213
돈육선물 245
동시호가 99
동시호가제도 133
동시호가제의 매매체결원칙 100
듀레이션 349
등가격 252
등록기업부 140
딜러간 브로커시장 161

ㄹ

레버리지 ETF 186
리버설 218

ㅁ

매도헤지 217
매매거래시간 93

매매거래의 절차 90
매매거래의 청산·결제 107
매매거래일 93
매매거래정지제도 144
매매거래중단제도 110
매매계약의 체결방법 101
매매계약체결 127
매매계약체결의 특례 104
매매명세의 통지 388
매매수량단위 97, 126, 135
매매시장의 운영 93
매매유인행위 317
매매체결 90
매매체결방식 144
매매체결의 원칙 99
매매형태의 명시 387
매입헤지 217
매출발행 157
매출형 집합투자기구 262
명의개서대행회사 410
명의대여의 금지 380
모자형 집합투자기구 264
모집주선 76
모집형 집합투자기구 262
목표가주문 95
무기명주 50
무보증채 56
무상주 51
무상증자 81
무액면주 50
무의결권주 49
미결제약정 353, 355
미국달러선물 244
미국달러옵션 258
미국증권거래소 214
미국형 옵션 62, 249
미니 코스피200선물 234
미니 코스피200옵션 255
민감도지표 361

ㅂ

바스켓워런트 207, 210
바스켓지수 ETN 197
반대매매 231
발행공시 311
발행공시의 유형 311
발행기관 71
발행시장 24, 28, 69, 70
발행시장의 구조 29, 71
발행시장의 기능 70
발행주체 71
발행회사 199
방어적 풋 217
배당락 119
배당락 관리제도 119
배당락 주가 120
배당률 346
배당성향 346
배당수익률 345
배당지수선물 235
배당지표 345
배당테마지수 339
백워데이션 352
범위형 변동금리부채권 170
법인계좌 228
법인투자자 188
베이시스 352
베이시스 위험 217

변경상장 295
변동성완화제도 111
변동성지수상품 238
보증주 51
보증채 56
보통주 47
복리채 56
복수가격경쟁방식 157
복수가격에 의한 개별경쟁매매 103
볼록성 350
부당권유금지제도 327
부당권유의 금지 383
부동산집합투자기구 263
부정거래행위의 금지제도 318
불건전 영업행위의 금지 276, 388, 390
불공정거래 315
불공정영업행위의 금지 383
불성실공시법인의 조치 314
불성실공시법인의 지정절차 313
불성실공시제도 313
블루칩 ETF 186
비금융투자상품 43
비누적적 우선주 48
비상장형 집합투자기구 262
비상품펀드 289
비차익거래 113
비참가적 우선주 48
비통화금융기관 26
비확정채무형 289

ㅅ

사모발행 74, 157
사모집합투자기구 261, 272, 284
사모투자펀드 284, 287
사모펀드 272, 284
사모형 집합투자기구 262
사이드카 114
사이드카제도 128
사전보고제도 114
사전분석 322
사회적 채권 169
사회책임펀드 281
산업별 주가지수 337
산업적 순환 18
상각형 조건부자본증권 172
상대매매 101
상대매매방식 144
상업어음시장 23
상장 293
상장의 요건 299
상장의 절차 300
상장의 종류 294
상장의 효과 296
상장종목수 344
상장주식 시가총액 344
상장주식회전율 342
상장지수증권 194
상장지수 집합투자기구 182, 264
상장폐지 302
상장형 집합투자기구 262
상장회사수 344
상품간 스프레드 219
상품내 스프레드 219
상품선물 245
상품스왑 62
상품옵션 250
상품파생상품 63
상품펀드 289

상한가 98
상호사용의 원칙 379
상환주 50
서면감리 322
서면계약의 체결 390
서울신용평가정보 405
서킷 브레이커스 110
선관의무 273
선도거래 60, 61
선물 46, 60
선물거래 60, 61, 222
선물거래소 224
선물거래의 기능 223
선물거래의 절차 227
선물거래의 조건 225
선물계약 60
선물시장 222
선물시장의 구조 224
선물시장의 지표 352
선물옵션 248, 250
선물의 가격지표 352
선물의 거래지표 353
선물의 스프레드 거래 219
선물이론가격 352
선물중개인 224
선물투자자 224
선물회사 410
설명의무 383
설명의무제도 326
설정단위 187, 188
성과보수의 제한 276, 390
성장주 281
성장주형 278
섹터지수 ETF 185
섹터지수선물 234
섹터펀드 281
소속부 제도 129
소속부 주가지수 339
소액채권의 매매제도 166
소유증권의 예탁 386
손실보전금지제도 327
손실보전의 금지 384
손익분기율 363
손해배상책임 386
손해배상책임제도 327
수도결제 144
수량우선배분의 원칙 100
수량우선의 원칙 133
수수료 385
수시감리 322
수시공시 145, 312
수시공시의 의무 273
수익자총회 267
수익증권 44, 266
수직스프레드 219
수탁제도 91
수탁주문 91
수평스프레드 219
순위험 증거금 251
순자산가치 356
스왑 46, 62
스타일지수 ETF 185
스타일펀드 280
스톱지정가주문 96
스프레드 343
스프레드 거래 219
스프레드 비율 358
시가발행 80, 82

시가발행금액의 결정 83
시가발행제도의 장점 82
시가총액식 주가지수 334
시가총액회전율 342
시간가치 252
시간스프레드 219
시간외단일가매매 105
시간외대량매매 105
시간외매매 104
시간외바스켓매매 105
시간외시장 93
시간외종가매매 105, 134
시간우선의 원칙 99
시세조종 316
시세조종의 규제제도 316
시세조종행위 317
시스템펀드 280
시장가주문 94, 228
시장가호가 102
시장감시 321
시장경보제도 116, 318
시장관리제도 127
시장대표지수 ETF 184
시장매매의무 388
시장조성자제도 112
시카고상업거래소 213
시카고상품거래소 213
시카고옵션거래소 214
신규상장 294
신규주문 증거금 251
신용공여 388
신용등급 351
신용평가기관 180
신용평가회사 405
신의성실의 원칙 379
신주모집 85
신주인수권부사채 58, 176
신주인수권부사채의 가치 176
신주인수권증권의 패리티 176
신주인수권증권의 프리미엄 176
신탁 266
신탁계약 267
신탁계약서류의 교부 392
신탁업 39, 370
신탁업자 189, 266, 271, 391
신탁재산과 고유재산의 구분 391
신탁재산 운영의 제한 391
신탁재산의 의결권 392
신탁재산의 제한 391
신탁회사 409
실물거래 17
실시간 지표가치 359
실지감리 322
심리 321

ㅇ

액면발행 79, 85
액면주 49
야간거래의 기본사항 221
야간거래의 매매 및 결제 221
약관의 제정 385
약정금액 353
약정수량 353
양도성예금증서시장 23
엄브렐러펀드 282
업무수탁자 180
엔선물 244
역내펀드 282

역변동금리부채권 170
역외펀드 282
연계시세조종행위 317
열거주의 36
영업행위의 공통규칙 379
예비국채전문딜러 160
예탁 401
온라인소액투자중개회사 410
옵션 46, 61, 2482
옵션가격 252, 354
옵션가격의 결정요인 354
옵션가격의 구성 252
옵션가격의 종류 252
옵션거래 246
옵션거래의 기능 247
옵션거래의 종류 248
옵션매도자 246
옵션매입자 246
옵션발행자 246
옵션부사채 58
옵션부채권 171
옵션시장 246
옵션시장의 지표 354
옵션의 가격지표 354
옵션의 거래대금 355
옵션의 거래량 355
옵션의 거래지표 355
옵션의 민감도지표 354
옵션의 스프레드 거래 219
옵션의 이론가격 354
옵션의 증거금제도 251
옵션 프리미엄 25
외가격 252
외국 금융투자업자의 특례 387
외환보유고 펀드 290
외환스왑 62
우발채무형 289
우선주 48
우호적 인수합병 330
우회상장 293
워런트 206
원자재 ETF 186
위계사용 318
위안선물 244
위장매매 316
위탁모집 76
위탁수수료 92
위탁자우선의 원칙 100, 133
위탁증거금 92, 144
위험지표 공시의 의무 274
유가증권 발행시장 70
유가증권시장 31, 87
유가증권시장의 기능 88
유가증권시장의 대표지수 336
유가증권시장의 매매거래제도 90
유가증권시장의 상장절차 300
유가증권시장의 종합지수 336
유가증권시장의 주가지수 336
유가증권시장의 특징 88
유가증권시장의 현황 109
유가증권 유통시장 77
유동성공급 112
유동성공급자 112, 135, 189, 200
유동성공급자제도 112, 205
유동성관리제도 112
유동성지표 342
유동주식수 시가총액식 주가지수 334
유럽형 옵션 62, 249

유로선물 244
유사투자자문업의 신고 391
유상주 51
유상증자 79
유통공시 311
유통공시의 유형 312
유통시장 24, 28, 69, 77
유통시장의 구조 29, 78
유통시장의 기능 77
유통시장의 특징 77
유효기어링 363
의결권대리행사 제한제도 332
의결권주 49
의결권 행사의 제한 276
이상매매심리 321
이색구조 ELW 207
이익참가부사채 58, 178
이자지급증권 53
이중상환청구권부채권 173
이중지표 변동금리부채권 171
이표채 56
이해관계인과의 거래제한 275
이해상충의 관리 381
이해상충의 방지 40
인덱스펀드 280
인덱스형 278
인버스 ETF 186
인수 330
인수단 72
일반계좌 228
일반공모 80
일반딜러 160
일반사모펀드 287
일반사무관리회사 189, 200, 271, 408
일반상품시장 29
일반적 영업행위의 원칙 379
일반채권시장 160
일반채권시장의 매매제도 165
일반투자자 38, 72, 324
일반투자자 구분 및 고객파악 326
일부충족조건 228
일일정산 231
일일정산제도 231
일임매매계좌 228
임의매매의 금지 388
임의연장 111
임직원의 금융투자상품매매 386

ㅈ

자금공여형 ETF 193
자금비공여형 ETF 193
자금중개회사 410
자기거래와 쌍방대리의 금지 379
자기계약의 금지 387
자기주식 매매 106
자기주식 매입제도 332
자기증권의 취득제한 275
자기집합투자증권의 취득제한 275
자료의 기록 및 유지 386
자본시장 21, 28, 69
자본시장법 34
자본시장법의 목적 35
자본시장의 구조 28
자본시장의 기능 30
자본시장의 종류 31
자본지지점 364
자산관리자 180
자산보유자 179

자산운용보고의 의무 273
자산운용의 제한 275, 389
자산운용지시의 의무 273
자산유동화증권 179
자산유동화회사 180
자율공시 312
잔액인수 76
장기금융시장 21
장기금융시장의 종류 24
장기대출시장 69
장기채 57
장내파생상품 38, 46, 62, 64
장내파생상품시장 215
장부열람 및 공시의 의무 274
장외시장 28, 137, 139, 161
장외주식호가중개시스템 139
장외파생상품 38, 46, 63, 64
장외파생상품시장 215
장중대량매매 106, 134
장중바스켓매매 106
재간접펀드 283
재무건전성 377
재상장 294
저축펀드 289
적대적 인수합병 330
적립식 펀드 283
적자지출단위 18
적정성의 원칙 382
적합성의 원칙 382
전략지수 ETN 197
전량충족조건 228
전문투자자 38, 72, 324
전문투자자의 기능 324
전문투자자의 순기능 325
전문투자자의 역기능 325
전자단기사채시장 24
전환가격 175
전환가치 175
전환비율 362
전환사채 58, 174
전환사채의 전환프리미엄 175
전환사채의 채권프리미엄 175
전환사채의 패리티 175
전환주 51
전환프리미엄 175
전환형 조건부자본증권 172
전환형 집합투자기구 264
접속매매 103
정규시장 93, 153
정규시장 대량매매 106
정기감리 322
정기공시 145, 312
정리매매종목 119, 128
정리매매종목의 매매 119
정리매매종목의 매매방법 107
정보교류의 차단 381
제1차적 시장 28, 70
제2차적 시장 28, 77
제3시장 139
제3자 배정 80
제로섬게임 60
조건부자본증권 172
조건부지정가주문 95, 228
조합형 집합투자기구 261
조합형태의 집합투자기구 272
조회공시 146, 312
종가매매시장 153
종류형 집합투자기구 264

종목별 매매거래정지제도 115, 128
종업원지주제도 330
종합금융회사 402
종합금융회사의 업무 402
주가순자산비율 345
주가이익비율 344
주가지수상품 233, 253
주가지수연계예금 279
주가지수연계증권 279
주가지수연계펀드 279
주가지수옵션 249
주가지수워런트 210
주가지수의 산출방식 333
주가평균식 주가지수 333
주간사회사 72
주관회사 71, 180
주당순자산가치 356
주문 94
주문의 절차 142
주문제출의 절차 90
주식 47
주식배당 81
주식분할 81
주식시장 24, 29, 31
주식시장의 유동성지표 342
주식시장의 주가지수 333
주식시장의 투자지표 344
주식옵션 250, 257
주식워런트증권 206
주식의 종류 47
주식형 집합투자기구 263
주식형 펀드 278
주식혼합형 278
주주 47
주주우선공모 81
중간가주문 96
중기채 57
증거금 230
증권 38, 43, 44
증권발행실적보고서 311
증권발행의 유형 73
증권상품시장 29, 32
증권선물위원회 397
증권선물위원회와 금융감독원의 상호관계 398
증권선물위원회의 구성 398
증권선물위원회의 설립목적 397
증권선물위원회의 업무 398
증권시장 28, 69
증권신고서 311
증권예탁증권 45
증권집합투자기구 262
증권펀드상품 277
증권회사 407
증자 79
증자발행 73
지방채 55
지분증권 44
지속가능연계채권 169
지속가능채권 169
지수산출기관 189, 200
지수차익거래 113
지정가주문 94, 228
지정기업부 140
지정참가회사 187, 188
지표가치 359
직무관련 정보의 이용금지 384
직상장 295

직접공모 81
직접금융 18
직접금융시장 21
직접발행 75, 157
집단경쟁매매 101
집합투자 65, 259
집합투자기구 33, 65, 259, 260
집합투자기구의 종류 261
집합투자기구의 형태 265
집합투자기구평가회사 406
집합투자업 39, 260, 369
집합투자업자 189, 260, 265, 270, 389
집합투자업자의 영업의무 273
집합투자업자의 영업제한 275
집합투자업자의 영업행위 273
집합투자의 요건 260
집합투자재산에 대한 보고의무 274
집합투자증권 33, 65
집합투자증권의 종류 65

ㅊ

차익거래 217
착오매매 120
착오매매 관련제도 120
참가적 우선주 48
채권 52
채권/금리상품 241
채권 ETF 185
채권과 주식의 차이 54
채권 등록제도 163
채권발행시장 155
채권발행시장의 구조 156
채권발행의 중개기관 156
채권별 발행시장 158
채권수익률 공시제도 162
채권 시가평가제도 163
채권시장 24, 29, 32
채권시장 상장제도 162
채권시장의 거래대금 351
채권시장의 거래량 351
채권시장의 매매제도 164
채권시장의 지표 347
채권시장 회전율 351
채권 예탁제도 163
채권유통시장 159
채권유통시장의 관련제도 162
채권의 공통성 52
채권의 발행방법 157
채권의 발행자 156
채권의 위험지표 349
채권의 유동성지표 351
채권의 종류 55
채권의 특성 53
채권지수 347
채권지수 ETN 197
채권투자자 156
채권평가회사 406
채권평가회사의 채권지수 348
채권형 집합투자기구 263
채권형 펀드 277
채권혼합형 278
채무증권 44
청산 107
청산기관 107
청산 및 결제의 과정 108
청산소 224
청약단 72
체결결과 통보 90

초저유동성종목에 대한 단일가매매제도 113
총액인수 76
최우선지정가주문 95
최유리지정가주문 95, 228
최초가격 결정방법 134
추가상장 295
추가형 집합투자기구 262
추상적인 시장 29
추적대상지수 356
추적오차율 358
충실의무 273

ㅋ

커버드본드 173
커버드 콜 217
컨버전 218
코넥스시장 31, 130
코넥스시장의 매매제도 131
코넥스시장의 상장절차 301
코넥스시장의 특징 130
코넥스시장의 현황 131
코리아밸류업지수선물 236
코스닥100지수 338
코스닥150선물 237
코스닥150섹터지수 338
코스닥150옵션 256
코스닥150지수 338
코스닥 Mid 300지수 338
코스닥 Small지수 338
코스닥글로벌지수선물 238
코스닥 산업별 지수 339
코스닥시장 31, 123
코스닥시장 매매체결의 원칙 126
코스닥시장의 기능 124
코스닥시장의 대표지수 338
코스닥시장의 매매제도 126
코스닥시장의 상장절차 301
코스닥시장의 종합지수 338
코스닥시장의 주가지수 338
코스닥시장의 특징 125
코스닥시장의 현황 129
코스닥지수 338
코스닥협회 404
코스피100지수 337
코스피200 ESG지수 341
코스피200변동성지수선물 238
코스피200선물 233
코스피200선물시장 214
코스피200섹터지수 337
코스피200섹터지수선물 234
코스피200옵션 253
코스피200옵션시장 214
코스피200위클리옵션 253
코스피200지수 336
코스피50지수 337
코스피 고배당50지수 339
코스피 배당성장50지수 339
코스피 우선주 지수 340
코스피지수 336
코코본드 172
콘탱고 352
콜 ELW 207
콜 ELW의 내재가치 362
콜시장 22
콜옵션 61
콜옵션거래 248
콜옵션부사채 58

콜옵션부채권 171
퀀트펀드 280
크라우드 펀딩 410

ㅌ

테마 ETF 186
테마지수 339
테마펀드 281
통정매매 316
통화금융기관 26
통화상품 244
통화스왑 62
통화안정증권시장 23
통화옵션 250
투기자 218
투기적 거래 218
투자경고종목 116, 319
투자계약증권 45
투자광고 385
투자권유대행인의 등록 384
투자권유대행인제도 328
투자권유의 영업행위 382
투자권유제도 326
투자매매업 39, 368
투자매매업자 387
투자설명서 311
투자성 42
투자신탁 66, 260, 265
투자신탁 수익증권 66
투자신탁의 합병 267
투자신탁의 해지 267
투자위험종목 117, 319
투자유한책임회사 261
투자유한회사 261, 271
투자익명조합 261, 272
투자일임보고서의 교부 390
투자일임업 39, 370
투자일임업자 390
투자자 238, 72, 65, 269, 324
투자자문업 39, 369
투자자문업자 390
투자자문회사 409
투자자 보호제도 40, 326
투자자예탁금의 별도예치 389
투자자 유의사항 고지제도 133
투자자재산예탁제도 328
투자조합 272
투자주의종목 116, 318
투자중개업 39, 368
투자중개업자 387
투자합자조합 261
투자합자회사 261, 272
투자회사 66, 260, 268, 269
투자회사 지분증권 66
특별자산집합투자기구 263
특수채 55

ㅍ

파생결합증권 45
파생상품 43, 46, 59
파생상품시장 28, 29, 32, 214, 215
파생상품시장의 거래유형 216
파생상품시장의 기능 215
파생상품시장의 야간거래 220
파생상품시장의 역사 213
파생상품시장의 지표 352
파생상품 투자자의 보호장치 327
파생펀드상품 279

파생형 ETF 185
판매회사 266, 271
패리티 362
펀드 65
펀드시장 33
폐쇄형 집합투자기구 261
포괄적 일임매매의 금지 328
포괄주의 36
포지션 160, 216
표지어음시장 23
풋 ELW 207
풋 ELW의 내재가치 362
풋옵션 62
풋옵션거래 248
풋옵션부사채 58
풋옵션부채권 171
풋/콜 비율 355
풍문유포 318
프로그램매매 113
프로그램매매의 공시제도 114
프로그램매매제도 113
프로그램매매호가의 효력정지제도 114
프리미엄 362
프리보드 137
플렉스협의거래 229

ㅎ

하이일드형 279
하한가 98
한국거래소 78, 399
한국거래소의 업무 400
한국거래소의 주가지수 335
한국거래소의 특성 399
한국거래소의 회원 399
한국금융투자협회 403
한국기업평가 405
한국상장회사협의회 404
한국신용평가 405
한국예탁결제원 401
한국예탁결제원의 성격 401
한국증권금융 402
한국증권금융의 업무 402
한국형 헤지펀드 285
할인발행 85
할인채 56
할증발행 85
합병 330
합병 · 인수제도 330
합성 ETF 192
합성 ETF의 제도 192
합성 ETF의 종류 192
합성선물 218
합치가격 102
항상제수 333
해외 주가지수 ETN 197
해외지수 ETF 186
해외투자펀드 282
행사가치 252
헤지 59, 216
헤지거래 216
헤지계좌 228
헤지펀드 285
현물거래 246
현물옵션 248
협의대량거래 229
호가 94
호가가격단위 96
호가수량단위 143

호가의 종류 136
호가일괄취소제도 121
호가정보 등의 공개제도 121
혼합자산집합투자기구 263
혼합주 48
혼합지수 ETN 197
혼합채무형 289
혼합형 집합투자기구 263
혼합형 펀드 278
홈트레이딩 91
화폐시장 21
확정금리부채권 57
확정이자부증권 52
환매금지형 집합투자기구 264
환매연기통지의 의무 274
환매조건부 채권매매 161
환매조건부채권시장 23
회사설립시 발행 73
회사채 55, 158
회사채의 발행시장 158
회사형 집합투자기구 261
회원감리 323
회전율 342
후배주 48
휴장일 93
흑자지출단위 18

기타

10년국채선물 242
30년국채선물 242
3개월무위험지표금리선물 243
3년국채선물 241
5% 룰 331
5년국채선물 242
CMA 277
CMA시장 23
ELD 279
ELF 279
ELS 279
ELW 206
ELW시장의 상장 208
ELW의 거래제도 208
ELW의 결제제도 209
ELW의 매매제도 208
ELW의 발행조건 208
ELW의 상장조건 208
ELW의 종류 207
ELW의 투자지표 361
ESG채권 169
ESG채권의 종류 169
ESG평가지수 340
ETF 182
ETF상품 240
ETF선물 240
ETF시장 182
ETF시장의 구조 187
ETF시장의 상품 184
ETF의 가격 191
ETF의 거래가격 191
ETF의 거래제도 191
ETF의 결제제도 192
ETF의 대차제도 192
ETF의 매매방법 191
ETF의 매매제도 191
ETF의 발행시장 187
ETF의 분배금 지급제도 192
ETF의 상장 190
ETF의 상장폐지 190

ETF의 시장참가자 188
ETF의 유통시장 188
ETF의 장점 183
ETF의 투자지표 356
ETN 194
ETN시장 194
ETN의 거래제도 204
ETN의 결제제도 205
ETN의 공매도제도 204
ETN의 대용증권제도 204
ETN의 매매제도 204
ETN의 발행시장 198
ETN의 변경상장 202
ETN의 상장 201
ETN의 상장절차 202
ETN의 상장폐지 203
ETN의 시장참가자 199
ETN의 유통시장 199
ETN의 추가상장 202
ETN의 투자지표 359
Fitch IBCA 405
IPO 84
K-OTC PRO시장 147
K-OTC PRO시장의 매매방법 148
K-OTC PRO의 주요 기능 148
K-OTCBB시장 78, 149
K-OTCBB시장의 매매방법 151
K-OTCBB시장의 매매제도 150
K-OTC시장 32, 78, 137
K-OTC시장의 공시제도 145
K-OTC시장의 기능 137
K-OTC시장의 등록 및 지정 140
K-OTC시장의 매매제도 142
KRX100지수 335
KRX300선물 237
KRX300지수 335
KRX BBIG K-뉴딜지수 341
KRX Eco Leaders 100지수 341
KRX ESG Leaders 150지수 340
KRX ESG 사회책임경영(S)지수 341
KRX Governance Leaders 100지수 340
KRX/S&P 탄소효율 그린뉴딜지수 340
KRX-IHS Markit 코스피200 배당 예측지수 341
KRX 고배당50지수 339
KRX섹터지수 335
KRX의 대표지수 335
KRX채권지수 347
KTB지수 348
KTOP30지수 335
M&A 330
Moodys 405
NICE신용평가 405
PBR 345
PER 344
Range Accrual Note 170
Range FRN 170
Repo 161
Repo거래 161
Repo시장 161
Repo시장의 매매제도 167
SPAC 305
SPAC의 상장관리 308
SPAC의 상장심사 요건 307
SPAC의 상장절차 306
Standard and Poors 405
sun shine 제도 114

김 영 빈

조선대학교 대학원 경영학과(경영학박사)
캘리포니아주립대학 객원교수 역임
서영대학교 부총장 역임
서영대학교 경영과 교수 역임

[저서] 배우기 쉬운 전산회계(신영사) | 전산회계실무(신영사) | 증권시장 연구방법론(신영사) | 한국의 자본시장(신영사) | 글로벌시대의 한국자본시장론(신영사) | 자본시장론(신영사)

정 호 일

원광대학교 대학원 경영학과(경영학박사)
대한경영교육학회 이사 역임
대한경영학회 이사 역임
한국재무관리학회 상임이사 역임
현, 한국산업경제학회 감사, 원광대학교 경영학부 조교수

[저서] SPSS13.0을 활용한 통계자료분석(법문사)

증권시장론

2026년 1월 5일 제 1 판 1쇄 인쇄
2026년 1월 10일 제 1 판 1쇄 발행

저 자 김영빈 · 정호일
발 행 인 권 영 섭
발 행 처 (주)신 영 사

㈜신영사

경기도 파주시 심학산로 12(출판문화단지)
등 록 : 1988. 5. 2 / 제406-1988-000020호
전 화 : 031-946-2894(代)
F A X : 031-916-0799
e- mail : sys28945@naver.com
홈페이지 : http://www.shinyoungsa.co.kr

정가 **28,000**원 ISBN 978-89-5501-901-8